lonely planet

viaggiare con i bambini

cathy lanigan

prefazione di maureen wheeler

EDT

Viaggiare con i bambini
2ª edizione italiana – Luglio 2002
Tradotto dall'edizione originale inglese: *Travel with children* (4th edition)

Pubblicato da EDT srl
19 via Alfieri, 10121 Torino (Italia)
su autorizzazione di **Lonely Planet Publications Pty Ltd**
A.B.N. 36 005 607 983, 90 Maribyrnong St, Footscray,
Melbourne, VIC 3011, Australia

Fotografie
Le fotografie di questo libro sono state fornite da
Lonely Planet's image library, Lonely Planet Images
(e-mail: lpi@lonelyplanet.com.au)

In copertina
Famiglia di pinguini (David Tipling/LPI), Segnali stradali (John Borthwick/LPI),
Giraffe (DGUSA), Bambini sulle dune (Maree Conroy)

Edizione italiana a cura di Cesare Dapino

Traduzione Sarina Reina
Redazione Sara Fiorillo
Impaginazione Anna Dellacà, su progetto grafico di Karen Nettelfield
Coordinamento Silvia Castelli

Si ringraziano Bridget Blair, Jane Hart, Jenny Jones, Jane Pennells, David Kemp,
Mark Germanchis e Maureen Wheeler
Si ringraziano per l'edizione italiana Anna Parola, La Libreria dei ragazzi di Torino, per la consulenza bibliografica; il dottor Maurizio Dall'Acqua per l'adattamento del capitolo sulla salute

ISBN 88-7063-579-1

Stampato da Stampatre, Torino

Uffici Lonely Planet
Australia Locked Bag 1, Footscray, Victoria 3011
USA 150 Linden Street, Oakland, CA 94607
UK 10a Spring Place, London NW5 3BH
France 1 rue du Dahomey, 75011, Paris

AUTORI

cathy lanigan

I primi viaggi di Cathy sono stati quelli in auto con la famiglia, alla scoperta dell'outback e delle spiagge australiane. Poi, attratta dai paesi d'oltremare e dall'attività di giornalista, ha alternato periodi di lavoro a viaggi in Europa, Asia, alcune parti del Medio Oriente e Africa. Dopo essersi cimentata negli studi universitari, in politica e nell'organizzazione di festival, Cathy ha iniziato a collaborare stabilmente con la Lonely Planet. Negli ultimi anni ha attraversato l'Europa insieme al compagno John e al figlio adottivo Ali, di 13 anni. Da poco è arrivata Zoe e, in quattro, hanno ripreso a viaggiare in Australia facendo base nel Gippsland. Cathy ha curato l'intera edizione di questo libro ed è autrice dei capitoli introduttivi e del capitolo **Australasia**.

michael s. clark

Quando Michael e Janet hanno affrontato il loro primo viaggio in tre, Melina aveva appena 5 mesi. Sistemata nello zaino porta-bambini di papà, Melina ha attraversato distese di roccia lavica in una notte senza luna e ha visto fiumi di colata incandescente riversarsi nel mare sulla costa della Grande Isola di Hawaii. Poi è arrivato Alexander e con lui sono aumentati la confusione e il divertimento dei viaggi in famiglia. Zaino e passeggino nel frattempo non servono più, ma i quattro continuano a girare il mondo e adesso riempiono la valigia di giochi da viaggio, giornalini e nuovi passaporti.

Quando non è in viaggio Michael insegna inglese agli studenti stranieri a San Francisco e a Berkeley, in California. Ha collaborato con il *San Francisco Examiner* ed è coautore delle guide Lonely Planet *New York*, *New Jersey & Pennsylvania* e *Myanmar (Burma)*. Per questo libro ha scritto i capitoli **Asia** e **Nord America**.

siona jenkins

Siona Jenkins è arrivata al Cairo nel 1989, per frequentare un corso di lingua araba di sei mesi, e al momento risiede ancora nella capitale egiziana. Nel frattempo è diventata giornalista freelance, scrive per l'*Irish Times*, redige guide di viaggio e collabora alla produzione di documentari. Otto anni fa è nato Leo, un bambino che con la madre ha già volato per miglia e miglia, ha attraversato a piedi i monti del Sinai e ha dormito in tenda fra le dune del deserto nell'Egitto occidentale. Siona è autrice dei capitoli **Africa** e **Medio Oriente**.

robyn jones e leonardo pinheiro

Cresciuta in una fattoria del Victoria (Australia), Robyn ha partecipato a un progetto di scambio con studenti brasiliani e ha trascorso così un anno a São Paulo. Leonardo ha lasciato la natia Rio de Janeiro dopo la laurea, per seguire un corso di perfezionamento a Sydney e sperimentare il surf in acque australiane. Si sono incontrati a Melbourne, dove oggi vivono con i due figli, Alex e Nicholas. Per la Lonely Planet Robyn e Leonardo hanno lavorato nella regione del Rio delle Amazzoni contribuendo alla stesura delle guide *Brazil* e *South America*. Alex li ha seguiti nelle ricerche per la nuova edizione di *Fiji*, che in passato avevano scritto loro, e i capitoli sulle stesse isole e sulle Tuvalu della guida *South Pacific*. Nicholas era presente durante il viaggio per la nuova edizione di *Brazil*. Fra un viaggio e l'altro Robyn lavora come architetto e Leonardo prepara il suo PhD in biochimica. Robyn e Leonardo sono autori del capitolo **Centro e Sud America** e **Caraibi**.

rosie whitehouse

Rosie è nata a Liverpool ma è cresciuta a Londra. Dell'infanzia ricorda soprattutto i viaggi in Europa, fatti ogni estate con i genitori e le due sorelle, tutte e tre strette sul sedile posteriore dell'automobile. Viaggi che hanno fatto passare la voglia di girare il mondo alle sorelle, ma non a Rosie! Dopo aver studiato storia alla London School of Economics e lavorato per la BBC, Rosie ha deciso di vivere la storia in prima persona. Nel 1990 si è così trasferita a Bucarest, con il primo figlio ancora bebè, dove ha seguito i primi passi della Romania postcomunista. Nel 1991, madre di due figli, si è stabilita a Belgrado, allora in balia dei furori bellici nazionalisti. Spingendo il passeggino per le vie di Sarajevo ha udito i primi spari della guerra in Bosnia. Alla fine del conflitto Rosie aveva tre bambini e trascorreva l'estate a Dubrovnik e in altre località di mare disertate dai turisti. Oggi vive a Londra con cinque figli che accompagnano mamma ogni volta che il lavoro la chiama a scrivere altrove. Rosie è autrice del capitolo **Europa**.

RINGRAZIAMENTI

Cathy Lanigan Ringrazio Rebecca Magalhaes della Lega Internazionale del Latte per le informazioni sull'allattamento al seno raccolte in vari paesi del mondo. Sono molto riconoscente anche allo staff dell'ufficio Lonely Planet – Martine Lleonart, Martin Heng, Pete Cruttenden e George Dunford – per la fiducia dimostrata e per l'aiuto di tutti. Un grazie speciale va a Zoe che ha sopportato una mamma fin troppo spesso incollata al computer e a John che l'ha intrattenuta mentre ero davanti allo schermo.

Michael S. Clark Ringrazio gli amici, i genitori e i bambini che mi hanno raccontato le proprie esperienze e indicato posti poco noti da consigliare. Grazie in particolare a Peter, Shannon e Nick Van Dyke, Marcia Condon, Like Lokon, Nadire Ozavar, Bill e Min Preston, e, naturalmente, alla mia affezionata famiglia, Janet, Melina e Alex. Ringrazio anche Tammy Fortin dell'ufficio di Oakland per la preziosa assistenza dell'ultima ora.

Siona Jenkins Ringrazio Leo per la pazienza con cui ha sopportato sua madre che, inspiegabilmente, pare preferire il computer al Game Boy.

Grazie a tutti coloro che mi hanno scritto dandomi consigli utili o raccontando loro storie: Louise Anderson, Liz Allen, Sandra Bardwell, Jeff Barrons, Jane Bennett, Tracy Berno, Bridget Blair, Vivien Bortot, Mary Burns, Ericka Chemko, Damien Coghlan, Maree Conroy, Christine Curran, Carolyn e Ben Findlay, Marcus Foley, Carol De Giorgio, George Dunford, Jo Gregory, Sue Jacques, Kirsty Johnson, Kevin Jordan, Ben Judah, Claudia Koch-McQuillan, Tania Kutney, Debra Leung, Stephanie Levin-Gervasi, Jacqui Higgins, Adele Levinge, Mark Lightbody, Fiona Lovegrove, James Lyon, Kylie McBride, Sharon McRae, Rebecca Magalhaes, Annie e Stéphane Marais, Sarah Mathews, Ringo Mollinger e Meik Touw, Deidree Noss, Morna O'Neill, Lyndall Parris (lmparris@bigpond.com), Steve e Kathy Peterson, Angela Price, David Quinn, Tim Rock, Sue Roedl, Cathy Sather, Bernadette Sauleiner, Nancy Savage, Tanya Seaward, Edward Seco, Phillipa Schultz, Megha Singh, Dore Stockhausen, AA Tan-Keultjes, Staffan Thorell, Trisha Thornquist, Rosie Waitt, Crispin Walker, Elizabeth Wear, Mark Wilgar, Walter Will, Jane Wood e Rodica Woodbury.

parte 1 ...PRIMA DELLA PARTENZA

parte 2 ...DESTINAZIONI

Quando scrissi la prima edizione di *Travel with Children*, mia figlia Tashi aveva 3 anni e suo fratello Kieran 12 mesi. La primogenita era già un'esperta di viaggi, mentre il piccolino stava imparando velocemente che 'casa' poteva essere tanti posti diversi. Molte persone incontrate durante i nostri viaggi, oppure anche a casa, si stupivano del fatto che portassi i figli ancora piccoli in Asia, in Africa o in Sud America, ma in queste regioni ho sempre trovato gente assai bendisposta verso i bambini. Negli alberghi e nei ristoranti si facevano in quattro pur di mettere a proprio agio i piccoli. Spesso i nostri figli ci hanno permesso di entrare immediatamente in contatto con la gente del posto, forse perché la famiglia occupa un ruolo centrale nella società di questi continenti. La salute dei bimbi certo costituisce un problema in paesi dove l'acqua potabile scarseggia e dove il cibo rappresenta un fattore di rischio, e proprio per questo abbiamo usato sempre la massima cautela sia per quel che riguarda l'igiene personale sia in fatto di alimentazione, e i nostri due figli non hanno mai sofferto di qualcosa che non fosse un banale disturbo o malessere da viaggio.

prefazione

prefazione

Maureen Wheeler, che assieme al marito ha fondato la casa editrice Lonely Planet, ha scritto la prima edizione di *Travel with Children* per rispondere alle innumerevoli domande di genitori che desideravano continuare a viaggiare.

Abbiamo sempre avuto un debole per i viaggi nell'outback. Benché si tratti di viaggi su strada e, come si sa, i bambini non sempre vadano d'accordo con i lunghi tragitti in auto, le notti trascorse intorno a un falò a cercare una cometa o una stella cadente compensavano ampiamente la fatica dei giorni più difficili. Il senso dello spazio e della distanza che si provano nell'outback australiano rappresentano già un'esperienza: il paesaggio dà modo di sentirsi veramente liberi, completamente slegati da tutto e da tutti.

Avere figli è un'avventura, vederli crescere e crescere con loro è già un viaggio. Ho mostrato loro il mondo, ma anche loro mi hanno mostrato cose che non avrei altrimenti notato o che avrei dimenticato. Ricordo la prima volta che portammo Tashi a Kathmandu, come si meravigliava davanti alle mucche in città e come rideva quando si stendevano in mezzo alla strada paralizzando il traffico. Ero talmente abituata a veder circolare vacche per la strada nelle terre hindu che solo allora mi resi conto di quanto il tutto fosse surreale.

Kieran ha imparato a contrattare nei mercati di tutto il mondo, dando il meglio di sé in un disperato tira e molla avvenuto per uno scudo masai in Kenya. Lusingata e divertita dall'imbonimento di Kieran, la donna africana non poté sottrarsi all'affare: Kieran cedette i suoi libri per l'infanzia e le sue automobiline di plastica in cambio di un bellissimo scudo.

Ormai Tashi e Kieran sono cresciuti e sono entrambi grandi viaggiatori.

È ancora presto per dire come tutti questi viaggi abbiano influito sulla loro formazione, ma per quel che riguarda me so di aver imparato tanto e sono molto contenta di aver condiviso tali avventure con la mia famiglia.

Anche questo libro è cresciuto e, dopo quattro edizioni, si presenta come il risultato delle avventure di molte famiglie. L'idea di andare in un albergo con piscina, mille comodità e servizio baby-sitter è molto allettante (una vera vacanza!), ma se siete fra coloro che desiderano ardentemente conoscere il mondo sappiate che diventare genitori non significa necessariamente chiudere i sogni di viaggi nel cassetto. Spero che le storie e le informazioni contenute in questo libro vi offrano lo spunto per dare il via alle avventure della vostra famiglia. Se vi siete mai interrogati sulla possibilità di viaggiare dopo la nascita dei figli, questo libro è per voi, e naturalmente per i vostri figli.

Maureen Wheeler

lonely planet

La storia comincia con una classica avventura di viaggio, la traversata dell'Europa e dell'Asia che Tony e Maureen fecero nel 1972 con destinazione Australia. Allora non esisteva materiale utile per chi volesse seguire un itinerario via terra e fu così, per colmare una lacuna, che Tony e Maureen pubblicarono la prima guida Lonely Planet.

Nata intorno a un tavolo da cucina e cresciuta in un piccolo ufficio a Melbourne (Australia), la Lonely Planet è diventata la più grande casa editrice indipendente nel settore dei viaggi, una società internazionale con uffici a Melbourne, Oakland (USA), Londra e Parigi.

Noi della Lonely Planet crediamo che i viaggiatori possano dare un contributo positivo ai paesi che visitano, rispettando il popolo ospite e spendendo denaro in modo intelligente. Dal 1986 una percentuale delle vendite di ciascun nostro libro viene devoluta in progetti di cooperazione allo sviluppo e campagne a favore dei diritti umani.

SIMBOLI

I simboli usati in questa guida hanno lo scopo di facilitare la lettura indicando la fascia d'età cui si riferiscono le informazioni di una data pagina o di un paragrafo. Lo sviluppo individuale varia molto da bambino a bambino, perciò le seguenti fasce d'età sono da intendersi come una suddivisione indicativa.

0-18 mesi I bambini sono ancora bebè in grado di essere trasportati in uno zaino, in passeggino oppure in braccio. In molti casi sono ancora allattati al seno e richiedono un'alimentazione finalizzata allo svezzamento.

18 mesi-3 anni I bambini hanno imparato a camminare e a parlare, ma sono abilità che non dominano ancora alla perfezione, quindi potranno presentarsi problemi di equilibrio e di comunicazione.

4-12 anni In questa fascia d'età i bambini sono capaci di socializzare e interagire con altri bambini, ma in determinate situazioni possono ancora aver bisogno di un occhio vigile.

13-18 anni 'Allergici' alla scuola, con una gran voglia d'indipendenza, apparentemente annoiati da tutto quel che hanno intorno.

AVVERTENZA

In questo libro diamo indicazioni su come affrontare malattie e situazioni che richiedono interventi di pronto soccorso, ma i nostri consigli non possono e non vogliono sostituire il parere di un medico. Vi esortiamo a rivolgervi a un medico ovunque ciò sia possibile, perché curarsi da soli è un'eventualità da prendere in considerazione soltanto se ci si trova in una zona sperduta, lontani da ogni tipo di assistenza sanitaria. Autori ed editore hanno fornito informazioni accurate e attendibili, tuttavia declinano ogni responsabilità per qualsiasi danno, inconveniente o malattia che dovesse derivare dall'utilizzo di questa guida.

INTRODUZIONE

Non si smette di viaggiare perché nascono i figli. È indubbiamente vero che con i bambini il ritmo del viaggio rallenta e che occorre scendere a compromessi per soddisfare le loro esigenze, ma è anche vero che si prova un'immensa gioia a viaggiare con la famiglia al seguito.

Viaggiare con i propri figli significa passare il tempo assieme e godere della reciproca compagnia. Se sono già ragazzini si prendono decisioni con loro, si ha tempo per parlare e si condividono nuove esperienze. Finché non raggiungono l'adolescenza, ma talvolta anche da adolescenti, quasi tutti adorano divertirsi con i propri genitori. Viaggiare è un ottimo modo per trascorrere del tempo prezioso con i vostri figli, tempo in cui potrete aiutarli ad apprendere, a crescere e a comprendere meglio il mondo e gli uomini. In viaggio, poi, imparano una quantità di cose fantastiche: avere una mente elastica, apprezzare culture diverse, capire che il mondo è più grande del proprio paesino o della città in cui sono nati.

Viaggiando con i propri figli si entra in contatto con la gente di altri paesi in un modo che spesso è precluso a chi viaggia senza bambini. Presso la maggior parte dei popoli, infatti, i piccoli viaggiatori sono i benvenuti, se non addirittura oggetto di venerazione, e comunque richiamano l'attenzione su di sé e, di conseguenza, sui loro genitori. Gli stili di vita potranno anche essere molto diversi, ma in comune si ha il fatto di essere genitori e questo è qualcosa che può fare sentire vicine persone di tutto il mondo.

Con ciò non vogliamo dire che viaggiare con i bambini sia una cosa semplice. È molto utile pianificare bene il viaggio e portarsi dietro le cose giuste, compreso l'atteggiamento mentale più appropriato. Anche quando si viaggia con gli amici capita di non poter fare sempre ciò che si vorrebbe ed è sufficiente che vostro figlio abbia iniziato a sgambettare perché il trovare compromessi diventi una necessità sempre più frequente.

La salute rappresenta una delle preoccupazioni maggiori per i genitori che si accingono a visitare paesi in via di sviluppo con i bambini. Ma naturalmente è sufficiente prendere le debite precauzioni e pensare bene ai preparativi. In questo libro c'è un capitolo sulla salute – scritto da un medico, con in appendice i consigli di una naturopata di lunga esperienza – che vi fornirà un buon punto di partenza a riguardo.

Nelle esperienze personali raccontate in questo libro ricorrono almeno un paio di messaggi che possono essere letti come inviti a partire: uno è il grande senso di gratificazione che un viaggio suscita in entrambi, genitori e figli; l'altro si può riassumere nell'ostinazione pragmatica di chi ha deciso di fare qualcosa e vuole andare fino in fondo. Altrimenti può passare molto tempo prima che un figlio abbia l'età 'giusta' per partire.

Uno degli aspetti che rendono piacevole questo libro è che non si tratta di un manuale scritto da un'unica persona: a parlare è un'intera comunità di madri e di padri che hanno viaggiato e che viaggiano con i propri figli e che qui raccontano le loro esperienze, offrendo consigli e informazioni pratiche. Cresciuto nell'arco di 17 anni, questo libro custodisce il sapere raccolto da Maureen Wheeler (cofondatrice della Lonely Planet) in 15 anni di viaggi fatti con i figli, oltre alle esperienze di autori, collaboratori e lettori delle guide Lonely Planet.

Le storie raccolte per quest'edizione non mancheranno di stimolare la vostra fantasia: c'è chi ha attraversato Cina e Pakistan in bicicletta con al seguito un bebè e un marmocchio di poco più grande, chi si è dato al campeggio libero in Australia con tre bambini piccoli, chi ha fatto scoperte importanti esplorando gli Stati Uniti a piedi in compagnia di un teen-ager.

Ma ci sono anche storie di chi è andato contro ogni convenzione viaggiando con un bambino disabile, come genitore single o ancora vendendo tutti i propri averi per passare qualche anno in giro per il mondo in camper.

Se si è capaci di mantenere un atteggiamento positivo ed essere un po' previdenti non c'è ragione per cui non si possa viaggiare felicemente con i propri figli. Le cose poi non andranno sempre come previsto, si capisce, ma in fondo non succede mai, né con i viaggi né con i bambini.

parte 1

...PRIMA DELLA PARTENZA

- preparativi
- il viaggio
- on the road
- salute
- in viaggio durante la gravidanza

PREPARATIVI

Con i bambini il divertimento di un viaggio può cominciare già nella fase dei preparativi, che non comporta necessariamente la programmazione di ogni singola tappa dell'itinerario e la prenotazione di tutti gli alberghi, ma più semplicemente l'organizzazione di tutte quelle cose che quando si parte con i figli vanno pensate con un certo anticipo. Infatti, se avete studiato bene cosa mettere in valigia, preparato il più possibile i bambini e raccolto informazioni sulla vostra meta, ci sono i migliori presupposti affinché il viaggio funzioni.

fasce d'età

Viaggiare con i bambini può comportare vantaggi e svantaggi a prescindere dalla loro età. Non c'è un'età giusta per iniziare a portarli con sé: si può godere di un viaggio tanto con un neonato quanto con un adolescente. Quel che cambia sono le loro esigenze e quindi gli aspetti da prendere in considerazione quando si affrontano i preparativi.

0-18 mesi

Sono bambini che si lasciano trasportare e si fanno facilmente intrattenere. Anzi, probabilmente è proprio questo l'unico periodo in cui siete voi a decidere dove si va e cosa si fa! Con un bimbo nello zaino o in passeggino è infatti possibile, per esempio, trascorrere una giornata in un museo. Inoltre, di solito i bambini così piccoli suscitano la curiosità di tutti e offrono una grande opportunità di interagire con la popolazione locale.

L'inconveniente del viaggiare con un bebè sta nel fatto che bisogna partire ben equipaggiati e le cose da mettere in valigia sono innumerevoli: pannolini, cambi di indumenti, attrezzature per trasportarli. Oltre a ciò, bisogna rispettare la routine tanto amata dai bambini per quel che riguarda i pasti, gli orari dei pisolini e i vari cambi. Può anche darsi che vi sveglino la notte, cosa che se alloggiate in albergo potrebbe mettervi in agitazione o arrecare disturbo ai vostri vicini di stanza. Con i neonati si tende anche a essere più apprensivi, poiché non sono ancora in grado di farci sapere se hanno troppo caldo, troppo freddo oppure mal di pancia. Nella maggior parte dei casi, tuttavia, si tratta di problemi che si possono risolvere avendo portato con sé il necessario (compresa una buona farmacia da viaggio), ascoltando i capricci e captando adeguatamente i segnali di sonno, fame e noia.

18 mesi - 3 anni

I bambini che muovono i primi passi sono forse i compagni di viaggio più difficili: così pieni di energie e di voglia di provare tutto, soffrono non poco per le limitazioni che vengono loro imposte. Occorre sorvegliarli con molta attenzione, perché a quest'età i bambini hanno la tendenza a raccogliere qualunque porcheria e non esitano a prendere in braccio un gatto pieno di pulci o ad allontanarsi da voi se qualcosa di interessante attira il loro sguardo. In molti casi sono esigenti e ostinati per quanto riguarda il mangiare: una volta che hanno deciso quel che gradiscono e quel che rifiutano è difficile indurli a cambiare idea. Il vantaggio di viaggiare con i bimbi di quest'età è che provano interesse e grande curiosità per tutto quello che li circonda e in questo modo offrono l'opportunità di vedere il mondo da un punto di vista inedito. Con i bambini di pochi anni è particolarmente importante scegliere bene la destinazione del viaggio. Aiuta senz'altro, per esempio, trovarsi in un posto dove possano correre liberi e senza pericoli in alcuni momenti della giornata. E non guasta neanche scegliere un alloggio dove ci si senta liberi di ispezionare una camera d'albergo e decidere se la si trova o meno a misura di bambino.

4-12 anni

Quando i figli cominciano ad avere più di 4 anni, viaggiare con loro diventa un'esperienza davvero piacevole. Sebbene sia ancora necessario un grande impegno da parte dei genitori, anche perché a questa età i bambini si annoiano molto facilmente, tuttavia il viaggio riserva molte soddisfazioni dal momento che ora i bambini giudicano le esperienze che fanno, intrecciano relazioni interpersonali e sono in grado di raccontarvi le loro impressioni. Una volta cresciuti, cercheranno di difendere i propri gusti e in questo modo la programmazione di un viaggio si trasformerà in un lavoro di gruppo, nel quale anche le loro proposte dovranno essere prese in considerazione, sia pure nei limiti della ragionevolezza.

12-18 anni

Rispetto ai bambini più piccoli gli adolescenti sono molto più capaci di badare a se stessi e trovare il modo di passare il tempo. È possibile che condividano alcuni vostri interessi e comunque l'esperienza del viaggio sarà ricordata e inciderà sulla loro formazione. Avrete meno limitazioni la sera, poiché i vostri ragazzi ormai sono capaci di star svegli fino a tardi (a volte anche più di voi!).

Hanno un'età in cui non solo potete coinvolgerli concretamente nella programmazione del viaggio e nella scelta di cosa fare giorno per giorno, ma dovrete anche scendere a patti con loro perché, con tutta probabilità, avranno le idee molto chiare su ciò che vogliono e non vogliono fare, e si tratterà di concedere per esempio un certo numero di giornate dedicate al mare o allo shopping in cambio di qualche giorno trascorso a visitare templi o rovine. La sistemazione in albergo può risultare problematica perché gli adolescenti hanno bisogno di maggiore privacy e non sempre trovano allettante l'idea di una stanza per tutta la famiglia. Portare con voi uno dei loro amici, sempre che ciò sia possibile, potrebbe rendere il viaggio più piacevole per tutti. Più avanti in questo capitolo c'è una voce dedicata a questa possibilità (v. **Amici**).

preprararsi al viaggio

Nel periodo che precede la partenza ci sono mille modi per preparare i vostri figli al viaggio. Date loro l'opportunità di famigliarizzare con i luoghi che visiterete raccontando cosa vedranno o mostrando del materiale illustrato: l'idea della partenza li ecciterà e, una volta sul posto, si entusiasmeranno nel riconoscere ciò che hanno già visto o di cui hanno già sentito parlare. Coinvolgeteli il più possibile nei preparativi e stimolate la loro curiosità intorno alla destinazione che state per raggiungere.

libri

Circa un mese prima della partenza farete bene a raccogliere alcuni libri sulla zona che vi accingete a visitare. Mettete insieme opuscoli turistici, guide, raccolte di leggende o di fiabe tradizionali e, soprattutto se avete un bambino piccolo, testi ricchi di illustrazioni: disegni, fotografie e vignette, trasformati in racconti, possono rivelarsi molto utili. E quando poi constaterete quanto di queste letture rimarrà nella memoria dei vostri figli, vi stupirete. In questo volume troverete, paese per paese, alcuni suggerimenti sui libri da proporre ai vostri figli.

film e televisione

Nulla più di un bel film può accendere la curiosità dei bambini su un determinato luogo e offrir loro un assaggio per immagini di quel che vedranno. Prima della partenza noleggiate dunque alcune videocassette o DVD (troverete alcuni suggerimenti nei capitoli dedicati ai singoli paesi). In tivù potete anche guardare qualche programma di viaggio o documentario sul paese che vi accingete a visitare, oppure procurarvi uno dei video della serie Lonely Planet TV (coprono più di 40 destinazioni).

un consiglio

Cercate di procurarvi un dizionario illustrato nella lingua del paese che state per visitare.

Un lettore, UK

ristoranti ed esperienze fuori casa

Portate i vostri figli a mangiare con voi al ristorante e fate con loro alcune gite o passeggiate cercando in questo modo di prepararli al viaggio. Introducete nell'alimentazione quotidiana alcuni cibi e spezie inusuali e portateli nei ristoranti che propongono la cucina del paese che visiterete. Quasi tutti i bambini rifiutano con disgusto le nuove pietanze ma quando, in un paese straniero, un piatto viene servito loro al ristorante, talvolta si lasciano tentare e l'assaggiano.

cartine

Attaccate su una parete una cartina della regione che visiterete e chiedete ai vostri ragazzi di indicare i punti in cui vorrebbero andare. Quando stabilirete il vostro itinerario potrete segnarlo su questa carta.

racconti di viaggio

Invitate amici che hanno viaggiato e che possano raccontare qualche esperienza, stando attenti però a scegliere le persone adatte, affinché le loro narrazioni non si rivelino insopportabilmente noiose per i vostri figli, ma sappiano catturare la loro attenzione e stimolare la fantasia.

imparare la lingua

Imparare qualche parola della lingua locale può essere divertente oltreché utile. Fatelo diventare un gioco, improvvisando una conversazione a tavola nella nuova lingua o usando parole straniere mentre fate un tragitto in auto. D'altronde, sono proprio i piccoli quelli che apprendono più velocemente le lingue. I vostri figli si sentiranno maggiormente a loro agio se saranno in grado di dire qualcosa, anche solo poche parole, come 'ciao', 'arrivederci', 'per favore' e 'grazie', e saranno molto apprezzati dalla gente del posto.

internet

Il sito internet della Lonely Planet, www.lonelyplanet.com, è ricco d'informazioni su tutti i paesi e offre l'opportunità di fare domande e chiedere consigli ad altri viaggiatori. Le schede sui singoli stati forniscono una rapida panoramica del paese scelto, mentre la pagina intitolata 'Kids to Go' (dal menu 'Thorn Tree') permette di porre quesiti sui viaggi con i bambini. Inoltre troverete utili link che vi rimandano a una quantità di altri siti. Anche i siti internet degli uffici turistici costituiscono un buon punto di partenza per raccogliere informazioni sul paese che state per visitare.

Nell'appendice **Siti web** troverete un elenco di indirizzi utili.

documenti

Per portare vostro figlio all'estero è necessario un documento valido per l'espatrio. In Italia è possibile scegliere fra le seguenti possibilità:

Carta bianca Si tratta di un certificato valido in tutti i paesi dell'Unione Europea, rilasciato ai bambini e ai ragazzi fino ai 15 anni di età, contenente i dati di stato civile con fotografia autenticata. Il genitore deve recarsi, con una fotografia formato tessera, all'ufficio anagrafe del comune di residenza dove gli verrà rilasciata la Carta Bianca che dovrà poi essere vidimata presso la questura dello stesso comune di residenza o presso un commissariato di zona. Il documento viene rilasciato a titolo gratuito e ha una validità di cinque anni.

Registrazione sul passaporto del genitore È una procedura concessa ai ragazzi fino a 16 anni di età. Si effettua presso il commissariato di zona o la questura del comune di residenza. Per i bambini di età inferiore a 10 anni è sufficiente un'autocertificazione, mentre per i ragazzi da 10 a 16 anni sono necessarie anche due fotografie formato tessera di cui una autenticata in bollo. La domanda va firmata da entrambi i genitori. La validità è di cinque anni, salvo scadenza del passaporto del genitore.

Passaporto individuale Per essere titolari di questo documento non sono previsti limiti di età, ma se il bambino ha meno di 10 anni occorre fare una richiesta alla questura, che deciderà secondo discrezione. Se il ragazzo ha più di 10 anni sarà sufficiente dichiarare che il titolare del passaporto viaggerà da solo (o accompagnato da persona diversa dai genitori). Per il rilascio occorrono lo stato di famiglia e la cittadinanza in bollo (che tuttavia possono essere sostituiti da un'autocertificazione, disponibile presso questure e uffici comunali), due fotografie formato tessera di cui una autenticata in bollo e l'assenso di entrambi i genitori (anche qui è necessaria l'autentica in bollo).

Ricordate di fare sempre richiesta del passaporto con almeno quattro settimane di anticipo rispetto alla data prevista del viaggio, perché, soprattutto nei mesi estivi, le questure sono sovraccariche di lavoro. Se dovete recarvi con i vostri bambini in un paese della Comunità Europea, scegliete senz'altro la Carta Bianca.

Visti I bambini in possesso di un proprio passaporto avranno bisogno di un visto per entrare nei paesi che lo richiedono, esattamente come un adulto, e non godono di tariffe agevolate. Qualora invece siano registrati sul passaporto del genitore spesso sarà necessario solo il visto per quest'ultimo, il che per alcuni paesi può rappresentare un notevole risparmio.

altri documenti

Informatevi presso la vostra agenzia di viaggio o presso l'ambasciata del paese che intendete visitare per sapere se sono necessari eventuali documenti particolari. Per esempio, le autorità messicane possono richiedere una lettera, autenticata da un notaio e firmata da entrambi i genitori, con la quale si esprime il consenso all'ingresso in Messico di un minore (chiunque non abbia ancora compiuto 18 anni) che viaggi da solo o accompagnato da uno solo dei genitori. Questa disposizione viene applicata ai viaggiatori di tutte le nazionalità, sebbene sia una diretta conseguenza del gran numero di genitori separati che dal Nord America fuggono in Messico con i figli per sfuggire alle cause legali per l'affidamento della prole.

costi

Sebbene viaggiare con i figli non sia dispendioso, vi accorgerete che a testa, su vitto alloggio e trasporti, si finisce per spendere di più rispetto a quando, prima di avere figli, giravate il mondo all'insegna dell'economia. Si opta generalmente per un albergo confortevole, perché l'igiene diventa più importante quando ci sono dei bambini; anche se bisogna tenere in conto il fatto che, per trovare una stanza comoda e pulita, non sempre è indispensabile spendere cifre esorbitanti. Fino a 2 anni, in linea di massima, i bambini viaggiano gratis e non pagano ingressi, mentre per quelli da 2 a 12 anni sono previsti sconti e riduzioni un po' ovunque. Dopo i 12 anni, in genere, un bambino costa quanto un adulto. Nei capitoli sui singoli paesi troverete informazioni specifiche su ciascuna destinazione.

che cosa portare

La prima regola dettata dall'esperienza suggerisce di portare con sé il meno possibile. Riducete a poco a poco il bagaglio e continuate così fino a quando vi sembrerà che manchi anche l'indispensabile: solitamente basta e avanza. Ricordate che in generale le esigenze dei neonati sono piuttosto semplici e che ovunque andiate ci sarà gente che ha bambini piccoli; non è quindi indispensabile essere pronti a tutto perché quasi sempre è possibile improvvisare. Qui di seguito troverete elencati i pro e i contro delle singole voci che possono contribuire a formare un bagaglio.

un consiglio

Portate sempre una confezione di salviette umidificate, preziose in caso di mani sporche, bocche che colano gelato, scarabocchi da cancellare e tazze di gabinetti da pulire.

Louise Anderson, Australia

Dai 2 anni in poi potete preparare un minibagaglio per i vostri bambini che potranno portare con sé anche sull'aereo. Aiuterà a farli sentire più partecipi e impareranno a prendersi cura delle loro cose. Cestino, zainetto o borsetta che sia, conterrà i loro libriccini e qualche giocattolo. Dovendolo (in teoria) trasportare da soli, bisognerà fare in modo che sia leggero.

I bambini più piccoli sono quelli che richiedono un equipaggiamento piuttosto voluminoso, anche se molto è quel che si può lasciare a casa e poco quel che è veramente indispensabile. Essenziali sono pannolini, abiti, attrezzature per i pasti, uno zaino portabambini o un passeggino, qualcuno dei giocattoli preferiti e, se intendete noleggiare un'auto, un seggiolino di sicurezza (in alcuni posti però è possibile noleggiare anche questo). Da valutare è anche l'utilità di un lettino da viaggio, un seggiolino pieghevole da agganciare al tavolo e biancheria da letto.

A partire da 1 anno e mezzo, fino ai 4 anni circa, occorrono un passeggino (o zaino portabambini), un seggiolino di sicurezza se intendete noleggiare un'auto oltre a giocattoli e libretti di loro gradimento. Potreste voler portare anche i loro biberon, piatti e posate di plastica e, se hanno tolto da poco il pannolino, un vasino e un telo di plastica da mettere sotto il lenzuolo.

Con la crescita il bagaglio si riduce. Sono importanti i libri e i giochi che possono includere anche cose come un walkman (e molte batterie di riserva), cassette di musica o di favole e giochini elettronici.

abiti

Il più delle volte ve la caverete con due ricambi completi di ciò che il vostro bimbo indossa durante la giornata – pantaloncini corti, pantaloni lunghi, magliette, felpe con le maniche lunghe, pullover – di modo che un ricambio possa essere indossato mentre l'altro viene lavato. Portate anche una giacca più calda, alcune paia di calzini, biancheria intima, costume da bagno, cappellino e pigiami, forse un abito con gonnellina per le bambine. Cercate di scegliere capi intercambiabili, del tipo dove lo sporco non si nota immediatamente e di quelli che i vostri figli indossano volentieri. Se non intendete fare spesso il bucato avrete bisogno di più abiti, ma se volete viaggiare leggeri sarete a posto con quanto elencato più sopra. Fino a 1 anno circa i bambini tendono a sporcarsi di più e pertanto conviene portarsi dietro tre o quattro ricambi completi.

un consiglio

L'uovo di Colombo per chi viaggia con i ragazzini è portare un Game Boy: non innalzerà il loro livello culturale, ma è qualcosa che può farli felici per un paio d'ore.

James Lyon, Australia

pannolini

Se visiterete un paese caldo ci saranno momenti in cui il vostro piccolo potrà andarsene in giro senza pannolino, ma per la maggior parte del tempo sarà necessario fargli indossare un pannolino in tessuto oppure usa e getta. Nei capitoli dedicati ai singoli paesi troverete informazioni sulla reperibilità di pannolini in loco.

In tessuto I pannolini in tessuto sono facili da sistemare nel bagaglio e hanno il vantaggio di essere riutilizzabili, relativamente economici e pure ecologici. All'occorrenza possono anche diventare bavaglini o asciugamani. Se optate per quelli in tessuto avrete bisogno di almeno una dozzina di pannolini. Possono tornare molto utili un secchio pieghevole da campeggio per metterli in ammollo e un flacone di olio di nelaleuca da usare come soluzione sterilizzante. Nei climi caldi i triangoli di lana o di cotone sono ideali per ridurre al minimo le irritazioni da pannolino.

Usa e getta I pannolini monouso sono comodi ma ingombranti e tendono a costare parecchio. Partite con una borsa grande piena di pannolini usa e getta e via via che vengono consumati usate la borsa per trasportare gli acquisti. I pannolini usa e getta sono leggeri e non vanno quindi a intaccare granché la franchigia bagagli. Ricordatevi di portare un rotolo di nastro adesivo da utilizzare ogni volta che quello dei pannolini non funziona! Non dimenticate che i pannolini usa e getta hanno un impatto a lungo termine sull'ambiente perché si degradano molto lentamente e aggravano il problema dell'inquinamento da rifiuti solidi che coinvolge tutto il pianeta.

lettini da viaggio

Se possedete un lettino da viaggio potreste portarlo con voi - le compagnie aeree li accettano a bordo gratis - ma se i bagagli extra sono già tanti, potete anche decidere di farne a meno e cercare soluzioni alternative. In molti paesi è possibile acquistarne uno sul posto oppure farsi costruire qualcosa di simile qualora il vostro soggiorno fosse piuttosto lungo o qualora doveste scoprire che la vita senza lettino è un inferno.

biancheria da letto

Per il letto del bambino avrete bisogno di due lenzuola di cotone, una coperta calda, una zanzariera (se viaggiate in zone tropicali) e una pelle d'agnello o qualcosa di altrettanto morbido. Naturalmente non è necessario avere sempre tutte queste attrezzature: dipende dalla destinazione del viaggio; tuttavia la pelle d'agnello è davvero consigliabile perché lascia sempre una sensazione di asciutto, anche se il bambino suda molto, perché si mantiene sempre soffice e morbida e inoltre tiene il bambino caldo quando fa freddo e fresco quando fa caldo. Potete metterla indifferentemente sotto o sopra le lenzuola. Sebbene sia lavabile, bisogna tener conto del fatto che impiega un'intera giornata per asciugare (sempre che faccia caldo, altrimenti di più).

Per quanto riguarda i bambini più piccoli potreste optare per i pigiamini a sacchetto in cotone (quelli simil camicia da notte che si restringono in vita e sono chiusi al fondo): tengono meno caldo dei pigiamini a tuta, ma proteggono dalle correnti d'aria e dalle zanzare. Assicuratevi soltanto che siano realizzati in cotone morbido e leggero. Se prevedete di recarvi in climi più freddi farete bene a portare con voi una sacca di maglia di lana da usare come sacco a pelo per il bambino, soprattutto se è molto piccolo.

un consiglio

Durante uno dei nostri ultimi spostamenti abbiamo portato con noi il lettino da viaggio e l'abbiamo trovato utile, specialmente nelle camere d'albergo poco pulite. Per il nostro bebè era un rifugio pulito, sicuro e famigliare.

Robyn Jones
e Leonardo Pinheiro,
Australia

Quando si viaggia con un bambino piccolo è sempre bene avere con sé un telo impermeabile per proteggere il materasso, perché anche a quelli che hanno già imparato a usare il gabinetto può capitare di perdere la padronanza acquisita quando sono molto stanchi o si trovano in un ambiente nuovo. Ne esistono anche di spugna e con il fondo di gomma che tengono meno caldo e sono meno fastidiosi e appiccicosi di un semplice foglio di plastica. L'unico problema è che si rischia sempre di dimenticare il telo nel letto quando si lascia l'albergo: per evitare questo ed altri inconvenienti sarebbe buona norma avere una lista delle cose importanti da spuntare voce per voce prima di chiudere la valigia.

passeggini e zaini portabambini

Un passeggino pieghevole e con lo schienale reclinabile potrebbe essere la vostra salvezza. Naturalmente non è una scelta opportuna se contate di fare un trekking su sentieri di montagna, seguire piste isolate o camminare sulle spiagge: il passeggino è utile solo per andare al ristorante, nei negozi, negli hotel e in giro per la città, sempre che i marciapiedi abbiano una superficie piuttosto regolare. I passeggini a tre ruote, del tipo 'trekking', si adattano a più tipi di terreno, ma hanno anch'essi i loro limiti. Il passeggino può essere comodissimo al ristorante poiché il bambino, invece di stare sulle vostre ginocchia, può mangiare stando seduto, con lo schienale rialzato, e sicuro perché legato. Abbassando lo schienale il bambino può anche dormirci, così non è necessario correre in albergo per ogni pisolino.

Gli zaini, che generalmente ai bambini piacciono, vanno bene con i piccoli che sono già in grado di star seduti da soli. C'è il vantaggio di avere entrambe le mani libere ma, al contempo, lo svantaggio che non vi si dorma molto comodamente; inoltre, non tutti i modelli possono fungere da seggiolino al ristorante.

Per i bebè che ancora non riescono a stare seduti si può portare un marsupio o una fascia da indossare a tracolla (potete usare un sarong, uno scialle o acquistarne una fatta su misura). I piccoli adorano stare appesi sul petto di mamma o papà e, trasportati così, si appisolano volentieri cullati dal battito del cuore e dal movimento del corpo in marcia.

In commercio esiste un modello di zaino portabambini dotato di ruote, che all'occorrenza può quindi essere usato come passeggino: si tratta di una soluzione davvero geniale che può risolvere molti problemi. Si trovano in vendita non solo nei negozi specializzati in prodotti per l'infanzia ma anche in alcuni negozi di attrezzature da campeggio.

un consiglio

Se avete un bimbo di pochi anni portate la federa del suo cuscino: usata nel letto di una camera d'albergo aiuta a sentirsi un po' a casa e occupa molto meno spazio di un orsacchiotto.

Carol De Giorgio, Singapore

attrezzature per i pasti

Per i neonati è opportuno portare sempre con sé biberon, un cucchiaino, un piatto di plastica (da lavare spesso in acqua bollente), un colino (va bene un colino per il tè, utile anche per filtrare i succhi di frutta fresca) e/o un piccolo frullatore. Portate anche diversi bavaglini in tessuto o un paio di quelli in plastica morbida.

Per i piccoli già svezzati avrete bisogno di una tazza con beccuccio, un cucchiaino (comodo se al ristorante vi danno solo cucchiai e forchette grandi) e una ciotola di plastica (da usare quando preparate i pasti per conto vostro o dividete la vostra porzione con i bambini). Dai 4 anni in poi non è necessario portare attrezzature particolari per i pasti.

Molti ristoranti mettono i seggioloni a disposizione dei clienti, ma capita spesso che proprio quando ne avete bisogno siano già stati tutti occupati. In commercio esistono seggiolini pieghevoli che possono essere appesi al tavolo e vanno bene per i bambini in grado di stare seduti da soli. Questi seggiolini hanno il sedile in plastica o in nylon e sono piuttosto leggeri, quindi portarli con sé è relativamente facile; c'è però da osservare che possono essere usati solo con certi tipi di tavoli: sotto il piano deve infatti esserci spazio sufficiente a incastrare i supporti. Verificate inoltre che il tavolo sia abbastanza robusto da reggere il peso senza cedere o ribaltarsi. Nei capitoli sui singoli paesi troverete informazioni specifiche sulla presenza o meno di seggioloni in loco e sulla reperibilità di attrezzature per i pasti.

un consiglio

Acquistate un pentolino da viaggio dove poter bollire l'acqua necessaria per preparare i pasti. Se dovete farla bollire per dieci minuti allo scopo di sterilizzarla, comprate un fornelletto da campeggio: sarà denaro ben speso.

Rosie Whitehouse, UK

giocattoli e libri

È questa una parte davvero importante del bagaglio ma, come per il resto, non bisogna strafare e soprattutto ricordare che alcune cose si possono comprare durante il viaggio. Scegliete giocattoli che non siano composti da piccoli pezzi: finirebbero inevitabilmente per cadere sul pavimento dell'aereo, dell'auto o dell'autobus. Possono essere utili: un libro da colorare (o con giochi all'interno) e matite colorate; un walkman con cassette di filastrocche, fiabe o musica, a seconda dell'età di vostro figlio; un paio dei giocattoli preferiti dal bambino e dei libri che ama leggere e rileggere; non guastano anche un libro e un giocattolo nuovi. I bambini più grandicelli sono in grado di spassarsela per ore se hanno un giochino elettronico. Se visiterete un paese dov'è difficile trovare libri per l'infanzia in italiano, potreste proporre ai bambini di scambiare i loro libri con quelli di altri piccoli viaggiatori oppure, se partite per molto tempo, chiedere a qualcuno di spedirvi qualche libro nuovo da casa.

amici

Talvolta vale la pena di considerare l'ipotesi di portare con voi un amico o un'amica di vostro figlio/a adolescente. Specie nell'età in cui tutto li annoia, infatti, avere vicino qualcuno con cui parlare o con cui esplorare un posto nuovo può essere la soluzione ideale. Naturalmente, la questione è delicata e solleva un gran numero di interrogativi: se è il caso di prendersi la responsabilità per un figlio non vostro, quale impatto avrà la sua presenza sulle dinamiche famigliari e come reagirà un eventuale fratello o sorella che non porta amici in viaggio. Tuttavia, lo ripetiamo, è un'ipotesi che merita di essere valutata.

e la scuola?

Se intendete fare un lungo viaggio con figli in età scolare, potete accordarvi con i loro insegnanti e farvi dare una serie di compiti da portare con voi. Sappiate, inoltre, che la legislazione scolastica prevede che il bambino venga accolto, per un periodo più o meno lungo, a frequentare una scuola locale o internazionale.

contatti con la gente

Le persone incontrate durante il viaggio saranno il miglior ricordo che i vostri figli riporteranno a casa e vi stupirete nel constatare quante rimarranno impresse nella loro memoria. In molti paesi si crea una curiosità reciproca fra turisti e popolazione locale e pertanto vi troverete spesso al centro dell'attenzione.

attenzioni indesiderate

Viaggiando con i bambini vi si spalancherà davanti un mondo completamente nuovo ed è probabile che i vostri figli saranno sempre al centro dell'attenzione, soprattutto se visitate un paese con una cultura assai diversa dalla vostra. Saranno tutti per loro i sorrisi e l'ammirazione degli adulti e i dolci offerti; talvolta qualcuno sentirà persino il bisogno di darvi qualche consiglio. Presso alcuni popoli è normale che i piccoli vengano presi in braccio un po' da tutti o vezzeggiati con pizzicotti sulle guance. Se vostro figlio è uno di quei bambini che non apprezzano questo tipo di contatti fisici, cercate di proteggerlo il più possibile. Lasciate che siano loro a stabilire i limiti e aiutateli a difendere il loro spazio personale e comunque, per tenerli al riparo da carezze indesiderate, potete sempre portarli sulle spalle.

un consiglio

Partiamo con nostro figlio per un giro del mondo che durerà tre anni e stiamo organizzando un collegamento via internet con la sua scuola superiore per fargli seguire le lezioni tramite il computer portatile.

Edward Seco,
sito internet
Lonely Planet

i bambini del posto

Uno degli aspetti più belli del viaggio con i bambini piccoli è dato dal fatto che i vostri figli faranno amicizia e comunicheranno benissimo con i coetanei del posto, quale che sia il paese in cui vi trovate o la lingua che vi si parla.

Via via che crescono i bambini sentono sempre di più il bisogno di avere un linguaggio comune con i loro compagni di gioco. In questo senso anche una manciata di parole può rivelarsi molto utile. Il fatto di capitare in un albergo in cui alloggia una famiglia con figli che hanno la stessa età dei vostri è solitamente un vero colpo di fortuna: i ragazzi saranno così contenti di aver trovato qualcuno con cui giocare e comunicare che vi capiterà di vederli ricomparire solo alle ore dei pasti.

Indipendentemente da eventuali difficoltà di comunicazione, un bambino noterà la presenza di altri bambini e ne studierà il comportamento: sarà perciò interessante scoprire le osservazioni e le riflessioni dei vostri figli.

Le spiagge costituiscono un ottimo punto di osservazione delle differenze culturali e sono anche uno dei pochi posti in cui i vostri figli possono lanciarsi in rumorosi e sfrenati giochi con i bambini del posto senza bisogno di un comune linguag-

un consiglio

Se mai aveste bisogno d'aiuto, rivolgetevi a qualcuno che ha figli. I bambini e l'amore che si prova per loro costituiscono davvero un linguaggio universale.
Ericka Chemko, Canada

gio verbale. Quando siete in spiaggia non dimenticate che, per quanto sguazzino felici in acqua, alcuni bambini del posto non sanno nuotare. Anche se i vostri sono buoni nuotatori e non hanno bisogno di essere sorvegliati da vicino, tenete d'occhio i loro compagni di gioco nel caso in cui si inoltrino fin dove non si tocca e quindi si ritrovino in difficoltà.

cultura

Potrebbe capitare che vostro figlio di 2 anni, solitamente socievole e sicuro di sé, diventi inaspettatamente mammone la prima volta che partite per un viaggio. È una reazione normale: quando vede sparire tutto ciò che gli è famigliare inevitabilmente si aggrappa a quanto di conosciuto gli rimane. Non forzate la mano pretendendo che rispondano amichevolmente agli estranei o costringendoli a restare con quella simpatica signora che gestisce l'albergo e muore dalla voglia di prendersi cura di loro: non fareste che peggiorare la situazione. Cercate di rassicurarli più che potete, portateli con voi ovunque andiate, spiegate sempre dove siete diretti e che cosa vi aspettate di trovare una volta arrivati. Cercate di convincerli che tutto va bene, concedendo loro qualche coccola più del solito per tranquillizzarli: se i genitori si comportano in modo adeguato solitamente un bambino non impiega molto tempo a riconquistare la propria sicurezza.

Quello che può accadere è che anche voi proviate un certo disorientamento e non sappiate bene come comportarvi, specialmente se si tratta del vostro primo viaggio in un ambiente del tutto sconosciuto. In questo caso cercate di fare in modo che i bambini non percepiscano la vostra insicurezza: rimanete nelle vicinanze dell'albergo e fate brevi passeggiate nei dintorni; consumate i pasti in hotel se vi sembra una soluzione più comoda, iniziate le escursioni solo quando vi sentite pronti.

Un bambino naturalmente si aspetta che i suoi genitori siano sempre padroni della situazione perché egli ha in loro la fonte ultima delle sue certezze. Non dimenticate che, per quanto vi sentiate incerti e indifesi, non è certo questo il momento adatto per disilludere i vostri figli: siate risoluti nel decidere anche quando non sapete che pesci pigliare. Se avete bisogno di informazioni rivolgetevi al primo passante che vi sembra in grado di aiutarvi; anche i turisti che incontrate al ristorante o per la strada sono buone fonti da cui ottenere informazioni utili, per esempio in quali locali andare a mangiare, come fare per raggiungere una certa località, dove andare a cambiare denaro e così via: di solito sono ben contenti di passare ad altri quello che hanno imparato.

A volte, in certi paesi, potrà capitare che i vostri figli, a seconda della loro età, si sentano turbati dalla povertà e dalla sofferenza che vedono in alcuni paesi. Non cercate di sottrarli alla visione di questi dolorosi spettacoli, non tentate di negare la realtà o di sostenere che la situazione non sia così grave come sembra; evitate anche di indurli a credere che queste persone siano in qualche modo diverse e che, in fin dei conti, non considerino la propria situazione così come la vediamo noi: in questo modo fareste solo un cattivo servizio ai vostri figli e li privereste della possibilità di sfruttare appieno la propria esperienza di viaggio. Questo naturalmente non significa che dovete imbarcarvi con i vostri figli in una discussione politico-ideologica sul Terzo Mondo: di solito è sufficiente rispondere ai loro 'perché'.

Cercate di insegnare ai vostri figli il rispetto per la gente del posto e la sua cultura. Il metodo migliore è l'esempio: fate attenzione a come parlate delle persone che incontrate e a come vi rivolgete loro. Non si tratta solo di rispettare le normali convenzioni nei rapporti interpersonali: cercate di evitare espressioni di disprezzo quando parlate della gente del posto con il vostro partner o con altri turisti. Ci piacerebbe pensare che queste sono cose che non facciamo mai, ma spesso i contrattempi del momento ci fanno perdere le staffe o parlare di 'questa gente' in toni non troppo benevoli. Per i vostri figli voi costituite un esempio da imitare perché in questi momenti, trovandosi in un mondo del tutto nuovo e avendo perso i propri abituali criteri di comportamento, si affidano a voi ancor più del solito. Può darsi che i vostri figli trovino ridicolo il fatto che un 'grande' non capisca la loro lingua o la parli con molta difficoltà; questo potrebbe suscitare in loro anche un senso di superiorità nei confronti della gente del posto. Per educarli al rispetto della cultura locale basterà insegnare loro alcune parole ed espressioni elementari nella lingua del paese che state visitando. Confrontare l'ignoranza altrui con la propria ignoranza della lingua locale metterà a tacere il loro incipiente sciovinismo. In questo libro troverete alcune annotazioni specifiche sulla cultura e le convenzioni sociali dei paesi trattati.

IL VIAGGIO

il viaggio

aereo

Quando si prende un aereo con i bambini non c'è il tempo di annoiarsi e i rari momenti di quiete durante il volo sono qualcosa che s'impara ad apprezzare. Un viaggio in aereo con un bambino, soprattutto se piccolo, può essere molto faticoso, ma se ben preparato, può diventare piacevole.

Sui neonati il movimento dell'aereo spesso ha un effetto soporifero. Dopo i 6 mesi, invece, quando i bambini si muovono di più, il volo diventa più impegnativo perché bisogna accudirli e tenerli occupati cantando o giocando con loro. Inoltre, ci si ritrova a effettuare il cambio dei pannolini in toilette microscopiche e a consumare i pasti tenendo il bebè sulle ginocchia. Fino a un 1 e mezzo, comunque, specie se il volo è lungo, i bambini tendono a dormire per buona parte del viaggio. Dunque non scoraggiatevi: se avrete le attrezzature necessarie e qualche giochino a portata di mano e se chiederete aiuto in caso di bisogno, dovreste cavarvela egregiamente.

I bambini da 1 a 4 anni sono compagni di viaggio piuttosto difficili: un volo molto lungo può trasformarsi in una vera tortura per loro e, di riflesso, in una impresa per i genitori. Per divertirli e intrattenerli bisogna compiere sforzi erculei: libri, giocattoli e merendine non possono più di tanto e solitamente funzionano per un tempo limitato. Consolatevi pensando che il viaggio è destinato comunque ad avere termine e cercate di non badare troppo a eventuali segnali di fastidio manifestati da altri passeggeri: è gente che probabilmente non rivedrete mai più! Nell'appendice **Giochi da viaggio** troverete qualche suggerimento su come distrarre i bambini durante un lungo volo.

un consiglio

I voli lunghi sono una vera prova di resistenza e conviene prenderli come una sfida. Se riuscirete a non perdere la testa, la pazienza e il senso dell'humour, alla fine proverete una sensazione di trionfo.

Jo Gregory, Australia

A partire dai 3 o 4 anni d'età le cose migliorano: i bambini sono in grado di disegnare, di partecipare a un gioco semplice proposto da voi o di passare il tempo con alcuni giocattoli ben assortiti. Questo vale particolarmente per i piccoli viaggiatori italiani che forse, sui voli internazionali, non sono in grado di apprezzare né il programma per bambini né la proiezione del film in lingua straniera. A quest'età, inoltre, sono ormai in grado di consumare da soli il pasto che viene servito e la novità di sentirsi offrire delle bevande solitamente li mette di buon umore. È anche più facile convincerli a coricarsi e a dormire un po'.

Gli adolescenti non hanno bisogno di essere accuditi e in genere passano il tempo con i servizi e le comodità offerti a bordo, oltreché con i libri e la musica che hanno portato con loro. Come agli adulti potrà capitar loro di annoiarsi, ma è un'evenienza cui sanno far fronte molto meglio dei genitori.

tariffe e franchigia bagagli

Sui voli internazionali i bambini sotto i 2 anni pagano solo il 10% della tariffa intera, purché siano accompagnati da un adulto pagante. Questa concessione non è cumulativa, quindi gli eventuali bambini in più devono pagare la normale tariffa prevista per loro. I piccoli che godono della suddetta tariffa al 10% non hanno diritto a un posto a sedere (si dà per scontato che siedano sulle vostre ginocchia) e non usufruiscono di franchigia bagagli. Inoltre non hanno diritto al pasto: dovete quindi portare del cibo con voi oppure dividere con loro il vostro pranzo; tuttavia, capita assai di rado che le hostess non riescano a far saltare fuori uno o due vassoi in più al momento dei pasti.

Le normali tariffe per bambini differiscono in una certa misura da quelle per gli adulti. In generale la fascia di età in cui si applicano è dai 2 ai 12 anni sui voli internazionali e dai 3 ai 12 anni sui voli nazionali. Solitamente i bambini pagano il 50% delle tariffe per adulti a prezzo pieno o il 67% delle tariffe scontate, che al giorno d'oggi costituiscono il grosso del mercato. La variabile determinante è l'età del bambino al momento della partenza; se vostro figlio compie gli anni mentre siete via non ci sono problemi. Una volta superata l'età di 12 anni terminano tutti i trattamenti di favore e viene applicata la tariffa per adulti.

Le attrezzature necessarie per la cura di un bambino piccolo possono essere portate come bagaglio a mano. L'espressione 'attrezzature necessarie' può essere interpretata con una certa libertà, anche se in generale sta a indicare cibo, pannolini e indumenti; per quanto riguarda il **passeggino**, in genere (ma non sempre) le compagnie aeree consentono di portarlo a bordo come bagaglio a mano.

Ufficialmente non è consentito caricare a bordo le **carrozzine**, ma in linea di massima le linee aeree le trasportano tutte gratis, pieghevoli e non, basta che non superino le misure di 76x40x30 cm. Non esistono indicazioni precise circa il peso, ma non dovreste avere problemi se la carrozzina rientra nei 10 kg.

I bambini sopra i 2 anni usufruiscono della franchigia bagagli completa: se viaggiate in un paese tropicale e quindi avete abiti e bagagli leggeri potreste trovarvi a utilizzare solo in parte la vostra franchigia bagagli. Questo si rivela molto utile se avete intenzione di portare a casa qualche acquisto ingombrante.

servizio

Le linee aeree e gli aeroporti offrono una gamma piuttosto vasta di servizi e in generale sono molto comprensivi verso le esigenze dei genitori in viaggio con la prole.

Alla fine della giornata, tuttavia, neppure il servizio più simpatico, efficiente e previdente può competere con un buon numero di posti a sedere liberi attorno a voi. I voli meno affollati sono proprio per questo la scelta migliore quando si viaggia con i piccoli: con un paio di sedili su cui distendersi un bambino piccolo può dormire comodamente. Anche la scelta di una buona rotta può fare la differenza: i bambini detestano ancor più degli adulti il fatto di essere svegliati nel cuore della notte per aggirarsi senza meta in un aeroporto sperduto.

Arrivate all'aeroporto con un buon anticipo e cercate di essere tra i primi a passare al check-in. Questo è importante se volete avere qualche chance di poter scegliere i posti a sedere, anche se spesso le linee aeree riservano alle famiglie un trattamento favorevole rispetto a quello per gli altri passeggeri.

Se avete bisogno di una **culla** occorre farne richiesta al momento della prenotazione del volo (per maggiori informazioni v. **Dove metterli a dormire**). Così come chi preferisce mangiare qualche snack invece del pranzo completo per sé o per i propri figli, deve avvisare la compagnia almeno 48 ore prima della partenza. Potete anche ordinare cibo per bambini oppure portarlo voi e chiedere che venga scaldato a bordo (v. **Cibi e bevande**, più avanti).

un consiglio

Per favorire il consumo di energie in attesa del decollo, portavamo sempre due schiacciamosche e qualche palloncino gonfiabile che diventava un volano appena mettevamo piede in aeroporto. Tennis espresso!

Adele Levinge, Australia

aeroporti

In quasi tutti gli aeroporti esistono stanze opportunamente attrezzate dove si possono cambiare i pannolini e dar da mangiare ai bambini molto piccoli: in alcuni casi sono ottime mentre in altri sono poco attrezzate e mal tenute. Negli ultimi tempi queste strutture sono divenute accessibili a entrambi i genitori (in passato erano annesse ai servizi igienici femminili), cosicché ora anche un padre ha talvolta la possibilità di accudire il proprio bambino. In alcuni aeroporti esistono aree riservate alle famiglie o zone giochi riservate ai bambini: chiedetelo in anticipo oppure allo sportello informazioni quando arrivate.

che cosa portare sull'aereo

Il trucco sta nel trovare un punto di equilibrio fra due estremi: stipare nelle borse tutto quello che pensate possa eventualmente servire oppure portare soltanto quel che è strettamente necessario. Qui di seguito vi suggeriamo, relativamente alla fascia d'età, alcune cose che in genere tornano utili.

0-18 mesi

- una coperta o una pelle d'agnello su cui far dormire il bambino
- pannolini e salviette umidificate (o ciò che usate al loro posto)
- sacchetti di plastica per pannolini, abiti, salviette, etc.
- telo impermeabile per il cambio del pannolino
- cibi e bevande
- almeno un cambio di indumenti e diversi bavaglini
- qualche giocattolo

Le compagnie aeree dispongono a bordo di pannolini usa e getta, ma è meglio considerarli una soluzione per i casi d'emergenza. In genere il personale di bordo si fa carico di gettare via i pannolini usati ma, per ragioni d'igiene, dovrete prima riporli in un sacchetto di plastica.

Solitamente in ogni sezione dell'aereo c'è una toilette dotata di un tavolo pieghevole per il cambio dei pannolini, ma non è sempre facile riuscire a tener fermo su una superficie piatta e dura un bambino che si dimena e contemporaneamente cambiargli il pannolino. A volte è più facile distendere il telo impermeabile sul proprio sedile e cambiare lì il bambino, sempre che lo spettacolo non sia troppo disgustoso e si rischi di rendersi molto impopolari presso gli altri passeggeri.

Per i bambini sopra i 6 mesi è opportuno portare qualche giocattolo in grado di tenerli occupati almeno per un po'. Evitate comunque di portarne troppi: tutto quello che serve è un campionario di quelli che a casa riscuotono maggiore successo.

18 mesi – 3 anni

- una coperta o una pelle d'agnello su cui far dormire il bambino
- pannolini o biancheria di ricambio
- salviette umidificate (per il cambio del pannolino e per altri usi)
- spuntini e bevande
- alcuni libri e giocattoli

Se il vostro bambino non usa più il pannolino portate almeno due paia di mutandine, perché un imprevisto può capitare anche ai bambini più 'allenati' quando sono eccitati o, peggio ancora, quando devono restare in coda troppo a lungo in attesa che si liberi la toilette.

Giocattoli e libri sono utili (per qualche suggerimento v. **Preparare i figli al volo**), ma ricordate che non è necessario esagerare. Matite colorate e blocco per disegnare vanno benissimo, anche se generalmente il personale di bordo distribuisce giochi, libri, matite e altro.

Quasi tutti i bambini hanno un orsacchiotto o una bambola cui sono particolarmente affezionati e che vogliono portare con sé quando viaggiano. Per evitare di dover tenere, oltre il bambino e la borsa, anche il pupazzo, vi consigliamo di fissargli attorno al collo un elastico in modo che formi un anello; potrete infilarvi il polso del vostro bambino, oppure appenderlo al passeggino o infilarvelo al vostro polso, cosicché avrete le mani libere. In questo modo si previene, inoltre, la terribile eventualità che possiate dimenticare l'adorato beniamino da qualche parte.

un consiglio

Se avete bisogno di qualcosa non fatevi scrupolo di chiederla agli assistenti di volo: in generale non vedono l'ora di potervi aiutare, solo che non sempre sanno cosa devono fare. Se i bambini sono grandicelli non dimenticate di visitare la cabina di pilotaggio!

Claudia Koch-McQuillan, Australia

Un altro espediente cui ricorrere con un bambino in un aeroporto consiste nell'attaccare ai suoi abiti un piccolo ma potente fischietto affinché, qualora si perda o resti momentaneamente separato da voi, possa emettere un sonoro richiamo. Inoltre, questo gli infonderà un senso di sicurezza: dovrete però sia insegnargli a non usare il fischietto in momenti non opportuni sia sperare che se ne serva soltanto in caso di necessità. Nell'appendice **Giochi da viaggio** troverete alcuni suggerimenti per improvvisare giochi in volo.

4-18 anni

- libri
- giocattoli
- walkman

Sebbene i problemi diminuiscano via via che i figli crescono, resta comunque conveniente portare un numero adeguato di libri, giocattoli, giochi e walkman con una dotazione di cassette di fiabe e di musica: possono tener occupati i bambini per buona parte del viaggio.

preparare i figli al volo

L'ideale sarebbe riuscire a organizzarsi in modo da trascorrere in completo relax le 24 ore prima della partenza. Mangiate poco e in modo leggero (non è il caso di affaticare l'apparato digestivo), andate a dormire presto e fate in modo che i bambini non si agitino troppo, cosa che peraltro è più facile a dirsi che a farsi. Cercate di arrivare all'aeroporto in tempo per organizzare tutto con calma. Fate un giro per l'aeroporto, date un'occhiata ai negozi e agli aerei; parlate tranquillamente dell'imminente salita a bordo e spiegate ai bambini come sarà l'interno dell'aereo. Cercate di rendere la partenza più tranquilla possibile.

che cosa indossare sull'aereo

La scelta degli indumenti da indossare sull'aereo deve essere dettata soprattutto dalla comodità. Indipendentemente dalla destinazione finale o dal clima che prevedete di trovare dovete essere preparati per ogni evenienza, poiché può sempre rendersi necessario uno scalo intermedio imprevisto. La tecnica di vestirsi a strati è un sistema che funziona bene.

Se volete che i vostri figli facciano bella figura una volta arrivati a destinazione, potete portare a parte, nel bagaglio a mano, i loro 'vestiti buoni', ma non abbiate fretta di cambiarli d'abito. I bambini riescono spesso a far franare anche i piani meglio congegnati dei propri genitori; il momento migliore è quando l'aereo è già atterrato e sta rollando sulla pista.

Non trascurate anche la vostra comodità per quanto riguarda l'abbigliamento; se siete in viaggio con bambini molto piccoli non dimenticate che è possibile sporcarsi incredibilmente prima dell'arrivo. In un ambiente ristretto non ci sono molti posti su cui possano finire dita appiccicose, cibo rovesciato e dolci rigurgitati e quindi sarete voi il bersaglio principale.

dove metterli a sedere

La scelta del posto a sedere è molto importante. Generalmente i genitori con bambini piccoli vengono sistemati nella prima fila di fronte alla paratia anteriore della cabina: qui avrete più spazio per allungare le gambe e per far giocare i bambini e potreste trovarvi seduti vicino ad altri genitori (i compagni di viaggio più comprensivi).

Purtroppo, però, su molti aerei i sedili della prima fila hanno i braccioli fissi che fungono da supporto al tavolino pieghevole. Quindi, anche se sarete così fortunati da avere un posto libero accanto a voi, il bambino non potrà utilizzarlo per sdraiarsi completamente dato che è impossibile sollevare il bracciolo tra una poltrona e l'altra. Il problema sussiste anche qualora non ci siano posti liberi accanto a voi, perché se il bracciolo è fisso non potete neppure far distendere il bambino fra il suo sedile e le vostre ginocchia.

Un altro svantaggio, perlomeno sugli aerei che non prevedono uno schermo per ciascun passeggero, è dato dal fatto che durante la proiezione del film ci si trova proprio sotto lo schermo e perciò ogni volta che ci si alza in piedi, cosa che capita molto spesso quando si viaggia con i figli piccoli, si intralcia la visuale a tutti. Nel caso di un'emergenza che richieda un po' d'illuminazione si hanno anche più problemi ad accendere la luce, perché anche in questo caso si disturba la visione degli altri passeggeri. Un'ultima considerazione: nella prima fila solitamente si concentrano tutti i genitori in viaggio con i figli. Se d'abitudine vostro figlio non piange, il fatto di sedere accanto a un bambino in lacrime potrebbe indurlo ad imitarlo!

un consiglio

Il momento migliore per andare in cerca di sedili non occupati è immediatamente dopo la chiusura delle porte, prima del decollo. Non perdete tempo e catapultatevi sui primi posti liberi con bambini e bagagli.

Jo Gregory, Australia

Se vi accingete a un volo lungo potreste chiedere di assegnarvi i sedili nella sezione centrale, fra i due corridoi, perché in questa ci sono più sedili rispetto alle sezioni accanto ai finestrini e quindi sono maggiori le probabilità di riuscire a distendersi se ci sono posti liberi. Potete anche chiedere di mantenere, finché possibile, un posto libero accanto ai vostri: il personale di bordo è normalmente disponibile e comprensivo e farà di tutto per trovarvene più di uno. Se state occupando tre posti in una fila di quattro sedili e il posto accanto a voi è occupato da un passeggero che viaggia da solo, basterà uno sguardo d'intesa perché lo steward o la hostess facciano il possibile per trovare al vostro vicino una sistemazione alternativa in modo che voi possiate usufruire di un posto in più. Due adulti in viaggio con due o più bambini farebbero bene a perlustrare separatamente l'aereo in cerca di posti liberi, perché a volte, dividendosi in due gruppi, si riesce a trovare una sistemazione migliore per dormire.

comfort

Dal momento che sugli aerei l'aria è tanto secca da poter infastidire chiunque, tenete a portata di mano un nebulizzatore pieno d'acqua con cui spruzzare il viso ai vostri figli; la sensazione è gradevole e fresca e i ragazzi di solito la trovano divertente. Spalmando poi un po' di crema idratante sulla pelle la sensazione di secchezza sparisce completamente. Uno stick per le labbra evita le screpolature. Spazzolino da denti e dentifricio sono utili per quando volete darvi una rinfrescata.

Se a causa dell'aria secca il bambino avverte fastidio al naso o un principio di sinusite provate a coprirgli il volto con un foulard o un fazzoletto come i banditi dei film western. Una stoffa leggera posta, senza stringere, davanti al naso può creare un po' di umidità e alleviare il fastidio.

dove metterli a dormire

A bordo dei velivoli di tutte le linee aeree in servizio sulle lunghe distanze ci sono alcune culle, che tuttavia vanno bene solo per un bambino molto piccolo: sono agganciate alla paratia anteriore della cabina, davanti alla prima fila di poltrone, o vengono appese in alto in corrispondenza di determinati sedili posti nella fila vicino al finestrino. Queste culle misurano all'incirca da 58 a 70 cm di lunghezza, 30 cm di larghezza e 20 cm di altezza e sono adatte a bambini di peso inferiore a 10 kg. Se avete bisogno della culla dovete specificarlo al momento della prenotazione del biglietto. Molte compagnie aeree forniscono delle cinture di sicurezza per i piccoli sotto i 2 anni che si sistemano attorno alla vita del bambino e quindi si fissano a quella dell'adulto che lo tiene in braccio. Sono una buona soluzione sia per il decollo e l'atterraggio sia per i momenti in cui vostro figlio dorme tra le vostre braccia.

I bambini piccoli possono dormire su una pelle d'agnello o una coperta che avrete portato da casa, mentre quelli più grandicelli si metteranno a dormire quando hanno sonno e il personale di bordo potrà fornirvi cuscini e coperte per farli stare comodi. Verificate che abbiano allacciato la cintura di sicurezza in modo da non doverli svegliare in caso di turbolenze.

un consiglio

Per creare un po' d'ombra intorno alla culla, che si trova sempre sotto lo schermo della televisione, portatevi un piccolo lenzuolo o un telo di stoffa leggera. Portate anche della gomma adesiva per fissare il lenzuolo alla parete come fosse una tendina.

Claudia Koch-McQuillan, Australia

cibi e bevande

Se vostro figlio usa il biberon portate l'attrezzatura e almeno gran parte del cibo necessario. Le compagnie aeree possono fornire su richiesta cibo per bambini, ma è meglio essere autosufficienti, perché se sull'aereo è presente un numero di esigenze superiore alla norma le provviste di cibo possono rapidamente esaurirsi. Inoltre, è bene prevenire con una quantità abbondante di scorte l'eventualità di rimanere inaspettatamente bloccati da qualche parte. Per maggiore comodità, quando si tratta di dar da mangiare ai vostri figli negli aeroporti e sugli aerei, optate per i cibi confezionati in vasetto piuttosto che in scatola. Cercate di avere con voi un numero di biberon sufficiente per tutta la durata del volo. In genere l'acqua degli aerei è purificata, ma è meglio non correre rischi.

In viaggio non sempre è possibile mangiare e bere quando il corpo lo richiede. Se all'ora di cena vi troverete con i bambini in una sala d'aspetto in attesa dell'imbarco sarà bene avere con voi dei panini, frutta o yogurt per improvvisare una cena al sacco oppure comprare qualcosa all'aeroporto. Conviene inoltre tenere qualche merendina in borsa: può sempre capitare che i vostri figli abbiano fame fuori delle ore dei pasti e il personale di bordo non sia disponibile proprio in quel momento.

Quando prenotate il volo verificate se esiste la possibilità di avere delle merendine o un pasto per bambini (è un servizio offerto dalla maggior parte delle compagnie aeree). Succhi di frutta e bibite gassate vengono distribuiti gratuitamente, ma se preferite che i vostri figli non bevano succhi di frutta zuccherati o con conservanti dovrete provvedere voi. Se siete due adulti che viaggiano con un bambino chiedete allo steward o all'hostess di servire i due pasti in momenti successivi, così che uno dei due possa tenere il bambino mentre l'altro mangia.

Sugli aerei la disidratazione colpisce tutti e quindi le madri che allattano devono assolutamente ricordarsi di aumentare l'assunzione di liquidi (evitando tuttavia alcol e caffeina). Utilizzate frequentemente i distributori d'acqua, chiedete bicchieri d'acqua minerale o portavene dietro una bottiglia che chiederete di riempire una volta consumata.

Se si hanno bambini piccoli è importante avere una tazza con il beccuccio: sono davvero utili tanto che converrebbe portarne sempre due, in caso che una andasse persa durante il viaggio. Adottate la regola generale di far bere sempre i vostri figli dalla tazza con il beccuccio quando siete su un aereo e vedrete che i vostri viaggi saranno molto più asciutti. Se decidete di portare delle merendine ricordate che resteranno per qualche tempo nella vostra borsa, quindi è meglio evitare quelle troppo soffici o umide o quelle che hanno tendenza a sbriciolarsi.

fusi orari

Le variazioni di fuso orario possono davvero disorientare i bambini. Di solito sono già stanchi per il viaggio in aereo e, alla fine del volo, con il loro orologio interno che manda segnali alle ore sbagliate rischiano di sentirsi davvero a pezzi oppure di mettersi a saltare vispi e sveglissimi alle prime luci dell'alba (facendo sentire a pezzi voi). La cosa migliore è adottare subito la nuova ora, perché quanto prima riuscirete ad abituarvici, tanto prima vi rimetterete in sesto: se arrivate a metà mattina, secondo l'ora locale, cercate di rimanere svegli per il resto della giornata anche se morite dalla voglia di dormire. Rilassatevi e prendetevela comoda, ma cercate di andare a letto a un'ora appropriata. Questo non significa tenere svegli i vostri figli a tutti i costi evitando che schiaccino qualche pisolino, bensì cercare di evitare i rituali consueti dell'andare a letto (bagno, pigiama, fiaba, etc.) fino a quando non sarà ora di mettersi davvero a dormire.

Se arrivate a destinazione di prima mattina, secondo il nuovo fuso orario, cercate di far dormire i bambini per un'ora o due verso la tarda mattinata, poi svegliateli e teneteli svegli per il resto della giornata, sperando che dormano per tutta la notte e giungano ad abituarsi nel giro di qualche giorno.

I bambini più grandi e gli adolescenti, che hanno già viaggiato e che almeno si rendono conto di ciò che accade, nonostante fatichino a restare svegli quando sono veramente stanchi, sono più disposti a collaborare e possono restare coricati leggendo un libro o ascoltando una musicassetta.

problemi di salute

Per informazioni su cinetosi e mal d'orecchi durante il decollo e l'atterraggio v. il capitolo **Salute**.

autobus e treno

Autobus e treno sono mezzi comodi per viaggiare sia con i neonati, sia con i bambini più grandicelli e gli adolescenti, ma i tragitti lunghi rischiano di essere difficili con i bambini che hanno superato la primissima infanzia ma che non hanno ancora raggiunto lo stadio in cui sono in grado di giocare o passare il tempo da soli. Quando gattonano o incominciano a camminare detestano stare seduti e fermi e, purtroppo, su autobus e treni affollati non c'è molto spazio per muoversi. Quando poi capita di viaggiare su un autobus che procede a sobbalzi e scossoni occorre letteralmente tenere i bambini stretti a sé.

Nel caso che dobbiate assolutamente compiere un lungo spostamento e che non ci sia alcun modo di spezzarlo in tappe più brevi, tutto quello che potete fare è comportarvi come se doveste affrontare un viaggio in aereo; assicuratevi quindi di avere a portata di mano tutto ciò di cui potreste avere bisogno: bevande, spuntini, libri, etc.

Essendo gli autobus il mezzo di trasporto più affollato e scomodo, è conveniente, se vostro figlio ha più di 2 anni, pagare per un posto a sedere in più (anche nel caso che il bambino viaggi gratis) invece che cercare di risparmiare tenendolo sulle ginocchia per tutta la durata del transito. Portate con voi tutto il cibo e le bevande di cui potreste avere bisogno e, se passate la notte in viaggio, non dimenticate di portare una coperta o indumenti che tengano caldo.

In fatto di comodità il treno è probabilmente meglio dell'autobus. Se il tragitto è veramente lungo, la soluzione migliore è quella di viaggiare durante la notte prendendo la cuccetta: un'idea che, generalmente, entusiasma i bambini.

Dopo aver compiuto un lungo tragitto in autobus oppure in treno cercate di trascorrere i giorni immediatamente successivi in un luogo piacevole e rilassante: scegliete un albergo accogliente dove i bambini possano scorrazzare e giocare, evitate di muovervi per alcuni giorni, disfate i bagagli, frequentate sempre gli stessi ristoranti, concedete ai vostri figli e a voi stessi tutto il tempo che potete per smaltire completamente lo stress del viaggio appena concluso. Un'ora dopo essere scesi dall'autobus i vostri figli potrebbero anche dare l'impressione di aver già dimenticato il viaggio, ma non è detto che quando ritornerete alla stazione non comincino a strillare rifiutandosi di salire a bordo. Non inserite nei vostri programmi troppi viaggi lunghi e, se proprio non potete evitarli, cercate quanto meno di distanziarli il più possibile fra loro.

Sebbene anche i bambini più grandicelli si annoino durante i lunghi viaggi in autobus, tuttavia hanno più resistenza. Sanno far passare il tempo conversando con gli altri passeggeri e voi potete sfruttare tutti i classici giochi da viaggio (per qualche suggerimento v. l'appendice **Giochi da viaggio**) e chiacchierare osservando i paesaggi. A viaggio iniziato offrite ogni ora qualcosa ai vostri figli, anche solo un dolce o un frutto, e sfruttate tutte le soste: assicuratevi che i bambini vadano al gabinetto ogni volta che è possibile.

automobile

Un'auto a noleggio può semplificare molto la vita a una famiglia in viaggio, perché si può viaggiare quando e per quanto si vuole, relativamente alla resistenza dei passeggeri del sedile posteriore, ci si può fermare ogni volta che qualcuno ha bisogno di andare al gabinetto e si possono improvvisare soste in parchi giochi e giardini. Se noleggiate un'auto, controllate che i sedili posteriori siano provvisti di **cinture di sicurezza** e, se non è possibile (oppure se il costo è proibitivo) noleggiare un **seggiolino di sicurezza** per neonati o bambini piccoli, portate il vostro da casa. Nei capitoli dedicati ai singoli paesi troverete notizie sulla disponibilità di seggiolini di sicurezza nei luoghi che visiterete. Per informazioni sui viaggi in camper o roulotte v. anche **Pernottamento** nel capitolo **On the road**.

un consiglio

Per chi viaggia con una bambina di pochi anni può essere molto utile portare un vasino da tenere in auto. La piccola non sarà più costretta a tener duro in attesa che si trovi una toilette.

Mim Holland, Australia

tragitti in auto

La durata delle tappe dipenderà dall'età dei vostri figli. Se viaggiate con un bebè o con bambini piccoli e vi mettete al volante quando stanno per appisolarsi oppure la sera quando dormono non sarà difficile viaggiare per parecchie ore di seguito. Guidare di notte però potrebbe essere stancante per voi. Con i bambini più grandicelli potete scegliere di non superare le 2-4 ore di viaggio al giorno oppure di percorrere una tappa lunga, di 6-8 ore, e poi di fermarvi per alcuni giorni una volta arrivati a destinazione. Un'altra soluzione è quella di partire al mattino molto presto, in modo che i bambini si riaddormentino in auto: potrete, così, non solo allungare la vostra giornata guidando per un po' fino all'ora di colazione, ma anche, soprattutto se partite da una città, evitare l'ora di punta del traffico mattutino.

Con i bambini più grandicelli e gli adolescenti la cosa migliore è programmare il viaggio insieme. Per ogni tappa decidete con loro a che ora partire, quanta strada volete percorrere e, consultando cartine e guide, dove volete fermarvi. Durante il tragitto inserite sempre qualche sosta da dedicare all'attività fisica; magari dovrete essere voi a dare il via, ma un po' di moto è essenziale. Alcuni lettori suggeriscono di portare con sé un pallone da calcio o un frisbee da tirar fuori durante questo tipo di soste. Se i vostri figli non faranno che ripetere frasi del tipo "Quanto manca?" e, di tanto in tanto, vi sembrerà di impazzire, cercate di mantenere un atteggiamento positivo considerando i tragitti in auto come parte dell'avventura. Potrebbe anche essere l'occasione ideale per strappare qualche confidenza al vostro figlio adolescente, quando tutti gli altri membri della famiglia dormono.

passatempi

Viaggiare in auto ha il vantaggio di avere più spazio per i bagagli. Portate tutto ciò che è indispensabile per affrontare i tragitti che vi proponete: cibi, bevande, giocattoli, walkman, etc., senza esagerare. Bevande e merendine servono a spezzare la monotonia del viaggio e alcuni giocattoli ben scelti terranno lontana la noia almeno per un po'. Non scegliete giocattoli che si possono scomporre in molte parti, se non volete passare tutto il tempo a raccogliere i pezzi sul pavimento. Può tornare molto utile un tavolino tipo vassoio da letto, uno a testa per ciascun bambino, da usare come supporto per i giochi o per poter disegnare.

un consiglio

Una grande lavagna magnetica è facile da trasportare, non sporca e offre ai bambini la possibilità di disegnare all'infinito. All'occorrenza può anche essere usata come piano d'appoggio.
Staffan Thorell, Sweden

Se il vostro sarà un viaggio lungo, vale la pena di acquistare un walkman per ciascuno dei vostri figli affinché possano passare il tempo ascoltando fiabe o canzoncine. Se i vostri figli sono un po' più grandi si può decidere di ascoltare le loro cassette: la musica o magari le storie divertenti rallegreranno il viaggio e faranno in modo che i più giovani non restino isolati con le loro cuffiette per tutta la durata del percorso. In alternativa, potete essere voi a raccontare una storia, impararne una lunga oppure narrare un'esperienza avvincente della vostra infanzia rivelando solo alla fine di averla vissuta in prima persona.

Sonagli e giocattoli musicali vanno bene per i bebè; i bambini di 2 o 3 anni si divertono con i giocattoli che hanno delle parti mobili; i bambini con qualche anno in più possono passare ore a inventarsi storie con pupazzetti di plastica; gli adolescenti amano le carte e i giochi da viaggio. Una buona idea può essere quella di creare una tasca sullo schienale dei sedili anteriori dove i bambini possano sistemare i giocattoli; altrimenti potete chiedere loro di tenere tutti i giocattoli e i libri nella loro borsa o zainetto personale. Per movimentare un po' il viaggio scambiatevi di posto: ai bambini piace che un adulto sieda dietro con loro o, se l'età lo consente, occupare il sedile anteriore. Nell'appendice **Giochi da viaggio** troverete numerosi suggerimenti su come divertirvi in auto con i vostri figli.

bicicletta

Le biciclette sono un mezzo di trasporto facile e divertente e in molti paesi sono largamente reperibili nelle zone frequentate dai turisti. Poiché quasi tutti i bambini le amano, riuscirete a pedalare per distanze relativamente lunghe, posto che siano loro a dettare la velocità di marcia, che si faccia un numero ragionevole di soste e che si mantenga il buonumore. Con i bambini è possibile fare anche veri e propri viaggi in bicicletta: non di rado vi sorprenderanno per la loro capacità di resistenza. Se decidete che questo sarà il vostro viaggio, è indispensabile una buona preparazione: prima della partenza fate lunghe pedalate ed escursioni in giornata in modo da rendervi conto di quanto riescono a stare in sella i vostri figli e della vostra forma fisica. Per gli amanti dei viaggi su due ruote, la Lonely Planet pubblica una serie di guide specifiche (Cycling Guides) su alcuni paesi particolarmente 'ciclabili'.

attrezzature

I bambini possono viaggiare in bicicletta a partire dagli 8 mesi circa, allorquando tengono la testa bene eretta e sono in grado di indossare un caschetto. In commercio esistono piccoli caschi leggeri che si adattano perfettamente allo scopo. Trasportare un bambino con le due ruote significa applicare un seggiolino alla propria bicicletta oppure agganciarvi un rimorchio. Il seggiolino è la soluzione più diffusa e, rispetto al rimorchio, ha il vantaggio di essere più economico, più facile da spostare perché è un tutt'uno con la bicicletta e inoltre consente di toccare il bambino e parlare con lui mentre si pedala. È sulle lunghe distanze che emergono gli inconvenienti del seggiolino: il bambino è più esposto agli agenti atmosferici, se si addormenta finisce per tenere la testa ciondoloni e inoltre lo spazio destinato ai bagagli si riduce. I modelli migliori – come per esempio il Rhode Gear Limo – sono sagomati in modo tale da proteggere il bambino in caso di caduta, sono provvisti di supporti per appoggiare e fermare i piedi, di schienale reclinabile che permette di dormire più comodi e si fissano con facilità e in modo saldo al portapacchi della bicicletta.

I rimorchi hanno una capacità massima di 50 kg (contro i 18 kg circa dei seggiolini) e quindi possono trasportare due bambini non piccolissimi e qualche bagaglio. Proteggono meglio (ma non completamente) dal sole e dalla pioggia e i bambini ci dormono comodi. Se optate per il rimorchio scegliete un modello leggero, pieghevole, ben visibile (in colori sgargianti e dotato di una bandierina) e facile da maneggiare. L'ideale è che si possa agganciare e sganciare facilmente dalle biciclette in modo che i due adulti possano darsi il cambio e trainare a turno il rimorchio, mentre l'altro pedala accanto ai bambini. Chi intende percorrere lunghi tragitti in bicicletta di solito preferisce quest'ultima soluzione, ma bisogna sapere che il rimorchio è illegale in alcuni paesi e pertanto occorre informarsi in anticipo presso l'amministrazione locale dei trasporti. Sugli aerei seggiolini e rimorchi vengono trattati come bagagli supplementari.

Assicuratevi che la bicicletta alla quale intendete agganciare un seggiolino o un rimorchio sia ben solida e provvista di rapporti sufficientemente leggeri in modo da poter sopportare il peso extra e aiutarvi a faticare meno.

A partire dai 4 anni circa i bambini possono passare a una 'bicicletta a rimorchio' (in realtà una bicicletta per bambini priva della ruota anteriore, che si aggancia a una bicicletta per adulti) o a un tandem (per i primi tempi solo sul sellino posteriore che dovrà essere dotato di manubrio e pedali adatti ai bambini) in modo da poter contribuire a pedalare. La soluzione del tandem può andare bene per diversi anni: vi consente di stare vicini a vostro figlio e allo stesso tempo di compensare le sue pedalate quando il bambino si stanca.

Non abbiate fretta di portare in viaggio una bicicletta tutta per loro. Prima di farlo, accertatevi che siano capaci di reggere alla fatica e di mantenere la concentrazione necessaria. Quando saranno pronti e ansiosi di pedalare da soli, a un'età compresa fra i 10 e i 12 anni, avranno bisogno di una bicicletta di buona qualità, attrezzata di tutto punto.

pedalando

Per viaggiare in bicicletta con i bambini, oltre alle attrezzature giuste, occorre anche un giusto spirito che permetta di affrontare l'avventura. Cercate di captare i loro bisogni, soprattutto se i vostri figli sono ancora troppo piccoli per esprimerli verbalmente. Tenete presente che seduti sul seggiolino o nel rimorchio non consumano energie e pertanto vanno vestiti in modo adeguato. Abbiate cura di tenerli all'asciutto, di non far soffrire loro il caldo o il freddo e di proteggerli dal sole. Per i bambini che pedalano, invece, la soluzione migliore è l'abbigliamento a più strati da poter togliere via via lungo il tragitto.

Cercate di fare in modo che i vostri figli consumino le energie poco per volta, senza bruciarle nell'entusiasmo della partenza, e mantenete vivo il loro interesse. Portate una bottiglia d'acqua per ogni bambino e una buona quantità di spuntini energetici, soprattutto se attraversate una zona dove avrete poche possibilità di acquistarne. Quasi tutti i bambini pedalano volentieri per un po', ma l'entusiasmo non dura in eterno e quando comincia a venire meno intonate una canzone, raccontate una storia oppure improvvisate qualche gioco che preveda di raggiungere un determinato punto (v. anche l'appendice **Giochi da viaggio**). Quando vi fermerete per una sosta i bambini che viaggiano sul seggiolino o nel rimorchio saranno pronti a correre, saltare e dimenarsi, per cui conservate sempre un po' di energie per giocare con loro. È indispensabile effettuare regolari soste presso parchi giochi e toilette.

La presenza dei bambini sarà sempre determinante nel decidere la tappa giornaliera: si eviteranno strade troppo trafficate, la distanza da percorrere sarà ragionevole e l'itinerario ben bilanciato fra mete d'interesse e strutture di servizio. Scegliete un percorso che segua una o più piste ciclabili oppure lungo strade secondarie e quindi poco trafficate. I vostri figli dovranno indossare il casco e, se hanno la loro bicicletta, essere a conoscenza delle norme stradali. Considerato il carico in più da trasportare, fra bambini, seggiolino o rimorchio e il necessario per far fronte a una giornata in sella, potreste decidere di lasciare a casa l'attrezzatura da campeggio e pernottare piuttosto in alberghi e pensioni, oppure scegliere di fare escursioni in giornata da una o più basi di partenza. I più avventurosi forse non dovranno arrivare a soluzioni di compromesso per viaggiare in bicicletta con i propri figli, ma fare qualche rinuncia non significa guastarsi l'avventura bensì riconoscere alla fine che ne è valsa comunque la pena.

Nel capitolo **Asia**, Dave Quinn racconta l'esperienza vissuta con la famiglia lungo la Karakoram Highway pedalando dalla Cina al Pakistan.

passeggiate e trekking

Le passeggiate sono un modo piacevole per scoprire il mondo con i vostri figli: i bambini possono correre, andare in esplorazione e stare all'aperto tutta la giornata. È importante fare in modo che si divertano: durante il cammino spiegate loro le cose che state vedendo, inventate giochi che trasformino l'esperienza in un'avventura (fingendo di essere quel che la fantasia vi suggerisce), cantate, raccontate storie, andate in cerca di impronte di animali e prendetevi il tempo di scattare fotografie (per altri suggerimenti v. l'appendice **Giochi da viaggio**).

I bambini si divertono di più quando ci sono alcuni loro coetanei: è sempre una buona idea, infatti, quella di organizzare una passeggiata in due o più famiglie. Una vacanza dedicata alle passeggiate può terminare con qualche giorno rilassante da trascorrere al mare (non conviene fare il contrario, meglio faticare all'inizio!). Se non avete portato la vostra auto potrebbe tornare molto utile noleggiarne una per

un consiglio

Se cominciate a portare i vostri figli sulle spalle quando sono ancora piccoli, loro ameranno camminare. La vostra schiena però dev'essere in perfetta salute, altrimenti finirete per stancarvi più dei bambini!

Sandra Bardwell, UK

evitare di trovarsi a dipendere dai servizi d'autobus occasionali o addirittura inesistenti delle zone rurali. I bambini si adattano lentamente ai cambi di alimentazione, di temperatura e di altitudine per cui, prima di intraprendere un trekking di più giorni, conviene stabilire un campo base e iniziare con una serie di escursioni di mezza o una giornata. Il rodaggio è indispensabile per loro ma torna utile anche a voi. Per maggiori informazioni sul mal di montagna v. il capitolo **Salute**.

che cosa indossare

Vestite i bambini con abiti di colori sgargianti per poterli sempre individuare facilmente e fissate un fischietto alla loro giacca in modo che possano farvi segnali in caso di necessità. Date loro precise istruzioni su cosa fare nel caso in cui dovessero perdersi (sedersi in un punto, stare al caldo, soffiare nel fischietto o quello che preferitete). Usate il sistema di abbigliamento a strati che permette di aggiungere o togliere facilmente gli indumenti a seconda della necessità. Siate ben attrezzati a proteggervi dagli elementi atmosferici e portate merendine energetiche e bevande in quantità.

Nei climi più freddi le tutine felpate sono l'indumento più adatto per un bambino piccolo. Aggiungete un cappuccio, muffole e una giacca senza maniche e il bambino sarà coperto da capo a piedi nonché comodo. Se progettate un trekking in un ambiente freddo verificate che il bambino riesca a infilare le scarpe sopra i 'piedini' della tutina. Molti camminatori esperti suggeriscono scarpe da tennis oppure stivali di gomma con soletta interna in feltro. Portate sempre un numero adeguato di indumenti caldi, anche se pensate di non averne bisogno.

attrezzature

Se fate trekking con un bebè dovrete portarvi dietro tutto il necessario per accudirlo: pannolini, indumenti di ricambio, cibi per bambini, attrezzature per i pasti e biberon. I pannolini pongono un problema di difficile soluzione; se adoperate quelli usa e getta la cosa migliore è portarveli dietro anche dopo l'uso e sbarazzarvene solo alla fine. Seppellirli lungo il cammino non è una buona idea perché gli animali tendono a dissotterrarli. I pannolini in tessuto sono meno ingombranti ma se camminate per più giorni avrete bisogno di lavarli e quindi vi occorrerà un catino (potreste portare un secchio pieghevole da campeggio oppure un catino di plastica da usare anche come contenitore per trasportare altre cose); evitate comunque di versare la saponata inquinante nelle vicinanze di una fonte d'acqua. Se al vostro bambino date latte in polvere potete far bollire l'acqua al campo base, riempirne una bottiglia da mettere nello zaino e preparare il latte quando necessario. Portate biberon già sterilizzati oppure sterilizzateli al campo base in acqua bollente.

in cammino

A quasi tutti i bambini piace portare il proprio zainetto. Non dovete necessariamente optare per modelli costosi ma sceglierne invece uno leggero e facile da portare. I bambini al di sopra dei 3 anni possono avere il proprio zainetto, ma senza dubbio lo affideranno più volte agli adulti. Controllate che non vi siano protuberanze che possano dare fastidio e fate portare ai bambini le loro merendine e bibite, una torcia elettrica e uno o due dei loro giocattoli preferiti. Assicuratevi di avere cibo e bevande a sufficienza, tenendo presente che durante la marcia consumeranno più del solito.

A partire da 8 anni circa un bambino può trasportare il proprio zaino con il necessario per pernottare lungo il cammino. Se hanno qualche anno di più i vostri figli forse vorranno portarsi anche un libro da leggere durante le soste, quando gli adulti diventano noiosi. Nel capitolo **Nord America**, Mark Lightbody racconta delle sue camminate con i figli adolescenti mentre, in quello **Asia**, Megha Singh riferisce del suo trekking in Nepal con la famiglia.

C'è una regola molto semplice per calcolare il peso che un bambino è in grado di portare sulle proprie spalle durante un trekking: di norma riesce a percorrere i suoi anni e a trasportarne la metà. In altre parole, un bambino di 12 anni dovrebbe essere in grado di camminare una dozzina di chilometri al giorno, su un percorso non troppo faticoso, trasportando uno zaino che pesa 6 kg.

La cosa migliore è sempre partire di buon mattino, quando le energie dei bambini sono al massimo livello; tuttavia i bambini di pochi anni si stancano facilmente, perciò siate pronti a portarli per una parte del cammino. Se vostro figlio ha meno di 2 anni sarà indispensabile che abbiate un marsupio o uno zaino apposito per trasportarlo, mentre dopo i 2 anni potrete portarlo sulla schiena o sulle spalle. Quest'ultima soluzione però va bene per tragitti brevi (non conviene esagerare) e non è consigliata su percorsi rocciosi, molto ripidi o accidentati.

Ricordate che non riuscirete a coprire le stesse distanze che sarebbero alla vostra portata se foste senza bambini: sembra un'osservazione scontata, ma a volte capita di scordarsene. È necessario fare molte soste, non solo per riposare ma anche per adempiere ai vari impegni, quali far giocare i bambini, dar loro da mangiare, lavarli, fare in modo che riposino sul serio. Portate sempre con voi e tenete a portata di mano un cambio di indumenti. Anche in mezzo alle montagne un bambino è in grado di trovare l'unica pozzanghera nel raggio di chilometri in cui inzaccherarsi.

Se prevedete di raggiungere vette sopra i 2000 m tenete presenti i disturbi che possono essere causati dall'altitudine e ricordate che, rispetto agli adulti, i bambini piccoli hanno bisogno di più tempo per acclimatarsi all'alta quota. Per maggiori informazioni v. il capitolo **Salute**.

ON THE ROAD

perché sia un piacere

Che viaggiare con i bambini sia soprattutto divertente è fuori da ogni dubbio, ma non per questo scontato. Organizzandovi nel modo più opportuno prima della partenza e adottando alcuni accorgimenti il viaggio sarà un'esperienza indimenticabile per tutta la famiglia.

che cosa vedere

I musei possono essere affascinanti, al pari di siti archeologici, chiese e palazzi: quasi tutte le cose che vorrete fare in viaggio susciteranno la curiosità dei vostri figli, anche se non per le stesse ragioni che interessano voi. Le statue, per esempio, sono interessanti in ogni parte del mondo e offrono grandiose possibilità di arrampicarsi, a patto che non si dimentichino le sensibilità di ciascuna cultura (un esempio per tutti: non lasciate mai che i vostri figli scalino una statua del Buddha). Anche i templi e gli edifici diventano interessanti se sapete raccontare qualcosa della loro storia: per far sì che un monumento, una statua o un edificio desti il loro interesse non è necessario sapere tutto (ai bambini non interessano date e stili architettonici), ma è sufficiente conoscere le leggende che si intrecciano intorno alla storia di un palazzo, le vicende relative alla sua costruzione o gli avvenimenti che vi ebbero luogo. Nei capitoli sui singoli paesi segnaliamo alcuni siti turistici particolarmente adatti a essere visitati con i bambini.

un consiglio

Chiese, cattedrali e templi sono luoghi in cui si può 'fare qualcosa': se i bambini hanno modo di accendere una candela, inserire una moneta o accendere un bastoncino d'incenso, ecco che la visita diventa subito interessante.

Liz Allen, Australia

Fate una scelta delle cose che volete visitare. I bambini fanno in fretta a sviluppare un totale disinteresse per castelli, scavi romani e via discorrendo, perciò fate una selezione e portateli nei luoghi ai quali non volete rinunciare. Una raccomandazione valida per chi ha bambini piccoli è quella di non partecipare alle visite guidate. Evitate inoltre di avere fretta e procedete con calma: spiegate loro cosa state vedendo e lasciate che si lascino guidare dalla loro curiosità. Gli adolescenti a volte preferiscono esplorare un luogo per conto proprio e poi ritrovarvi all'uscita, in un punto prestabilito.

come coinvolgerli

Durante il corso del viaggio tenete informati costantemente i figli a proposito dei vostri piani. Rendete loro noti tutti i dettagli: dove siete diretti, che cosa avete intenzione di vedere, con quale mezzo raggiungerete la vostra meta, quanto tempo impiegherete. In questo modo, i bambini più grandicelli e gli adolescenti partecipano di più, contribuendo attivamente a decidere dove si andrà e che cosa si farà. Date ai vostri figli un po' di **denaro** in valuta locale e incoraggiateli a fare compere al mercato (se occorre sotto la vostra supervisione). I bambini spesso sono abilissimi a calcolare il corrispettivo del loro denaro in altre valute straniere e questo è un ottimo esercizio matematico. Qualora vi capitasse di perdere un treno e siate costretti a cambiare programma, spiegatelo ai vostri figli in modo che non captino semplicemente che qualcosa è andato storto, ma che capiscano bene cos'è successo.

fare i turni

Quel genitore con figli molto piccoli che trova più allettante l'eventualità di visitare un museo da solo, può accordarsi col partner: uno rimane con il bambino mentre l'altro visita il museo e il giorno dopo viceversa. Alcune coppie fanno i turni per avere un giorno di riposo alla settimana.

Quando i vostri figli cominciano a essere un po' più grandi possono prendere parte attiva al sistema dei 'turni'. Spiegate loro che intendete visitare un museo durante la mattinata, ma che nel pomeriggio spetterà loro decidere quel che vogliono fare: giocare in camera, acquistare regali per i loro amichetti, andare in un parco giochi, in piscina o altrove. Se avete passato la giornata in autobus fate in modo che l'indomani sia dedicato al riposo, in modo che voi possiate tirare il fiato e i bambini possano decidere che cosa fare.

È una buona idea anche quella di alternarsi nelle decisioni giorno per giorno: a turno ciascun membro della famiglia stabilisce il programma della giornata, cosa fare, dove mangiare e che cosa andare a vedere. È un modo per far crescere il loro senso di responsabilità, aumentare la fiducia in se stessi e sentire il viaggio anche un po' come opera loro. Senza contare che così farete cose che altrimenti non avreste mai fatto! Se non hanno idea di cosa si possa fare in un posto nuovo sarete naturalmente voi a fornire loro alcune possibilità di scelta; i bambini più grandicelli potranno farsi ispirare da guide e opuscoli turistici.

stanchezza

I bambini piccoli si stancano molto e, al pari di chiunque altro, quando sono stanchi affrontano meno brillantemente i casi della vita. Senza dubbio evitare che il bambino si stanchi eccessivamente è cosa più facile a dirsi che a farsi, ma dovete in ogni caso cercare di programmare la giornata in base alle sue esigenze. Pensate prima a cosa vi piacerebbe fare e poi al modo migliore per realizzare il vostro progetto. Se un lungo viaggio in autobus vi separa dalla vostra meta il momento migliore per partire è il mattino, quando i bambini sono riposati e di buon umore: la corsa del ritorno potrebbe offrire loro un'occasione per fare una buona dormita.

Evitate di riempire completamente le vostre giornate, perché i bambini hanno bisogno dei loro momenti di libertà per giocare. Concedete loro almeno un paio d'ore al giorno per tornare in albergo e fate in modo che le trascorrano come preferiscono: giocare con i loro giocattoli, disegnare, leggere, ascoltare voi che leggete o quant'altro amano fare.

spazio per giocare

Quando ne avete la possibilità scegliete la sistemazione tenendo a mente le esigenze dei vostri figli. Un giardino, una veranda o un qualunque spazio contiguo alla stanza, se privo di pericoli, è prezioso. Una piscina è il massimo delle attrezzature desiderabili: generalmente i bambini possono trascorrere ore a tuffarsi e a giocare nell'acqua e, dopo una mattinata passata in giro a fare i turisti e a patire il caldo, una piscina è quel che ci vuole. Una camera d'albergo di per sé non è un ambiente molto entusiasmante, ma il fatto che il bambino possa stare sulla veranda a guardare la gente che passa o abbia a disposizione un giardino per correre dietro a una farfalla può essere sufficiente a far sì che non si senta intrappolato e frustrato. Se i vostri figli sono già adolescenti lasciate che qualche volta escano da soli a pranzo o a cena e, in albergo, fate in modo di avere camere separate per voi e per loro.

le loro esperienze

Lasciate che i vostri figli facciano le loro esperienze a modo loro. Se voi trovate particolarmente interessante una statua e il vostro bambino si sente più attratto dal venditore di bibite non dovete pensare che la gita sia un fallimento e che avreste fatto meglio a lasciarlo a casa. Vi stupirete nel constatare quanti ricordi vostro figlio riporterà a casa con sé e spesso vi sorprenderanno anche le sue osservazioni sulla cultura del paese e sulla gente. Evitate di sminuire l'importanza di quello che i bambini trovano eccitante e meraviglioso e non cercate sempre di attirare la loro attenzione su ciò che a vostro parere è più rilevante. Non dimenticate che il viaggio sarà un successo purché i bambini si divertano e trovino cose che li colpiscono.

le loro attività

Praticamente ovunque si trovano cose che sembrano fatte apposta per un bambino che rimane affascinato dalle inevitabili differenze rispetto alla realtà che è abituato a conoscere: le case, i mezzi di trasporto, il modo di vestire della gente e i costumi locali. Ci sono inoltre aspetti che un adulto di solito tende a ignorare completamente e che sono invece irresistibili per un bambino. Dispensate pure coccole e trattamenti speciali ai vostri figli, ma non sottovalutate la loro capacità di lasciarsi stupire, ammaliare e divertire da argomenti più 'culturali'. Potete anche suggerire loro di usare l'immaginazione per fare giochi di ruolo ispirati da quel che vedono nell'ambiente nuovo.

Molto probabilmente i vostri figli troveranno nuovi compagni di gioco, sia fra i bambini del posto sia fra quelli delle altre famiglie in viaggio. Sulle prime vi capiterà di doverli incoraggiare ad avvicinarsi agli altri bambini, soprattutto se sono figli unici; molto presto, tuttavia, impareranno a farlo spontaneamente. Se vostro figlio stringe un'amicizia durante il viaggio, considerate la possibilità di modificare lievemente i vostri programmi in modo da consentirgli di trascorrere un po' di tempo in più con il nuovo amico. Naturalmente non potete stravolgere i piani di viaggio

un consiglio

Fate scegliere ai bambini alcune cartoline da spedire in prima persona: scrivere ai loro amichetti sarà utile per sentirli vicini e li aiuterà a capire che stanno facendo qualcosa di bello e interessante.

Mark Lightbody, Canada

ogni volta che il vostro bambino gioca con qualcuno, ma in alcuni casi forse ne vale la pena: vostro figlio non avrà la sensazione di abbandonare subito il nuovo amico e non proverà la frustrazione di non poter fare le cose che desidera. Gli adulti in viaggio cambiano spesso programma su due piedi per trascorrere del tempo con gente appena conosciuta: perché dovrebbe essere diverso per i bambini?

regole di comportamento

Una famiglia in viaggio vive tanti momenti felici che i bambini poi portano con sé per anni, ricordandoli e parlandone con entusiasmo. Questa esperienza però rappresenta anche un grande impegno: si sta insieme ininterrottamente e possono crearsi sia situazioni di conflitto sia vere e proprie sfide per i genitori; è bene non dimenticare però che, mentre il contesto è diverso, i problemi sono nella sostanza gli stessi che bisogna risolvere a casa. Mantenete un atteggiamento positivo e cercate di ingenerarlo anche nei vostri figli: ascoltateli come o più di quanto fareste a casa, perché è molto probabile che abbiano bisogno di più attenzioni del solito per sentirsi sicuri in un ambiente a loro sconosciuto e che facciano molte più domande per capire quel che succede intorno a loro.

Stabilire dei limiti Stabilite alcune regole fin dall'inizio del viaggio; parlatene in famiglia e assicuratevi che vengano recepite in modo chiaro. Se per esempio decidete che nessuno deve allontanarsi dal gruppo senza avvisare gli altri, spiegate bene quali rischi possa comportare una simile distrazione. Se poi, nel corso del viaggio, vi accorgerete che sarebbe opportuno modificare alcune regole, discutetene tutti insieme. Un membro della famiglia potrebbe non gradire la 'regola' di mangiare in un fast food una volta ogni quindici giorni e proporre di farlo una volta alla settimana: ebbene, indite un piccolo consiglio famigliare e trovate un accordo. Cercate di essere coerenti con voi stessi e, quando ci sono decisioni da prendere, di essere il più possibile d'accordo con il vostro partner.

un consiglio

I miei genitori fecero un contratto con mia sorella e me: avremmo potuto mangiare un gelato al giorno per tutta la vacanza a patto di non lamentarci per nessun altro motivo. I piagnucolii cessarono all'istante a noi parve di toccare il cielo con un dito!

Bridget Blair, Australia

Comportamenti scorretti Un viaggio fornisce numerose opportunità ai bambini di imparare ad assumersi la responsabilità delle proprie azioni, dalla scelta dei giocattoli e dei libri da mettere nello zainetto all'amministrazione del denaro ricevuto. Per i genitori è relativamente facile assumersi la responsabilità delle azioni dei propri figli, tuttavia è meglio se un bambino impara fin da piccolo a capire che ogni comportamento genera conseguenze.

Se i vostri figli si comportano scorrettamente nonostante vi siate adoperati a calmarli, cercate di intuire quel che vorrebbero ottenere con il loro atteggiamento. Più spazio per se stessi? Più attenzione da parte vostra? Competere con il fratello o la sorella maggiore per dimostrare il proprio ruolo all'interno della famiglia? Individuare la ragione di un comportamento anomalo vi aiuterà a rimuovere la causa che l'ha prodotto e non a intervenire sui sintomi. In determinate situazioni la cosa migliore è porre apertamente il problema per cercare di risolverlo insieme (l'assegnazione dei posti in auto, per esempio, è qualcosa che si può decidere insieme).

Se i vostri figli adolescenti ostentano disinteresse per qualunque cosa facciate, probabilmente è perché stanno vivendo l'età in cui inizia la separazione dai genitori e si accentua lo sviluppo della propria individualità. Possono anche dire che tutto quello che fanno i genitori è noioso, ma in realtà apprezzano che ci si sforzi a trovare qualcosa di interessante per loro, anche se non lo dimostrano. Le vacanze sono periodi in cui si trascorre molto più tempo insieme e quindi un'opportunità da sfruttare per indurli a parlare di se stessi.

Quando s'impongono decisioni da prendere su due piedi o repentini cambi di programma il viaggio può diventare molto faticoso. Se anche dovesse capitarvi di sentirvi stressati evitate di imporre le regole con rabbia, perché lo scopo della disciplina è quello di insegnare ai bambini quali comportamenti sono ritenuti accettabili e quali no e non quello di sfogare le proprie frustrazioni. Cercate inoltre di criticare i comportamenti di vostro figlio, non vostro figlio: spiegategli che un comportamento non è corretto e perché non lo è piuttosto che dirgli "sei cattivo" o "sei una frana". Se sarete costanti nel ripeterglielo vostro figlio finirà per convincersene.

per ricordare il viaggio

Ci sono molti modi piacevoli e divertenti per creare una 'documentazione' del viaggio stando agli interessi e alle abilità dei bambini. Ecco alcune idee e suggerimenti:

- portate una colla stick e un diario in cui i bambini possano attaccare cose raccolte durante il viaggio: biglietti, francobolli, souvenir, etc.
- prendete un quaderno ad anelli, alternando fogli a righe e fogli bianchi, in modo che vostro figlio possa sia disegnare (cartine o quello che vede) sia trascrivere notizie interessanti sulla storia e la cultura locale.

Anche i bambini di pochi anni sono in grado di maneggiare una macchina fotografica e il loro punto di vista è quasi sempre inedito e affascinante; un'ottima soluzione sono le macchine fotografiche usa e getta: costano poco e non è un dramma se si rompono o se vanno perse.

Un registratore può essere una buona alternativa al diario per i bambini che non amano mettersi a scrivere al termine della giornata; in questo modo possono registrare sia le proprie impressioni sia suoni e rumori del posto.

Per i bambini più piccoli potreste essere voi a scrivere una poesia o una storia che includa i momenti più belli del viaggio, illustrandola con fotografie o disegni.

un consiglio

Non pretendete troppo dai vostri figli e fate in modo che i loro pasti siano regolari: un basso tasso di zuccheri nel sangue rende irascibili.

Rosie Whitehouse, UK

Ricordo che prima di uno dei nostri viaggi la situazione in casa era molto tesa: sembrava fossimo tutti in guerra. David e io eravamo assillati dalle scadenze del lavoro e i ragazzi avevano le solite gatte da pelare, andare d'accordo tra fratelli, fare i compiti e aiutare in casa. Mi pareva di rivolgere la parola ai miei figli solo per incitarli a fare qualcosa, venire a tavola, fare i compiti, lavarsi, andare a dormire o vestirsi al mattino, fare colazione e prendere lo scuolabus.

dinamiche famigliari

come ANDARE d'ACCORDO

Lyndall Parris ama viaggiare e l'ha sempre fatto insieme al marito, David, e ai tre figli, Margo, Richard e Sam, che oggi hanno rispettivamente 22, 20 e 15 anni.

A parte le corse per non perdere treni e aerei, i nostri tre mesi di viaggio furono davvero piacevoli e ci permisero di sospendere quella routine apparentemente senza via di scampo. A Mykonos non c'era motivo di andare a dormire presto, il mattino seguente ci aspettava la spiaggia; in Egitto le piramidi non potevano certo scappare e anche nel Vermont era indifferente al mattino partire un'ora prima o un'ora dopo. Non essendoci più impegni, appuntamenti o scadenze da rispettare trovammo finalmente il tempo di parlare e non avendo altri amici scoprimmo che potevamo esserlo tra di noi. I nostri discorsi una volta tanto esulavano dall'organizzazione della vita quotidiana e così ci accorgemmo che la compagnia reciproca era piacevole. Dopo quell'esperienza i rapporti d'amicizia si mantennero anche a casa. In viaggio, per i ragazzi più grandi la disciplina era meno rigida e così trovarono il tempo e la voglia di aiutare i fratelli più piccoli, di insegnar loro varie cose o di accudirli. A casa sarebbe stato impensabile!

Negli anni abbiamo fatto molti viaggi insieme, e posso dire che ogni qualvolta ci siamo ricordati delle esigenze di tutti, e non solo delle nostre di genitori, siamo stati bene e ci siamo divertiti. Quando ci capitava di esagerare con i musei o con lo shopping, i nostri figli ci facevano gentilmente notare che stavamo trascurando i loro bisogni. Il consiglio migliore per i genitori che viaggiano con figli piccoli (o forse, in generale, per la vita di ogni giorno) è quello di porsi obiettivi realistici, facilmente realizzabili: con i bambini è molto più semplice fare una vacanza tranquilla, a contatto con la natura, piuttosto che un viaggio in una o più città. Scegliete le città fino a quando non avete figli o tenetele in serbo per quando saranno più grandi.

"Il consiglio migliore per i genitori che viaggiano con figli piccoli (o forse, in generale, per la vita di ogni giorno) è quello di porsi obiettivi realistici, facilmente realizzabili".

I bambini più grandicelli e gli adolescenti possono spedire messaggi di posta elettronica ai loro amici e tenerne una copia: unendo tutti i messaggi alla fine otterranno un loro diario di viaggio.

Alcune famiglie mettono a disposizione l'esperienza del loro viaggio creando un sito internet in cui inseriscono la narrazione di aneddoti, spezzoni di diario e fotografie.

pernottamento

alberghi

Ciò che era accettabile quando viaggiavate da soli o con il vostro partner spesso non lo è più quando c'è un bambino. Come genitori vi sentirete forse più tranquilli negli alberghi più cari, tuttavia si possono trovare ottime soluzioni anche senza spendere molto più di quanto eravate abituati a fare.

Per chi viaggia con bambini molto piccoli in genere la giornata inizia presto e termina presto, ovvero quando i bambini devono cenare e andare a dormire. In questo caso può essere piacevole trovare un albergo che abbia alcune stanze attigue alla sala da pranzo: date da mangiare ai bambini, li mettete a dormire presto e cenate dopo con calma, facendo a turno per andare a controllare la situazione ogni dieci minuti circa.

I bambini più grandicelli di solito riescono a stare svegli più a lungo e quindi si può cenare insieme, ma può capitare che siano troppo stanchi o che i genitori desiderino concedersi una cenetta a due. Naturalmente dipende dal posto in cui vi trovate, ma se il ristorante è quello dell'albergo o è comunque molto vicino, potreste lasciare i vostri figli con una persona di fiducia e chiedere di chiamarvi in caso di necessità. Scrivete su un foglio il nome del locale e fate in modo che i vostri figli sappiano esattamente dove vi trovate.

Prendere possesso della camera e dormire Dal momento che i vostri figli potrebbero patire i continui spostamenti e fare fatica ad ambientarsi in una nuova camera, è conveniente prendere possesso della stanza nel primo pomeriggio in modo che abbiano il tempo di ambientarsi. Anche i bambini molto piccoli possono essere assai sensibili all'ambiente che li circonda: date loro il tempo per esplorare la stanza e giocare, imparare dov'è il bagno e così via. Non è inutile, inoltre, portare qualcosa di personale, possibilmente un oggetto che possa rimanere sempre nella visuale del bambino, specie se è molto piccolo: un pupazzo da appendere o un peluche da appoggiare sul letto.

I bambini piccoli hanno bisogno di schiacciare qualche pisolino durante il giorno e in viaggio saranno più affaticati del solito. Ce ne sono alcuni che dormono senza troppi problemi, ovunque si trovino, mentre altri hanno bisogno di coricarsi sul letto, di bere qualcosa e di essere cullati un po'. Talvolta potete scegliere fra due possibilità: tenere il piccolo sveglio per tutto il pomeriggio e metterlo a letto presto (il che significa che anche la vostra giornata finirà presto) oppure insistere perché faccia un pisolino pomeridiano nella speranza che la sera sia possibile uscire a cena tutti insieme senza che la sua stanchezza trasformi la serata in un inferno per tutti. Non ha senso comunque cercare di forzare il bambino a prendere una determinata abitudine, ma sarete voi a dover organizzare il viaggio in modo da assecondare le loro esigenze: è qui che entrano in gioco i compromessi e spetta a voi cedere su qualche fronte, non ai vostri figli.

I bambini più grandicelli creano meno problemi; di solito gradiscono cambiare camera d'albergo e la esplorano per vedere quel che offre: pochi minuti dopo aver messo piede in una stanza hanno già scelto il letto in cui dormire e hanno tirato fuori i giocattoli e i libri per creare un loro spazio personale. Se vogliono spostare qualche mobile lasciateli fare (naturalmente entro i limiti della ragionevolezza!). Quando giunge l'ora di metterli a letto bisogna, come al solito, convincerli a porre fine alle loro attività, ma il più delle volte gli avvenimenti della giornata li hanno sfiniti a sufficienza.

Privacy Gli adolescenti non hanno quasi mai difficoltà a prendere possesso di una stanza d'albergo o a dormirci, tuttavia a quest'età si pone un problema nuovo, quello della privacy, soprattutto quando si trovano a dover dividere la camera con un fratello o una sorella e i genitori. Molti ragazzi e ragazze, per esempio, preferiscono spogliarsi e vestirsi in privato, cosa non sempre facile in spazi ristretti. Avete diverse possibilità per risolvere questo tipo di situazioni.

A prescindere dall'età dei ragazzi, quando si è in quattro potrebbe essere una buona idea prendere due stanze contigue invece di stiparsi tutti in una, così da usufruire anche di due bagni. Spesso anche gli alberghi più spartani dispongono di un qualche tipo di camera per famiglie o 'suite': la scelta di una stanza in cui voi e i vostri bambini abbiate modo di ritagliarvi spazi indipendenti darà un notevole contributo alla serenità di tutta la famiglia.

Se c'è una veranda o un qualche spazio separato i genitori possono sedere a leggere o a chiacchierare mentre i bambini si addormentano. Capita talvolta che soluzioni di questo tipo non siano praticabili e allora ci si trova a dover abbassare le luci nella stanza per indurre i bambini a prendere sonno (non occorre spegnerle del tutto e andare a dormire con loro). Via via che i vostri figli cresceranno riusciranno a stare svegli fino a un'ora ragionevolmente tarda e potrete andare tutti a letto alla stessa ora.

Lettini I costosi alberghi di 'standard internazionale' sono quasi sempre in grado di fornire un lettino e in molti paesi anche negli alberghi dai prezzi più abbordabili si riesce a trovare qualcosa in cui far dormire un neonato o un bambino molto piccolo: in alcuni casi per questo servizio bisogna pagare un supplemento.

Potete portarvi dietro un lettino da viaggio oppure cercare soluzioni alternative. La più semplice è quella di far dormire i bambini nel letto con voi, ma se i vostri figli hanno il sonno agitato non vi divertirete granché; oppure due poltrone poste una di fronte all'altra possono costituire un lettino adeguato e sicuro per un bambino piccolo, soluzione questa che può essere utilizzata sia per l'intera nottata sia per il pisolino pomeridiano o anche per le prime ore della notte, quando il bambino si è già addormentato mentre voi siete svegli. Un cassetto piuttosto grande può andare altrettanto bene come lettino improvvisato.

A partire dai 18 mesi e a seconda di quanto è grosso e sicuro di sé, un bambino è più o meno in grado di dormire in un letto. Se avete paura che vostro figlio possa cadere durante la notte, sistemate il suo letto con un lato appoggiato alla parete e mettete un cuscino sull'altro lato.

Posizione dell'albergo Se il vostro albergo si trova vicino ai principali luoghi d'interesse o alla fermata di un mezzo pubblico, i vostri figli adolescenti potranno tornare in camera quando si rifiutano di scarpinare ancora.

Bagnetto Questo è un problema da non sottovalutare, soprattutto se avete figli piccoli e alloggiate in una stanza senza bagno o se avete il bagno in stanza ma senza vasca.

Ci sono bambini piccoli che si lasciano lavare sotto la doccia, ma in linea di massima i piccoli non apprezzano la sensazione dell'acqua che cade addosso. Un'idea è quella di mettere il bambino sul telo di plastica che usate per cambiargli il pannolino, prendere un secchio d'acqua tiepida e lavarlo con un telo di stoffa o di spugna. Potete anche lasciarlo giocare con l'acqua e approfittare della situazione per lavarlo. Ogni tanto vi capiterà la fortuna di trovare un bagno con vasca e non semplicemente con doccia.

Se vi trovate in un posto dove i bambini stanno spesso in acqua a giocare e nuotare si potrà saltare qualche bagnetto, ma sarà necessario risciacquare almeno i capelli per togliere il sale.

un consiglio

Quando fate il bagnetto ai bambini in paesi dove manca l'acqua potabile non date loro giocattoli né manopole di spugna perché prima o poi finirebbero per metterli in bocca.

Dave Quinn, Australia

campeggio

Campeggiare significa essere molto attrezzati, ma in compenso si gode della vita semplice, all'aria aperta, e c'è il vantaggio di avere sempre con sé il necessario per dormire. Se non avete mai vissuto l'esperienza del campeggio con i vostri figli, fatelo per uno o due fine settimana prima di partire, così da imparare a destreggiarvi con loro e abituarli. Quando programmate il viaggio e scegliete un campeggio che abbia la piscina: farete senz'altro felici i vostri bambini.

In campeggio avrete bisogno di tenda, sacchi a pelo, cassetta di pronto soccorso, fiammiferi, attrezzature per cucinare, filtro per l'acqua, macchina fotografica e forse binocolo. Per i bambini sono consigliabili i sacchi a pelo corti e stretti, pensati e realizzati appositamente per loro.

Se i vostri ragazzi sono grandicelli potreste portare una tenda tutta per loro in modo che abbiano uno spazio tutto per sé. Per i neonati e i bambini molto piccoli conviene portare una stuoia o una coperta da stendere per terra affinché possano giocare su una superficie pulita. Cercate di rendere partecipi il più possibile i bambini: coinvolgeteli nelle operazioni di montaggio e smontaggio (se in casa non aiutano volentieri è probabile invece che si divertiranno un mondo a montare la tenda), chiedete il loro parere quando si tratta di pensare al vitto prima della partenza, scegliete insieme i cibi da portare e poi fatevi anche aiutare nella preparazione dei pasti. Quando ci sono i bambini è comodo montare la tenda in un punto e da lì fare brevi escursioni nei dintorni, piuttosto che spostare la base di continuo. Per maggiori informazioni sull'argomento v. **Passeggiate e trekking** nel capitolo **Il viaggio**. Nel capitolo **Nord America**, Mark Lightbody racconta delle sue camminate nel New Hampshire in compagnia del figlio adolescente.

Quando decidemmo di fare il giro del mondo pensammo subito di prendere un camper, pur non avendo grande famigliarità con questo tipo di veicolo. L'investimento iniziale è piuttosto oneroso: oltre all'acquisto del camper ci sono da pagare la traversata da un continente all'altro e la garanzia bancaria per il Carnet de Passage en Douanes. (Al momento dell'ingresso nel paese alcuni stati richiedono l'acquisto di una garanzia che impedisca la vendita del mezzo. Per non ritrovarsi a versare denaro a ogni confine, questa garanzia – che corrisponde al valore dell'automezzo – può essere acquistata presso l'automobile club del proprio paese.)

in camper

in GIRO per il MONDO

Annie e Stéphane Marais sono partiti per un viaggio di quattro anni con i figli Louise, Lola e Léo rispettivmente di 8, 6 e 3 anni e hanno finanziato il viaggio con i proventi di una rivista di loro pubblicazione.

Spese iniziali a parte, il camper offre molti vantaggi. Per i nostri tre figli è ormai una casa dove ciascuno ha la propria stanza, il proprio letto e i propri giocattoli, e quando il camper è in viaggio fra due continenti, imbarcato su una nave, i bambini ne hanno nostalgia. Ci fornisce anche una protezione contro le zanzare, gli insetti e altri animali indesiderabili. Cucinando sempre a bordo riduciamo i rischi di contagio da acque o cibi contaminati, anche perché, se l'acqua non ci sembra sicura, la sottoponiamo a trattamento purificante nel nostro serbatoio (che ha una capacità di 100 litri). Abbiamo il nostro bagno e i servizi igienici sono comodissimi, soprattutto per i bambini. Con il camper abbiamo la possibilità di trasportare così tante cose che l'impressione è che non manchi quasi nulla. Infine, risparmiamo su alberghi, ristoranti e trasporti. Il nostro è un camper Fiat di serie al quale abbiamo apportato qualche miglioramento: zanzariere su tutti i finestrini e sulla porta, un impianto di riscaldamento supplementare a diesel, una batteria ausiliaria per l'illuminazione, una pompa idraulica e un computer nella cabina passeggeri. I letti dei bambini di giorno si trasformano in due sedili e un tavolo creando così un simpatico spazio di gioco. I bambini hanno portato Barbie, automobiline, Lego, carte da gioco, i primi giochi di società e anche matite, penne, acquerelli, carta per disegnare e naturalmente il computer, che usano spesso sia per giocare sia per studiare. Compriamo giocattoli nuovi in occasione del Natale o dei compleanni. Una cosa su cui non conviene lesinare sono i libri nella propria lingua che all'estero sono difficili da trovare e per di più costosi. Dal momento che il nostro è un viaggio molto lungo, le nostre due figlie maggiori seguono dei corsi per corrispondenza organizzati dal ministero dell'istruzione francese. Sono corsi a pagamento che però, quando torneremo a casa, faciliteranno il reinserimento a scuola. A intervalli regolari spediamo i loro compiti in Francia, dove vengono corretti e rispediti ai nonni che risiedono lì e che ci comunicano i risultati per e-mail. Naturalmente ci sarebbe la possibilità di seguire i programmi scolastici più da vicino usando i testi forniti dalla scuola, ma questa opportunità richiede una maggiore disciplina.

Durante gli spostamenti i bambini sono sempre molto occupati: giocano, leggono, ascoltano la loro musica preferita oppure guardano il paesaggio dal finestrino. Non sono mai fastidiosi. Qualche volta facciamo un gioco insieme o cantiamo sulle note di un CD.

Nei campeggi ci fermiamo raramente, e tuttavia, secondo una regola che osserviamo sempre, la sera evitiamo di sostare in luoghi isolati. Ci fermiamo gratis in aree di servizio, in piazze pubbliche, presso distributori di benzina o nei parcheggi, a seconda del paese in cui ci troviamo. In alcuni paesi il problema della sicurezza non sembra esistere affatto: non abbiamo mai avuto difficoltà a trovare un posto dove fermarci per la notte finché giravamo in Scandinavia, in Australia, nei paesi musulmani, in Grecia e in Turchia. In Vietnam, dove è vietato dormire per le strade, chiedevamo di poterci fermare nei parcheggi degli alberghi e abbiamo quasi sempre dovuto pagare per usufruire di questa possibilità.

"Quando il camper è in viaggio fra due continenti, imbarcato su una nave, i bambini ne hanno nostalgia. Ci fornisce anche una protezione contro le zanzare, gli insetti e altri animali indesiderabili. Cucinando sempre a bordo riduciamo i rischi di contagio da acque o cibi contaminati"

La Cambogia e il Laos si sono rivelati invece terribili per le pessime condizioni delle strade, specialmente durante il monsone. Per evitare problemi, a meno di non essere meccanici provetti (noi non lo siamo), conviene comprare un camper nuovo o poco usato. Il Pakistan e il Bangladesh sono stati faticosi perché ogni volta che ci fermavamo il camper veniva circondato da centinaia di persone! In compenso avevamo la possibilità di parcheggiare gratuitamente presso le 'rest house' dello stato.

Prima di partire desideravamo trovare un filo rosso per il nostro viaggio. Conoscevamo l'attività di Handicap International, un'organizzazione francese che si prende cura delle persone ferite o mutilate in guerra e che nel 1997 ha ricevuto il premio Nobel per la pace per l'opera di sminamento compiuta in vari paesi. Andammo a conoscerli e a loro piacque l'idea del nostro viaggio. Così, adesso, quando visitiamo un paese dove sono presenti, andiamo a trovare i loro rappresentanti che ci illustrano il lavoro sul territorio e ci raccontano molte cose sul paese in cui operano. Non siamo comuni turisti e abbiamo molta voglia di imparare; i nostri figli stanno ricevendo un'educazione fondata sull'apertura mentale e sul rispetto per tutti i popoli. Gli incontri con Handicap International fanno parte del nostro progetto educativo ed è questa una 'collaborazione' di cui siamo molto felici.

un consiglio

Per il bagnetto scavavamo una buca nella terra delle dimensioni di una vaschetta e la foderavamo con un foglio di plastica. Poi facevamo bollire dell'acqua e riempivamo la buca d'acqua calda. Terminato il bagnetto, toglievamo il foglio di plastica e lo facevamo asciugare.

Deidree Noss, Australia

appartamento/casa

Affittare un appartamento oppure una casa è una possibilità da prendere in considerazione se intendete fermarvi in un posto per un certo periodo di tempo. In questo modo, oltre a spendere meno che andando in albergo, avrete a disposizione più spazio per voi e per i vostri figli, più privacy e anche più possibilità di entrare in contatto con la gente del posto. Nel capitolo **Europa**, Morna O'Neill's racconta di quando affittò un appartamento a Londra e un castello in Irlanda. Un'altra idea è quella di iscriversi a un'agenzia che organizza scambi di appartamenti oppure organizzare lo scambio da voi, magari includendo anche un'auto famigliare nell'offerta/richiesta. Ci sono casi in cui con questo metodo si può entrare in contatto con una o più baby-sitter e trovare un gruppo di bambini con cui far giocare i propri.

Su Internet si trovano molte compagnie d'autonoleggio, agenzie che organizzano scambi di case e anche di qualche agenzia che propone scambi di ospitalità. Per iniziare le ricerche in rete consultate l'appendice **Siti web**.

viaggi organizzati/villaggi vacanze

Per chi ha poco tempo a disposizione esistono ormai sempre più agenzie che offrono viaggi organizzati per famiglie oppure il soggiorno in villaggi vacanze appositamente attrezzati per le famiglie. Per capire se un posto può fare al caso vostro informatevi sulle attività specifiche previste per i bambini, sulle fasce d'età per cui sono previste e sul numero approssimativo di piccoli ospiti che saranno presenti nel periodo che interessa a voi. Dovete anche avere le idee chiare su che tipo di vacanza intendete fare, se con i vostri figli oppure di coppia, ossia con la possibilità di affidare i bambini ad altri, perché generalmente si trovano offerte per entrambe le possibilità. Quasi tutti i villaggi vacanze, in ogni caso, propongono numerose attività all'aperto per intrattenere i bambini di genitori che desiderano godersi un po' di tranquillità.

camper/roulotte

Viaggiare con il proprio camper o la propria roulotte vuol dire potersi fermare ovunque lo si desideri e avere con sé praticamente tutto ciò di cui si ha bisogno. In questo caso i campeggi sono ottimi posti per incontrare altri viaggiatori e trovare compagni di gioco per i propri bambini. Gli svantaggi principali di questo tipo di viaggio sono dati dal fatto che ci si ritrova gomito a gomito in uno spazio piuttosto angusto e che i campeggi si trovano spesso lontano dal centro o addirittura fuori città. Una buona idea può essere quella di portarsi anche una tenda da montare quando si parte per un'escursione in modo da tenere occupata la propria piazzola. Se intendete fermarvi in un campeggio per un certo periodo potete creare un'area di gioco dove tutta la famiglia può giocare a calcio o a frisbee.

servizi igienici

In alcuni paesi, dove sono rare le tazze all'occidentale e abbondano i gabinetti alla turca, i vostri figli potrebbero esitare di fronte a quei 'buchi nel pavimento'. Cercate di essere pazienti. Scommetto che anche gli adulti esitano davanti a un gabinetto alla turca se non ne hanno mai visto uno prima. Fate vedere ai bambini come si deve fare e probabilmente inizieranno a guardarli come un'interessante novità. Accompagnateli sempre e aiutateli a organizzarsi: è facile che vogliano essere sorretti mentre si accovacciano, perché molti bambini hanno paura di cadere giù nel buco.

bucato

Viaggiando con i bambini, con tutta probabilità, avrete bisogno di fare spesso il bucato. Alcuni alberghi offrono un servizio di lavanderia a prezzi ragionevoli, in altri posti si può trovare una lavanderia a disposizione dei clienti. Ma per chi vuol risparmiare tempo e denaro, mettendo in valigia il minor numero di abiti possibile, la cosa migliore è lavare la roba da sé e stenderla ad asciugare all'aperto (portate da casa corda e mollette). Per non ritrovarsi con una montagna di indumenti da lavare conviene lavarli a giorni alterni, preferibilmente al mattino, sia perché si hanno più energie e quindi si tende a far prima, sia perché così si ha tutta la giornata per farlo asciugare.

cibo

allattamento al seno

Se avete un bambino al di sotto dei 12 mesi troverete che in viaggio la soluzione più semplice è l'allattamento al seno; il latte materno, com'è noto, è un alimento completo e sicuro: il bambino sarà nutrito bene e senza difficoltà, in modo comodo per entrambi. Per gestire le poppate notturne la cosa migliore è tenere il bambino nel letto con sé e lasciare semplicemente che si serva da solo: quando poppa non occorre essere del tutto coscienti e in questo modo ci si stanca molto meno.

Di giorno non correte a destra e a sinistra cercando di vedere tutto in fretta. Non pretendete troppo da voi stesse e prendetevela comoda: è il modo migliore per essere meno stanche e più rilassate. Bevete molto, assicuratevi di mangiare a sufficienza e, per evitare il rischio che la produzione del latte diminuisca, allattate il bambino tutte le volte che mostra di desiderarlo.

allattamento con il biberon

Se nutrite vostro figlio con il biberon la preoccupazione principale sarà quella di reperire acqua pura e di sterilizzare l'attrezzatura. Il latte in polvere va sciolto con acqua in bottiglia, purificata oppure sterilizzata mediante ebollizione. Una volta sciolto in acqua il latte si deteriora rapidamente, quindi i biberon vanno preparati al momento o tenuti in frigorifero e utilizzati nell'arco di 24 ore. Sterilizzate il biberon e le tettarelle facendoli bollire per dieci minuti oppure utilizzando compresse per la sterilizzazione.

La dotazione minima per chi allatta il proprio figlio artificialmente consiste in due biberon di plastica, due tettarelle, alcune compresse per la sterilizzazione e un contenitore per la sterilizzazione provvisto di coperchio. L'ideale sarebbe sterilizzare i biberon ogni sera (potete farlo anche in acqua bollente).

un consiglio

Per chi usa il biberon consiglio di acquistare una serie di biberon usa e getta da trasportare in buste di plastica presterilizzate. Le tettarelle sono provviste di un cappuccio che le mantiene sterili per 24 ore.

Rosie Whitehouse, UK

far da sé

Se avete la possibilità di usare una cucina cercate di ridurre al minimo il tempo che vi trascorrerete e per cucinare e per pulire. Conviene mangiare in modo semplice, soprattutto a colazione e a pranzo. Non preparate pasti elaborati, optate per i piatti collaudati e graditi a tutti: sarà più facile per voi e i bambini mangeranno volentieri.

Può essere utile portare un fornello da campeggio. In commercio ne esistono di vari tipi, ma sono da preferire quelli a cherosene o ad alcol, perché funzionano con combustibili che trovate pressoché in ogni angolo del mondo e potete dunque imbarcarli vuoti in aereo. Al contrario, le cartucce del Camping Gas non sono sempre facili da trovare e inoltre è vietato trasportarle in aereo.

spuntini

Portate sempre con voi spuntini o merendine, sia quando andate a fare una camminata o intraprendete un viaggio in autobus, in treno o in auto, sia quando sapete che lungo il tragitto ci sono dei negozi o quando è previsto che il viaggio duri meno di un'ora. Ricordate infatti che i ritardi sono frequenti e che una volta giunti a destinazione potreste scoprire che nei negozi non c'è nulla che i vostri figli possano mangiare. Portate pertanto con voi uva sultanina, noci (per bambini sopra i 5 anni), una mela o un'arancia (evitate le banane che si spappolano con molta facilità), qualche confezione di succo di frutta o di latte, pane o biscotti e, se viaggiate con un bambino che state svezzando, qualche vasetto di omogeneizzato. L'acqua è indispensabile, sia da bere sia per l'igiene personale. Portate un coltello per sbucciare e tagliare la frutta.

inappetenza

Cercate di non preoccuparvi eccessivamente per quanto mangiano i vostri figli. Ci saranno giorni in cui vi sembrerà che vivano solo d'aria, ma probabilmente fanno lo stesso anche a casa. I bambini mangiano quando hanno fame. Non cominciate perciò a temere che il viaggio vi restituisca dei figli affamati e malnutriti, ma cercate piuttosto di scoprire quali sono i cibi che i vostri figli prediligono fra quelli disponibili. Portate con voi gocce o compresse multivitaminiche per bambini, assicuratevi che bevano molta acqua o latte e offrite loro frutta in abbondanza, dopodiché cercate di non agitarvi.

pasti

Anche avendo la possibilità di cucinare autonomamente è probabile che sceglierete di mangiare fuori piuttosto spesso. In molti posti si trovano sia chioschi e bancarelle di cibi sia ristoranti puliti, economici e invitanti, ma altre volte capita che l'unica soluzione praticabile sia quella di un locale molto costoso, perché tutti gli altri sono posti dove non mettereste mai piede oppure non offrono nulla che possa andare bene per i bambini o semplicemente perché non ci sono alternative.

Presumibilmente ci saranno periodi in cui i vostri figli vorranno mangiare soltanto hamburger, pizza o spaghetti. Nella maggior parte dei grandi alberghi di tutto il mondo è possibile trovare imitazioni accettabili dei piatti tanto amati: cedere una volta ogni tanto si può e la vostra indulgenza sarà ripagata dalla gioia che proveranno i vostri figli. Dire loro che mangeranno le pietanze cui sono abituati quando tornerete a casa, per esempio "fra un paio di settimane", è come dire in gennaio "il prossimo Natale sarai tu a decorare l'albero". I bambini non hanno il nostro stesso concetto del tempo e un paio di settimane possono essere un periodo interminabile per loro. Mangiare un piatto famigliare può aiutarli a sentirsi un po' più sicuri e a convincerli che non dovranno mangiare 'cose strane' per sempre.

A prescindere dalle considerazioni sugli alimenti più o meno insoliti, ci sono molti ristoranti che piaceranno ai vostri figli. Spesso i bambini sono incantati dai cibi colorati o dalle vivande che vengono servite flambé o in padelle ancora sfrigolanti e sebbene in questo modo diventi più facile fare le ordinazioni, tuttavia potrà capitarvi di dover dissuadere vostro figlio dallo scegliere i piatti dai colori più sgargianti.

Un manuale di conversazione o una guida ai ristoranti locali possono essere utili per decifrare i menu e i bambini più grandicelli e gli adolescenti potranno usarli per capire cosa vogliono mangiare oltre che per esercitarsi nella lingua locale. I manuali di conversazione della Lonely Planet prevedono sempre un capitolo dedicato alla cucina e se vostro figlio è già un piccolo buongustaio potrà sbizzarrirsi con i volumetti della collana *World Food*.

la scelta del ristorante

Vale la pena di cercare ristoranti che offrono la possibilità di mangiare all'aperto, oppure locali con ampie sale interne o con qualcosa che possa attirare l'attenzione dei bambini (un acquario, una fontana, etc.). Controllate il menu e verificate che ci sia qualche pietanza accettabile per i vostri figli e, se a tavola sono impazienti, portateli a fare una passeggiatina in attesa che il pasto venga servito. Se avete bambini molto piccoli tenete le salviette umidificate a portata di mano per pulire velocemente il seggiolone o altre superfici. Se il locale non può fornirvi un seggiolone e siete costretti a tenere il bambino sulle ginocchia ordinate piatti che potete mangiare con una mano sola. Con quei bambini e adolescenti che vorrebbero mangiare sempre nel loro fast food preferito è conveniente, al fine di evitare discussioni tutte le volte che si avvicina l'ora di pranzo o di cena, pattuire fin dal principio quanto spesso ci andrete.

un consiglio

Nei ristoranti fatevi dare una sedia provvista di braccioli per il vostro bambino e per evitare che cada applicate alla sedia la cintura di sicurezza del passeggino o una protezione analoga.

Elizabeth Wear,
Hong Kong

porzioni

Accade molto spesso che le porzioni servite in un ristorante siano troppo grandi per un bambino.

A 26 anni posso dire di aver avuto l'opportunità di visitare molti paesi. Negli ultimi anni ho viaggiato con un compagno davvero vivace e molto entusiasta. Il piccolo uomo in questione, instancabile giramondo, è mio figlio Sam che oggi ha 4 anni. Viaggiare da sola con un bambino non è mai facile come partire da sola con lo zaino o con un gruppo di amici, ma l'esperienza è impagabile.

genitori single

MAMMA e FIGLIO

Jacqui Higgins viaggia con suo figlio da quando questi aveva poco più di 1 anno. Oggi Sam ha 4 anni e insieme alla mamma ha già visitato il Portogallo, la Spagna, la Turchia, gli Stati Uniti e i Caraibi.

Molti genitori single, pensando solo alle difficoltà che un viaggio potrebbe comportare, finiscono per rinunciarci a priori, precludendosi così la possibilità di fare importanti scoperte. Ho visto Sam accarezzare pastinache e dar loro da mangiare, imparare a nuotare in mezzo a banchi di pesci pilota e parlare lingue straniere come un bambino del posto. Abbiamo fatto nuove amicizie, in alberghi economici o nei campeggi, e ogni volta l'eccitazione di Sam raddoppiava la mia soddisfazione. In molte occasioni la presenza di Sam, costringendomi a interagire con le persone del luogo in circostanze in cui altrimenti ne avrei fatto a meno, mi ha permesso di instaurare facilmente un contatto con la gente del posto e captare qualcosa della loro vita di ogni giorno. Con la sua zazzera di riccioli biondi e gli occhi azzurri era difficile passare inosservati nei villaggi o nelle cittadine di certe zone del Portogallo, della Spagna o dei Caraibi: Sam attirava gli sguardi e la simpatia di tutti.

Come sua madre, Sam ama il mare e la sabbia: abbiamo trascorso molte ore su spiagge sabbiose. Mi sistemavo sempre vicino all'acqua per intervenire in caso di necessità e osservavo l'esile corpicino saltellare fra le onde insieme ad altri bambini. Alle Azzorre, dove trascorremmo alcuni mesi in un piccolo villaggio, Sam finì per parlare il portoghese meglio di me. Imparò la lingua, quel tanto che gli serviva, in un paio di settimane e per la maggior parte in riva al mare. Naturalmente le difficoltà non mancano. Visitare zone poco turistiche a volte significa dover prendere più voli consecutivi, non poter contare su un servizio regolare di trasporti pubblici o essere costretti a prendere un taxi spendendo una fortuna. Ho imparato presto quanto è importante programmare gli spostamenti in base alla disponibilità dei mezzi di trasporto prima di avventurarsi fuori dai percorsi più battuti. La prima volta che ci capitò di salire su un autobus affollato in Portogallo suscitai le ire del conducente mentre lottavo per salire con il bambino, il passeggino e le borse, frugando al contempo nel portamonete per mettere insieme i soldi giusti. Quando gli allungai una banconota il conducente fermò nuovamente l'autobus e, mentre lo guardavo allibita, cominciò a gridare oscenità sui turisti cercando il resto che mi doveva. Dopo avermi lanciato le monete, premette il piede sull'acceleratore e l'autobus ripartì bruscamente facendo perdere l'equilibrio a me, al bambino, al passeggino e alle borse prima che riuscissi ad avvistare una nicchia dove sistemarci in piedi nel corridoio sovraffollato. Una signora ebbe pietà di me, o forse era semplicemente stufa dei colpi che le ruote del passeggino infliggevano al suo piede, e mi offrì il suo posto a sedere. Dopo quest'esperienza imparai a sistemare il passeggino nel portabagagli, a ridurre il numero delle borse, a calmare Sam prima di salire a bordo e a tener pronto il denaro contato. Un'altra sfida è quella di sopravvivere negli spazi angusti degli aeroplani. Fino a quando Sam ha viaggiato sulle mie ginocchia ero solita aspettare che si addormentasse prima di abbassare il tavolino e mettermi a mangiare. Inutile dire che più di una volta ho saltato il pasto, ma poi incontravo quasi sempre un'assistente di volo comprensiva che mi offriva un sandwich o un piatto freddo.

"Un'altra sfida è quella di sopravvivere negli spazi angusti degli aeroplani. Fino a quando Sam ha viaggiato sulle mie ginocchia ero solita aspettare che si addormentasse prima di abbassare il tavolino e mettermi a mangiare. Inutile dire che più di una volta ho saltato il pasto, ma poi incontravo quasi sempre un'assistente di volo comprensiva che mi offriva un sandwich o un piatto freddo".

Viaggiare da sola con un bambino riduce la scelta delle destinazioni possibili. Per quanto mi riguarda, non farei i salti di gioia all'idea di visitare la foresta amazzonica con Sam, perché mi occorre la certezza di sapere che in caso di bisogno troveremmo aiuto. Naturalmente vale sempre la pena di prendere alcune semplici precauzioni: conoscere i numeri telefonici d'emergenza, portare una scheda telefonica, avere con sé una farmacia da viaggio ben fornita e tenere al corrente parenti e amici sui propri spostamenti.

In quasi tutti i paesi che abbiamo visitato i bambini sono oggetto di venerazione e oggi non mi stupirei più se, arrivando in un posto nuovo, la gente si avventasse addosso a mio figlio per baciarlo sulla testa. Ci sono stati casi in cui è stato importante riconoscere la nostra vulnerabilità e fare in modo che ciò non fosse però avvertito dagli altri. Per troncare eventuali molestie da parte di individui loschi ricorrevo al vecchio trucco di pronunciare frasi del tipo "Mio marito / Il mio compagno sarà qui da un momento all'altro / è in quel negozio / è un omone piuttosto irascibile". Se lo stratagemma non funziona è importante non trovarsi in luoghi isolati e poter chiedere aiuto ad altri turisti, gente del posto, negozianti, poliziotti o chiunque altro. Per il futuro abbiamo in programma altri due viaggetti: desideriamo visitare Chicago e l'Italia prima che Sam incominci ad andare a scuola. So bene che non potrà ricordare tutti i dettagli delle nostre avventure e tuttavia spero proprio che non dimentichi il piacere di viaggiare.

Viaggiare con un bambino disabile non solo è possibile ma ti dà l'opportunità di conservare ricordi bellissimi e la sensazione meravigliosa di superare i limiti imposti dall'handicap. Non è un'impresa facile, naturalmente, perché richiede grande impegno, flessibilità nei programmi e tanta pazienza.

i viaggi di Christina

i viaggi di Christina

SUPERARE gli OSTACOLI

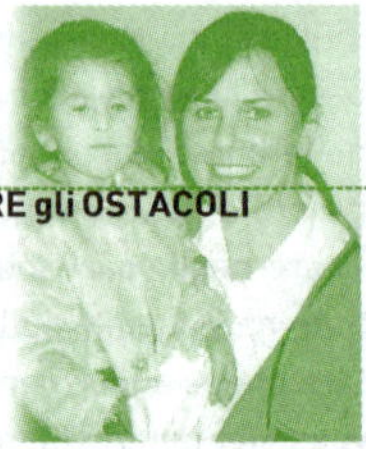

Tanya Kutny ha volato per tre volte fra Australia e Canada e ha fatto molti viaggi in automobile con il marito Roman e i figli Christina (3 anni) e Mykola (10 mesi).

Nostra figlia Christina è venuta al mondo con una malattia genetica rarissima, l'anemia di Fanconi (FA), quindi con anomalie multiple: l'esofago occluso, lo stomaco comunicante con i polmoni, grave idrocefalo (eccesso d'acqua nel cervello), il radio corto e curvo in un braccio e mancante nell'altro, entrambi i pollici mancanti, un rene pelvico, gravi problemi gastrointestinali, un orecchio imperforato, scoliosi e una cardiopatia congenita (persistenza del foro di Botallo).

Le sue precarie condizioni di salute tuttavia non ci hanno impedito di viaggiare. Dopo aver trascorso il suo primo anno di vita in ospedale, Christina raggiunse uno stato fisico relativamente stabile e decidemmo di partire. Il primo fu un viaggio in automobile da Ottawa al Wisconsin, una distanza di 1800 km circa. Telefonai a innumerevoli compagnie d'assicurazione, ma un agente soltanto si dichiarò disposto a coprire nostra figlia, consigliandoci però allo stesso tempo, visto il costo, di correre il rischio di partire senza assicurazione. E così facemmo.

Christina aveva 16 mesi e la sua vita dipendeva da due macchine: una pompa enterale che la alimentava continuamente e un dispositivo aspirante per liberare il condotto salivare. Il nostro viaggio in Wisconsin durò dieci giorni e filò liscio come l'olio. L'esperienza ci rafforzò nel ruolo di genitori, ci permise di ricominciare a vivere con gioia il fatto di essere una famiglia, ci insegnò l'importanza del riposo: avere figli è già stancante di per sé, se poi aggiungete l'impegno di somministrare medicinali, gestire difficoltà comportamentali e l'attenzione particolare che richiede un bambino disabile...

Se vi accingete a un'avventura con un figlio disabile chiedete al vostro medico di prescrivervi i farmaci necessari in quantità sufficiente a coprire almeno la doppia durata del viaggio. Preparate il necessario per affrontare ogni imprevisto: i voli possono subire ritardi, i bagagli possono andar persi e non sempre è possibile contare sull'assistenza di un medico. Distribuite i medicinali in varie borse in modo da ovviare a un eventuale smarrimento. Io ne porto sempre una scorta consistente nella borsa da viaggio dove metto le cose della bambina, che tengo sempre con me, e distribuisco il resto fra gli altri bagagli.

Dall'Australia programmammo un viaggio a Montreal, dove Christina avrebbe subito uno speciale intervento alla mano. Il viaggio sarebbe dovuto durare un mese ma, in conseguenza di ritardi ospedalieri, si trasformò in un soggiorno di tre mesi. Quando terminammo i medicinali, scoprimmo che il farmaco di cui avevamo bisogno era stato tolto dal mercato nordamericano. Per fortuna la nostra famiglia riuscì a spedircene una scorta dall'Australia. Se avete in programma un viaggio intercontinentale comunicatelo al vostro medico, che così potrà assistervi a distanza in caso di emergenza.

Anche durante i viaggi brevi, comunque, non è permesso concedersi la minima distrazione. Un giorno accadde che il tubicino per l'alimentazione di nostra figlia, che è attaccato al suo stomaco, si staccò e fu una corsa verso il più grande ospedale del Canada. Il protocollo per i casi di emergenza prevede che durante la terapia venga fatta l'anamnesi del paziente. Ora, la complessa anamnesi di Christina, che aveva appena 14 mesi, riempiva ben tre grossi fascicoli. Per puro caso ci venne in aiuto un chirurgo che avevamo conosciuto un anno prima e che ci permise di accorciare i tempi. La lezione che ne traemmo fu questa: domandate sempre al vostro specialista di consigliarvi un medico da contattare in caso di emergenza nel luogo in cui siete diretti. È indispensabile inoltre portare con sé un breve riassunto della storia clinica di vostro figlio scritta dal pediatra o dallo specialista.

Un altro aspetto da prendere in considerazione prima di imbarcarsi su un volo internazionale è l'uso di attrezzature mediche che, a bordo dell'aereo, può essere effettuato solo se precedentemente autorizzato dalla compagnia aerea; la pratica per ottenere l'autorizzazione può richiedere tempi lunghi. Sapevamo che durante il volo da Ottawa a Melbourne avremmo avuto bisogno di usare il generatore elettrico dell'aereo per ricaricare la pompa d'alimentazione di Christina. Fu necessario far eseguire dei test da parte di ingegneri elettrici di Sydney per accertare l'impossibilità di interferenze fra le nostre attrezzature e gli strumenti di bordo. La procedura richiese quattro mesi e innumerevoli chiamate internazionali. Prendemmo accordi con la compagnia aerea anche per l'assistenza al momento dell'imbarco e dello sbarco. Il mio consiglio in vista di un volo, per qualunque tipo di richiesta, è di contattare la compagnia aerea con quanto più anticipo possibile e di far mettere per iscritto qualunque accordo preso verbalmente: in questo modo sarà più facile ottenere la conferma degli accordi poco prima della partenza.

"Il nostro viaggio in Wisconsin durò dieci giorni e filò liscio come l'olio. L'esperienza ci rafforzò nel ruolo di genitori, ci permise di ricominciare a vivere con gioia il fatto di essere una famiglia".

E comunque, non abbiate paura di viaggiare con i vostri figli, perché è possibile, eventualmente condividendo l'avventura con un amico o parente. Forse bisognerebbe essere capaci di non pensare alla malattia per un po', cercando semplicemente di trarre diletto da quel che la vita ci offre.

A differenza di quel che avviene in Italia, in molti paesi i contorni vengono spesso portati senza esplicita ordinazione. Gli stuzzichini serviti come antipasti costituiscono spesso una porzione adeguata a un bambino; può funzionare anche la soluzione di dividere la pietanza con qualcuno della famiglia, a patto che entrambi gradiscano la scelta. Quando i vostri figli più grandi e adolescenti sono inclini agli esperimenti potete ordinare più piatti da dividere fra tutti, e quando invece non lo sono potete proporre loro di assaggiare quel che avete ordinato voi, in vista di una successiva occasione.

soluzioni alternative

Ci sono situazioni in cui nessuno desidera andare a cena fuori, per esempio quando si è stati in giro per tutto il pomeriggio e tutta la famiglia è stremata, nervosa e affamata. Piuttosto che affrontare la sala affollata di un ristorante, la prospettiva ideale in circostanze del genere è quella di un pasto tranquillo in camera vostra.

Se alloggiate in albergo una possibilità è quella di usufruire del servizio in camera. I prezzi gonfiati e la qualità del cibo talvolta scadente, che sembrano essere prerogativa del servizio in camera, sono davvero irrilevanti in confronto al sollievo di non dover andare a cercare un ristorante, scegliere qualcosa che tutti possano gradire, tenere i bambini svegli e di buon umore mentre si attende che la cena venga servita e infine convincerli a mangiare qualcosa.

Solitamente ai bambini piace molto il servizio in camera; se poi riservate tale soluzione per queste particolari occasioni, l'idea di un 'trattamento speciale' li metterà del tutto di buon umore. Nell'intimità della vostra stanza i bambini possono mangiare nella maniera che preferiscono, magari già con il pigiama addosso, pronti per mettersi poi subito a dormire. Naturalmente combineranno un sacco di guai, quindi evitate di mangiare sui letti.

Talvolta potrebbe essere il personale dell'albergo a comprarvi cibi da asporto, oppure, può essere uno dei genitori a uscire per far provviste in un fast food, un ristorante che svolga questo servizio, una bancarella o un mercato notturno.

utensili e attrezzature

Se avete bambini piccoli portate una tazza con il beccuccio per evitare che bevendo rovescino il liquido. Se si vergognano, insegnate loro a usare la cannuccia: di solito imparano a farlo quando sono ancora piuttosto piccoli. Portate sempre con voi un canovaccio, bavaglini, salviette umidificate e altre attrezzature per la pulizia. Troverete utile avere con voi piatto e posate per il bambino in modo da poter dividere con lui le pietanze: non dovrete così attendere che il cameriere vi porti quanto avete chiesto, né vi toccherà affrontare l'impresa, spesso frustrante, di cercare di convincerlo che volete solo un piatto vuoto in più. Se vostro figlio è ancora in fase di svezzamento portate con voi anche un tritatutto in modo da potergli offrire i cibi della consistenza giusta.

baby-sitter

In molti paesi è possibile ricorrere all'aiuto di una baby-sitter. I grandi alberghi delle zone turistiche sono spesso in grado di contattarne una, ma ancor meglio è trovarsi in un piccolo albergo a gestione famigliare dove le figlie dei padroni saranno felicissime di badare ai vostri figli. Potete in qualche maniera accordarvi sulla durata dell'impegno e sul compenso: di solito si tratta di una spesa assai contenuta.

Se progettate di fermarvi a lungo in un posto potete organizzarvi in modo da trovare qualcuno che badi ai vostri figli: informatevi presso il vostro albergo o, se conoscete qualcuno nella zona, chiedetegli di fare questa ricerca per voi. Comportatevi esattamente come fareste a casa: fate conoscenza con la baby-sitter, cercate di verificare il suo grado di esperienza e assicuratevi che i vostri figli si sentano a proprio agio con lei. Se per qualche motivo la persona vi mette a disagio, assecondate il vostro istinto e non affidatele i vostri figli. L'ideale, prima di assumere una baby-sitter, sarebbe fermarsi in un posto almeno per un po' in modo che i bambini possano sentirsi tranquilli e sicuri con lei. Dite sempre ai piccoli dove andrete e per quanto tempo, perché solo così potranno esprimere eventuali preoccupazioni e non rimanere troppo turbati qualora si svegliassero nel cuore della notte e non vi trovassero. Nei capitoli dedicati ai singoli paesi troverete informazioni sulla disponibilità di baby-sitter in loco.

famiglie con un solo genitore

Per i genitori vedovi, divorziati, separati, single o gay l'idea di viaggiare con i bambini può sembrare una vera e propria sfida. La maggior parte delle informazioni contenute in questo libro vale tanto per le famiglie con un solo genitore quanto per quelle con due genitori, tuttavia un adulto che viaggia da solo con i figli si trova ad affrontare alcuni problemi specifici. Per chi ha un solo bambino l'impresa è fattibile, mentre chi ha più di un figlio farà bene a organizzarsi in modo da avere qualcuno che lo aiuti: soltanto così potrà concedersi qualche momento di tregua, avere l'opportunità di conversare con un adulto o fare qualcosa per se stesso. Una soluzione può essere quella di viaggiare con un altro adulto che abbia un figlio o con altri membri della propria famiglia allargata o ancora con amici.

In alcuni paesi, come per esempio il Messico, potranno esserci delle difficoltà al momento dell'arrivo se vi presentate da soli con un figlio minorenne. Contattate l'ambasciata o il consolato del paese che state per visitare e informatevi sull'eventuale necessità del consenso da parte dell'altro genitore, anche se siete voi ad avere la custodia del bambino.

Se dovete prendere un aereo e avete con voi il passeggino portatelo al cancello di partenza della vostra compagnia di volo e fatelo registrare lì chiedendo di riconsegnarvelo appena scesi dall'aereo. Se viaggiate tenendo il bambino in braccio potreste richiedere un pasto freddo in modo tale da poterlo consumare più facilmente (va prenotato con 48 ore d'anticipo).

bambini disabili

Viaggiare con un bambino disabile è senz'altro possibile, a patto di pianificare la vacanza in ogni dettaglio. Prima della partenza consultate il vostro specialista e contattate organizzazioni di supporto tramite le quali potrete fare domande a persone che hanno già fatto questo tipo di esperienze.

prima della partenza

Se vostro figlio è affetto da una malattia che può richiedere un intervento medico urgente, stabilite con il vostro medico sia una terapia di base sia una terapia per i casi d'emergenza e assicuratevi di portare con voi una scorta abbondante di farmaci. Per ogni posto che intendete visitare fate in modo di sapere in anticipo dove si trovano il medico e il pronto soccorso ospedaliero più vicini. Procuratevi un'adeguata copertura assicurativa verificando che dalla polizza non siano escluse le persone affette da malattia al momento della partenza. Assicuratevi di essere coperti anche in caso di sostituzione o furto di qualunque attrezzatura medica. Se usate attrezzature elettriche informatevi sul voltaggio della corrente erogata nel paese che visiterete e portate con voi l'adattatore necessario. Se viaggiate con una sedia a rotelle, portate una cassetta degli attrezzi per eventuali riparazioni e fate presenti le vostre esigenze al momento di prenotare gli alberghi, per esempio: rampa d'accesso all'edificio, stanza al piano terra o raggiungibile tramite ascensore, stanza con accesso al bagno, possibilmente assenza di barriere architettoniche. Prenotate anche un'automobile che sia in grado di trasportare una sedia a rotelle. Per informazioni dettagliate sulle strutture prive di barriere architettoniche contattate un ufficio turistico locale o un'organizzazione che si occupa di turismo per disabili.

viaggi in aereo

Quando prendete un aereo tenete i farmaci del bambino nel bagaglio a mano: può accadere che ritardino la consegna dei bagagli o che qualche collo vada smarrito. Alcune compagnie aeree accettano a bordo i respiratori, quasi tutte i reni artificiali. L'uso di toilette anguste è un problema per molti bambini disabili: chiedete alla compagnia aerea come possono venire incontro alle vostre esigenze (alcune dispongono di una o due toilette per disabili, altre possono fornire un paravento cosicché si possa lasciare aperta la porta e creare maggiore spazio per muoversi).

Al momento di prenotare l'aereo avanzate ogni vostra richiesta specificando tutto ciò di cui vostro figlio potrebbe aver bisogno durante il volo, compresi i pasti se segue una dieta particolare. Riconfermate tutti questi dettagli 48 ore prima della partenza e fate il check in con buon anticipo in modo da ottenere un posto comodo. Alcune compagnie aeree richiedono un'autorizzazione a viaggiare da parte di un medico: informatevi sull'eventuale necessità di tale documento per vostro figlio. Se in auto usate una particolare cintura di sicurezza portatela con voi: potrebbe essere usato anche in aereo sempre che il tipo di cintura e l'età del bambino lo consentano.

Se vostro figlio è in sedia a rotelle avvisate la compagnia aerea con quanto più anticipo possibile in modo che possano predisporre l'assitenza necessaria. Dovrebbero potervi fornire una sedia a rotelle subito dopo il check in e prendere in consegna la vostra che vi attenderà al termine del volo, oppure, se la vostra è una sedia pieghevole, darvi il permesso di portarla a bordo. Nel primo caso sarà bene istruire il personale su come rimontare la sedia e portare a bordo con voi parti che si possono staccare, come il cuscino del sedile. Di solito la sedia a rotelle non è compresa nella franchigia bagagli. Sugli aerei di alcune compagnie ci sono sedie a rotelle sistemate nei corridoi fra i sedili. Nell'appendice **Siti web** troverete un elenco di organizzazioni utili.

SALUTE

Al momento di pianificare il viaggio dovreste tenere presenti non solo i potenziali rischi per la salute che il soggiorno in un determinato paese può comportare, ma anche l'età e il temperamento di vostro figlio nonché il tipo di attività cui vorreste dedicarvi. Ai neonati è facile dar da mangiare (soprattutto se sono allattati esclusivamente al seno), ma bisogna fare molta attenzione poiché possono andare rapidamente incontro a disidratazione e sono molto sensibili al sole e al calore. L'alimentazione durante e subito dopo lo svezzamento richiede un maggiore impegno durante il viaggio e, più in generale, fino ai tre anni è più faticoso anche tenere occupato un bambino e badare alla sua incolumità, specialmente quando gioca vicino all'acqua. Dai quattro anni in poi, in caso di malessere, i bambini sono perlomeno in grado di comunicare i loro sintomi.

preparativi prima della partenza

pediatra e dentista

Prima di partire assicuratevi delle buone condizioni di salute dei vostri figli. Parlate con il vostro pediatra sia di prevenzione delle malattie sia di come affrontare i disturbi più comuni. Se vostro figlio soffre di un disturbo al momento della partenza, per esempio ha un eczema, il diabete o l'asma, stabilite in anticipo cosa fare nel caso la situazione peggiori durante il viaggio.

Prima di partire è bene inoltre sottoporre vostro figlio a un controllo dentistico e, qualora avesse bisogno di cure, posticipate la partenza a quando la cura sarà terminata.

vaccinazioni

I bambini dovrebbero innanzi tutto essere in regola con le vaccinazioni previste per l'infanzia e in più, come gli adulti, fare quelle contro le malattie che si possono contrarre durante il viaggio. I bambini in età scolare che hanno fatto tutte le vaccinazioni obbligatorie in genere non hanno bisogno di richiami; per i neonati e i bambini che non hanno ancora completato il ciclo di vaccinazioni obbligatorie a volte è il caso di anticipare quelle mancanti. Quando iniziate a programmare il viaggio discutete questo aspetto con il pediatra: alcuni vaccini infatti sono consigliati solo a partire da una determinata età.

Per esempio:
difterite e tetano (in genere associato a pertosse, come DTP) in caso di necessità la prima dose può essere somministrata a 6 settimane
poliomielite in caso di necessità può essere somministrata a 6 settimane
morbillo in caso di necessità può essere somministrata a 6 mesi (di norma viene fatta a 15 mesi con la trivalente MMR = morbillo, parotite e rosolia)
Tra i vaccini di cui potrebbe aver bisogno vostro figlio durante il viaggio figurano:
epatite A il vaccino può essere somministrato a partire dai 5 mesi di vita
tifo di norma il vaccino antitifo non viene somministrato sotto i 2 anni di età
epatite B e **tubercolosi** non prevedono un limite minimo di età

Eventuali reazioni ai vaccini, nei bambini come negli adulti, tendono a manifestarsi entro 48 ore dalla somministrazione. Talvolta nei bambini le reazioni possono ripresentarsi, per esempio sotto forma di eruzioni cutanee, anche 10 giorni dopo la somministrazione del vaccino, perciò è consigliabile far vaccinare i bambini con quanto più anticipo possibile rispetto alla partenza.

All'ingresso in alcuni paesi viene richiesto un certificato di vaccinazione ai viaggiatori provenienti da una regione dove la febbre gialla è endemica (per esempio l'America del Sud o l'Africa). È sempre bene annotare le date e il tipo di vaccinazioni fatte; per informazioni aggiornate su quelle previste per legge consultate il vostro medico. Chiedete consiglio anche per quel che riguarda la profilassi antimalarica, soprattutto se siete diretti in Africa, Asia o America del Sud. Per ulteriori notizie sulle vaccinazioni vi segnaliamo anche la collana *Healthy Travel* edita della Lonely Planet.

farmacia da viaggio

È bene portarsi dietro una piccola ed essenziale dotazione di medicinali prestando particolare attenzione ai prodotti di cui potrebbero aver bisogno i vostri figli. Se vostro figlio assume regolarmente un determinato farmaco (per esempio contro asma, eczema o diabete), ricordate di portatevene una scorta adeguata. Ecco un elenco di ciò che può tornare utile a tutti i bambini:

- un farmaco contro la febbre e i dolori (Tachipirina)
- antibiotici (per infezioni comuni come otiti o quelle delle vie respiratorie), utili se viaggiate al di fuori delle zone più battute, dove non si può contattare un medico o dove i farmaci non sono reperibili; la scelta degli antibiotici da portare deve comunque essere discussa con il pediatra
- soluzioni reidratanti (in quantità), una pomata per alleviare le irritazioni da pannolino, una pomata alla calamina o un gel all'aloe per le infiammazioni cutanee e le scottature, prodotti contro la cinetosi, filtro solare, termometro, salviette disinfettanti e un disinfettante liquido oppure spray
- compresse per sterilizzare l'acqua (utili nella pulizia delle attrezzature per i pasti) o kit da sterilizzazione
- cucchiai di plastica (da 5 ml e 2.5 ml), utili per misurare le dosi dei farmaci liquidi; una siringa di plastica (da 5 ml o 10 ml) può tornale utile per somministrare il farmarco a un paziente restio ad assumerlo

Se durante il viaggio sarà necessario somministrare un farmaco a vostro figlio, dovrete prima calcolare il giusto dosaggio per la sua età, attenendovi alle dosi consigliate dal vostro pediatra oppure alla posologia indicata sul foglietto illustrativo (in genere il dosaggio viene stabilito in base al peso del bambino) e senza dimenticare che non tutti i farmaci sono indicati per i bambini. Verificate inoltre che il farmaco assunto da vostro figlio sia usato legalmente nel paese che intendete visitare.

regole fondamentali

I bambini si adattano facilmente a un nuovo clima o a un fuso orario diverso, ma in viaggio risultano più sensibili alle infezioni e più soggetti a infortuni.

mal d'orecchi in volo

In aereo il cambio della pressione dell'aria può causare mal d'orecchi nei neonati e nei bambini di pochi anni. Per ovviare a quest'inconveniente fate bere i neonati (il riflesso della deglutizione libera le orecchie) e ai bambini date una caramella da succhiare o una bevanda oppure incoraggiateli a soffiarsi il naso. Esistono delle gocce decongestionanti che, all'occorrenza, possono essere somministrate sia ai neonati sia ai bambini di pochi anni (fatevele prescrivere dal pediatra prima di partire); in alternativa potete alleviare il dolore con uno sciroppo al paracetamolo (Tachipirina). Se vostro figlio ha un infezione all'orecchio o un forte raffreddore sarebbe saggio rimandare la partenza a quando starà meglio.

cinetosi

Molti bambini soffrono di cinetosi, disturbo che può trasformare in un incubo anche un viaggio breve. Un buon rimedio contro la cinetosi è lo zenzero che si può acquistare in capsule in molti negozi di prodotti naturali; verificate che i dosaggi indicati dalla confezione siano indicati per un bambino del peso e dell'età di vostro figlio. Vi sono altri prodotti per prevenire la cinetosi, per esempio la prometazina (attenetevi alla posologia del foglietto illustrativo e ricordate che il farmaco è sconsigliato per i bambini sotto i 2 anni) che tende a indurre sonnolenza; chiedete comunque sempre il parere del pediatra. Un calmante naturale che può essere d'aiuto per la prevenzione della cinetosi è la camomilla.

un consiglio

Siccome nostra figlia soffre di mal d'auto, quando prendiamo un aereo facciamo scorta dei sacchetti di plastica che le compagnie aeree forniscono ai passeggeri e poi li portiamo con noi durante i viaggi in auto, tenendone sempre uno a portata di mano nella tasca del sedile posteriore.

Carol De Giorgio, Singapore

cibo, acqua e igiene

Mentre in linea di principio andrebbero evitate le bevande analcoliche gassate, i succhi di frutta confezionati e il latte a lunga conservazione sono quasi sempre sicuri e facili da trovare. Se è possibile, cercate di essere voi a preparare i pasti per i neonati assicurandovi di sterilizzare biberon e tettarelle (portatevi dietro le compresse per la sterilizzazione).

Dal momento che i bambini che gattonano o che hanno appena imparato a camminare sono particolarmente soggetti a contrarre malattie che si diffondono tramite la sporcizia, è opportuno lavare loro mani e viso più volte nel corso della giornata, soprattutto quando si viaggia su un mezzo pubblico, e cercate anche di evitare il più possibile che s'infilino le manine in bocca, negli occhi e nel naso. Una confezione di salviettine umidificate può rivelarsi preziosa in questo caso, specialmente durante i tragitti lunghi.

Nel caso vi venisse la diarrea lavatevi le mani con la massima cura dopo essere stati al gabinetto per evitare di contagiarla a vostro figlio. Analogamente, se è vostro figlio ad avere la diarrea, fate attenzione a come maneggiate i pannolini usati per evitare di essere voi a contrarla.

alimentazione

Di fronte ai cibi nuovi i bambini tendono a reagire con diffidenza quando non a rifiutarli del tutto, ma bisogna anche tener conto che la fatica del viaggio e la novità dell'ambiente possono distogliere la loro attenzione dal cibo e che il caldo spesso e volentieri riduce l'appetito. Cercate di introdurre i cibi nuovi gradualmente, magari proponendoli già prima della partenza. Se vostro figlio diventa inappetente, ricordate che i liquidi sono comunque indispensabili, soprattutto quando fa caldo.

morsi e punture di insetti

un consiglio

Se pensate che in viaggio i vostri figli potrebbero mangiare cose meno nutrienti rispetto a casa portate un complesso vitaminico per l'infanzia in modo da poter integrare la loro alimentazione.

Carol De Giorgio, Singapore

Poiché i morsi e le punture di insetti possono veicolare una serie di malattie gravi è estremamente importante proteggere i bambini da tale eventualità: preferite pantaloni lunghi e magliette con le maniche lunghe, fate indossare sempre calze e scarpe e proteggete la pelle esposta con un repellente per insetti. Le spirali e le zanzariere impregnate di permetrina terranno lontani gli insetti di notte e durante i pisolini diurni (la zanzara che trasmette la dengue è attiva soprattutto di giorno).

In caso di morsi o punture di insetti, scoraggiate i bambini dal grattarsi perché in questo modo la ferita rischia di infettarsi, tagliate loro le unghie di frequente affinché le abbiano sempre corte e usate una pomata a base di calamina o uno spray antiprurito per calmare l'irritazione.

infortuni e altri pericoli

I bambini vanno facilmente incontro a infortuni, ovunque si trovino, ma in viaggio i pericoli tendono ad aumentare, per cui dovrete essere ancora più vigili del solito. Le camere d'albergo e i ristoranti spesso non sono costruiti a misura di bambino e presentano mille pericoli essendo totalmente sprovvisti di protezioni, soprattutto per quel che riguarda finestre e balconi. Ecco alcuni suggerimenti sulle precauzioni da prendere:

- cercate sempre di prevedere eventuali rischi e di avvistare in anticipo oggetti o strutture potenzialmente pericolose

- tenete sempre d'occhio i vostri figli, specialmente quando giocano all'aperto
- se vostro figlio ha iniziato a camminare da poco usate le bretelle di sicurezza sia durante gli spostamenti sia quando camminate in luoghi affollati
- fate in modo che vostro figlio sia sempre identificabile tramite qualcosa che porta addosso (compreso un foglietto su cui avrete scritto le sue generalità e l'indirizzo del vostro albergo)
- la morte per annegamento, purtroppo, è molto più frequente di quel che si potrebbe pensare: non perdete mai di vista un bambino che gioca vicino a una piscina o in riva al mare e ricordate che è possibile annegare anche in acque poco profonde
- ispezionate ogni nuova spiaggia e verificate che in giro non ci siano rottami, siringhe abbandonate, vetri e lattine o altre 'tracce' di varia natura depositate da uomini o animali

tagli e graffi

Nei climi caldi le abrasioni alla pelle possono facilmente infettarsi e guarire con difficoltà. Il problema riguarda soprattutto i bambini che si sporcano con più facilità correndo di qua e di là o anche spostandosi a quattro zampe. In caso di tagli o graffi lavate accuratamente la ferita con acqua e sapone o con una soluzione antisettica (oppure con una salvietta antisettica se manca l'acqua) e proteggetela con una garza sterile. I cerotti vanno bene solo se la ferita è piccola, viceversa possono appiccicarsi alla ferita o tenerla umida. Una buona idea è quella di controllare ogni sera vostro figlio per scoprire eventuali tagli, graffi o punture di insetti.

sole

Essendo la pelle dei bambini particolarmente sensibile al sole e quindi più facilmente soggetta a scottature rispetto alla pelle degli adulti, proteggetela con un abbigliamento adeguato (cappello, T-shirt a maniche lunghe e pantaloni lunghi o gonna lunga, oppure una tuta leggera), spalmando le zone che rimangono esposte con un abbondante strato di crema solare ad altissimo fattore di protezione e ripetendo le applicazioni di frequente. Evitate che i bambini stiano al sole nelle ore centrali della giornata, quando i raggi solari sono più forti, perché le scottature non solo sono molto dolorose, ma sono anche ritenute uno dei principali fattori di rischio per lo sviluppo di tumori cutanei in età adulta.

climi caldi

Se vostro figlio non è abituato a sopportare il caldo, dovrete lasciargli il tempo di adeguarsi al nuovo clima. I bambini di solito non hanno difficoltà ad acclimatarsi, ma i più piccoli (che hanno una superficie corporea maggiore rispetto alla massa corporea) possono perdere molti liquidi tramite la sudorazione e di conseguenza disidratarsi e diventare vulnerabili agli eccessi di calore. Neonati e bambini molto piccoli non sempre sono in grado di comunicare il loro disagio, perciò in caso di temperature elevate sta a voi controllare come reagiscono al caldo e che siano vestiti in modo adeguato. Se sono più grandicelli dissuadeteli dallo scorazzare in giro sotto il sole cocente. Marsupi e zainetti portabambini sono comodissimi per trasportare i più piccoli, ma spesso ci si dimentica quanto in questo modo siano esposti al sole e al vento.

Per prevenire la disidratazione, che può colpire facilmente neonati e bambini piccoli, è bene aumentare la quantità di liquidi da far assumere ai vostri figli (come regola generale potete calcolare una quantità doppia di liquidi rispetto a quanto bevono normalmente). Per aumentare la loro sete aggiungete pure un po' di sale ai loro cibi: il sale infatti può essere eliminato attraverso la sudorazione. Offrite loro anche molta frutta e verdura. Assicuratevi che urinino regolarmente e controllate anche l'urina: l'urina scura (o tracce nei pannolini) indicano il bisogno di aumentare l'assunzione di liquidi.

climi freddi

I bambini sono particolarmente sensibili al freddo perché perdono il calore corporeo più rapidamente degli adulti. Ciò accade soprattutto quando vengono trasportati nello zaino o nel marsupio, dove non si possono muovere, e in questo caso occorre vestirli bene e controllare regolarmente che non stiano soffrendo il freddo. Per tenere i vostri figli al caldo vestiteli a più strati, senza dimenticare muffole e berretto. Fateli mangiare e bere molto: le riserve energetiche, infatti, si bruciano in fretta e si fa presto a diventare vulnerabili al freddo.

punture

I bambini sembrano attirare api e vespe come il miele, perciò portate una buona quantità di repellente per insetti (in genere però più efficace contro i morsi di zanzara che non contro le punture di api e vespe) e siate pronti ad applicare uno spray che allevi il dolore e a fornire una buona dose di consolazione. Se vostro figlio è allergico alle punture d'ape chiedete consiglio al pediatra prima di partire e mettete dell'adrenalina nella vostra farmacia da viaggio.

mal di montagna

Se progettate di raggiungere altitudini elevate ricordate che un bambino piccolo è vulnerabile agli effetti dell'alta quota esattamente quanto un adulto, con la non trascurabile differenza che un bambino non è sempre in grado di comunicare i sintomi del proprio malessere. Il mal di montagna può manifestarsi attraverso la comparsa di sintomi non specifici, come nausea, mal di testa o vomito, che potrebbero facilmente essere attribuiti ad altri disturbi dell'infanzia. Osservate attentamente i vostri figli e imparate quali sono i possibili sintomi del mal di montagna parlandone con il medico di fiducia, soprattutto se vi accingete a fare trekking o se avete intenzione di spingervi oltre quota 2000 m. Se vostro figlio accusa la comparsa anche di uno solo dei sintomi sospetti, la cosa migliore è portarsi subito a un'altitudine inferiore. I farmaci come il Diamox solitamente impiegati nel trattamento dell'adulto sono sconsigliati per i bambini. La collana *Healthy Travel* della Lonely Planet pubblica una serie di consigli e informazioni utili su come fare trekking in modo sicuro ed evitare il mal di montagna.

malaria

Nel caso della malaria la cosa più importante è la prevenzione della malattia tramite alcune semplici precauzioni dettate dal buon senso. Se andate in zone dove è presente la malaria (per esempio in Asia, in Sudamerica o in Africa) dovrete stare attenti alle zanzare che sono le potenziali portatrici del virus. Proteggete i vostri figli e voi stessi con zanzariere, repellenti adatti ai bambini e seguendo un'opportuna profilassi antimalarica. Se portate i bambini in zone malariche (ipotesi che andrebbe presa in considerazione solo se hanno un'età che consenta l'assunzione di farmaci antimalarici) ricordate di vestire con maniche lunghe e pantaloni lunghi ogni volta che uscite all'alba oppure al tramonto. La collana *Healthy Travel* della Lonely Planet riporta un elenco dei vari farmaci usati nella profilassi antimalarica, con le rispettive caratteristiche, ma per maggiori informazioni conviene comunque discuterne con il medico di fiducia.

in caso di malattia

In viaggio i bambini corrono il rischio di contrarre le stesse malattie cui sono esposti gli adulti. I bambini però non sempre sono in grado di esprimere chiaramente il proprio malessere e in molti casi non accusano nemmeno i sintomi tipici delle malattie, ragion per cui è fondamentale trovare un medico il prima possibile. Se avete dubbi o preoccupazioni riguardo alla salute dei vostri figli chiedete sempre il parere di un medico.

sarà ammalato?

Lo stato di salute dei bambini può cambiare in modo quasi repentino, passando dal benessere e da un normale ritmo di attività a un disturbo che talora può risultare anche grave. I campanelli d'allarme, soprattutto nei bambini molto piccoli, a volte sono segnali poco evidenti e di difficile interpretazione, particolare questo che può tradursi in una causa d'ansia per i genitori.

Una madre e un padre conoscono i propri figli meglio di chiunque altro e dovrebbero saper cogliere ogni alterazione dei comportamenti abituali senza sottovalutarla. Date retta insomma al vostro sesto senso, soprattutto quando i bambini sono piccoli. Fino a 6 mesi i bambini possono manifestare un disagio mostrandosi più silenziosi del solito, oppure fastidiosi, e poi scoppiare a piangere senza un motivo apparente. A volte comunicano il proprio malessere rifiutandosi di mangiare o di bere, in altri casi invece accusano sintomi specifici come diarrea, tosse, vomito o eruzioni cutanee.

Dopo i 6 mesi e fino ai 4 anni i bambini possono semplicemente apparire un po' meno 'in forma' del solito, ostentando pigrizia, svogliatezza, desiderio di essere imboccati. I bambini di pochi anni difficilmente sono in grado di comunicare con precisione cosa sentono e una leggera svogliatezza può dunque essere l'unico segnale a precedere un'eruzione cutanea o un attacco di tosse.

Per capire se un bambino ha la febbre o meno non ci si può fidare di una mano appoggiata sulla fronte, ma è indispensabile misurarla con il termometro che si dovrebbe pertanto avere sempre con sé (preferibilmente del tipo digitale o, in alternativa, un indicatore di temperatura a cristalli liquidi – meno preciso ma più facile da usare). Misurare la temperatura è importante: un bambino che risulta freddo al tatto potrebbe comunque avere una febbre molto alta e viceversa. Ogni volta che vi sentite in dubbio, misurate la temperatura e assicuratevi che vostro figlio beva una quantità di liquidi sufficiente a farlo urinare almeno due volte al giorno, anche se si rifiuta di mangiare.

febbre

La febbre è assai frequente nei bambini, a casa come in viaggio, e per i genitori è sempre motivo di preoccupazione. Quando la febbre è alta, poi, nel caso di neonati e bambini piccoli, può aggiungersi la complicazione delle convulsioni febbrili. La temperatura esterna, quella che si può sentire mettendo una mano sulla fronte del bambino, è inaffidabile e può confondere (v. paragrafo precedente). Se pensate che vostro figlio abbia la febbre, perché ha le guance rosse, è irritabile e mostra evidenti segni di malessere:

- misurate la temperatura del bambino e ripetete la misurazione mezz'ora dopo per controllo
- spogliate il bambino e mettetelo a letto (magari copritelo con un lenzuolo di cotone) facendo in modo che si senta a proprio agio (se necessario, coprite il letto con una zanzariera)
- per abbassare la temperatura fate delle spugnature tiepide (non fredde) sul viso e sul corpo del bambino (se non avete una spugna va bene anche un asciugamano)
- per abbassare la temperatura potete anche somministrare il paracetamolo (Tachipirina) in sciroppo o compresse a intervalli di quattro/sei ore
- prevenite la disidratazione offrendo liquidi al bambino in quantità piccole e frequenti (sciogliete i sali reidratanti in acqua bollita o in bottiglia oppure in succo di frutta diluito al 50% con acqua sicura; durante la prima ora somministrate 5 ml ogni 15 minuti)

Tra le più comuni cause della febbre figurano infezioni virali, raffreddori, otiti, infezioni delle vie urinarie e diarrea. Se viaggiate in zone dove esiste il rischio di contrarre la malaria, dovete sempre considerare l'eventualità che la febbre sia un sintomo della malaria.

Ecco quando occorre intervenire per abbassare la temperatura e cercare urgentemente l'aiuto di un medico:

- se la temperatura supera i 37.7°C (100°F) e il bambino ha meno di 6 mesi
- se la temperatura supera i 39°C (104°F) e il bambino ha pochi anni
- se il bambino ha avuto convulsioni febbrili in passato
- se esiste la possibilità che si tratti di malaria, ossia ogni volta che compare la febbre mentre ci si trova in un paese a rischio
- se la febbre persiste per più di 24 ore senza accennare a diminuire (misurare la temperatura a intervalli regolari per sapere se vi sono oscillazioni)

diarrea

I bambini (soprattutto i neonati e quelli di pochi anni) in viaggio sono più soggetti alla diarrea rispetto agli adulti. Nei piccoli, inoltre, il disturbo tende a presentarsi con sintomi più gravi e che si trascinano a lungo. In parte ciò è dovuto al fatto che i bambini sono meno selettivi degli adulti riguardo a quel che mettono in bocca e che è difficile tener sempre pulite le loro manine, ma è anche probabile che il loro sistema immunitario abbia meno difese contro i batteri che causano il disturbo.

I bambini possono andare incontro a una rapida disidratazione a causa della diarrea e del vomito, e non sempre è facile esser certi che assumano un'adeguata quantità di liquidi. La cosa migliore da far bere ai bambini in questi casi sono le soluzioni di sali reidratanti (ORS), che andranno somministrate alla prima comparsa dei sintomi della diarrea o in caso di vomito e che potrete rendere più gradevoli aggiungendo degli aromi oppure acquistando direttamente bustine di sali aromatizzati. Se il bambino vomita evitate di offrirgli del cibo.

Se il bambino è allattato al seno non sarà necessario somministrargli i sali reidratanti; sarà la madre in compenso a dover assumere un'adeguata quantità di liquidi. Se il bambino è nutrito con latte artificiale, si dovrà sostituire il latte con i sali reidratanti fino a quando le feci non iniziano a riacquistare una certa consistenza. A questo punto si può reintrodurre il latte artificiale diluito e poi, gradualmente, i cibi più solidi. I bambini più grandicelli possono seguire la dieta che si consiglia agli adulti, evitando cioè il latte e i latticini fino a quando non si è in via di guarigione.

L'Organizzazione Mondiale della Sanità fornisce le seguenti linee guida per quel che riguarda la reintegrazione dei liquidi:

- sotto i 2 anni: da un quarto a mezza tazza per scarica
- da 2 a 10 anni: da mezza a una tazza per scarica
- sopra i 10 anni: come per gli adulti (due tazze per scarica)

Se il bambino vomita lasciate che il suo stomaco riposi per circa un'ora prima di iniziare a somministrare i liquidi. Poi procedete in modo molto graduale, partendo da 5 ml ogni 15 minuti e aumentando progressivamente quantità e frequenza. Se il bambino si rifiuta di bere, cercate di imboccarlo con un cucchiaino o una siringa a intervalli di pochi minuti. Non esitate a chiamare un medico, specialmente se osservate la comparsa di uno dei seguenti sintomi:

- vomito e diarrea persistenti
- rifiuto di assumere liquidi
- apatia
- febbre
- sangue o muco nelle feci

Nei bambini la diarrea può durare anche 10-14 giorni, a volte persino di più. Se il bambino appare nuovamente in forma e le scariche non sono troppo frequenti, non è il caso di preoccuparsi se le feci risultano ancora un po' liquide.

È bene sapere che i farmaci antidiarroici, che agiscono solo sui sintomi, sono sconsigliati per i bambini e andrebbero dunque evitati. Se le condizioni del bambino sono tali da rendere necessaria la somministrazione di un antibiotico, è senz'altro il caso di rivolgersi a un medico; qualora vi trovaste in una zona sperduta e impossibilitati a usufruire di assistenza medica, sappiate che il cotrimoxazolo (Bactrim) è un valido antibiotico.

dolori addominali

Il 'mal di pancia' è un disturbo molto comune fra gli adulti e i bambini, le cui cause, numerose e di vario genere, possono essere in alcuni casi anche gravi. Se vostro figlio soffre spesso di mal di pancia è probabile che lo stress del viaggio faccia sì che il disturbo diventi ricorrente una volta partiti da casa. Ecco quando occorre rivolgersi a un medico:

- dolori addominali associati a febbre possono essere causati da malaria, tifo, infezione della vescica, etc.
- forte dolore addominale che si protrae ininterrottamente per più di tre ore (potrebbe essere appendicite)
- dolori addominali associati ad abbondante vomito e diarrea (pericolo di disidratazione)
- dolori addominali che giudicate insoliti per vostro figlio, specialmente se il bambino accusa malessere generale

raffreddore, tosse e mal d'orecchi

È importante sapere che i bambini sono particolarmente sensibili ai germi, specie quelli dei posti a loro nuovi: non dimenticatelo! L'asma (tosse, dispnea) può manifestarsi per la prima volta proprio mentre siete lontani da casa e, se il bambino non ha mai avuto attacchi d'asma in precedenza, i genitori ne saranno probabilmente spaventati. Cercate un medico se notate che vostro figlio respira con difficoltà, soprattutto se osservate che a ogni respiro si formano dei rientramenti piuttosto profondi fra una costola e l'altra.

Se sospettate un'otite consultate un medico poiché in caso di otite media è necessario somministrare un antibiotico. Se viene riscontrata un'infezione dell'orecchio sarà bene evitargli il contatto con l'acqua per due settimane. Se vi è fuoriuscita dall'orecchio di materiale liquido o denso dall'orecchio, il medico sconsiglierà il nuoto.

miliaria rubra ed eritema da pannolino

La miliaria rubra tende a essere un problema più per i bambini che per gli adulti. Per alleviare l'irritazione della pelle si può usare una pomata alla calamina, mentre per prevenire le eruzioni cutanee conviene vestire i bambini con abiti di cotone non aderenti, fare spesso il bagno o la doccia e asciugarli accuratamente soprattutto nelle pieghe della pelle e sotto le ascelle.

Poiché nei climi caldi un'irritazione cutanea provocata dall'uso del pannolino può degenerare facilmente in eritema, vi suggeriamo di portare un'adeguata scorta di creme protettive (pomate allo zinco o all'olio di castoro), di lavare sempre con acqua le zone colpite dopo che il bambino è andato di corpo, asciugarle bene, applicare la pomata protettiva e cercare di far stare il bambino il più possibile senza pannolino.

Se la zona irritata presenta piaghe rosse e dolorose e l'eritema non accenna a scomparire con il suddetto trattamento potrebbe trattarsi di un'infezione da fungo contro la quale è bene applicare due volte al giorno una pomata antimicotiva (Pevaryl o Canesten; oppure, se la zona è molto infiammata, un antimicotico a base di idrocortisone). Controllate anche la bocca del bambino: se notate chiazze bianche il fungo potrebbe essersi annidato anche nel cavo orale. La terapia in questo caso prevede la somministrazione di gocce antimicotiche (nistatina). Tettarelle di gomma, così come posate e stoviglie di plastica vanno cambiati sia all'inizio sia verso la fine del trattamento.

dopo il rientro a casa

Se il viaggio è stato lungo o particolarmente faticoso, una volta tornati a casa, valutate l'opportunità di sottoporre voi e i vostri figli a un controllo medico. Non trascurate di dire al vostro medico che avete viaggiato e dove siete stati.

Tutti i rimedi omeopatici andrebbero sempre prescritti da un omeopata qualificato e acquistati preferibilmente prima della partenza, perché in un paese straniero potrebbe essere difficile trovare un medico esperto a cui rivolgersi. Il vostro omeopata di fiducia saprà consigliarvi per ciascun rimedio la giusta diluizione e il dosaggio adatto ai vostri figli. In omeopatia l'abbreviazione 'c' o 'ch' indica la prima diluizione centesimale che si ottiene usando una parte di tintura madre e 99 parti di alcool o acqua. È importante che i medicinali omeopatici siano preparati da un esperto in omeopatia perché molte materie prime (compresa l'arnica e il podophyllum) possono risultare tossiche se somministrate in modo errato. I rimedi omeopatici acquistati in un negozio di alimentazione naturale dovrebbero riportare il dosaggio consigliato sulla confezione. In caso contrario chiedete consiglio al vostro medico di fiducia. I seguenti suggerimenti valgono solo a titolo orientativo e non dovrebbero sostituire diagnosi e cure mediche.

medicina alternativa

medicina alternativa

per PICCOLI VIAGGIATORI

Bernadette Sauleiner, naturopata ed esperta di reiki, cura abitualmente neonati e bambini.

Diarrea Una semplice misura preventiva consiste nell'assunzione di capsule di slippery elm (ulmus rubra) prima di ogni pasto – la polvere riveste e protegge la delicata mucosa intestinale al fine di prevenire l'infiammazione. In alternativa potete sterilizzare l'acqua usando due gocce di olio dell'albero del tè per un litro d'acqua. Lasciate riposare l'acqua per tutta la notte e poi usatela come colluttorio oppure bevetela. Un altro buon metodo per sterilizzare l'acqua e tener lontani i parassiti intestinali consiste nel trattarla con poche gocce di estratto di semi di pompelmo. In molti paesi dove l'acqua non è sicura probabilmente è ancora necessario ricorrere all'acqua in bottiglia o alle compresse sterilizzanti.

Se vostro figlio accusa sintomi quali malessere, stanchezza, crampi addominali, gonfiore o gorgoglìo addominale, feci chiare e molli è probabile che abbia ingerito cibo contaminato e che siano imminenti le prime 'scariche' di diarrea. Alla comparsa dei sintomi somministrate ogni mezz'ora una dose di podophyllum 30 c, carbo veg 30 c e hepar sulph2 30 c continuando anche un paio di giorni dopo la scomparsa dei sintomi. In attesa di quest'ultima potete dargli da mangiare banane o riso in bianco per aumentare la consistenza delle feci. A prescindere dal rimedio assunto contro la diarrea è indispensabile bere molto.

Se notate tracce di sangue nelle feci rivolgetevi a un medico con urgenza.

Vomito In caso di vomito o indigestione somministrate al bambino una dose di hepar sulph o di ipecac 30c. Qualche goccia di succo di limone e un po' di miele sciolti in acqua calda sono un altro buon rimedio per ripulire lo stomaco e il fegato.

Stipsi È un problema che in genere si può risolvere bevendo succo di pera o di prugne oppure mangiando fichi freschi. In mancanza di questi si può prendere un cucchiaio da tavola di semi di lino o scorze di semi di psillio, magari da spargere sui cereali della prima colazione. E ricordate di far bere ai bambini molta acqua.

Ferite ed emorragie Un ottimo rimedio da applicare immediatamente sull'escoriazione è la pomata all'arnica, che però non va usata su tagli e ferite aperte. Per fermare qualunque tipo di emorragia, interna o esterna, sciogliere cinque gocce di arnica 30c sotto la lingua ogni mezz'ora per quattro dosi. In caso di emorragie gravi, cioè per tutto quello che non è epistassi o una piccola ferita, cercate l'aiuto di un medico.

Cinetosi Se vostro figlio soffre di cinetosi cercate di prevenirla intervenendo prima della partenza o non appena notate che prende a sbadigliare di frequente. Somministrate 5 gocce di cocculus 30c e ricordate che conviene sempre mangiare qualcosa prima di decollare o di mettersi in moto (si tende a star male soprattutto a stomaco vuoto).

Jet lag Gocce o compresse di gelsemium aiutano ad alleviare i dolori e l'indolenzimento muscolari dovuti allo scarso apporto d'ossigeno. L'assunzione di vitamina C aiuta i bambini a sopportare la stanchezza, lo stress e la mancanza d'aria fresca. Un altro modo per aiutare i bambini ad adeguarsi al nuovo fuso orario è lasciarli giocare al sole nelle prime ore del mattino.

Punture d'insetto Una goccia d'olio di lavanda allevia il prurito causato dalle punture di zanzara, che peraltro si possono prevenire strofinando sulla pelle alcune gocce di olio di geranio, perché le zanzare detestano l'odore del geranio! Evitare le punture è fondamentale per la prevenzione della malaria e di altre malattie potenzialmente mortali, per cui portatevi dietro candele alla citronella o zanzariere per tenere alla larga le zanzare.

In caso di punture di altri insetti (ragni, api, vespe e pulci) mettete sotto la lingua cinque gocce di ledum 30c. Questo rimedio è ottimo anche per qualunque tipo di ferita causato da una puntura, per esempio per recuperare le forze dopo un'iniezione o dopo essersi punti con gli aculei di un porcospino.

Tagli e graffi Per disinfettare un taglio usate uno spray all'eucalipto o a base di olio di melaleuca e poi, per accelerare la cicatrizzazione, una pomata alla consolida maggiore o alla calendula.

Shock anafilattico Una reazione allergica di grave entità può causare shock che nel bambino si manifesta con i seguenti sintomi: labbra di colore bluastro, pelle sudata e appiccicaticcia, respirazione difficoltosa, confusione mentale e perdita di conoscenza. In attesa dell'arrivo del medico si rivela preziosa una dose (cinque gocce) di acido fenico 30c somministrata ogni 15 minuti. Per sostenere il sistema nervoso è utile anche qualche goccia di rimedio universale del dr. Bach sulla lingua, le tempie o i polsi.

Shock e stress La miglior cura da portare con sé è il rimedio universale del dr. Bach: poche gocce sotto la lingua ogni 15 minuti allevieranno ogni sintomo conseguente al trauma.

Insonnia Per aiutare a rilassarsi quei bambini che fanno difficoltà a prendere sonno in tempi e modi diversi da casa e in letti diversi dal proprio, date loro un po' di sali biochimici di fosfato di magnesio (Mag Phos 6x) oppure una tazza di camomilla prima di andare a dormire; per i neonati diluire 50 ml di infuso di camomilla (concentrazione normale) in 100 ml d'acqua; per i bambini sotto i cinque anni mescolare infuso e acqua in parti uguali.

Raffreddore e sintomi influenzali La combinazione 'Q' di sali biochimici aiuta a combattere le infezioni del naso e della gola. L'infuso di timo o di salvia è in grado di alleviare mal di gola e febbre, mentre le pastiglie di echinacea o di vitamina C stimolano le difese del sistema immunitario. Come rimedio omeopatico si segnala il gelsemium per eliminare mialgie e dolori diffusi, e l'allium cepa contro il raffreddore con abbondanti secrezioni nasali e lacrimazione.

Mal d'orecchi Contro il mal d'orecchi risulta efficace il seguente rimedio: due gocce di tea-tree oil e olio di lavanda in un cucchiaino da tè d'olio di mandorle oppure d'oliva. Del suddetto composto si verseranno due gocce in ciascun orecchio per due volte al giorno. Somministrate anche una dose di aconito/belladonna/camomilla 30c ogni ora fino a che il dolore non scompare.

Occhi rossi, che prudono Lavate gli occhi con una soluzione salina e, se possibile, applicate una bustina di fiori di camomilla tiepida (quelle usate per l'infuso) sulle palpebre per mezz'ora. Contro l'infiammazione date al bambino qualche compressa di Ferrum Phos 6x.

Mal di denti In caso di mal di denti i bambini dovrebbero assumere una dose di aconito e arnica 30c ogni mezz'ora e una dose di sali biochimici combinazione 'R'. In caso di ascesso somministrate una dose di aconito/belladonna ogni mezz'ora e, se possibile, gargle salt o acqua calda con due gocce di tea tree oil.

Scottature Se la pelle del bambino si scotta pur essendo stata ben protetta, basteranno poche gocce d'olio di iperico per alleviare la sensazione di bruciore e far scomparire il rossore. Per qualunque scottatura lieve o lieve irritazione della pelle risulta molto utile la pomata alla consolida maggiore. In caso di colpo di sole va somministrato il sale biochimico di solfato di calcio (Calc. Sulph 6x) ogni 15 minuti fino ai primi segni di miglioramento. Per lo shock potete portare anche il rimedio universale del Dr Bach, mentre per la sensazione di febbre/bruciore è utile la belladonna 30c.

Eritema da pannolino I rimedi migliori per questo problema sono la pomata alla calendula o alla consolida maggiore oppure il gel all'aloe vera.

Febbre Oltre i vari rimedi esistenti per tenere sotto controllo la febbre, a neonati e bambini va somministrato (in dose di cinque gocce ogni ora finché non si nota un miglioramento) l'aconito 30c. se la febbre compare all'improvviso ed è accompagnata da uno stato di agitazione, o il gelsemium 30c. se la febbre è accompagnata da brividi, dolori e indolenzimento diffusi. In presenza di volto arrossato, pelle che scotta e sudore somministrate aconito e belladonna 30c.

Vaccinazioni omeopatiche Per stabilire un calendario delle vaccinazioni necessarie, soprattutto nel caso di bambini piccoli che stanno per visitare paesi esotici, è indispensabile consultare un omeopata qualificato.

IN VIAGGIO DURANTE LA GRAVIDANZA

Aspettare un bambino non significa necessariamente dover rinunciare a viaggiare. Molte donne scelgono di viaggiare durante la gravidanza o scoprono di essere incinte durante il viaggio, senza che ciò si ripercuota negativamente sulla madre o sul feto. È senz'altro una questione sulla quale ognuna deve decidere per sé: viaggiare durante la gravidanza è possibile, ma ci sono alcune importanti considerazioni da fare e le informazioni contenute in questo capitolo vogliono dare un'idea dei vari aspetti di cui occorre tener conto. Prima di partire per qualunque destinazione è saggio comunque chiedere il parere del proprio medico. Chi ha già avuto gravidanze difficili o aspetta due gemelli farebbe meglio a rimandare il viaggio a dopo la nascita.

quando partire

Quasi tutti i medici affermano che il miglior periodo per viaggiare durante la gravidanza è il secondo trimestre, quando il rischio di complicazioni diminuisce, la gravidanza tende a essere ben avviata e la madre non si sente più stanca e priva di forze come nel primo trimestre.

Durante il primo trimestre c'è un rischio relativamente alto di aborto spontaneo (che potrebbe richiedere un intervento chirurgico come il raschiamento dell'utero o anche una trasfusione di sangue) o di gravidanza extrauterina, caso che statisticamente si verifica all'incirca in 1 gravidanza su 200. La gravidanza extrauterina richiede quasi sempre un intervento chirurgico e costituisce una situazione di emergenza. A ciò va aggiunto che nei primi tre mesi (talvolta anche dopo) molte donne soffrono di nausee mattutine, fenomeno che potrebbe compromettere non poco il piacere di viaggiare. In alcuni rari casi il problema può essere grave al punto da richiedere una terapia specifica. Particolare più banale, ma non meno fastidioso per chi viaggia, è la necessità di svuotare la vescica con più frequenza del solito a causa dell'ingrossamento dell'utero e della conseguente pressione che questo esercita sulla vescica.

La maggior parte delle compagnie aeree non accetta a bordo donne che hanno superato la 36° settimana di gravidanza per non correre il rischio che la madre inizi prematuramente il travaglio durante il volo (disposizione che talvolta si riesce a ovviare presentando un certificato medico in cui si afferma che non vi sono complicazioni). Nell'ultimo trimestre possono verificarsi varie complicazioni (parto prematuro, problemi di pressione o di placenta) per cui sono in poche a voler rischiare di allontanarsi da casa.

dove andare

Scegliete una destinazione dove esistono strutture mediche di buon livello cui potervi rivolgere in caso di complicazioni. È il motivo per cui sono da evitare sia i viaggi sia le escursioni in zone sperdute, dove non sarebbe possibile trovare aiuto in caso di emergenza. Vi sono donne che si sentono benissimo durante la gravidanza e donne che si stancano molto facilmente: potreste optare per un soggiorno tranquillo in un paese esotico, del quale vi affascina la cultura locale, oppure per un posto dove siete già state e che quindi sapete cosa offre. Escursioni a piedi e in bicicletta si possono ancora fare (senza esagerare e senza dimenticare di bere molti liquidi), mentre attività quali immersioni subacquee o canoismo sono decisamente sconsigliate.

un consiglio

Non sono riuscita a trovare una polizza assicurativa che coprisse eventuali problemi legati alla gravidanza dopo la 24° settimana.

Phillipa Schultz, Australia

vaccinazioni

In generale è meglio evitare qualunque vaccinazione durante il primo trimestre perché c'è il rischio di danneggiare il feto e provocare un aborto spontaneo. In teoria bisognerebbe evitare di farsi inoculare 'vaccini vivi' (fra i 'vaccini vivi' è compresa anche la profilassi per via orale contro il tifo) durante tutto il corso della gravidanza. Se contratta in gravidanza l'epatite A è una malattia molto più grave, per cui sarebbe bene farsi innanzitutto vaccinare contro questa malattia, quindi prendere tutte le consuete precauzioni alimentari e bere soltanto acqua sicura. In caso di necessità una donna gravida può farsi iniettare un vaccino antipolio inattivato al posto del 'vaccino vivo' comunemente somministrato per via orale. Un richiamo dell'antitetanica può essere somministrato senza rischi anche in gravidanza ed estende la protezione contro il tetano anche al neonato. Verificate attentamente cosa copre la vostra assicurazione di viaggio in caso di gravidanza.

che cosa portare

È bene portare con sé una farmacia da viaggio ben fornita, con i medicinali per i disturbi più comuni (nel capitolo **Salute** troverete alcuni consigli sulla dotazione essenziale di una farmacia da viaggio). Durante la gravidanza bisognerebbe evitare di assumere qualunque farmaco che non sia assolutamente indispensabile. La regola vale anche in viaggio: non prendete alcun medicinale prima di averne accertata l'innocuità per voi e per il feto (leggete il foglietto illustrativo o le indicazioni stampate sulla confezione oppure chiedete consiglio a un medico o farmacista fidato).

Valutate anche l'opportunità di portare complessi vitaminici, compresse di ferro, acido folico o calcio, chiedendo prima consiglio al vostro medico, naturopata o erborista di fiducia.

considerazioni mediche

Lunghi viaggi in aereo o in autobus aumentano il rischio di coaguli di sangue nelle gambe per cui, se dovete stare sedute a lungo, cercate di alzarvi in piedi di tanto in tanto per sgranchirvi le gambe, bevete molta acqua e valutate la possibilità di indossare calze contenenti per ridurre al minimo questo rischio.

In viaggio tutti dovrebbero fare il possibile per evitare di ammalarsi e questo vale in particolar modo per chi aspetta un bambino. Alcune malattie infatti possono avere conseguenze gravi per la salute della madre e del bambino: proteggete quindi la vostra pelle dalle punture d'insetti, fate attenzione a ciò che mangiate e bevete e non esponetevi al rischio di incidenti.

Durante la gravidanza si abbassa il livello delle difese immunitarie; infezioni quali cistiti e bronchiti possono diventare gravi e dovrebbero essere trattate subito con gli antibiotici (dietro parere medico). Anche se di solito tollerate bene le alte temperature è possibile che nei paesi tropicali facciate più fatica a sopportare il caldo: riposate, bevete molti liquidi e concedetevi tutto il tempo necessario ad acclimatarvi.

In caso di diarrea cercate di fermarla con il riposo e una dieta leggera, e se in questo modo non ottenete risultati, utilizzate un preparato a base di caolino (per le donne in gravidanza i medici consigliano il Lomotil). Se volete proprio portare con voi qualche medicinale contro la diarrea chiedete prima al vostro medico. Durante la gravidanza è molto meglio prevenire la diarrea che prendere medicinali per eliminarla.

Le infezioni da saccaromiceti e le micosi, come la candida, possono diventare un problema per una donna in gravidanza. Poiché le donne incinte contraggono facilmente infezioni alla vagina ovunque nel mondo (e nei paesi tropicali il clima caldo accentua il problema), diventa assolutamente necessario indossare biancheria intima in cotone che non stringa troppo la zona inguinale. Evitate di indossare jeans o pantaloni aderenti e optate per ampi indumenti di cotone. Portate inoltre una crema antimicotica o un'opportuna medicina da prendere per via orale.

che cosa mangiare

Durante il viaggio cercate di seguire una dieta ben bilanciata, ricca di cibi ad alto valore nutritivo, evitando invece i cibi che sono potenziale fonte di malattie come uova crude o poco cotte, arachidi o prodotti a base di arachidi e formaggi a pasta molle. Cercate di non saltare i pasti e di non far passare troppo tempo fra un pasto e l'altro. Informatevi sul valore nutrizionale degli alimenti e sulle vostre esigenze in modo da sapere quali scegliere. La regola di non fumare e ridurre il consumo di bevande alcoliche naturalmente vale anche in viaggio.

considerazioni finali

Se questa è la vostra prima gravidanza vi consigliamo di fare qualche lettura sull'argomento in modo da avere un'idea degli inconvenienti (stanchezza, bruciori di stomaco) ed eventuali piccoli disturbi che possono insorgere nell'arco dei nove mesi. Discutete questi aspetti con il vostro medico o con un'ostetrica e prendete le precauzioni necessarie per prevenirli.

Mi trovavo su un aereo per Kuala Lumpur e, non avendo mai sofferto il mal d'aria, cominciai a nutrire i primi sospetti sul mio stato allorché provai un senso di nausea durante il volo. "Un ultimo grande viaggio prima dei figli" ci eravamo detti prima di partire, ma forse avevamo perso troppo tempo a prenotare quei biglietti.

scoprirlo in viaggio nel SUD-EST ASIATICO

Liz Chasseloup ha viaggiato in Malaysia e Thailandia nel primo trimestre della gravidanza.

La prima cosa che ti colpisce a Kuala Lumpur, una volta fuori dell'aeroporto, è l'umidità dell'aria. Trovai molto faticoso sopportare quel 90% di umidità e finii per trascorrere buona parte della giornata senza muovere praticamente un dito. Durante i nostri viaggi eravamo abituati a fare lunghe camminate, ma lì mi stancavo molto presto e spesso cedevo alla tentazione di un taxi o di un tuk-tuk.

L'umidità ebbe il sopravvento su di me e così decidemmo di spostarci in Thailandia: prenotammo due posti su un autobus con l'aria condizionata diretto a Phuket. Sabbia bianca e acque turchine sembravano proprio consigliate dal medico, ma dubito che un dottore sano di mente avrebbe mai potuto prescrivermi quel minibus! Era costruito su misura per passeggeri thailandesi, popolo di bassa statura, cosicché le nostre teste sbattevano contro il tetto tutte le volte che l'autobus incontrava una buca o passava da una pista sterrata a una strada asfaltata. La mia preoccupazione costante era quella del cibo, perché mi ero accorta che evitavo la nausea mettendo qualcosa sotto i denti con una certa regolarità. Per fortuna in Thailandia c'erano molte bancarelle, non così invece in Malaysia, dove erano assai più rare.

Quando finalmente arrivammo a Phuket mi sentii davvero sollevata e addirittura euforica alla vista di una farmacia. Il giorno seguente ci imbarcammo per l'isola di Ko Phi Phi, dove la maggior parte delle possibilità d'alloggio prevedeva la sistemazione in piccoli bungalow. Ma era sabato pomeriggio, gli alberghi più economici erano ormai tutti al completo e dovemmo perciò camminare per diverse miglia prima di poterci sistemare in un costoso bungalow. Oggi penso che un minimo di organizzazione non guasti quando si è incinte.

Dal punto di vista dell'alimentazione Ko Phi Phi si rivelò un paradiso, perché sull'isola ci sono molti ristoranti dove prima di sedersi a tavola si sceglie il pesce o l'aragosta che uno desidera farsi cucinare. È tutto freschissimo e, come se non bastasse, i prezzi sono contenuti, cosa che mi fece sentire meno in colpa quando riuscii a mangiare solo metà dell'aragosta che avevo ordinato (la gravidanza fa strani scherzi!).

Per non parlare dei sarong: quale meraviglia! Non avrei saputo immaginare un indumento più adatto a un ventre in procinto di espandersi. Passavamo il tempo facendo snorkelling e abbandonandoci a una contemplazione estatica del caleidoscopio di pesci e coralli che si offriva al nostro sguardo. Probabilmente non c'è attività migliore cui dedicarsi durante la gravidanza, soprattutto negli ultimi mesi.

Durante tutto il viaggio non ebbi mai motivo di preoccuparmi dell'igiene. Sulle isole si cucina e si lava in strutture molto semplici, ma c'è un continuo ricambio di turisti che in qualche modo si traduce in una garanzia di freschezza.

Dopo qualche giorno prendemmo un aereo per Bangkok: una metropoli gigantesca dove il semplice spostarsi da una parte all'altra della città può richiedere ore, a seconda del traffico. Per evitare folle, caldo e inquinamento conviene spendere qualcosa in più per un taxi con l'aria condizionata. Usammo poche volte gli autobus, quasi sempre affollati e con i posti a sedere tutti occupati, e preferimmo i battelli che, sebbene ondeggino pericolosamente ogni volta che i passeggeri salgono a bordo oppure scendono, sono più tranquilli, permettono di viaggiare al fresco e danno inoltre la possibilità di vedere alcuni luoghi d'interesse.

Annaspando lungo i corridoi del Grand Palace decisi che per me non era più il caso di scarpinare con quelle temperature. Una rapida occhiata al Buddha di smeraldo ed eccomi fuori dal complesso, diretta a grandi passi verso un chiosco di gelati. Era giunto il momento di guardare in faccia la realtà e forse anche quello di acquistare un test di gravidanza! Andammo in un grande centro commerciale all'interno del quale c'era un banco di farmacia. Nei grandi negozi i thailandesi parlano anche l'inglese e perfino le istruzioni che trovai nella scatola erano in inglese. Così raggiunsi il bagno dove, messi in fuga gli scarafaggi, mi sottoposi al test.

"D'ora in poi niente più whisky thailandese, niente più sigarette e niente più zaini strapesanti sulle spalle!"

Bene, mi dissi in quel momento: "D'ora in poi niente più whisky thailandese, niente più sigarette e niente più zaini strapesanti sulle spalle!".

Decidemmo di ridiscendere lungo la costa orientale della Malaysia verso le Perhentian Islands e, non trovando posto nei treni, optammo per un tragitto in autobus di 24 ore. Partimmo con un grande pullman di lusso, ma poche ore dopo era previsto un cambio e ci ritrovammo a bordo di un minibus del tipo che avevamo già avuto occasione di conoscere (tetto basso e senza aria condizionata). Alla frontiera ci scappò da ridere davanti al cartello con la scritta 'qualcosa da dichiarare?'. Bè, a dire il vero...

Comunque ne valse la pena, perché sulle isole gustammo ancora un'ottima cucina di pesce ed esplorammo altri incantevoli fondali marini.

Al sicuro nell'involucro materno, il piccolo era protetto dai sobbalzi del motoscafo che ci portava da un'isola all'altra, di spiaggia in spiaggia.

La data del ritorno incalzava: avrei potuto restare su quelle spiagge per un tempo illimitato, ma avevo bisogno di una visita e di qualche parola di conforto da parte del mio medico. Non ho mai avuto la sensazione di essere in pericolo o di mettere in pericolo il bambino, però avrei fatto volentieri a meno di quei lunghi tragitti in autobus. Viaggiare incinte è possibile, ma senza zaino in spalla: tutto quel che occorre è una borsa leggera (o un partner molto forte!) e un po' più di organizzazione.

Durante il primo trimestre avrete molta più fame del solito e, se vi capiterà di saltare un pasto per un viaggio in treno o in autobus, oppure perché il collegamento ha subito un ritardo, non stupitevi se proverete nausea; c'è addirittura chi sviene per la debolezza. Pertanto portate sempre con voi qualcosa da mangiare, biscotti, frutta, qualunque cosa possa aiutarvi a non perdere le forze, perché ne avete bisogno.

E non cercate di fare tutte le cose che facevate prima di restare incinte, ma concedetevi pause frequenti, soprattutto durante i primi tre mesi, periodo in cui il fisico un po' alla volta si prepara a portare avanti la gravidanza. Dopo una giornata di viaggio particolarmente faticosa fermatevi a riposare per uno o due giorni e riprendete gli spostamenti a ritmo più lento. Inoltre non allarmatevi per la frequenza con cui avrete bisogno di recarvi al gabinetto: la pressione esecitata dall'utero sulla vescica fa sì che questo accada durante la gravidanza. Tenetelo presente quando decidete il vostro abbigliamento affinché le visite al gabinetto siano il più rapide e comode possibile.

Infine, dopo aver viaggiato per molte ore in autobus o in treno senza fare soste, è possibile che abbiate mal di schiena. Se soffrite di cinetosi cercate di limitare il più possibile gli spostamenti con i mezzi che vi danno malessere, soprattutto se tali disturbi vi inducono il vomito. Di fatto dovete prendere le stesse precauzioni che avreste seguito se foste rimaste a casa: siate solo consapevoli degli altri problemi che possono insorgere e siate preparate ad assumervi le vostre responsabilità dal momento che in viaggio non sempre sarà possibile risolvere dubbi e difficoltà con una chiamata al medico di fiducia.

parte 2 ...DOVE ANDARE

- europa
- asia
- nord america
- sud e centro america
- africa e medio oriente
- australasia

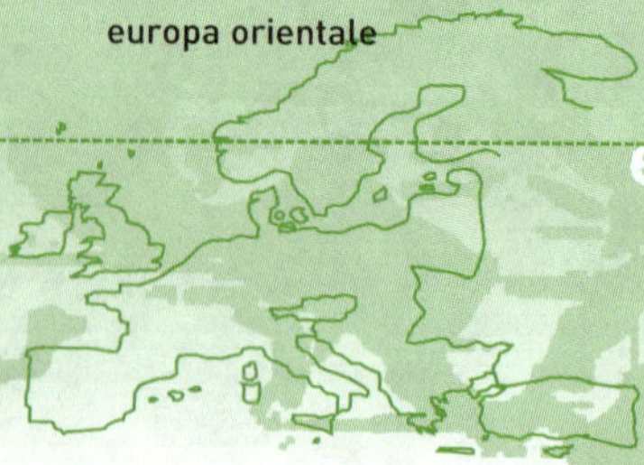

EUROPA

europa

L'Europa è un posto favoloso per viaggiare con i bambini. Se i vostri figli amano i würstel e magari anche *fish and chips* forse saranno curiosi di scoprire in quale angolo del continente sono stati inventati. E a chi non piacerebbe sapere dove abita Babbo Natale? Infagottati per bene si può salire su una slitta e andare a trovarlo nel nord della Finlandia. Per chi l'avesse dimenticato, l'Europa è la patria di Cappuccetto Rosso, Cenerentola, Re Artù e Tintin (e l'elenco potrebbe proseguire...) ed è terra di castelli fiabeschi, lunghe spiagge sabbiose, suggestive rovine e parchi a tema: non c'è che l'imbarazzo della scelta.

In Europa inoltre è facile spostarsi con i bambini: treni, aerei e servizi di trasporto su strada non pongono quasi mai ostacoli ai piccoli viaggiatori e generalmente la tendenza è quella di fornire strutture che facilitino i compiti dei genitori. Una madre che allatta il proprio figlio, purché in modo discreto, è una presenza accettata quasi ovunque.

Un altro vantaggio è quello di poter viaggiare leggeri: a meno che non vi avventuriate negli angoli più remoti della Russia o dei Balcani, qualunque cosa di cui abbiate bisogno è reperibile sul posto. L'industria del turismo è attenta alle esigenze delle famiglie e vi sono innumerevoli possibilità di sistemazione, per tutti i gusti e per tutte le tasche. Moda e cultura certo figurano tra le priorità di molti europei, tuttavia anche i visitatori d'oltreoceano fanno presto a scoprire che ogni complesso d'inferiorità qui è fuori luogo: basta tenersi alla larga dai ristoranti di lusso e sarete i benvenuti ovunque andiate. I luoghi comuni sull'impassibilità britannica e sulla riservatezza teutonica si possono quasi archiviare: i bambini non solo sono simpatici a tutti, ma sono anche un grande business.

AUSTRIA

austria

L'Austria è un paese immacolato, ideale per chi viaggia con bambini piccoli, con i quali essere gentili e disponibili qui è diventata una moda. Potete salire con il passeggino su qualunque autobus cittadino e i vostri figli saranno accolti da larghi sorrisi. Fatta questa premessa, sappiate però che gli austriaci si aspettano che ci si comporti bene: dal campeggio all'albergo a cinque stelle non è concesso sgarrare. Una buona soluzione per chi viaggia con i bambini sono le locande di campagna, oppure, soprattutto durante l'estate, gli alberghi e le pensioni di Vienna che offrono l'alloggio e la prima colazione gratis a uno o massimo due bambini fino a 12 anni se condividono la stanza dei genitori.

Alcuni ristoranti hanno un menu specifico per i bambini. Alberghi e uffici turistici locali dispongono dei nominativi di baby-sitter affidabili. Lavanderie a secco e a gettoni sono facili da trovare. I supermercati chiudono presto al pomeriggio e osservano un orario ridotto la domenica, ma presso le stazioni ferroviarie ci sono negozi che rimangono aperti fino a sera tardi e ovunque si può contare su una farmacia aperta 24 ore su 24.

I trasporti pubblici sono efficienti e durante le vacanze scolastiche a Vienna viaggiano gratis tutti i passeggeri fino a 15 anni; tuttavia, dal centro, la maggior parte dei luoghi d'interesse della capitale è raggiungibile a piedi. I bambini adorano Vienna nel periodo di Natale, quando possono pattinare sul ghiaccio davanti al municipio e andare a zonzo nel fantastico mercatino natalizio. Da non perdere le merende nei caffè che servono gustosissime fette di torta al cioccolato, tra le quali la nota Sacher.

informazioni

Il ministero del turismo pubblica un opuscolo dal titolo *Small Guests, Big Welcome* che elenca strutture e attività pensate apposta per le famiglie. A Vienna gli adolescenti faranno bene a procurarsi una copia di *Jugend Info*, periodico d'informazione sui divertimenti per i ragazzi.

che cosa vedere e fare

Animali e natura Il giardino zoologico dello Schloss Schönbrunn, risalente al 1752, comprende anche la ricostruzione di una fattoria tirolese; nel parco del palazzo c'è anche una Casa delle Farfalle. Fuori della capitale va segnalato l'Alpenzoo di Innsbruck.

Interessante e istruttivo A Vienna vengono organizzate visite guidate per bambini dello Schloss Schönbrunn, dell'osservatorio Kuffner Sternwarte e del Planetarium. Fra i musei che possono interessare i bambini ci sono il Puppen und Spielzeug Museum (Museo delle Bambole e dei Giocattoli) e lo ZOOM Kindermuseum all'interno del Museumsquartier. Ai piccoli solitamente piacciono gli spettacoli della Spanische Reitschule (Scuola di Equitazione Spagnola) che però vanno prenotati con buon anticipo. Fuori Vienna, precisamente a Melk, si può visitare lo splendido Schloss Schallaburg, palazzo stupefacente che con la sua mostra permanente di giocattoli storici non manca di catturare l'attenzione dei ragazzini, i quali in genere si entusiasmano anche nei cunicoli del Salzbergwerk (miniere di salgemma) presso Hallstatt e soprattutto davanti alle orripilanti file di teschi vicino alla chiesa locale!

Puro divertimento Il Prater di Vienna ospita anche un grande parco divertimenti dominato dalla grande ruota panoramica, costruita nel 1897 e universalmente nota grazie al film *Il terzo uomo*. In caso di maltempo provate a vedere se c'è uno spettacolo di burattini al Marionettentheater dello Schloss Schönbrunn oppure una proiezione al cinema IMAX.

Quando mia figlia aveva 7 mesi fui invitata a presentare una relazione a un congresso internazionale che si sarebbe tenuto a Vienna e, non potendo sopportare l'idea di interrompere l'allattamento e lasciare Jessy per dieci giorni, decisi di portarla con me. Dal momento che le nostre finanze non permettevano di far partire anche mio marito, ci sarei andata da sola con Jessy. Fortuna volle che Andrea e Lyn, una coppia di conoscenti di un nostro amico, avessero programmato un viaggio in Europa proprio nel periodo in cui sarei stata a Vienna. I due partivano con lo zaino e così pensai di offrire loro la possibilità di guadagnare qualche soldo badando a Jessy. Ci demmo appuntamento a Vienna.

vienna

CONIUGARE LAVORO e BEBÈ

Sarah Mathews è andata a Vienna per lavoro con la figlia Jessy di 7 mesi.

Cercai di organizzare al meglio il viaggio che in tutto, da Brisbane a Vienna, sarebbe durato 31 ore. A bordo avevo prenotato una culla e durante il volo d'andata ebbi la fortuna di avere un posto libero accanto al mio dove poterla sistemare. Jessy vi si trovò benissimo: riuscì a giocare e a mangiare comodamente seduta. Durante il viaggio le cambiai 18 volte il pannolino e 4 gli abiti (l'alta quota deve giocare brutti scherzi all'intestino di un bebè!), ma il fasciatoio dell'aereo mi parve alquanto inadeguato per chi avesse bisogno di lavare e cambiare un bebè da capo a piedi. Per fortuna avevo messo in borsa due o tre ricambi completi, temendo che le valigie potessero andar perse, e così mi ritrovai con i vestiti necessari a portata di mano. Durante il volo allattai Jessy più spesso del solito, per rassicurarla, e di conseguenza sentii il bisogno di bere molta acqua e di evitare le bevande alcoliche. La Lauda Air forniva pasti per bambini, ma non pannolini né coperte per i piccoli; in compenso gli assistenti di volo intrattennero amabilmente Jessy ogni volta che avevano un minuto libero.

Arrivate a Vienna prendemmo un taxi che ci condusse all'albergo, dove fui felice di trovare la culla già pronta in camera. Il congresso sarebbe incominciato due giorni dopo e la mia relazione era la seconda prevista dal programma, sicché dovevamo fare in fretta ad abituarci al nuovo fuso orario. Dopo aver fatto una passeggiata, uno spuntino e infine una doccia, andammo a dormire verso le quattro del pomeriggio e Jessy si svegliò intorno alle due di notte, pronta per affrontare la giornata. La allattai, giocammo insieme per un'oretta, tornammo a letto e fortunatamente riprendemmo sonno fino all'ora di colazione. Con mia grande sorpresa non ci fu bisogno d'altro: entrambe eravamo già abituate all'ora locale. Trascorremmo il nostro secondo giorno esplorando la città a piedi e in tram, ammirando i bellissimi palazzi e visitando i mercati all'aperto. Il centro di Vienna è perfetto per andare in giro con il passeggino e neppure sui tram ebbi grandi difficoltà perché c'era sempre qualcuno pronto ad aiutarmi. Meno facile, invece, fu spostarsi con la metropolitana poiché per raggiungere la stazione è spesso necessario scendere una lunga rampa di scale dove fui quasi sempre costretta a chiedere aiuto a qualcuno.

Trovai senza difficoltà pannolini, cibi per bebè e abiti per bambini (quelli che avevo portato da casa erano quasi tutti stesi ad asciugare sul radiatore della camera d'albergo). Jessy era ancora in fase di svezzamento e non ebbi difficoltà a trovare omogeneizzati di tutte le marche, dalle più economiche alle più care. Acquistavo i pannolini nei tanti piccoli supermercati che si trovano sparsi per il centro della città. Il quartiere dello shopping a Vienna è pieno di boutique e negozi eleganti dove trovai cose bellissime per Jessy. In Europa la taglia degli indumenti per l'infanzia si basa sulla lunghezza del bambino, pertanto è opportuno ricordarsi l'altezza del proprio bebè.

Con Andrea e Lyn avevamo deciso di dividere la stessa camera d'albergo e perciò al loro arrivo non impiegammo molto a fare conoscenza. Cercammo di stabilire una routine per le giornate di Jessy e da parte mia tentai di farle bere il mio latte da un biberon (avevo portato con me il tiralatte che usavo a casa) prima di uscire per l'inaugurazione del congresso che aveva luogo nella sontuosa sede del Municipio. Nei cinque giorni successivi Jessy ebbe modo di conoscere Vienna meglio di me: Andrea e Lyn la portarono a visitare la città mentre io partecipavo al congresso e di tanto in tanto passavano a trovarmi affinché la potessi allattare poiché con il biberon la piccola accettava di bere soltanto succhi di frutta.

Durante le pause del congresso riuscimmo a vedere tutti insieme il Prater, la Cattedrale di Santo Stefano e lo Schloss Schönbrunn. Nei posti frequentati da turisti Jessy sembrava attirare l'attenzione di tutti: non so quante persone mi hanno fermato per chiedermi il nome e l'età della bambina o per assicurarsi che fosse vestita in modo sufficientemente caldo per affrontare le insidie dei venticelli settembrini.

"Nei posti frequentati da turisti Jessy sembrava attirare l'attenzione di tutti: non so quante persone mi hanno fermato per chiedermi il nome e l'età della bambina o per assicurarsi che fosse vestita in modo sufficientemente caldo per affrontare le insidie dei venticelli settembrini".

Sette giorni volarono; a Vienna Jessy imparò a gattonare e durante il viaggio di ritorno passai quasi tutto il tempo a consolarla perché le stava spuntando il primo dentino.

A Linz c'è una magnifica grotta che si attraversa a bordo di un trenino, popolata da centinaia di piccoli gnomi, mentre a Graz c'è la grotta con la più lunga ferrovia d'Europa (2 km), in cui hanno allestito scenari tratti dalle fiabe.

attività

Presso le principali stazioni sciistiche vi sono sia scuole di sci per bambini sia asili nido. A Vienna esistono molte piscine sia coperte sia all'aperto, dove durante le vacanze estive l'ingresso è gratuito per chi ha meno di 15 anni.

parchi e giochi all'aria aperta

Vicino al Prater c'è una bellissima foresta che può fare da cornice a un bel picnic. I parchi giochi dell'Austria sono tutti ben attrezzati e realizzati in base a una rigorosa osservanza delle norme di sicurezza.

libri e film

Prima di partire noleggiate la videocassetta del film *Tutti insieme appassionatamente* (1965) e una volta sul posto partecipate alla visita guidata 'Sound of Music tour' (*The Sound of music* è il titolo originale del celebre film con Julie Andrews). Gli adolescenti possono divertirsi a leggere *Il terzo uomo* di Graham Greene (Bompiani, Milano 1994). Sono i bambini i veri protagonisti dei romanzi della scrittrice austriaca Christine Nostlinger: il suo *Buon Natale, Gesù Bambino* (Fabbri, Milano 2001) racconta un Natale trascorso durante l'infanzia nell'Austria povera del dopoguerra.

BELGIO

belgio

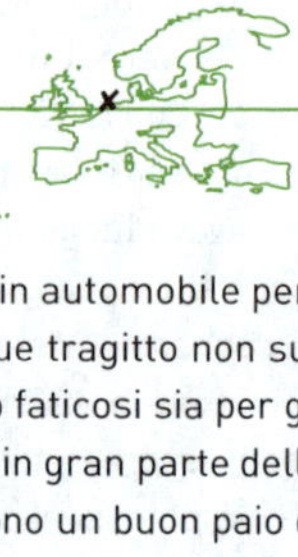

Visitare il Belgio con i bambini è facile, soprattutto se si viaggia in automobile perché le dimensioni ridotte di questo paese fanno sì che qualunque tragitto non superi le due o tre ore: di conseguenza gli spostamenti sono meno faticosi sia per gli adulti sia per i bambini. I trasporti pubblici funzionano bene, ma in gran parte delle città il centro urbano è zona pedonale, ragion per cui s'impongono un buon paio di scarpe e un passeggino resistente.

I belgi amano i bambini. Ovunque si possono acquistare cioccolata, cialde e patatine fritte, sicché non avrete difficoltà a mantenere alto il livello di zuccheri nel sangue dei vostri piccoli affinché abbiano l'energia necessaria per visitare i luoghi più interessanti. I ristoranti per gourmet non sono posti frequentati da bambini e quelli per turisti sono cari e tendenzialmente di bassa qualità. Optate per un residence in modo da poter cucinare per conto vostro; su richiesta vi saranno forniti seggiolone, culla o letto supplementare.

Nei supermercati è possibile acquistare tutto ciò di cui avete bisogno, ma ricordate che i negozi chiudono prima dell'ora di cena e che la domenica è giorno di chiusura. In Belgio i farmaci per i bambini sono diffusi soprattutto sotto forma di supposte: se preferite somministrare il paracetamolo (acetaminofenolo) in gocce o sciroppo, portatelo da casa. Se vostro figlio ha imparato a camminare da poco portate anche le bretelle di sicurezza perché canali e biciclette rappresentano un pericolo. Tramite gli uffici turistici sarete messi in contatto con agenzie di baby-sitter.

bruxelles

che cosa vedere e fare

Animali e natura I migliori esemplari di fauna che si possono vedere a Bruxelles sono gli animali impagliati esposti al Musée Royal de l'Afrique Centrale a Tervuren. Il Musée des Sciences Naturelles possiede una collezione di scheletri di iguanodonte.

Interessante e istruttivo I quadri surrealisti di Magritte dei Musées Royaux des Beaux-Arts in genere suscitano curiosità e interesse nei ragazzini che però talvolta apprezzano maggiormente le auto d'epoca esposte all'Autoworld e la collezione di aeroplani e carri armati del Musée Royale de l'Armée et d'Histoire Militaire. Lo Scientastic Museum, con i suoi oggetti da toccare e i dispositivi interattivi, entusiasma grandi e piccini.

Puro divertimento I bambini vogliono vedere il Manneken Pis, ovvero la statua del ragazzino che fa pipì, e il Centre Belge de la Bande Dessinée (Museo dei Cartoni Animati). Terza tappa di quest'itinerario sarà l'Atomium, un enorme centro espositivo a forma di molecola che sembra uscito da un fumetto di Tintin.

attività

Bruparck è un parco dei divertimenti con un settore di giochi d'acqua e un villaggio in miniatura chiamato Mini-Europe. Walibi, una ventina di chilometri a sud-est di Bruxelles, è il più grande parco dei divertimenti del Belgio.

parchi e giochi all'aria aperta

Bruxelles è particolarmente ricca di parchi e giardini. Un parco giochi molto centrale è quello di fronte al Palais Royal e i ragazzini possono divertirsi a scorrazzare nel Parc de Bruxelles.

in giro per il belgio

Fate un'escursione a Bruges, cittadina medievale di grande fascino. Da non perdere è il sottomarino russo visibile al Seaworld di Zeebrugge. Concedetevi un po' di tempo per esplorare il campo di battaglia di Waterloo e le zone intorno a Ypres che furono teatro di combattimenti durante la prima guerra mondiale. A Waterloo la vista che si gode dal monumento presso la Butte du Lion piace anche ai bambini piccoli, mentre i cimiteri e i musei nelle Fiandre dedicati alla prima guerra mondiale sono più adatti ai grandicelli. Ad Anversa visitate il National Scheepvaart Museum (Museo Marittimo) e lo zoo.

libri

Comprate alcuni libri delle avventure di Tintin (in italiano sono editi dalla casa editrice Lizard di Roma). Troverete un'infinità di articoli ispirati al beniamino creato da Hergé e, in quasi tutte le librerie, anche copie in inglese dei suoi libri.

DANIMARCA

danimarca

Non stupisce scoprire che la Danimarca, la patria del Lego e di Hans Christian Andersen, è un paese fatto apposta per le famiglie. Ci sono moltissime cose da vedere con i bambini, a partire dai resti vichinghi che destano l'interesse di tutti. Vi piacerà scoprire che la Danimarca è meno cara del resto della Scandinavia e che, rispetto a questa, gode di un clima più mite. Le tariffe ferroviarie prevedono buoni sconti per i bambini, ma per visitare il paese probabilmente è più comodo spostarsi in automobile.

Come il resto della Scandinavia, la Danimarca è un paese pulito ed efficiente. In ogni tipo di albergo ci sono diverse stanze a più letti ed è anche possibile affittare cottage. I campeggi offrono un'ottima soluzione in estate e sono quasi sempre attrezzati con un parco giochi. Gli uffici turistici locali sono in grado di fornire informazioni utili sui servizi di baby-sitter. Le lavanderie automatiche in genere non scarseggiano e sono anche facili da trovare.

che cosa vedere e fare

Animali e natura A Copenhagen c'è uno zoo enorme, lo Zoologisk Have. Pesci, tartarughe e squali sono l'attrazione del Danmarks Akvarium situato nella parte settentrionale della città.

Interessante e istruttivo Dopo aver contemplato la statua della Sirenetta a Copenhagen, i bambini vorranno vedere con i propri occhi anche i corpi della 'gente delle torbiere' che si sono conservati per duemila anni a Silkeborg. L'itinerario continua con le navi vichinghe di Roskilde, il museo vichingo di Århus e le fortezze vichinghe di Trelleborg. Il Rosenborg Slot di Copenhagen è uno dei più bei castelli della Danimarca.

In quasi tutti i musei danesi, anche quelli più vecchiotti, c'è una sala riservata ai bambini con oggetti o reperti che si possono toccare. Lo Statens Museum for Kunst (Museo Statale d'Arte) ha inaugurato un nuovo spazio interamente dedicato ai bambini e al Louisiana, il museo d'arte moderna di Humlebæk, è previsto che artisti in erba sperimentino l'uso del colore sulla tela.

Puro divertimento Al primo posto fra le mete più gettonate dai bambini c'è Legoland, ovvero i 45 milioni di mattoncini di Lego che la compongono, ma a Copenhagen ci sono anche due grandi luna park. Nel parco del castello di Rosenborg c'è un meravigioso teatro delle marionette. I bambini trovano divertenti anche le innumerevoli stramberie esposte al Ripley's Believe It or Not Museum, al Guinness World of Records Museum (Museo del Guinness dei Primati) e al Louis Tussaud (Museo delle Cere).

attività

In Danimarca ci sono favolose spiagge di sabbia e, trattandosi di un paese prevalentemente pianeggiante, magnifiche possibilità di andare in bicicletta. Ai ragazzini piacerà un'escursione in battello lungo i canali di Copenhagen.

parchi e giochi all'aria aperta

Ci sono moltissimi parchi per correre e stare all'aria aperta; i parchi giochi sono puliti e sicuri.

libri

Mettete in valigia una raccolta di fiabe di Hans Christian Andersen; la scelta delle edizioni italiane è naturalmente molto ampia: si va dal recente *Fiabe e storie* (Donzelli, Milano 2001; con introduzione di Vincenzo Cerami) a *Tutte le fiabe* (Newton & Compton, Milano 2001), da *Le più belle fiabe* (Mondadori, Milano 2000) al classico *Fiabe* di Einaudi (Torino 1970). Una menzione particolare merita la celebre fiaba *La sirenetta*, che potete trovare in tutte le raccolte citate oppure in *La sirenetta e altre fiabe* (Fabbri, Milano 2000); la statua dell'eroina della favola si trova nel porto di Copenhagen. Ampia è la scelta di volumi in italiano che introducono alla civiltà vichinga: *I vichinghi. Per farli conoscere ai bambini*, di Emilie Beaumont, Guter Ludwig e Jean-Noël Rochut (Larus, Bergamo 2001), conduce i giovani lettori nell'avvincente mondo di questa civiltà; il volume è arricchito da pagine da ritagliare; per i ragazzi un po' più grandi è da segnalare il libro *I vichinghi* di Susan M. Margeson (stesso editore, 1994), una stimolante presentazione della vita dei vichinghi attraverso fotografie di navi, armi e oggetti vari.

FINLANDIA

La Finlandia è uno dei paesi in cui i bambini godono di maggiore rispetto in assoluto, e in fondo è logico, visto che qui abita Babbo Natale! In questo paese pulito, sicuro e tranquillo ogni famiglia potrà godersi una vacanza in tutta pace e comodità. In quasi tutti gli alberghi e le pensioni ci sono stanze a più letti, e ben attrezzati sono anche i campeggi poiché i finlandesi sono un popolo che ama la vita all'aria aperta. Il campeggio è un'ottima soluzione per chi decida di stare fuori città, a patto che ci si sappia difendere dalle zanzare.

Nei supermercati troverete qualunque cosa di cui abbiate bisogno e su molti treni e traghetti ci sono aree di gioco appositamente riservate ai bambini. Il periodo migliore per visitare la Finlandia è l'estate: il fascino del paese risiede infatti soprattutto nelle sue bellezze naturali e gli inverni qui sono molto rigidi. Durante la stagione estiva i finlandesi si spostano nelle loro casette di campagna e così un'atmosfera piacevolmente sonnacchiosa si impossessa dei centri abitati. Dal momento che le strade sono praticamente deserte e non capita mai di dover rallentare la marcia a causa di lavori in corso, il mezzo più comodo per spostarsi è indubbiamente l'automobile. Culle e seggioloni andrebbero prenotati sempre in anticipo.

che cosa vedere e fare

Animali e natura A Helsinki c'è un bello zoo su un'isola che, per la gioia dei piccoli, si raggiunge in traghetto. Non sarà difficile avvistare gli alci: basti pensare che fuori Helsinki devono recintare l'autostrada per tenerli lontani dalle corsie. Più a est c'è una magnifica riserva naturale presso Ähtari e in Lapponia ci sono moltissime renne (non conviene andarci d'estate per via delle zanzare).

Interessante e istruttivo Se i vostri figli amano i castelli saranno felici di fare un picnic a Soumenlinna, l'isola fortificata di Helsinki, e uno più a est al castello di Olavinlinna, presso Savonlinna.

Puro divertimento A voi l'escursione saprà di kitsch, ma i bambini saranno entusiasti all'idea di andare a trovare Babbo Natale a Rovaniemi, in Lapponia. L'ufficio postale della cittadina riceve più di un milione di lettere l'anno solo per l'illustre destinatario. I bambini vorranno farsi fotografare presso il cippo che segna il Circolo Polare Artico e visitare l'allevamento di renne locale. Sul posto esiste anche un parco dei divertimenti chiamato Santapark. In inverno ci sono ottime possibilità di montare sugli sci per filare in discesa immaginandosi inseguiti dagli elfi.

A Naantali c'è Moomin World, un favoloso parco dei divertimenti incentrato sui personaggi della celebre fiaba di Tove Jansson, che per i bambini finlandesi è un vero paradiso (si raccomanda a chi non conosce la storia di leggerla prima di andarci). C'è un bel luna park anche a Helsinki che si chiama Linnanmäki.

attività

A Helsinki fate un'escursione in traghetto e noleggiate una bicicletta. A ovest della capitale c'è un grande parco acquatico presso Espoo. La zona dei laghi intorno a Savonlinna è perfetta per dedicarsi alle passeggiate nei boschi, alla canoa e al nuoto. Le spiagge sono sabbiose, lambite da acque poco profonde e adatte anche ai bambini più piccoli.

parchi e giochi all'aria aperta

A Helsinki ce ne sono a bizzeffe, grandi e piccoli, sparsi per tutta la città.

libri

I libri della scrittrice Tove Jansson, che narrano le avventure della famiglia Mumin, sono ormai dei classici della letteratura per bambini. L'editore milanese Salani ha in catalogo *Il cappello del Gran Bau* e *Magia di mezza estate*, entrambi del 1990, *Magia d'inverno*, del 1992, e *Racconti della valle dei Mumin*, del 1995.

Con i bambini nel paese delle renne. Lapponia facile di Ada Grilli Bonini (Leading Edizioni, Bergamo 2001), una guida turistica per genitori e figli, è dedicata alla Lapponia considerata soprattutto sotto l'aspetto naturalistico.

FRANCIA

francia

In Francia, ovunque andiate, riceverete sempre un'accoglienza calorosa e troverete moltissime cose da fare con i bambini. Se andate a mangiare fuori sappiate che a tavola i bambini francesi sanno esattamente come comportarsi e osservano le buone maniere, quindi, se i vostri figli le ignorano evitate i ristoranti eleganti. In estate è piacevole mangiare nei caffè all'aperto.

La gamma di prodotti per neonati che si trova in vendita nei supermercati francesi è la migliore in Europa, tuttavia qui non è ancora in voga l'apertura dei negozi 24 ore su 24, quindi bisogna attrezzarsi per il fine settimana.

Malgrado la bassa percentuale di madri che allattano i figli al seno (50% alla nascita), il fatto di allattare un neonato in pubblico è unanimemente accettato. Più raramente capita di vedere una madre che allatta un bambino di 1 o 2 anni, ma a tale riguardo non esistono limiti stabiliti dalla legge.

Innumerevoli sono le possibilità di sistemazione con uso cucina. Se fate un giro della Francia vi conviene optare per i B&B oppure le chambres d'hôte. Molto spesso avrete il giardinetto con l'altalena e la possibilità di cenare ottimamente in casa. Il residence può essere una buona soluzione per Parigi.

I treni francesi sono veloci ed efficienti e per i bambini sono previste tariffe sensibilmente ridotte. Chi avesse bisogno di culle o seggioloni farà bene a prenotarli in anticipo. Presso gli uffici turistici troverete gli elenchi delle agenzie di baby-sitter e degli asili nido; molto diffuse le lavanderie a secco e a gettoni.

parigi

informazioni

Se amate camminare procuratevi le guide della collana *Les Sentiers d'Emilie* che propongono passeggiate facili e adatte per i bambini. La rivista *Pariscope* pubblica informazioni su quanto avviene in città e contiene alcune pagine dedicate ai bambini.

aspetti pratici

Tramite l'ufficio turistico è possibile contattare un'agenzia di baby-sitter. Gli autobus delle linee urbane offrono un servizio eccellente e più adatto ai bambini rispetto alla metropolitana, sovraffollata e soffocante. I passeggini si possono caricare a bordo di tutti gli autobus.

che cosa vedere e fare

Animali e natura Nel Jardin des Plantesis c'è uno zoo di medie dimensioni, la Ménagerie, più piccolo e più facile da raggiungere del Parc Zoologique de Paris. È rinomato per le sue tartarughe giganti, le capre, le mucche e i cammelli.

Interessante e istruttivo La prima tappa a Parigi dovrebbe essere quella alla Tour Eiffel, entusiasmante di per sé e utile ai bambini per farsi un'idea della città. Poi converrà calarsi nel Musée Les Égouts de Paris (Museo delle Fogne Parigine), dove si possono vedere e annusare la bellezza di 1.2 milioni di metri cubi di liquami che scorrono sotto la città!

Se ai più grandicelli piacerà esplorare le sale egizie del Louvre, i più piccoli preferiranno invece dipingere e giocare al Musée en Herbe nel Bois de Boulogne. I numeri di magia proposti al Musée de la Curiosité et Magie sono molto divertenti. Le statue di cera del Musée Grévin meritano di esser viste, ma all'ingresso ci sono spesso lunghe code. La Cité des Enfants va bene per chi ha più di qualche anno.

L'estate scorsa riuscii a racimolare il denaro necessario per due biglietti aerei con destinazione Parigi: uno per me e l'altro per mia figlia. Avendo vissuto a Parigi durante gli anni '80 avevo alcuni amici in Francia che avvisai per e-mail del nostro arrivo. Prendemmo l'aereo senza aver stabilito programmi o itinerari di sorta.

parigi

di COMUNE ACCORDO

Stephanie Levin-Gervasi ha trascorso una settimana a Parigi con la figlia Camille (8 anni).

Con ciò non voglio dire che non covassi il sogno di una vacanza idilliaca fra mamma e figlia. Camille aveva 8 anni e come me era eccitata all'idea di trovarsi a Parigi, ma le cose che ci proponevamo di fare erano completamente diverse. Da francofila e amante della cucina francese, non vedevo l'ora di perlustrare uno dei più antichi mercati cittadini, quello di Rue Mouffetard che con le sue bancarelle all'aperto di formaggi, ostriche e altre delizie, per me è il più pittoresco mercato parigino. La raison d'être di Camille, invece, era una puntata sulla Tour Eiffel e una corsa sulla ruota panoramica.

Sul cibo ci trovavamo agli antipodi. In una città che ha saputo fare della cucina un'arte, Camille viveva di prosciutto e baguette, trovando da ridire su tutto: il ciuffo di crème fraîche sul gelato non aveva il sapore della panna montata americana, i formaggi puzzavano di piedi e la senape non era abbastanza gialla. Abbiamo frequentato molte boulangerie, negozi d'angolo, chioschi di pizza e un'infinità di ristorantini cinesi nel 13° arrondissement (Place d'Italie). Ogni mattina andavamo a caccia di croissant, cioccolata calda e café au lait nei piccoli bar di quartiere. Non abbiamo sofferto la fame.

Avevamo trovato un accordo sul cibo, ma ora si poneva il problema delle lunghe code d'attesa (che odio fare, esattamente come Camille) davanti a ogni museo e monumento. Per fortuna, prima di lasciare gli Stati uniti avevo contattato la Rail Europe a New York per procurarmi due French Rail Pass, che ci permisero di evitare le file nelle stazioni ferroviarie e di risparmiare così molto tempo. Ma fu l'unico sconto che ci venne concesso in fatto di code e così dovemmo senza speranza osservare la serpentina di visitatori fuori dal Louvre che sembrava quella per un concerto tutto esaurito dei Rolling Stones.

"Scordiamoci il Louvre", dissi. Prendemmo la metropolitana per la Tour Eiffel. "Lo sapevo che dovevamo arrivare la mattina presto", brontolai avvistando la fila di quattro ore che ci attendeva davanti ai due ascensori. "Niente paura, mamma, ci mettiamo in quella corta e andiamo su a piedi", fu il gentile suggerimento di Camille. Un'ora dopo iniziavamo la scalata dell'imponente torre. A dire il vero Camille trangugiava i gradini di corsa mentre io salivo ansimando e arrancando: per fortuna a piedi non era consentito salire oltre il terzo livello. Mi trovavo anch'io per la prima volta sulla Tour Eiffel e mi abbandonai a espressioni di meraviglia alla vista di Parigi dall'alto, comprendendo finalmente l'arditezza architettonica della costruzione di fine Ottocento. Acquistammo qualche cartolina, la spedimmo dall'ufficio postale della Tour Eiffel e ritornammo giù.

L'ideale a Parigi, soprattutto in estate, è iniziare la giornata di buon mattino: è l'unico modo per evitare le code. Quanto a noi, non ci muovevamo mai prima delle 10 e l'andamento della giornata era piuttosto improvvisato. Stavamo perdendo del tempo prezioso, era pertanto necessario stabilire un programma di massima. Poi, siccome ai francesi non piace mangiare di corsa, decidemmo che non l'avremmo fatto neanche noi: con baguette, prosciutto, formaggio e frutta, ci fermavamo a fare picnic in uno dei parchi della città. Camille fece il suo giro sulla ruota panoramica dopo il pranzo al sacco alle Tuilleries. Nel parco dietro la Cathédrale de Notre Dame gustammo i nostri sandwich, poi passeggiammo lungo la Senna e ci imbarcammo su un Bateau Mouche, che scivolò lungo la Senna passando davanti al Palais de Justice, l'Île Saint Louis e la Statua della Libertà in meno di un'ora.

"Da francofila e amante della cucina francese, non vedevo l'ora di perlustrare uno dei più antichi mercati cittadini, quello di Rue Mouffetard"

Parigi è fantastica la sera e in estate, quando c'è luce fino alle 22.30 circa e l'animazione si concentra sulla Rive Gauche e sulla piazza di fronte a Notre Dame. A noi capitò di assistere a una gara di skateboard con esibizioni spericolate che fecero restare Camille a bocca aperta. A un tiro di schioppo da Notre Dame si trova Shakespeare & Company, la libreria stipata di volumi in inglese, nuovi, usati e rarità, dove acquistammo l'edizione inglese di *Harry Potter*.

I nostri piedi macinavano chilometri mentre noi guardavamo vetrine, ci incantavamo a osservare la gente o ci fermavamo a comprare crêpe dolci. Quando i piedi dolenti sembravano avere la meglio, prendevamo la metropolitana.

In ogni stazione della metropolitana c'è una grande cartina della città dove puntini colorati segnalano le stazioni lungo le varie linee. Un paio di volte dissi a Camille di scegliere un puntino, entro un certo raggio, e poi raggiungemmo quella destinazione. Nel Bois de Vincennes scoprimmo un piccolo zoo e in Place des Vosges Camille trovò dei compagni di gioco.

Passammo una magnifica giornata a La Villette, dove ogni mistero scientifico è spiegato per mezzo di esperimenti che possono fare i bambini. Le grandi sale sono suddivise per fasce d'età e i biglietti vengono venduti sulla base di scaglioni orari in modo da non creare sovraffollamenti sia nelle sale espositive sia nella sala IMAX della Géode.

La nostra settimana a Parigi volgeva al termine. Stava per iniziare una nuova avventura: il viaggio in treno che ci avrebbe portate da alcuni amici in un piccolo villaggio vicino a La Rochelle. Ma questa è un'altra storia.

Più insolito è il Palais de la Découverte, a due passi dagli Champs Élysées, dove i più piccoli si divertono a veder correre i ratti.

Puro divertimento Sarebbe davvero un peccato perdere gli spettacoli delle marionette del Théâtre du Luxembourg. Nel Bois de Boulogne c'è un piccolo parco dei divertimenti, il Jardin d'Acclimatation. I vostri figli vorranno senz'altro fare una puntata a Disneyland Paris: per evitare le code converrebbe andarci in bassa stagione oppure fare in modo di fermarsi fino al tardo pomeriggio (non alloggiate negli alberghi di Disneyland). Parc Astérix, 30 km a nord di Parigi, è una simpatica variante europea del precedente.

attività

A tutti i bambini piace fare un giro in battello lungo la Senna o una corsa sulla grande ruota panoramica. Nel Bois de Boulogne si possono noleggiare biciclette con il seggiolino portabambini.

parchi e giochi all'aria aperta

Parigi è piena di parchi e il Jardin du Luxembourg è forse il più bello: ci sono pony che i bambini possono cavalcare e anche una vecchia giostra.

in giro per la francia

A riscuotere grande successo fra i bambini nella Francia settentrionale sono, per esempio, il misterioso isolotto di Mont St Michel e l'arazzo di Bayeux. Di solito piace anche la casa di Monet a Giverny. Nella Francia centrale, a Gouffre du Padirac presso Rocamadour, si può fare una strepitosa escursione in battello lungo un fiume sotterraneo che attraversa varie grotte. A sud piace la città fortificata di Carcassonne. Nel parco a tema di Futuroscope, vicino a Poitiers, ci sono sale per proiezioni 3D.

D'estate, per non soffrire il caldo, andate sui Pirenei che hanno il potere di incantare i bambini con la natura, le cascate e i ciclisti che tentano di scalare le vette più alte. I più grandicelli si divertiranno a esplorare i cambi di battaglia della Somma e le antiche gallerie di Arras. I vulcani inattivi del Parc Naturel Régional des Volcans d'Auvergne riescono sempre a entusiasmare. Se volete visitare la Costa Azzurra fate base a Villefranche-sur-Mer. Le spiagge più belle per chi ha bambini piccoli sono quelle della Normandia e della Corsica meridionale.

libri e film

Per i bambini sotto gli otto anni portate le avventure di *Madeline* di Ludwig Bemelmans (Piemme Junior, Casale Monferrato 2000), che descrivono una Parigi incantevole. Esiste anche un film disponibile in videocassetta, dal titolo *Madeline: il diavoletto della scuola* (Columbia Tristar Home Video). Asterix offre una buona introduzione alla civiltà francese, soprattutto il volume *Asterix in Corsica*. In Italia questa e molte altre avventure del simpatico eroe dei Galli nato dalla penna di Uderzo sono disponibili nel catalogo Mondadori. Non possiamo non ricordare le fiabe di Charles Perrault (1628-1703), che da *Cappuccetto Rosso* alla *Bella addormentata nel bosco* hanno stimolato la fantasia di generazioni di bambini. Fra le molte raccolte disponibili segnaliamo le *Fiabe* nell'edizione Fabbri (Milano 2002) o Rizzoli

(Milano 2000). Da leggere in particolare *La bella e la bestia* (Franco Panini, Modena 1994), ambientata in un paesino della Francia, e da non perdere è la versione a cartoni animati di Walt Disney. Per rimanere in ambito cinematografico, guardate *Il gobbo di Notre Dame* nella versione Disney oppure il classico del 1939 portato sugli schermi italiani con il titolo *Notre Dame*. Il film *Il palloncino rosso* (1956) è un classico del cinema ed è perfetto per anticipare l'atmosfera parigina.

GERMANIA

germania

Probabilmente i vostri figli qui non susciteranno l'entusiasmo che potrebbero scatenare in Italia, ma in ogni caso troverete che la Germania è un paese efficiente, pulito e perfettamente attrezzato ad accogliere le famiglie. Un po' ovunque sono previsti sconti e riduzioni per i bambini, dagli ingressi ai musei, dai biglietti d'autobus alle camere d'albergo. I trasporti pubblici tengono conto delle esigenze di chi viaggia con passeggini o carrozzine al seguito e quando si noleggia un'auto il seggiolino di sicurezza per i bambini è sempre disponibile.

Gli alberghi, che quando garantiscono uno standard di qualità elevato sono abbastanza costosi, offrono generalmente un servizio di baby-sitter. Gli ostelli, per contro, sono frequentati soprattutto da giovani e non sempre risultano comodi per una famiglia. Volendo risparmiare, se si hanno dei bambini, conviene piuttosto orientarsi verso le pensioni. Le famiglie tedesche sono entusiaste delle sistemazioni con uso cucina che si possono trovare in campagna, soprattutto nelle fattorie della Baviera. Culle e seggioloni vanno prenotati in anticipo.

I bambini sono i benvenuti nei caffè e nei ristoranti informali, mentre i cosiddetti locali da gourmet vanno saltati a piè pari. I supermercati vendono ogni genere di prodotti per neonati e bambini, ma ricordate che chiudono prima dell'ora di cena. Anche qui vale la regola: fare la spesa in anticipo per tutto il fine settimana. Ci sono molte lavanderie a gettoni e comodi fasciatoi pubblici per cambiare i pannolini.

Allattare un neonato in pubblico è considerato perfettamente normale; in giro non si vedono molte madri che allattano bimbi di 1 o 2 anni, ma in genere la cosa non turba nessuno.

informazioni

L'ufficio turistico di Monaco pubblica un opuscolo gratuito, *Hits for Kids*. A Berlino l'ufficio turistico vi informerà sulle visite guidate organizzate appositamente per i bambini.

berlino

aspetti pratici

L'agenzia di baby-sitter KidsCare lavora soprattutto con i turisti: le baby-sitter vi raggiungono in albergo o dove alloggiate portando con sé una borsa piena delle cose che possono tornare utili a un bambino dell'età di vostro figlio.

che cosa vedere e fare

Animali e natura Il fatto che a Berlino ci siano due zoo è un retaggio della Germania divisa. Lo Zoologischer Garten ospita una popolazione di 15.000 animali, per cui ogni marmocchio dovrebbe essere in grado di trovarne almeno uno di suo gradimento.

Interessante e istruttivo Se avrete la pazienza di spiegare un po' ai vostri figli la storia della città, sarà più facile che riescano ad apprezzarne i monumenti principali. Berlino è comunque una meta più adatta ai bambini più grandicelli, i quali troveranno particolarmente interessanti i resti del muro di Berlino, il Reichstag e lo stadio in cui si svolsero i Giochi Olimpici del 1936.

Per una visione panoramica della città salite in cima al Fernsehturm in Alexanderplatz. I principali musei di Berlino, come per esempio il Pergamon Museum, interesseranno soprattutto i bambini più grandi e a questo proposito va ricordato che i musei della città non sono adatti ai più piccoli: il più delle volte non è permesso né bere dal biberon né correre in giro (le vibrazioni del pavimento potrebbe far scattare i sistemi d'allarme ultrasensibili).

I piccoli si troveranno a loro agio nel Museumsdorf Düppel, ricostruzione di un villaggio medievale, oppure nel Dahlem Museum, dedicato alla fattoria. Per gli amanti di marionette e burattini c'è il Puppentheater-Museum Berlin, mentre gli appassionati di dinosauri non vorranno perdere il Museum für Naturkunde (Museo di Storia Naturale).

Il Museum für Völkerkunde (Museo di Etnologia) organizza una volta al mese una speciale visita guidata per i bambini. Ottimi musei sono sia il Kindheit und Jugend Museum (Museo dell'Infanzia e della Giovinezza) sia la sezione Spectrum del Deutsches Technikmuseum (Museo Tedesco della Tecnica), dove ci sono moltissimi dispositivi interattivi ed esperimenti da fare in prima persona. L'Allierten-Museum (Museo degli Alleati) merita una puntata per la vecchia torre di guardia e la cabina che sono quel che rimane di Checkpoint Charlie.

Puro divertimento Britzer Garten è il nome del parco dove i bambini possono scatenarsi e vivere avventure passando da un parco acquatico a un giardino a tema, da un laboratorio all'aperto a un recinto di animali. Ragazzini e adolescenti sono attratti dalle scenografie e dagli effetti speciali degli studi cinematografici di Babelsberg.

attività

Blub Badeparadies è un parco acquatico che offre piscine a onde, cascate e uno scivolo gigante. C'è anche una piscina separata per i bambini più piccoli.

parchi e giochi all'aria aperta

L'ideale sarebbe visitare Berlino d'estate, circondata com'è da parchi, foreste e laghi dove si può nuotare, fare picnic, andare in bicicletta o semplicemente rilassarsi. Sono tutti bei posti, ma il lago Wannsee e la foresta di Grünewald sono davvero particolarmente suggestivi. Da non perdere sono anche il parco dello Schloss Charlottenburg e il Tiergarten.

feste e manifestazioni

Natale è un bellissimo periodo per visitare la Germania che, per l'occasione, allestisce fiere e mercatini in ogni angolo del paese; il Weihnachtsmärkt di Berlino è la fiera natalizia più grande d'Europa.

in giro per la germania

Ci sono molti parchi a tema, parchi acquatici e parchi nazionali sparsi per il paese. A Monaco i bambini si divertono con la cosiddetta Olympic Experience, dove possono cimentarsi con giochi olimpici virtuali. Un'escursione al castello di Neuschwanstein è quasi d'obbligo poiché l'edificio sembra uscito direttamente dalla fiaba di *La Bella Addormentata nel Bosco.* Il posto è molto turistico e per coglierne l'aura magica conviene visitarlo fuori stagione.

La regione più adatta a una vacanza con i bambini è la Baviera, dove si trova di tutto, dai parchi a tema alla natura selvaggia del Parco Nazionale di Berchtesgaden. Gli appassionati delle locomotive a vapore dovrebbero percorrere la ferrovia nell'Hartz orientale oppure prendere il treno nella Sassonia orientale, vicino a Dresda. Grazie al suo mercatino di Natale permanente, nella cittadina medievale di Rothenburg ob der Tauber il Natale dura dodici mesi l'anno.

libri

Se partite durante le feste di Natale portate una copia de *Lo schiaccianoci e il re dei topi* di Ernst Theodor Hoffmann (Fabbri, Milano 2001). Seguite poi le avventure del piccolo Emil a Berlino con il classico di Erich Kästner *Emil e i detective* (Mondadori, Milano 1999). Se non la conoscono ancora, fate leggere ai vostri bambini *I Musicanti di Brema*, la celebre favola dei fratelli Grimm (presente in tutte le raccolte, fra cui *Fiabe*, Demetra, Verona 2001), a cui è dedicata una statua che campeggia nella Piazza del Mercato della città tedesca.

Judith Kerr ha scritto *Quando Hitler rubò il coniglio rosa* (Fabbri, Milano 2000), storia consigliata a partire da 10 anni, che può essere una buona lettura per iniziare i bambini alla conoscenza dell'epoca nazista.

GRAN BRETAGNA

gran bretagna

Gli inglesi amano i bambini e i londinesi in particolare ci tengono a essere considerati rispettosi del mondo dei piccoli. Chi decide di andare a mangiar fuori con i propri figli oggi non è più costretto ad andare in un fast food, basti pensare che perfino nei ristoranti eleganti hanno iniziato a portare in tavola set di pastelli o matite colorate insieme all'aperitivo. Ci sono molte cose da fare e da vedere e nella maggior parte dei luoghi d'interesse turistico è prevista la possibilità di acquistare un biglietto d'ingresso famigliare. Tuttavia fate attenzione: la Gran Bretagna è uno dei paesi europei più costosi per chi viaggia.

Fuori della capitale s'incontrano posti, però, dove sopravvive ancora una certa rigidità: in molti pub i bambini sono relegati in sale umide e fredde, tradizionalmente riservate alle famiglie, e in molti alberghi non sono ammessi in sala da pranzo dopo le 19. Fatta eccezione per le grandi città, nei ristoranti spesso si mangia male pagando cifre eccessive.

A Londra è possibile fare shopping 24 ore su 24, perciò potrete acquistare sul momento qualunque cosa di cui vostro figlio abbia bisogno. I supermercati sono aperti la domenica anche in campagna e di solito non manca mai un negozio che rimanga aperto fino a tarda sera, anche se magari può essere sprovvisto di prodotti per neonati.

Se visitate la campagna l'ideale è scegliere una stanza con uso cucina o un B&B in una fattoria. Anche a Londra si trovano appartamenti in affitto, ma sono sempre più diffusi anche i residence che rappresentano una buona soluzione se si viaggia con i bambini. Culle e seggioloni sono quasi sempre disponibili, mentre i fasciatoi tendono a essere piuttosto rudimentali.

londra

informazioni

Kids Out è una rivista mensile che informa i ragazzi su tutto quel che offre loro la capitale. Il mensile *Time Out*, che elenca spettacoli e manifestazioni in corso, ha una sezione interamente dedicata ai bambini. Se i vostri figli studiano l'inglese potranno divertirsi con gli *I-Spy Books*, ottimi libriccini che funzionano come mini-guide dove i ragazzi possono spuntare i luoghi che hanno visitato e in questo modo guadagnare punti lungo un itinerario di gioco.

aspetti pratici

Il sistema di trasporti pubblici londinese è costantemente affetto da sovraffollamento e comincia a essere un po' precario: le scale mobili delle stazioni della metropolitana spesso non funzionano a dovere, gli autobus a due piani non sono proprio l'ideale per chi deve salire con un passeggino e, pertanto, se il bambino è piccolo, conviene optare per un marsupio. Evitate inoltre di spostarvi durante le ore di punta e ricordate che sulle linee urbane si risparmia acquistando una tessera famigliare. Rock-a-bye Babysitters e Universal Aunts sono i nomi di due agenzie di baby-sitter che operano nel centro di Londra e godono di buona reputazione.

che cosa vedere e fare

Animali e natura Lo zoo di Londra è uno dei più belli del mondo. Da non perdere anche il London Aquarium presso il Westminster Bridge.

Interessante e istruttivo Ai ragazzini piacerà il British Museum: è stato rinnovato da poco e nella Old Library si può vedere il posto dove era solito sedersi Karl Marx. La Torre di Londra non lascia mai indifferenti i bambini che s'incantano davanti ai gioielli della corona e al ceppo del boia. Anche al Natural History Museum l'entusiasmo è garantito, specialmente nelle sale dei dinosauri e le gallerie del terremoto. Lo Science Museum offre molti oggetti da toccare e dispositivi interattivi. I bambini più grandicelli apprezzano il Planetarium. Spesso trascurato e tuttavia consigliabile è il National Army Museum, dove l'ingresso è gratuito. I bambini piccoli adorano il London Transport Museum.

Puro divertimento I ragazzini amano farsi vedere al Cinema IMAX di Waterloo, mentre i bambini si divertono al museo delle cere di Madame Tussaud.

attività

Fate un giro turistico della città a bordo di uno degli autobus scoperti e un'escursione in battello fino a Greenwich. È quasi d'obbligo assistere al cambio della guardia davanti a Buckingham Palace. I bambini saranno entusiasti di fare una corsa sul London Eye, enorme ruota panoramica dove si sale su piccole cabine ovoidali. Quanto ai negozi i vostri figli vorranno andare da Hamleys, il più grande negozio di giocattoli del mondo, ma tenete presente che i prezzi sono esorbitanti.

A Portobello e Maida Vale ci sono i cosiddetti 'art cafe' dove potrete concedervi una sosta mentre i bambini si dedicano alla decorazione di vasi o piatti (sappiate però che poi ci vogliono tre o quattro giorni per far asciugare i loro capolavori). A St Martin-in-the-Fields potete cimentarvi nella lucidatura degli ottoni.

parchi e giochi all'aria aperta

A Londra ci sono molti parchi ideali per un picnic: potete divertirvi a noleggiare una barca sul Serpentine, visitare le grandi serre dei Kew Gardens e andare a vedere i cervi in Richmond Park. Da non perdere la statua di Peter Pan nei Kensington Gardens.

feste e manifestazioni

Ai bambini piace molto il Lord Mayor's Show, che si svolge in novembre, e la grande sfilata che si tiene a gennaio in occasione del Capodanno Cinese (Chinese New Year Parade). Sconsigliato, invece, il carnevale di Notting Hill: c'è troppa ressa, è difficile scorgere qualcosa e in giro circolano molti tipi ubriachi e sballati.

in giro per la gran bretagna

Se dipendesse dai bambini la prima tappa di un itinerario ideale sarebbe senz'altro Legoland (Windsor). Piacerà anche un'escursione a Brighton con passeggiata sul pontile. Potrebbe suscitare interesse Hampton Court Palace, a quanto si narra abitato dal fantasma di una delle mogli di Enrico VIII. Stonehenge è a due ore di strada da Londra. Per farvi una rapida idea dell'Inghilterra potete organizzare un giro del Kent e del Sussex, regioni ricche di roccaforti romane, castelli normanni e ville in stile Tudor. Allontanandosi un po' di più da Londra i bambini ameranno le insenature rocciose della Cornovaglia, i paesaggi dello Snowdonia National Park e i castelli lungo la costa del Galles settentrionale. Nel Northumberland ci sono il Vallo di Adriano, alcune tra le più belle spiagge della Gran Bretagna e la possibilità di vedere foche e pulcinelle di mare facendo un'escursione in barca alle Isole Farne. Edimburgo è una città molto piccola e a misura di bambino, molto diversa da Londra e quindi interessante per il contrasto con la capitale: approfittate del treno notturno per raggiungerla e visitarne il castello e i musei.

libri

Chi legge l'inglese troverà interessanti i libri di storia della collana Ladybird. I bambini inglesi amano le *Horrible Histories* di Terry Deary e i *Top Ten Tales from Dickens*.

Pioggia battente e vento a forza nove salutano il nostro arrivo a Lyme Regis, ma so che nulla riuscirà a scoraggiare le mie figlie. Hanno un appuntamento con Steve Davies, cacciatore di dinosauri locale e non sono certo disposte a rinunciarvi per colpa del maltempo. Infilando la giacca a vento Davies ride quando gli domando se è ancora il caso di andare a caccia di fossili. "Si capisce, questo è un tempo magnifico per i fossili. E comunque, ci dia il tempo di arrivare alla spiaggia e vedrà che splenderà il sole!"

dorset a CACCIA di DINOSAURI

Rosie Whitehouse ha portato le figlie Esti e Rachel, di 9 e 6 anni, assieme ai piccoli gemelli Jacob ed Eve, a Lyme Regis, nel Dorset, sulla costa meridionale dell'Inghilterra.

In qualità di primo paleontologo della multinazionale BP, Davies ha trascorso parecchi mesi a scavare tra i ghiacci nei giacimenti petroliferi dell'Alaska. "I bambini sono ottimi cacciatori di fossili", dice Davies mentre ci guida verso la spiaggia, "perché occorre scrutare il terreno da una distanza ravvicinata e, in questo, rispetto a un adulto, sono avvantaggiati dalla statura!" Arranco dietro di loro con i gemelli e ho l'impressione di dover correre per riuscire a spingere quel doppio passeggino. È qui che Davies trovò il suo primo fossile durante una gita scolastica: oggi dirige Dinosaurland, il museo locale.

Siamo giunti in riva al mare ed effettivamente ora il sole splende e le onde lambiscono dolcemente le rocce. Davies sprizza entusiasmo da tutti i pori e spiega che ora stiamo calpestando il fondo di quello che un tempo fu il Mare di Teti. Esti e Rachel sono in estasi e lo ascoltano con occhi spalancati. "Duecento milioni di anni fa questo posto era il paradiso in terra. Brulicava di fauna marina. C'erano ittiosauri, plesiosauri e un'infinità di ammoniti e belemniti. Quando morirono precipitarono sul fondo e furono coperti dal fango."

Le bambine si sono già identificate in Mary Anning, la ragazzina di dodici anni che nel 1811 trovò qui il primo scheletro completo di ittiosauro, una specie di delfino del giurassico. Mary era solita raccogliere fossili e conchiglie da vendere ai turisti. È a lei che si riferisce lo scioglilingua 'She sells sea shells by the sea shore' ('Lei vende conchiglie in riva al mare', ma la traduzione non rende l'effetto). Al gruppo si è aggiunto Christopher, figlio tredicenne di Davies e cacciatore di fossili nato: aveva undici anni quando trovò la testa di un cucciolo di ittiosauro sotto i suoi piedi.

Le bambine seguono Davies come se fosse il pifferaio magico e i secchielli che portano con loro già traboccano di selci e sassolini. Cercando fra le conchiglie, che all'apparenza distraggono l'attenzione dai fossili, un ragazzino del gruppo trova un'ammonite delle dimensioni di una monetina!

Me ne resto a spingere il passeggino in cima alle scogliere. I fossili si trovano solo con la bassa marea, ma è molto facile restare bloccati dall'acqua quando la marea riprende a salire, e decisamente non me la sento di risalire la china di corsa con i gemelli. Non sono mai stata qui prima d'ora né ho visto il film *La donna del tenente francese* che ha fatto diventare famosa Lyme Regis, eppure i piccoli cottage colorati hanno un'aria famigliare. Esti è sicura di averli visti in un libro di fiabe a casa e ha ragione: Beatrix Potter ha immortalato Lyme nel libro *The Tale of Little Pig Robinson*. Lo stesso hanno fatto Whistler e Jane Austen, ma in modi diversi.

Il ritorno a mani vuote esige un indennizzo e così eccoci a setacciare i negozi di souvenir: c'è un ittiosauro che costa un piccolo patrimonio, ma per fortuna Esti e Rachel sono attratte da una scatoletta di denti di squalo fossilizzati, da un paio di matite e da un orsetto portachiavi color porpora.

"I bambini sono ottimi cacciatori di fossili", dice Davies mentre ci guida verso la spiaggia, "perché occorre scrutare il terreno da una distanza ravvicinata e, in questo, rispetto a un adulto, sono avvantaggiati dalla statura!"

La campagna che si estende alle spalle di Lyme Regis è tra le più incantevoli di tutta l'Inghilterra, con le valli verdi e scoscese, i cottage con il tetto di paglia e le antiche foreste. Sulla via del ritorno le bambine esultano quando vedono la strada bloccata dalle mucche che rientrano alla fattoria per la mungitura. I gemelli fanno un pisolino mentre percorriamo la strada costiera che porta ad Abbotsbury. La vista dal ciglio delle scogliere è spettacolare. Nel cielo è comparso un doppio arcobaleno e le bambine cominciano a scattare fotografie.

Abbotsbury è un tipico villaggio dove potrebbe trovarsi a indagare Miss Marple, solo che in giro non si vede anima viva. È famoso per i suoi cigni e infatti se ne vedono a centinaia fra i canneti dell'estuario. Il paesaggio sembra quello in cui è ambientata la fiaba de *Il brutto anatroccolo*. Trovandosi d'improvviso faccia a faccia con un cigno sibilante lungo un metro, Eve si ritrae istintivamente.

È tempo di tornare in mezzo alla civiltà: ho prenotato un cottage in fretta e furia senza verificare i dettagli. Arrivati a Stoke Abbot il telefono cellulare si spegne automaticamente: è proprio un villaggio confetto, come diceva l'opuscolo, ma come ad Abbotsbury non c'è nessuno in giro. Il nostro cottage confina con la parete di un cimitero che sembra uscito direttamente da un film dell'orrore! Dalla finestra della cucina si vedono le lapidi delle tombe e quando si mette in moto l'asciugatrice l'intera stanza si riempie di un odore di terra umida.

Sola con quattro bambini, avrei tanta voglia di darmela a gambe, ma posso forse dir loro che ho paura dei fantasmi? Il giorno dopo, mentre percorriamo la brughiera per tornare a Londra, il Dorset si mostra avvolto in una luce grigia e sinistra. Thomas Hardy avrebbe stentato a riconoscerlo. Domando a Esti se ha notato qualcosa di strano nella casa dove abbiamo dormito. Dice di sì, ma aggiunge che le è sembrato più saggio tacere.

Le storie di Terry Deary si possono leggere anche in italiano nel catalogo Salani ('Brutte storie'); alcuni titoli significativi: *Nerboruti Normanni* (Milano 2002), *Incavolati Incas* (2001), *Sadici Sassoni* (2001), *I cinici Celti* (1999) e via dicendo. I racconti e i romanzi di Dickens sono ampiamente disponibili in edizione italiana: i piccoli lettori leggeranno volentieri *Storie fantastiche delle vacanze* (Feltrinelli, Milano 1999), raccolta di racconti per l'infanzia scritti quando Dickens lavorava per un periodico per bambini, o ancora il commovente *La piccola Dorrit* (DeAgostini, Milano 1994), mentre i ragazzi più grandi apprezzeranno classici come *Le avventure di Oliver Twist* ('Bur' Rizzoli, Milano 1996) o *Canto di Natale* (Piemme Junior, Casale Monferrato 2000).

Una lettura quasi obbligatoria è *Peter Pan* di J.M. Barrie (leggetelo nell'edizione Feltrinelli dal titolo *Peter Pan: il bambino che non voleva crescere*, Milano 1992). Gli adolescenti apprezzeranno la visione futuristica di Londra dipinta da Aldous Huxley ne *Il mondo nuovo* (pubblicato con *Ritorno al mondo nuovo*, Mondadori, Milano 2000).

IRLANDA

irlanda

L'Irlanda è un paese tranquillo e amico dei bambini. Il suo fascino risiede nella bellezza delle coste e dei magici paesaggi; visitatela con calma, concedendovi tutto il tempo necessario per imparare a cogliere le sue atmosfere e per godere della compagnia dei vostri figli. La soluzione migliore per visitarla è quella di noleggiare un'auto, così ogniqualvolta adocchierete una torre che v'incuriosisce o una spiaggia incantevole potrete fermarvi e andare a esplorarla.

I bambini sono i benvenuti negli alberghi come nei B&B, ma se vi servisse una culla farete bene a prenotarla. In Irlanda, sempre che l'idea vi piaccia, potete anche affittare un cottage in pietra sperduto in mezzo alla campagna; cucinare da sé è comunque una buona scelta poiché vi sono molte zone con pochissimi ristoranti. Nei pub i bambini sono ammessi fino alle 19 o alle 20, una regola che nei centri minori viene osservata con la consueta flessibilità irlandese. Per i luoghi d'interesse turistico di solito è previsto un biglietto d'ingresso famigliare e anche per i trasporti pubblici sono disponibili tessere famigliari.

I prodotti per neonati e bambini si trovano facilmente, ma sappiate che in campagna i negozi chiudono presto al pomeriggio. Siccome in Irlanda piove molto conviene essere opportunamente attrezzati. Per contattare baby-sitter locali potete rivolgervi all'ufficio turistico. L'allattamento al seno qui è meno diffuso rispetto agli altri paesi europei, tuttavia una madre può tranquillamente allattare suo figlio in pubblico, sempre con discrezione, senza turbare nessuno.

dublino

informazioni

Bord Fáilte, l'azienda turistica irlandese, pubblica un utile opuscolo dal titolo *The Family Fun in Dublin Guide*.

che cosa vedere e fare

Animali e natura Lo zoo di Dublino è quello che diede i natali al leone che vediamo ruggire all'inizio dei film prodotti dalla MGM. Assai divertenti sono le eccentriche galline dalle acconciature rosa che si possono vedere alla Newbridge Demesne Traditional Farm. Gli appassionati di dinosauri troveranno di loro gradimento la sezione geologica del National Museum.

Interessante e istruttivo Iniziate con Dublin Experience, un'introduzione audiovisiva alla città. La tappa successiva del vostro itinerario potrebbe essere Dublin's Viking Adventure, dove i bambini possono salire a bordo di una nave vichinga e attraversare un villaggio vichingo. Di solito ai ragazzini piacciono anche il Castello di Dublino e le sue prigioni, Kilmainham Jail, che oltre a soddisfare il gusto per l'orrido raccontano qualcosa della lotta per l'indipendenza combattuta dall'Irlanda.

Molti ragazzi ammirano volentieri il Book of Kells, lo splendido manoscritto miniato considerato uno dei libri più antichi del mondo e conservato al Trinity College, mentre altri preferiscono contemplare piuttosto le curiose mummie di un gatto e di un topo visibili nella cripta della Christ Church Cathedral.

All'interno del Writers' Museum di Parnell Square c'è un'intera sala dedicata agli scrittori contemporanei per l'infanzia in cui campeggia il gigantesco Magus the Lollipop Man, l'eroe eponimo del libro di Michael Mullen, e una grande casa di bambola, Tara's Palace. Un'altra enorme casa di bambola è esposta al vecchio Museum of Childhood (Museo dell'Infanzia).

Gli appassionati di treni non vorranno perdere la Fry Model Railway Exhibition allestita presso il Malahide Castle. Si tratta della più grande esposizione al mondo di treni che viaggiano su ferrovie a scartamento ridotto, tram, imbarcazioni e altri tipi di veicoli. Sul posto c'è anche un ottimo parco giochi. Fate anche una puntata da The Ark, in Eustace St, dove i ragazzi potranno cimentarsi con alcuni esperimenti scientifici e attività legate all'ambiente.

Puro divertimento Il National Wax Museum (Museo Nazionale delle Cere) offre le solite riproduzioni fantastiche e fiabesche, l'inevitabile camera degli orrori e un'area dedicata alle 'megastar' del rock.

attività

Al Premier Indoor Karting troverete una pista di go-kart lunga 350 m su cui vedrete sfrecciare marmocchi a partire dai tre anni di età. Se il tempo è bello potete provare a seguire il percorso di guerra allestito presso Fort Lucan, immediatamente a nord-ovest di Dublino: fra scivoli, trampolini, labirinti e ponti sospesi i bambini si divertono fino a crollare dalla stanchezza. Un'attività decisamente più tranquilla è la visita al Lambert Puppet Theatre and Museum (Museo e Teatro dei Burattini Lambert).

parchi e giochi all'aria aperta

Per correre e giocare all'aperto andate a Phoenix Park, uno tra i parchi cittadini più grandi del mondo. Le spiagge vicine a Dublino si possono raggiungere facilmente in treno.

L'idea di affittare un castello in Irlanda per 15.000 dollari canadesi alla settimana non parrebbe rientrare nei viaggi all'insegna del risparmio, tuttavia dividendo la spesa fra trenta amici ecco che l'idea si prospetta non solo fattibile, ma addirittura conveniente.

irlanda e londra VITA da RE

Morna O'Neill ha fatto una vacanza in Irlanda e a Londra con il compagno Geoff e i figli Emily e Noah, di 8 e 4 anni.

Era una calda sera d'estate e stavo chiacchierando con mia zia quando iniziammo a fantasticare su come trascorrere il capodanno del 2000. Con il calare del vino nella bottiglia andava aumentando la follia dei progetti, finché a un certo punto dissi "E che ne diresti di un castello in Irlanda?" Per un attimo la conversazione si interruppe. Un castello irlandese: suonava perfetto.

Non che ci credessi veramente, eppure navigai in rete alla ricerca di castelli irlandesi in affitto e trovai un'agenzia che affittava manieri e castelli in tutta Irlanda. Offrivano un castello che si chiamava Belle Isle, a Enniskillen, nell'Irlanda del Nord. Sembrava proprio quello che stavamo cercando. Eravamo convinte che facendo una proposta molto allettante con largo anticipo (tre anni!) avremmo senz'altro trovato qualcuno disposto a venire con noi. Iniziai a progettare la vacanza: una settimana a Belle Isle con i miei figli Noah ed Emily, il mio compagno, Geoff, e 25 amici consenzienti o facilmente coercibili.

A noi però piaceva anche l'idea di trascorrere il Natale a Londra e così iniziai a cercare una sistemazione adatta, scoprendo ben presto che Londra è sinonimo di prezzi esorbitanti! Il problema dei B&B e degli ostelli è che hanno tariffe per persona e che per i bambini sono previste riduzioni minime. Venticinque sterline a notte non è male se uno viaggia da solo, ma moltiplicate la cifra per quattro e ottenete ciò che una famiglia dovrebbe pagare in cambio di poco più che una camera da letto: non faceva al caso nostro e in più noi desideravamo una sistemazione che somigliasse ad un appartamento. Così cominciai a cercarne in rete qualcuno in affitto dello standard corrispondente a due o tre stelle. Trovai un'agenzia specializzata in appartamenti di lusso che però trattava anche un paio di occasioni a due stelle. Dissi a me stessa: se è un'agenzia specializzata in appartamenti di lusso non potrà avere in catalogo delle topaie. Così almeno speravo. Erano descritti come appartamenti semplici e puliti e, al prezzo di £58 per notte, sembravano fatti apposta per noi.

La scelta si rivelò azzeccata: appartamento con una stanza da letto, cucina attrezzata di tutto punto e divano letto in soggiorno. Comoda anche la posizione, a due isolati da Marble Arch e due minuti di cammino da Oxford Street. Raggiungemmo a piedi tutti i principali luoghi d'interesse e Londra ci dette un po' la sensazione di essere un unico grande quartiere. La sera andavamo a passeggio sotto le luci di Regent Street oppure ci fermavamo a cena in qualche piccolo e fumoso pub.

Trascorsi dieci giorni a Londra, eravamo pronti per partire per l'Irlanda. Prendemmo il treno fino a Holyhead, qui il traghetto per Dublino e poi un'auto a noleggio per Enniskillen: tutto in giornata.

Non potevamo credere ai nostri occhi: il castello era incantevole, molto più di quanto avessimo osato sperare. Sorgeva in mezzo a una proprietà di 400 acri, circondata dai canali del Lough Erne che comprendeva un caseificio funzionante e una serie di cottage collegati da stradine strette e tortuose e intercalati dalle dolci colline verdi tipiche del paesaggio irlandese. Una visione da cartolina. Il castello era formato dalle stanze del custode e dall'ala Hamilton che era quella destinata a noi. C'era un'elegante sala da pranzo, con galleria sovrastante e quaranta posti a sedere, e una luminosa sala d'ingresso con un soffitto a volte alto 9 m e finestre ad arco.

"La sera andavamo a passeggio sotto le luci di Regent Street oppure ci fermavamo a cena in qualche piccolo e fumoso pub"

Oltre al castello vero e proprio, che disponeva di 22 letti, la proprietà offriva altre sistemazioni fra cui la rimessa per le vetture, ristrutturata e trasformata in appartamento, dove ci sistemammo noi quattro. Di fronte al nostro alloggio sorgevano le vecchie scuderie che oggi possono ospitare fino a 60 persone. Avevamo calcolato di spendere 100 dollari canadesi al giorno per persona, cifra che comprendeva anche la cena nell'elegante sala da pranzo, cucinata da uno chef nostro amico a cui il gruppo aveva offerto il soggiorno in cambio di una quotidiana cena coi fiocchi (trovammo poi il modo di farci recapitare tutti i giorni la spesa dalle fattorie e dai mercati vicini). L'accordo funzionò a meraviglia: lo chef era soddisfatto e le nostre cene furono memorabili.

Di giorno andavamo a esplorare la proprietà oppure a visitare antiche rovine e cittadine nei dintorni come Derry, Omagh, Sligo e Donegal. Facevamo in modo che ci fosse sempre qualcosa per cui i bambini potessero rallegrarsi: una sosta in un parco, £5 da spendere come volevano o perfino una puntata da McDonalds (dove la cameriera chiedeva sempre, "Come li volete gli hamburger, semplici o vestiti?", frase diventata poi un ritornello che abbiamo ripetuto per tutta la vacanza). Queste piccole gratifiche erano essenziali affinché la vacanza fosse una gioia per tutti e facevano sì che la noia non prendesse il sopravvento nei giorni in cui avevamo in programma di visitare rovine che in loro non suscitavano il benché minimo interesse.

La scelta di affittare un alloggio per una settimana o più comporta numerosi vantaggi: le tariffe sono più economiche, c'è la possibilità di cucinare per conto proprio e in più anche il piacere di abitare in qualcosa che assomiglia a una casa (o un castello), piuttosto che nella stanza di un ostello. Ciò che ha reso particolarmente piacevole il nostro soggiorno è stata la possibilità di acquistare famigliarità con il posto e di gettare qualche rapido sguardo nella vita quotidiana della gente che vi abita.

in giro per l'irlanda

In Irlanda i bambini possono fare esperienza di una natura meravigliosa e incontaminata; il Donegal possiede alcuni tratti di campagna fra i più remoti e selvaggi del paese oltre alle spiagge più belle. Immediatamente a sud di Dublino si trovano le suggestive Wicklow Mountains.

I problemi politici dell'Irlanda del Nord non devono trattenervi dal visitare la regione settentrionale dell'isola: il paese è relativamente sicuro e i ragazzi avranno modo di comprendere meglio la guerra civile che dal 1969 divide cattolici e protestanti. Prendete un taxi e percorrete Catholic Falls Road, dove i bambini si entusiasmeranno a guardare i murales e i dipinti sull'asfalto. Noleggiate un'auto e risalite la costa verso Antrim. Il Castello di Carrickfergus e la Giant Causeway fanno la gioia di tutti i bambini.

feste e manifestazioni

I bambini si divertiranno a vedere la sfilata del St Patrick's Day, il 17 marzo, che a Dublino trova la sua espressione migliore.

libri

Quell'anno a Dublino di Ann Carroll (Mondadori, Milano 1999) è un romanzo che vede protagonista una ragazzina dodicenne di Dublino, che si vede proiettata nel passato tormentato dell'Irlanda; un buon modo per avvicinare i ragazzi agli aspetti più cruciali della storia di questo paese. I più piccoli adoreranno *Il mago dei lecca-lecca* di Michael Mullen (Mondadori, Milano 1998), che affascinerà anche i genitori con le sue divertenti illustrazioni. Per conoscere e scoprire i mille volti di un popolo fiero e dalla lunga storia come quello irlandese non c'è modo migliore del leggerne le fiabe e le leggende popolari tramandate di generazione in generazione: una buona selezione si trova in *Irlanda. Fiabe e leggende* (Demetra, Verona 2000).

Infine, per iniziare i giovani lettori ai misteri e al fascino della civiltà celtica, procuratevi *Miti e civiltà dei Celti* di Mary Hazell Martell e Anne McRae (DeAgostini, Milano 1999), ricco di belle illustrazioni.

ITALIA

italia

Gli italiani adorano i bambini e l'Italia è un posto magnifico per viaggiare con i vostri figli. Gli alberghi di solito dispongono di ogni struttura o attrezzatura necessaria per i bambini e quasi tutti i ristoranti sono pronti a fornire un seggiolone o a servire mezze porzioni. Quanto alla dieta non dovrebbero esserci difficoltà: pizza, pastasciutta e gelati piacciono a tutti e si trovano ovunque.

C'è talmente tanto da vedere che il pericolo è sempre quello di voler strafare. Non scordate il piacere che deriva dalla capacità di penetrare l'atmosfera di un luogo. In piena estate evitate le grandi città e ricordate che Roma è molto affollata a Pasqua.

Il trasporto sui mezzi pubblici delle linee urbane è gratuito per tutti i bambini sotto il metro di altezza. In tutti i musei statali, l'ingresso è gratuito per chi ha meno di 18 anni ed è cittadino della Comunità Europea. Su treni e pullman sono previste riduzioni per i bambini fino a 12 anni, tuttavia il mezzo più comodo per visitare l'Italia resta l'automobile.

I prodotti per neonati si trovano nei supermercati, tranne il latte in polvere per il quale conviene andare in farmacia. Se restate a corto di latte fresco proprio mentre state per entrare in un museo, rivolgetevi al primo bar dei paraggi: quasi sempre il cameriere sarà pronto a riempirvi nuovamente il termos o il biberon. I negozi chiudono prima dell'ora di cena e in molti casi anche all'ora di pranzo. Molti supermercati sono aperti la domenica mattina, ma chiudono in occasione di feste religiose e festività pubbliche, particolare questo da tenere sempre presente. Nella maggior parte degli alberghi saranno in grado di procurarvi una baby-sitter, sempre che ne abbiate davvero bisogno poiché qui la gente è abituata a uscire anche la sera con i figli.

roma

informazioni

Attività e spettacoli per i bambini sono segnalati in *Trovaroma*, il supplemento del quotidiano *La Repubblica* che va in edicola nella capitale ogni giovedì. A Firenze potete procurarvi l'opuscolo *Florence for Kids*.

che cosa vedere e fare

Animali e natura Premesso che i più begli esemplari di fauna visibili a Roma sono quelli scolpiti nella pietra, il Bioparco di Villa Borghese è un bel posto per starsene all'aperto. Ai bambini piaceranno le statue e i mosaici raffiguranti animali in Vaticano e l'elefante in marmo del Bernini vicino a Piazza della Minerva.

Interessante e istruttivo Fra le antichità i bambini apprezzeranno il Colosseo, i resti del Foro Romano e il vicino porto di Ostia Antica. Una fatica che vale la pena affrontare è quella di salire in cima alla Basilica di San Pietro per godere di uno spettacolare panorama della città. I ragazzi visitano volentieri anche le catacombe. I golosi di pastasciutta troveranno interessante il Museo Nazionale delle Paste Alimentari.

Puro divertimento A Villa Sciarra, presso Monteverde Vecchio, c'è un luna park permanente. Nel piccolo cinema di Villa Borghese proiettano cartoni animati. In periferia c'è il LUNEUR, un vecchio parco dei divertimenti che conserva ancora il suo fascino.

attività

Gli esploratori in erba potranno divertirsi a percorrere la Via Appia Antica in bicicletta. Per il puro relax andate a Villa Borghese, dove ci sono anche biciclette a noleggio, pony per i bambini e una divertente ferrovia in miniatura.

parchi e giochi all'aria aperta

Il colle del Gianicolo, fra la Basilica di San Pietro e Trastevere, offre un magnifico panorama di Roma dall'alto ed è un bel posto dove portare i bambini a divertirsi.

Arrivammo a Genova di mattina presto e trovammo subito una stanza d'albergo spaziosa e tranquilla vicino alla stazione ferroviaria. Zach era già un esperto viaggiatore, ma Benjamin si cimentava con il primo grande viaggio della sua vita. Ora che di marmocchi ne avevamo due, i bagagli ci sembravano raddoppiati: abitini, pannolini, giocattoli e persino passeggini. Di conseguenza ci eravamo proposti di procedere a un ritmo più lento e rilassato del solito. L'intenzione era quella di visitare Genova e Milano, passando però gran parte del tempo sulle spiagge della Liguria.

italia

PENNICHELLA in RIVA al MARE

Crispin Walker ha girato l'Italia per due settimane in compagnia di Yvette, Zach (2 anni e mezzo) e Benjamin (2 mesi).

Andare alla scoperta di Genova fu un vero piacere: a entrambi i bambini piacque molto sia l'acquario sia il mercato del Porto vecchio. Zach trovò particolarmente di suo gusto le statue dei leoni fuori della splendida cattedrale di San Lorenzo. Perdersi per i vicoli del centro storico fu un gran divertimento.

Adottammo volentieri la civilissima abitudine italiana della pennichella: una sosta in camera nel primo pomeriggio era proprio quel che ci voleva per sottrarci al sole delle ore più calde, tirare il fiato e far fare un pisolino ai bambini. Come prima tappa in Italia Genova fu del tutto soddisfacente, ragion per cui Milano ci colse del tutto impreparati.

Milano, nel nostro ricordo, è semplicemente la città meno adatta ai bambini che ci sia mai capitato di visitare. Nessuno discute il fascino del Duomo, che è una vera meraviglia, e la bellezza di tanti altri posti, solo che a nostro avviso si tratta di una città fatta per gli adulti. Può darsi che la nostra sia stata semplicemente sfortuna, eppure assistemmo a varie disavventure: fummo testimoni di diversi scippi, Zach per strada fu travolto da una donna d'affari che non ebbe nemmeno il tempo di fermarsi per controllare se il bambino si fosse fatto male e in un parco il povero Zach fu anche inseguito da un cane non tenuto al guinzaglio. I marciapiedi della città sono stretti e si fa fatica a percorrerli con i passeggini.

Dopo una bella escursione al Lago di Como, puntammo a sud e ci fermammo a Savona, dove ci attendeva un magnifico ostello situato in cima alla fortezza cittadina. Alzarsi al mattino non era facile, ma una volta raccolte le energie era piacevole esplorare il forte e rilassarsi poi negli spazi comuni dell'ostello, gestito da persone molto simpatiche. Savona e le altre località della Riviera di Ponente non sono fra le principali mete turistiche d'Italia e per questo motivo troviamo che siano perfette per chi viaggia con i bambini. In quella zona abbiamo scoperto gioielli come le splendide grotte di Borgio Verezzi e assaggiato il miglior gelato italiano ad Alassio. La gente di questi luoghi era gentile e disponibile, i prezzi ragionevoli e le spiagge poco frequentate. Sceglievamo quasi sempre alberghi in riva al mare perché offrivano un buon rapporto qualità-prezzo in stanze che avevano bagno e balcone.

Le persone incontrate durante il viaggio erano quasi sempre famiglie italiane in vacanza. In tutti i ristoranti siamo stati accolti bene: la pastasciutta si rivelò perfetta per l'appetito di Zach, mentre noi trovammo modo di gustare delle ottime pizze e, di tanto in tanto, del favoloso pesce a prezzi molto contenuti. Il latte fresco si trovava facilmente e in molti bar erano felici di poter riempire il biberon di Zach con latte caldo (spesso gratis).

La sera prendemmo l'abitudine di cenare presto in un locale all'aperto, di solito nella piazza centrale o lungo un viale pedonale. Dopo cena cercavamo una gelateria e, trangugiato lo squisito dessert, finivamo la serata in un parco giochi (per noi forse la cosa più bella di tutta la vacanza in Italia). Con nostra sorpresa scoprimmo non solo che l'Italia ne è piena, ma anche che si tratta di posti che i bambini frequentano numerosissimi fra le 20 e le 23.

"Adottammo volentieri la civilissima abitudine italiana della pennichella: una sosta in camera nel primo pomeriggio era proprio quel che ci voleva per sottrarci al sole delle ore più calde, tirare il fiato e far fare un pisolino ai bambini".

In questi parchi vedevamo alternarsi zie, zii, nonni e abbiamo appreso che in Italia sono i nonni a occuparsi dei bambini, una volta ogni tanto, quando i genitori desiderano concedersi una serata tranquilla. A Zach piaceva tantissimo divertirsi dopo cena e per noi fu una vera gioia vederlo giocare con gli altri bambini.

Sulle prime eravamo un po' incerti sull'esito di questa esperienza: non potevamo sapere come avrebbe reagito Ben che aveva appena 2 mesi, anche perché con Zach avevamo atteso che compisse 1 anno per il primo viaggio. Ben però stette benissimo: dormì beatamente per la maggior parte del tempo nel passeggino o nel marsupio. Entrambi i bambini si divertirono a giocare nella piccola tenda a igloo che avevamo portato con noi e che si dimostrò provvidenziale sulla spiaggia come angolo protetto e riparato dal sole. Ben mostrò inoltre di gradire l'uso del suo canottino gonfiabile come culla! Le onde dolci del Mediterraneo erano perfette per Zach e i sassolini delle spiagge erano una riserva inesauribile di munizioni da gettare in mare.

Rispetto alla Riviera di Ponente, la Riviera di Levante, benché ricca di luoghi incantevoli come Portofino e le Cinque Terre, si rivelò meno adatta a un viaggio con i bambini. Ci spostammo quasi esclusivamente in treno: le ferrovie italiane sono economiche ed efficienti, ma i corridoi dei vagoni sono piuttosto stretti e sistemarvi ben due passeggini richiedeva una certa dose di abilità. A conti fatti fu una bella vacanza e ci dimostrò che, muovendosi con calma e pazienza, è possibile spassarsela anche con più di un marmocchio al seguito.

In cima al colle c'è una giostra permanente, pony da affittare e, la domenica, spettacoli di burattini. Villa Doria Pamphili è il più grande parco di Roma, un posto incantevole e tranquillo anche per un picnic.

feste e manifestazioni

A Natale Piazza Navona si trasforma in un grande e vivace mercato; i bambini sono affascinati dai presepi che in questo periodo vengono allestiti in quasi tutte le chiese.

in giro per l'italia

Se vi appassiona l'archeologia andate a sud, dove ai bambini piaceranno Pompei e gli scavi greci di Metaponto. Il Vesuvio e l'Etna sono due vulcani che affascinano grandi e piccini. La Sicilia ha una cultura tradizionale tutta da scoprire, ma molti bambini si accontenteranno del sole e della traversata in traghetto.

Per chi visita il nord, e precisamente la Lombardia, non c'è soltanto il parco dei divertimenti di Gardaland, ma anche i suggestivi laghi, mete assai frequentate fra le quali, proprio per evitare di imbattersi in troppi pullman e comitive di pensionati, suggeriamo di scegliere il bellissimo Lago d'Orta, a nord di Milano. Più a ovest i ragazzini si divertiranno a esplorare la natura e le aspre montagne del Parco Nazionale del Gran Paradiso. A Genova potranno vedere la casa natale di Cristoforo Colombo e l'immenso acquario nel quartiere del porto che attira visitatori di tutte le età.

Ai bambini più grandicelli piacerà la collezione del Museo Stibbert di Firenze, posto troppo affolato per i gusti dei più piccoli. Questi ultimi potranno invece apprezzare la Torre di Pisa.

A est segnaliamo l'Italia in Miniatura nei pressi di Rimini. Da non perdere, naturalmente, Venezia, con i suoi canali e le sue gondole.

libri

Se visitate i siti archeologici di epoca romana, *Bambini alla scoperta della Roma antica* di Anna Parisi e Rosaria Punzi (Fratelli Palombi, Roma 2000) è una interessante guida alla scoperta di questa civiltà. *L'antica Roma* di Simon James (DeAgostini, Milano 1991) è una originale e stimolante presentazione dell'affascinante mondo dell'antica Roma, con fotografie di oggetti di uso quotidiano, armi, gioielli, vestiti e una dettagliata descrizione di come vivevano e operavano i Romani. I bambini con meno di 10 anni sfoglieranno volentieri *I Romani. Per farli conoscere ai bambini* di Sylvie Baussier, un volume della casa editrice Larus di Bergamo ricca d'illustrazioni (collana 'La storia dei popoli'). Come introduzione al Rinascimento, di cui si trovano innumerevoli testimonianze nelle città d'arte italiane, segnaliamo *Quel genio di Leonardo* di Guido Visconti, con illustrazioni di B. Landmann (Arka, Milano 2000). DeAgostini Ragazzi propone una collana di guide turistiche pensate per i bambini più piccoli: sono colorate e ricche d'illustrazioni. Sono disponibili le guide a Firenze, Roma, Siena e Venezia. Lo stesso editore pubblica *Bambini & vacanze* di Ada Grilli Bonini (Milano 2002), una pratica guida al viaggio in Italia con 1000 indirizzi utili per chi viaggia con i bambini.

MALTA

Malta è un'ottima meta per le famiglie in vacanza e, non a caso, è qui che fabbricano i Playmobil, quegli ometti di plastica tanto amati dai piccoli intorno ai sette anni. I bambini sono i benvenuti ovunque e trovano tutta una serie di attività sportive o ricreative fra cui poter scegliere.

Mangiare al ristorante non è mai un problema: i locali pubblici accettano volentieri anche i clienti più giovani e questi sono felici di trovarvi menu dove non mancano pizze e pastasciutte. Il mare è pulitissimo e il sole qui splende praticamente dodici mesi l'anno. Le spiagge più belle per i bambini si trovano nel nord dell'isola e l'igiene è assicurata poiché vengono pulite tutti i giorni.

In giro vi sono numerose offerte pacchetto ideali per chi vuol pensare il meno possibile agli aspetti organizzativi della vacanza. Numerosi anche gli appartamenti che si possono affittare per brevi periodi: la soluzione più comoda per chi viaggia con i figli. I grandi alberghi offrono il servizio di baby-sitter.

Noleggiare un'auto costa relativamente poco, ma in realtà conviene affidarsi ai trasporti pubblici che sono economici ed efficienti (senza contare che il tragitto più lungo a Malta dura più o meno 50 minuti).

Le farmacie dispongono di tutto il necessario per neonati e ovunque ce n'è una aperta la domenica, quindi si può viaggiare leggeri. A Sliema si trovano grandi supermercati. La maggior parte dei negozi chiude per una pausa all'ora di pranzo, ma in compenso ce ne sono molti che rimangono aperti fino a tarda sera. L'acqua del rubinetto è sicura e il latte è sempre pastorizzato. La lavanderia che si trova a La Valletta è una delle poche che offra questo servizio al di fuori degli alberghi.

che cosa vedere e fare

Animali e natura Il Mediterraneo Marine Park ospita una straordinaria varietà di animali, dai delfini ai wallaby. A partire dagli otto anni si può prenotare un istruttore per nuotare insieme ai delfini.

Interessante e istruttivo Ai più grandicelli piacerà esplorare i numerosi siti archeologici di Malta e la fortezza di Mdina, dove saranno attratti soprattutto dalle prigioni sotterranee. Prima di iniziare il giro turistico portateli a La Valletta a vedere il filmato 'Malta Experience' che li introdurrà alla storia dell'isola. Bambini e ragazzi di ogni età apprezzeranno l'escursione su una barca con il fondo di vetro che permette di osservare il paesaggio sottomarino. Se siete in vena di spendere potete fare un giro panoramico in elicottero.

Puro divertimento Una visita alla fabbrica che produce i Playmobil sarà più che gradita e sul posto troverete anche un parco dei divertimenti (Fun Park) con ingresso gratuito. Ogni domenica, durante tutto l'anno, La Valletta offre al pubblico una serie di parate militari in costumi d'epoca. Popeye Village, ricavato dal set dove nel 1980 girarono il film *Popeye*, entusiasma tutti i bambini, compresi quelli che non hanno mai sentito parlare di Braccio di Ferro.

attività

Presso la maggior parte delle strutture turistiche è possibile noleggiare barche, pedalò, attrezzatura da snorkelling, canoe e canotti. Lo Spash & Fun Park offre giochi d'acqua e divertimenti per tutte le età. I più grandicelli potranno iscriversi a un corso di vela oppure cimentarsi con i go-kart.

NORVEGIA

norvegia

Ai bambini piace la Norvegia. La natura qui è fantastica, ci sono le renne e molte vestigia vichinghe che in genere suscitano la curiosità e l'interesse dei viaggiatori più giovani. A questo si aggiunge il fatto che quasi tutte le città norvegesi hanno attrattive create appositamente per i piccoli e che in molte strutture pubbliche ci sono aree di gioco riservate ai bambini. Non è esagerato dire che la Norvegia è un paradiso per i bambini.

L'ingresso ai musei e ai luoghi d'interesse in genere è gratuito fino ai 6 anni, mentre dai 6 ai 16 si paga metà prezzo. Alberghi e ostelli dispongono di un congruo numero di camere a più letti che costano pressapoco quanto una stanza doppia. Negli ostelli ci sono quasi sempre le cucine. Il difetto della Norvegia è di essere un paese terribilmente caro, per cui il problema che si pone in viaggio è quello di contenere le spese. I prodotti per neonati e bambini si possono acquistare ovunque, ma ricordate che i negozi chiudono prima di cena e quelli aperti anche la sera hanno prezzi molto elevati. Conviene, pertanto, portarsi dietro una buona scorta dei prodotti d'uso corrente.

I mezzi più comodi per visitare il paese sono i treni e gli autobus che peraltro offrono riduzioni sia per i bambini sia per le famiglie, e sugli autobus a lunga percorrenza non mancano mai le toilette. Spostarsi in automobile invece può risultare faticoso per via delle montagne e delle interruzioni necessarie per prendere i traghetti tra un fiordo e l'altro.

Seggiolini auto, culle e seggioloni vanno prenotati in anticipo. Le lavanderie automatiche sono costose e poco diffuse, quindi avrete bisogno di fare il bucato a mano. Il periodo migliore per visitare la Norvegia è l'inizio dell'estate, ma in valigia vanno messi comunque indumenti caldi.

che cosa vedere e fare

Animali e natura Per avvistare le renne conviene andare a nord; nel periodo di Pasqua vengono organizzate corse di renne a Karasjok e Kautokeino.

Interessante e istruttivo Nel paese dei Vichinghi, portate i bambini a vedere le loro navi sulla penisola di Bygdøy, vicino a Oslo, dove c'è anche un interessante museo etnografico all'aperto.

Puro divertimento Uno dei posti più divertenti per i bambini è il Dyrepark di Kristiansand: vi troverete uno zoo, vascelli di pirati e perfino possibilità di sistemazione in una città della fantasia.

attività

Ai bambini piacerà il viaggio in treno da Oslo a Bergen e una traversata in traghetto tra i fiordi. Nel paese che rivendica l'invenzione dello sci, i bambini più grandicelli avranno innumerevoli opportunità di praticare questo sport. Per calarsi del tutto nell'atmosfera norvegese potreste fare un'escursione su una slitta trainata dai cani.

parchi e giochi all'aria aperta

La Norvegia è un'immensa distesa di natura selvaggia, dove la vita all'aria aperta è la norma e non un'eccezione. A Oslo ci si può fare un'idea di come sono fatte le rare città di questo paese arrampicandosi sulla torre d'osservazione di Tryvannstårnet. Poi visitate i giardini di Akershus Slott e Vigeland Park, dove vedrete statue intente a 'dar da mangiare' alle anatre. Sulla penisola di Bygdøy ci sono belle spiagge.

feste e manifestazioni

I bambini contemplano volentieri le grandi sfilate in costume tradizionale che si tengono a Oslo in occasione della Festa della Costituzione (17 maggio) e i fuochi d'artificio di Jonsok (Festa di Mezza Estate) che illuminano le spiagge di tutto il paese.

libri

Il grande scrittore norvegese Jostein Gaarder ha scritto diversi libri di successo adatti ai giovani lettori, che hanno per protagonisti ragazzi alle prese con problemi e questioni di ampia portata; alcuni titoli di successo: *Il mondo di Sofia* (Longanesi, Milano 2001), *C'è nessuno?* (Salani, Milano 2001), *Cosa c'è dietro le stelle?* (stesso editore, 2002). Ampia è la scelta di volumi in italiano che introducono alla civiltà vichinga: *I vichinghi. Per farli conoscere ai bambini*, di Emilie Beaumont, Guter Ludwig e Jean-Noël Rochut (Larus, Bergamo 2001), conduce i giovani lettori nell'avvincente mondo di questa civiltà; il volume è arricchito da pagine da ritagliare; altrettanto divertente è il volume *I vichinghi* di Christopher Maynard (DeAgostini, Milano 1999), una primissima introduzione ai vichinghi pensata per i piccoli lettori, mentre per i ragazzi un po' più grandi è da segnalare il libro *I vichinghi* di Susan M. Margeson (stesso editore, 1994), una stimolante presentazione della vita dei vichinghi attraverso fotografie di navi, armi e oggetti vari. Di tutt'altro genere *I villosi Vichinghi* di Terry Deary (Piemme Junior, Casale Monferrato 1998; collana 'Brutte storie'), un autore che avvicina i ragazzi alla storia nel più divertente dei modi.

Con i bambini nel paese delle renne. Lapponia facile di Ada Grilli Bonini (Leading Edizioni, Bergamo 2001) è una guida turistica per genitori e figli dedicata alla Lapponia, considerata soprattutto sotto l'aspetto naturalistico.

PAESI BASSI

paesi bassi

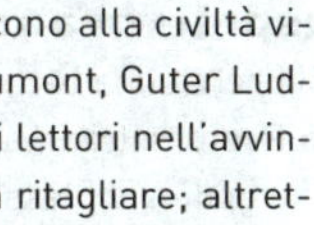

Se l'idea di viaggiare con i vostri figli vi spaventa un po' iniziate pure dai Paesi Bassi, un paese di dimensioni ridotte, dotato di un'eccellente rete di trasporti pubblici, che vi permetterà di spostarvi facilmente anche senza un'auto. In quasi tutte le stazioni ferroviarie è possibile noleggiare biciclette con i seggiolini portabimbi. Trattandosi poi di un paese pianeggiante, per non dire completamente piatto, anche i piccoli ciclisti saranno in grado di percorrere qualche tragitto su due ruote.

Gli olandesi sono gente simpatica e tranquilla, ma ciononostante esistono alberghi dove i bambini non sono ammessi (verificate al momento delle prenotazioni). Fate base ad Amsterdam, scegliendo un albergo di media categoria, poiché quelli più economici e gli ostelli sono spesso frequentati da tossicodipendenti e, inoltre, nella maggior parte dei casi sono posti che non accettano prenotazioni. Gli alberghi, generalmente, offrono un servizio di baby-sitter e vi sono numerose agenzie dove lavorano baby-sitter di entrambi i sessi. Quasi tutti i ristoranti dispongono di seggioloni e menu per i bambini; gli olandesi sono abituati a mangiar presto, perciò non salterà all'occhio se entrate in un locale prima del solito per far cenare i vostri figli. I bambini sono ammessi anche nella maggior parte dei pub.

Nei negozi troverete tutto quello di cui un neonato può aver bisogno, quindi viaggiate leggeri. Se vostro figlio ha imparato a camminare da poco saranno preziose le bretelle di sicurezza per evitare che, perdendo l'equilibrio, finisca in un canale. Fuori Amsterdam scarseggiano le lavanderie a gettoni.

amsterdam

informazioni

Una pubblicazione ricca di informazioni utili è *What's On In Amsterdam*, in lingua inglese.

aspetti pratici

Chi cerca una baby-sitter ad Amsterdam può rivolgersi all'Oppas-Centrale Kriterion in Roetersstraat, affidabile a detta di tutti, oppure all'Oppascentrale De Peuterette che gode anch'essa di buona reputazione.

Amsterdam è famosa per il suo quartiere a luci rosse, particolare questo che non deve turbarvi, anche se in giro vedete molti sexy shop: i bambini piccoli in genere non li notano neanche, mentre quelli più grandicelli di solito ostentano un pudore piacevolmente inatteso.

che cosa vedere e fare

Animali e natura All'Artist Zoo c'è un grande acquario, mentre nella fattoria per i bambini dell'Amsterdamse Bos, nella parte sud della città, potrete ritrovarvi faccia a faccia con un bisonte.

Interessante e istruttivo Iniziate con un giro in battello lungo i canali. Poi salite in cima al campanile della Westerkerk, la chiesa sormontata dall'eccentrica corona imperiale. Quindi visitate l'Anne Frankhuis, la casa in cui la famiglia ebrea dei Frank si nascondeva dai nazisti e dove la giovane Anna scrisse il famoso diario.

Ai bambini in genere piace il Van Gogh Museum (ricordate di raccontare loro la storia di come si tagliò l'orecchio). Concedetevi anche il tempo di una puntata a Holland Experience, a fianco del Museum Het Rembrandt. Il filmato è un po' kitsch, ma ai bambini piace la finta rugiada che li spruzza quando lo schermo s'illumina con il sole del primo mattino.

Il nuovo Metropolis Science & Technology Centre offre oggetti da toccare e dispositivi interattivi e di solito i bambini si entusiasmano. Allo Scheepvaartmuseum (Museo Marittimo) anche i più piccoli si divertiranno ad arrampicarsi sulla copia dell'*Amsterdam*, la nave che fece naufragio nel 1748.

Al National Luchtuaartmuseum (Museo Nazionale dell'Aviazione) i bambini possono fare finta di pilotare un aereo. Per finire la giornata potranno fare un giro su un tram d'epoca presso il Tram Museum Amsterdam. Se i vostri ragazzi avranno ancora energie da bruciare potete proporre una minicrociera nel porto oppure noleggiare una bicicletta e, fra una pedalata e l'altra, andare alla scoperta dei canali.

Puro divertimento I bambini adorano il Madame Tussaud Scenerama, all'angolo di piazza Dam, anche se non riconoscono tutti i personaggi che le cere raffigurano. Nel periodo di Natale di solito c'è un circo nel Koninklijk Theater Carré.

attività

Per chi ama l'acqua ci sono le piscine a De Mirandabad, nella parte sud della città, dove troverete anche una spiaggia e un congegno che produce onde artificiali. Presso la Jaap Edenbaan, invece, alla periferia est, ci sono due piste di pattinaggio su ghiaccio, una all'aperto e l'altra al chiuso.

parchi e giochi all'aria aperta

Il posto più bello per fare un picnic è il Vondelpark, parco pieno di anatre e con un bel campo giochi per i bambini. Vale senz'altro la pena di prendere il treno e raggiungere la spiaggia di Zandvoort (il tragitto è breve).

feste e manifestazioni

Il 30 aprile, in occasione del Koninginnedag (Festa della Regina), la città è in festa e il divertimento è assicurato per grandi e piccini. A novembre Santa Claus percorre le vie di Amsterdam accompagnato da Uomini Neri che distribuiscono dolci ai bambini di passaggio. La tradizione vuole che il Babbo Natale olandese giunga per mare dalla Spagna, retaggio questo del tempo in cui la città fu sotto il dominio spagnolo.

in giro per i paesi bassi

Iniziate il vostro itinerario puntando a sud di Amsterdam, verso Oudewater, dove un tempo venivano pesate le streghe: se una era troppo pesante significava che non era in grado di cavalcare un manico di scopa e le rilasciavano un certificato che metteva il dato per iscritto. Il viaggio continua in direzione di Kinderdijk, dove ci sono 19 mulini a vento lungo il canale, e termina a Zeeland con un giro in bicicletta lungo le dighe.

A nord della capitale, precisamente a Enkhuizen, i bambini trovano di loro gradimento lo Zuiderzee Museum, ricostruzione di un villaggio del XIX secolo, realmente abitato da persone che indossano costumi tradizionali. Trascorrete una giornata in bicicletta esplorando le dune di sabbia dell'isola di Texel, famosa per i suoi numerosi relitti. Visitate anche il Maritime and Beachcombers Museum dove sono esposti incredibili oggetti recuperati dal fondo del mare.

libri e film

Portate *Il Diario di Anna Frank* (Einaudi, Torino 1998) e il libro scritto da Carol Ann Lee, *Storia di Anna Frank* (Rizzoli, Milano 2000). Per quanto riguarda i film ricordiamo *Quell'ultimo ponte* (1977), che parla della battaglia di Arnhem durante la seconda guerra mondiale, come pure *Cartoline dalla terra di nessuno* (Fabbri, Milano 2001), di Aidan Chambers, storia di un ragazzino che va per la prima volta da solo ad Amsterdam e delle esperienze del padre sui campi di battaglia di Arnhem. Per chi ha meno di tre anni l'unico personaggio olandese che conta è il coniglietto Miffy creato da Dick Bruna. L'editrice milanese Archinto pubblica diversi libri del coniglietto Miffy: *Il compleanno di Miffy* (1999), *Miffy allo zoo, La casa di Miffy, Miffy e la palla, Dov'è Miffy* (tutti del 1998).

PORTOGALLO

portogallo

È difficile trovare un paese più bendisposto del Portogallo verso i bambini, perché i portoghesi li adorano anche quando sono fastidiosi e chiassosi. Fatta eccezione per alcuni locali antiquati, in tutti i ristoranti i piccoli sono i benvenuti e i gestori sono lieti di servire porzioni ridotte.

Troverete una calda accoglienza ovunque scegliate di alloggiare e quasi dappertutto avranno una culla a portata di mano. In alberghi e pensões (pensioni) i bambini sotto gli 8 anni hanno diritto al 50% di sconto se dividono la stanza dei genitori. Nelle pensioni più economiche a volte il pernottamento dei bambini è gratuito. Gli appartamenti con uso cucina sono un'ottima soluzione se viaggiate con i vostri figli, anche perché la sera molti ristoranti non aprono prima delle 19. Se fate un giro del Portogallo fermatevi a dormire nelle pensões, quasi sempre posti accoglienti per una famiglia. Un'altra valida alternativa è rappresentata dai campeggi; l'ostello di Lisbona dispone anche di stanze private.

I bambini di età compresa fra 4 e 12 anni usufruiscono del 50% di sconto sui biglietti ferroviari, mentre quelli fino a 4 anni viaggiano gratis.

I principali prodotti per i piccoli si trovano facilmente, tranne forse nelle zone più sperdute del paese. La maggior parte dei negozi e delle farmacie vende omogeneizzati in vasetto e pannolini usa e getta di marche sia portoghesi sia d'importazione. Molti negozi chiudono per una pausa all'ora di pranzo e la domenica tutto il giorno.

Gli uffici turistici sono in grado di consigliare una baby-sitter e inoltre molte agenzie di baby-sitter pubblicano inserzioni sui quotidiani dell'Algarve e di Lisbona. Villaggi turistici, residence e grandi alberghi spesso offrono un vero e proprio servizio di assistenza per i bambini gestito da personale specializzato. Alcuni tour operator inglesi presenti in Algarve propongono soggiorni in villaggi vacanze provvisti di appositi 'club' per i piccoli. In alcuni asili nido potrebbero essere disposti ad accogliere qualche piccolo turista per i mesi estivi (informatevi presso l'ufficio turistico).

Sulle spiagge riparatevi dal sole di mezzogiorno, fate attenzione alla risacca e tenetevi alla larga dal mare inquinatissimo nella zona di Sines e Porto.

lisbona

informazioni

L'edizione del sabato del quotidiano *Público* contiene l'elenco delle attività previste per i bambini nell'arco della settimana seguente; nella sezione dei piccoli annunci troverete anche inserzioni di baby-sitter.

aspetti pratici

Lisbona è una città relativamente sicura e facile da girare con i bambini. L'ingresso ai musei e agli altri luoghi d'interesse turistico in genere è gratuito per i bambini in età prescolare.

che cosa vedere e fare

Animali e natura I bambini saranno entusiasti dell'Oceanário situato all'interno del Parque das Nações che ospita 25.000 fra pesci, uccelli e mammiferi. Il Jardim Zoológico è un po' deprimente poiché gli animali sono chiusi in gabbie piccole e bruttine; i bambini però apprezzano lo spettacolo dei delfini.

Interessante e istruttivo È senz'altro appassionante esplorare il Núcleo Arqueológico della capitale, un dedalo di gallerie sotterranee che ripercorre le antiche terme romane, così come il Castelo de São Jorge che domina la città. Il Museu da Marioneta espone un'inverosimile quantità di burattini e marionette, offrendo spettacoli durante il fine settimana. Agli amanti dei soldatini piacerà l'immensa collezione di artiglieria del Museu Militar. Il Museu Gulbenkian ha un centro didattico-ricreativo per i bambini che organizza vari tipi di attività.

I fanatici del computer vorranno visitare il Pailhão do Conhecimento dove potranno cimentarsi con vari giochi interattivi e fare una puntata all'internet bar. I bambini di pochi anni si divertiranno a prendere le funicolari e il tram per Belém, dove si trovano un bel museo navale, il Museu da Marinha, e una serie di altri musei che possono piacere ai piccoli visitatori.

Puro divertimento La scuola di arti circensi, Chapitô, ha un programma di spettacoli e lezioni durante tutto il corso dell'anno e il Teatro Infantil de Lisboa organizza spettacoli per i bambini presso il Teatro Maria Matos. La Feira Popular è un bel luna park vecchio stile con montagne russe, una ruota panoramica e vari tipi di giostre e baracchini.

attività

Nei dintorni di Lisbona ci sono molte belle spiagge dove i bambini possono costruire castelli di sabbia. Cascais è la stazione balneare più vivace, mentre la più pulita è Praia do Guincho, che si trova immediatamente a nord. Da non perdere la Costa da Caparica, dove in estate funziona un treno che costeggia l'intera e lunghissima spiaggia. Praia Grande è consigliata ad aspiranti bulletti da spiaggia ed è conosciuta come una delle migliori località d'Europa per praticare il surf.

parchi e giochi all'aria aperta

I parchi giochi portoghesi in genere sono luoghi poco sicuri, con giochi spesso semidistrutti o arrugginiti. Due bei parchi dove poter correre e giocare all'aperto sono il Jardim da Estrela a Lisbona e quello sul lungofiume a Viana do Castelo.

in giro per il portogallo

Come meta per un'escursione in giornata fuori della capitale scegliete Sintra, dove si possono fare passeggiate in carrozza. L'Algarve, nel sud del paese, attira i bambini con le sue spiagge lambite da acque calde e tranquille nonché con la possibilità di praticare sport acquatici e andare a cavallo. Vicino ad Albufeira c'è Zoomarine, un bellissimo parco marino popolato da foche e delfini. I ragazzini si divertiranno un mondo nel parco a tema Planeta Aventura, vicino a Quarteira, che apre la sera. Lungo la statale principale dell'Algarve s'incontrano ben tre parchi acquatici. Sempre i più grandicelli saranno felici di esplorare il Parque Nacional da Peneda-Gerês.

A Porto visitate il Museu do Carro Eléctrico (Museo dei Tram) e fate un'escursione sul fiume. Che Coimbra sia la più importante città universitaria del Portogallo poco importa ai bambini che invece troveranno più interessante il Portugal dos Pequenitos, un parco che riproduce in miniatura i principali monumenti del Portogallo e delle sue ex colonie. I castelli di Óbidos, Marvão, Castelo de Vide, Valença ed Elvas sono posti che accendono la fantasia dei bambini; fate attenzione solo ai più piccoli che potrebbero avere qualche problema di equilibrio lungo gli spalti merlati.

SPAGNA

spagna

Sebbene in Spagna non vi siano molte attività o luoghi destinati specificamente ai bambini, ciò non significa che si tratti di un paese poco adatto a loro. Parcheggiare un figlio in un'area giochi riservata ai bambini è contrario alla mentalità degli spagnoli, i quali sono abituati a coinvolgere i propri figli in tutto quello che fanno. Le baby-sitter qui sono tendenzialmente superflue, poiché c'è la possibilità di portare con sé i bambini praticamente ovunque. Ricordiamo che la Spagna ha un tasso di natalità fra i più bassi in Europa, cosa che forse spiega come mai i ristoranti che dispongono di seggioloni qui siano così rari.

I bambini sono i benvenuti in qualunque tipo di albergo o pensione, così come nei bar, nei caffè e nei ristoranti. I piccoli spagnoli vanno a dormire tardi e i turisti di passaggio loro coetanei si adeguano volentieri all'usanza locale, ma riescono a farlo solo gradualmente. Essenziale a questo proposito è la siesta, soprattutto durante la caldissima estate; quindi, se i vostri figli si oppongono al pisolino, fateli almeno riposare con un libro o una cassetta audio (ne avrete portato una buona scorta).

I supermercati spagnoli vendono ogni genere di prodotto per neonati, quindi potete viaggiare leggeri. I negozi sono chiusi la domenica. Le lavanderie a gettoni non sono comuni, ma sono diffuse quelle tradizionali. Culle e seggiolini auto vanno prenotati in anticipo. Musei e altri luoghi d'interesse turistico prevedono l'ingresso gratuito o a prezzo ridotto per i bambini. Sui treni spagnoli viaggiano gratis i passeggeri fino a 4 anni, mentre da 4 a 11 anni si paga il 60% della tariffa piena.

È sempre più frequente ormai vedere una madre che allatta in pubblico: se lo fate in modo discreto non dovreste attrarre molti sguardi.

madrid

aspetti pratici

Qui, sebbene i trasporti pubblici siano efficienti ed economici, vi consigliamo di andare a piedi. I residence rappresentano un'ottima sistemazione per le famiglie. Se la visitate in estate varrebbe la pena di spendere un po' di più e concedersi un albergo con piscina, anche se purtroppo non ce ne sono molti.

che cosa vedere e fare

Animali e natura Lo zoo propone un eccellente spettacolo di pappagalli, ma quello che merita davvero è un'escursione fuori città al Safari de Madrid, parco popolato da elefanti, scimmie e leoni. In estate è aperta anche una piscina che permette di rinfrescarsi con un tuffo.

Interessante e istruttivo Per orientarvi insieme ai vostri figli salite in cima al Faro, la torre d'osservazione che domina la città. Portateli senz'altro al Centro de Arte Reina Sofía: i Picasso e i Dalí generalmente riscuotono successo anche tra gli osservatori più giovani. Ai bambini piace gironzolare per El Rastro, il mercato delle pulci che si tiene la domenica mattina, e davanti al Palacio Real saranno quanto meno impressionati dalla grandezza dell'edificio.

I bambini con il gusto dell'orrido apprezzeranno il Museo de Cera, dove c'è una sezione dedicata all'Inquisizione. Ad Alcobendas, immediatamente a nord-est di Madrid, si trova Cosmocaixa, un museo della scienza dove si possono fare vari esperimenti che ha anche un'area riservata ai bambini di pochi anni. Le proiezioni del Planetario, purtroppo, sono esclusivamente in lingua spagnola. Altri due musei che può valer la pena di visitare sono il Museo Arqueológico Nacional, dove ai bambini piacciono le pitture rupestri di Altamira, e, per i maschietti battaglieri, il Museo del Ejército, un museo militare pieno di armi, bandiere, e uniformi.

Puro divertimento Il Parque de Atracciones è un parco dei divertimenti dove bimbi e ragazzi possono bruciare tutte le loro energie. Il teatro Sala San Pol organizza spettacoli per i piccoli, ma solo in spagnolo; meglio allora gli spettacoli all'aperto del Teatro Municipal de Títeres del Retiro che vedono protagonisti burattini e marionette. Come in ogni grande città, anche a Madrid non manca un cinema con sala IMAX per proiezioni 3D.

attività

La miglior piscina pubblica si trova nella Casa de Campo, ma accanto a questa esistono molti parchi acquatici fra cui Aquópolis, uno tra i più grandi d'Europa. Per chi preferisce il pattinaggio su ghiaccio c'è la pista di Sport Hielo.

parchi e giochi all'aria aperta

I parchi giochi abbondano a Madrid. Nel Parque del Buen Retiro c'è un lago con noleggio barche e i numerosi viali sono affollati di artisti di strada che intrattengono bambini con le loro performance colorate e fantasiose; il Parque Juan Carlos I ha invece un fiume artificiale che si può percorrere in catamarano e una ferrovia in miniatura.

feste e manifestazioni

I bambini spagnoli ricevono i regali di Natale il 6 gennaio, giorno dell'Epifania, quando arrivano i Re Magi che atterrano a Madrid in elicottero per poi salire sui carri da sfilata e attraversare la città distribuendo dolciumi ai bambini tra la folla.

in giro per la spagna

In Spagna esistono parchi dei divertimenti bellissimi come Isla Mágica a Siviglia, Tivoli World sulla Costa del Sol e Mini-Hollywood (il set degli spaghetti western) nel deserto di Almería.

Barcellona è perfetta per i bambini perché possiede spiagge, una funicolare, un favoloso acquario e offre pure la possibilità di fare un giro in mongolfiera. Piaceranno anche i bizzarri edifici di Gaudí e il Museu Picasso. Molti musei di Barcellona, e in particolare il Museu Marítim e il Museu d'Història de Catalunya, prevedono percorsi di visita per i bambini.

Lo splendore dell'arte moresca a Siviglia riesce a mettere in moto anche la fantasia dei bambini. Questa città, fra l'altro, è il posto migliore per assistere a uno spettacolo di flamenco. Con l'automobile attraversate la regione dei Picos de Europa, montagne isolate e selvagge del nord che dal 1995 sono le protagoniste del Parque Nacional de los Picos de Europa, che rappresenta una rara enclave di ciò che rimane della vita selvaggia che un tempo pullulava in Europa. Proseguite poi verso la Francia prendendo la strada che attraversa la zona centrale dei Pirenei spagnoli, in direzione di Arreau, e vedrete che anche l'adolescente più annoiato sgranerà gli occhi di fronte al paesaggio stile Grand Canyon. Le spiagge più belle per i più piccoli si trovano a Benidorm, sulla Costa Blanca e vicino a Cadice.

La grande rocca di Gibilterra è una delle ultime colonie britanniche e questo fatto singolare fa già sì che i ragazzi siano curiosi di visitarla. Prendete la funivia che sale in cima alla rocca, dove c'è una riserva naturale popolata da scimmie, e fate un'escursione in barca per vedere i delfini.

libri

Procuratevi un'edizione per bambini del *Don Chisciotte* (per esempio quella di Giunti, Firenze 1995; collana 'Under 14', con illustrazioni di Giorgio Donati) oppure appassionatevi alle imprese del Cid Campeador, il cavaliere spagnolo assurto al grado di eroe leggendario, sfogliando *La storia del Cid Campeador e del re di Castiglia*, di Paolo Collo (Einaudi Ragazzi, Trieste 1993). Noleggiate il film *El Cid* (1961), ispirato anch'esso all'omonimo poema in versi.

SVEZIA

svezia

Gli svedesi si vantano di rispettare i diritti dei bambini e non a torto: la legge di questo paese garantisce infatti le condizioni più favorevoli in Europa in materia di maternità e paternità e i genitori svedesi esigono una quantità di servizi per i loro figli. Sui traghetti a lunga percorrenza, sui treni, negli alberghi e perfino in alcuni ristoranti ci sono aree di gioco riservate ai piccoli. Dov'è previsto un ingresso da pagare chi ha meno di 7 anni entra quasi sempre gratis, mentre fino ai 16 si paga metà prezzo.

L'unico inconveniente in Svezia è il clima. Viaggiarvi d'inverno con i bambini è difficile, ed è decisamente opportuno scegliere l'inizio dell'estate, periodo in cui potranno apprezzare anche la novità delle notti bianche. Avrete comunque bisogno di portare anche indumenti caldi, scarpe pesanti e una zanzariera per i neonati.

Molti alberghi offrono stanze a più letti a un prezzo di poco superiore a quello delle doppie e ci sono molti campeggi e ostelli ben attrezzati a ricevere famiglie con bambini. Si trovano facilmente chalet e rifugi di montagna in affitto. Culle e seggioloni sono disponibili quasi ovunque. Le autostrade sono bellissime, ma con i piccoli si viaggia bene anche in treno, premesso che, come ogni altra cosa in Svezia, i prezzi sono elevati.

I supermercati hanno tutto quello di cui può aver bisogno un neonato; le lavanderie automatiche sono inesistenti e quelle tradizionali sono lente e care, perciò conviene fare il bucato a mano. A Stoccolma ci sono negozi aperti 24 ore su 24, il che significa poter sempre acquistare quel che occorre sul momento. Anche in campagna si trovano supermercati aperti di domenica e negozi che la sera chiudono a tarda ora, solo che questi possono essere sprovvisti di prodotti per neonati.

informazioni

Il ministero del turismo svedese pubblica un ottimo opuscolo intitolato *Sweden for Children*.

che cosa vedere e fare

Animali e natura I bambini vorranno raggiungere il Circolo Polare Artico per vedere le renne. L'Abisko National Park, nel Norrland, è il posto migliore per fare escursioni a piedi con i bambini, ma il terreno è comunque poco adatto alle gambe dei più piccoli.

Interessante e istruttivo Tra i numerosi musei che hanno una sezione o un percorso pensato per i bambini, riscuotono grande successo soprattutto il Vasamuseet, dov'è esposta l'unica nave del XVII secolo che si conservi al mondo, e quello all'aperto di Sansen. Vicino a Göteborg ci sono castelli fiabeschi; presso Vänern e Vättern si trovano i due laghi più grandi della Svezia.

Puro divertimento Conservate almeno una giornata per scatenarvi al Liseburg, il parco dei divertimenti di Göteborg.

attività

Nelle principali località frequentate da turisti si possono noleggiare barche, biciclette e skateboard. Ai vostri figli piacerà un'escursione in vaporetto per raggiungere una delle isole lungo la costa.

parchi e giochi all'aria aperta

Fare vacanza in Svezia significa passare la maggior parte del tempo immersi nella natura; anche a Stoccolma i boschi e la campagna sono sempre a un tiro di schioppo. Nelle città abbondano sia i giardini sia i parchi giochi, tutti puliti e perfettamente sicuri.

feste e manifestazioni

Il 13 dicembre i bambini sfilano in occasione del Luciadagen (giorno di Santa Lucia), con le femminucce vestite a festa per intonare i canti di Natale.

libri

Portate con voi *Il meraviglioso viaggio di Nils Holgersson* di Selma Lagerlöf (Mondadori, Milano o 1998), la scrittrice per l'infanzia più amata dagli svedesi. La storia è quella di un bambino che attraversa la Svezia in volo a cavallo di un'oca magica. Di questa autrice si può inoltre leggere in italiano *Astrid* (Mobydick, Faenza 1996), da ricercare nella collana 'Grilli & cicale', e *La fanciulla della palude grande* (Mimesis, Milano 1995), una raccolta di racconti basati sulle saghe e leggende nordiche. Svedese è pure la celebre Astrid Lindgren, dalla cui fantasia è nata *Pippi Calzelunghe* (Salani, Milano 1995; collana 'Gl'istrici'), libro che narra le avventure di una ragazzina vivace e ribelle, che vive sola, senza che alcuno possa imporle nulla; presso Salani si può trovare inoltre *Pippi Calzelunghe a fumetti* (1996; collana ' I criceti'). Le storie di Pippi sono diventate una serie di telefilm di successo degli anni '70, così come le vicende di Emil, il piccolo protagonista della vita di un villaggio rurale nel sud della Svezia, teatro dell'infanzia della Lindgren: *Emil il terribile* (2001; collana 'I criceti'), *Emil* (2000; 'I criceti') ed *Emil non molla* (1997; 'I criceti'). Fra i tanti libri della Lindgren ricordiamo ancora *Vacanze all'isola dei Gabbiani* (1996), ambientato nello splendore di un'isola dell'arcipelago svedese. Infine ricordiamo *Un'isola del mare* di Annika Thor (Feltrinelli, Milano 2001) che narra le vicende di due sorelline austriache che fanno parte di un folto gruppo di bambini ebrei strappati alle persecuzioni naziste e ospitati su un'isola della Svezia. Il loro inserimento è difficile, così come è difficile il rapporto con le nuove famiglie.

SVIZZERA

svizzera

Il modo migliore per vedere la Svizzera è viaggiare in automobile. Il paesaggio qui entusiasma tutti i bambini che domandano inevitabilmente di fermarsi per contemplare il panorama, correre nei prati e guardare le mucche dai grandi campanacci. I trasporti pubblici, in ogni caso, funzionano a meraviglia e per chi acquista la speciale tessera famigliare sono previsti buoni sconti. Se sceglierete di fare a meno dell'auto, vi attendono magnifici tragitti panoramici lungo le ferrovie che attraversano le montagne.

A prescindere dal tipo di alloggio, troverete sempre sistemazioni pulite e di alta qualità, ideali quindi anche per un neonato. Ostelli e alberghi dispongono di stanze a più letti e nella maggior parte degli ostelli ci sono le cucine. D'estate in montagna conviene prenotare perché molti alberghi e pensioni chiudono durante la bassa stagione e il numero di posti disponibili è ridotto. Abbiate sempre qualche indumento caldo e asciutto a portata di mano, poiché in montagna può piovere e far freddo anche durante la stagione calda. Se progettate di fare camminate portate un marsupio o uno zaino portabambini perché non si può spingere un passeggino sui sentieri di montagna. Le lavanderie a gettoni non scarseggiano e gli alberghi sono spesso in grado di fornire valide baby-sitter.

Viaggiate leggeri e acquistate sul posto tutto ciò di cui avete bisogno. Culle e seggioloni sono disponibili ovunque. Detto questo, non bisogna dimenticare che la Svizzera è un paese molto caro, quindi, se vi trovate vicino a una frontiera, vale sempre la pena di fare la spesa oltre confine. Allattare un bambino in pubblico è un fatto molto comune in questo paese: vi capiterà spesso di vedere mamme intente a nutrire i loro bebè nei parchi, sui mezzi pubblici e anche altrove.

che cosa vedere e fare

Interessante e istruttivo Tappa obbligata è la casa di Heidi a Maienfeld. Inoltre, che Svizzera sarebbe senza cioccolato? Visitate allora gli stabilimenti della Lindt a Zurigo oppure quelli della Nestlé a Montreux, dove funziona pure un trenino di cioccolata.

Puro divertimento Includete nel vostro itinerario un'escursione in battello sul lago di Lugano e una sosta a Swissminiatur, come dice il nome, la Svizzera in miniatura.

attività

Le localistà sciistiche privilegiate dai tour operator, è bene saperlo, sono quelle che offrono il maggior numero di attività non prettamente sciistiche. Le piste migliori per i bambini sono quelle dell'Oberland Bernese. Se non vi interessa lo sci prendete la ferrovia che sale sullo Jungfraujoch e visitate il palazzo di ghiaccio.

parchi e giochi all'aria aperta

Quanto a sicurezza e pulizia i parchi giochi svizzeri sono impeccabili. A Ginevra ci sono parchi e giardini molto belli, soprattutto il Jardin Botanique dove si possono vedere i lama e dove si trova una grande voliera.

libri

Non si può partire senza una copia di *Heidi*, il celeberrimo libro di Johanna Spyri (per esempio nell'edizione Fabbri, Milano 2001, collana 'I delfini'; o di Piemme, Casale Monferrato 2001). In alternativa potete optare per una versione in audiocassetta da ascoltare in macchina. Ai ragazzi un po' più grandi consigliamo il romanzo *La cascata di ghiaccio* di Gaye Hiçyilmaz (EL, Trieste 1994), storia di una ragazzina turca emigrata in Svizzera che affronta tutte le difficoltà dovute al cambiamento di vita.

BALCANI

balcani

Albania, Bulgaria, Croazia, Macedonia, Romania, Slovenia e Iugoslavia costituiscono l'unico angolo d'Europa in cui una famiglia in viaggio può davvero ritrovarsi in balia degli imprevisti. Tuttavia, ai bambini piaceranno queste terre insolite, dove non si sa mai in anticipo cosa si vedrà o cosa accadrà.

Nelle capitali e presso le località frequentate da turisti troverete i principali prodotti per l'infanzia, ma nei piccoli centri e nelle zone rurali la situazione è assai più complicata. Fatta questa premessa, si tratta di una regione in cui la gente è realmente pronta ad aiutare i bambini. Non ci saranno molti parchi a tema, ma troverete alberghi dove saranno lieti di cucinare per i vostri figli anche quando il ristorante è chiuso. Stanze dove aggiungere letti supplementari sono sempre disponibili.

In tutti questi paesi, esclusa l'Albania, le famiglie non sono numerose e tendenzialmente i genitori portano con sé i figli ovunque vadano. Per questo le baby-sitter non sono molto diffuse: sono le nonne a occuparsi dei bambini quando ai genitori serve una mano. Il servizio di baby-sitter è offerto da alcuni grandi alberghi ma non da tutti. Lo stesso vale per il servizio di lavanderia: in alcuni posti è previsto, ma conviene essere attrezzati per fare il bucato a mano.

Una vacanza in Bulgaria, in Croazia o in Slovenia non richiede preparativi diversi da una vacanza in altre zone d'Europa: ci sono infatti ottime strutture turistiche e varie possibilità di scelta per la sistemazione e, per quanto riguarda il necessario per i più piccoli, lo si può trovare con facilità. I traghetti rappresentano il mezzo più comodo per spostarsi lungo la costa dalmata. Con i bambini vale senz'altro la pena di noleggiare un'automobile per godere di completa autonomia e libertà di movimento; in questo caso, un eventuale seggiolino per l'auto va prenotato per tempo.

Per viaggiare negli altri paesi balcanici, invece, è necessario mettere in valigia alcuni prodotti, come il paracetamolo, gli omogeneizzati e il latte in polvere, e degli altri prodotti assicurarsi di avere sempre scorte sufficienti per un certo numero di giorni e, quando finalmente trovate un negozio ben fornito, approvvigionarvi di quanto vi serve. Fate attenzione con il latte fresco: quello in commercio non è sempre pastorizzato e occorre perciò farlo bollire prima di berlo; per non correre rischi, conviene scegliere sempre quello a lunga conservazione. Chiedete al vostro medico di prescrivervi alcuni antibiotici in polvere: in caso di bisogno potrete prepararli istantaneamente mescolandoli con acqua (gli antibiotici per bambini che vendono sul posto sono disgustosi). Al di fuori delle capitali optate sempre per il miglior albergo che le finanze vi permettono e, se intendete fare un viaggio lungo, portate anche un fornello da campeggio.

Siate accurati nella pianificazione del viaggio. Lungo la strada da Belgrado a Bucarest, per esempio, ci sono solo un pugno di alberghi da prendere seriamente in considerazione. Fate in modo di avere materiale sufficiente per intrattenere i bambini durante gli spostamenti. I biglietti aerei sono costosi, tuttavia è molto comodo volare da una capitale all'altra e raggiungere la costa in aereo. Anche in questi paesi le compagnie aeree applicano le consuete riduzioni previste per i bambini. I treni, che rappresentano una buona alternativa in tutti i paesi balcanici fuorché l'Albania, in genere hanno la carrozza ristorante, ma è comunque indispensabile avere con sé scorte di cibi e bevande; se prenotate un vagone letto assicuratevi che sia possibile chiudersi a chiave da dentro. In seguito al tracollo economico del paese, alcune zone dell'Albania sono praticamente in mano a banditi e briganti, quindi, per sicurezza, converrebbe forse limitarsi a visitare la capitale.

In Bosnia-Erzegovina e in Kosovo esiste il problema delle mine in quelli che furono territori di combattimento durante il recente conflitto, quindi non lasciate che i bambini giochino tra le rovine degli edifici e percorrete solo strade asfaltate. Se avete dei dubbi non esitate a consultare la gente del posto.

informazioni

È importante tener conto delle condizioni precarie in cui versano gli stati dell'ex Iugoslavia. La situazione è in rapido e costante mutamento, ragion per cui è consigliabile tenersi aggiornati sugli sviluppi in corso nella regione al fine di poter organizzare bene il viaggio. È possibile che il Ministero degli Esteri italiano (come quelli di altri paesi) fornisca un servizio di informazioni per chi si accinge a visitare la regione.

che cosa vedere e fare

Animali e natura In Slovenia ci sono fattorie che organizzano attività per bambini quali equitazione, speleologia, sci, mestieri tradizionali o semplicemente contatti ravvicinati con gli animali. Il miglior zoo della regione si trova a Belgrado e i migliori parchi nazionali per i bambini sono quello di Durmitor in Montenegro e quello dei laghi di Plitvice in Croazia.

Interessante e istruttivo I musei dei Balcani sono deserti, ma ciò non significa che non siano interessanti. Non perdete il Museo Militare della cittadella Kalemegdan a Belgrado: è ricco di cimeli affascinanti e possiede anche una copia del raccapricciante muro di teschi che si trova a Niš – andate pure in fondo a questa storia se ne avete il coraggio! Ai bambini piacerà la pura follia del palazzo di Ceausescu che è sede del Parlamento a Bucarest. Ci sono molti castelli davvero splendidi sparsi per i Balcani, ma occorre fare attenzione: possono essere edifici pericolanti o altrimenti poco sicuri. In Romania non può non riscuotere successo il castello di Dracula che sorge a Bran. L'interesse di Sarajevo non è legato esclusivamente alla guerra più recente; i ragazzini vorranno vedere dove fu sparato il proiettile che scatenò la prima guerra mondiale. L'antica città fortificata di Dubrovnik è perfetta per i bambini, soprattutto perché fra un museo e l'altro si può inserire un tuffo in mare e una sosta sulla spiaggia.

attività

In Croazia è bellissimo nuotare con i bambini nelle acque dei Laghi di Plitvice. Una bella meta in Macedonia è il Lago di Ocrida (Ohrid) che ha belle spiagge adatte anche ai più piccoli e alberghi relativamente ben attrezzati ad accogliere le famiglie (in passato il lago era un'importante località di villeggiatura). A Sofia merita l'escursione in cima al monte Vitosha. Il Montenegro offre fiumi con rapide e possibilità di praticare il rafting nonché magnifiche spiagge per i bambini.

parchi e giochi all'aria aperta

A Bucarest si trova il grande Parco Herastra e, da visitare assolutamente, il Villaggio Museo (i bambini adorano la ricostruzione delle vecchie case). A Belgrado c'è un luna park permanente all'interno della Kalemegdan. Ci sono bei parchi un po' ovunque nella regione; fra i giochi conviene muoversi con cautela: talvolta le strutture sono vecchiotte e arrugginite.

libri e film

Nel libro di Hergé *Lo scettro di Ottokar* (Lizard, Roma 1999), Tintin vive un'avventura balcanica nell'immaginaria ambientazione del regno di Syldavia. *Il Diaro di Zlata* di Zlata Filipovic (Rizzoli, Milano 1995) è una descrizione dell'assedio di Sarajevo visto con gli occhi di una bambina. È ambientato nei Balcani in guerra, negli anni fra il 1941 e il 1943, *L'isola di Rab 1941-1943* di Frediano Sessi (Mondadori, Milano 2001), diario di un ragazzo di fronte a una pagina oscura e dimenticata della storia.

Cambiamo decisamente genere con le *Fiabe dei Balcani* (EL, Trieste 2000), raccolta di storie adatto ai bambini dai 9 anni in su.

GRECIA

grecia

La Grecia è un paese ideale per un viaggio con i bambini. Oltre alle numerose offerte pacchetto che propongono la formula del tutto compreso, ci sono molti grandi alberghi perfettamente attrezzati ad accogliere i bambini e molti appartamenti o villette da poter affittare. Trovare un albergo in riva al mare dove fermarsi per una o due notti non è sempre facile poiché la maggior parte delle strutture lavora in tandem con i tour operator. Una soluzione da valutare è anche quella del campeggio. Al momento di pianificare il viaggio ricordate che d'estate qui fa molto caldo: i periodi migliori per visitare la Grecia sono la primavera e l'autunno.

Quando si tratta di soddisfare le esigenze di un bambino troverete personale assai disponibile sia negli alberghi sia nei ristoranti. In questi ultimi il servizio tende a essere sempre molto rapido, cosa che non dispiace affatto quando a tavola siedono una o più boccucce molto affamate.

I supermercati greci sono ben riforniti di ogni genere di prodotti, per cui potete viaggiare leggeri. Ad Atene, Salonicco e nelle altre località turistiche ci sono negozi aperti 24 ore su 24 e lavanderie a gettoni.

Non abbiate timore di portare i vostri figli a vedere i siti archeologici: la fantasia di un bambino è capace di voli pindarici in luoghi come il labirinto di Cnosso. I bambini sono indifferenti alle bancarelle di souvenir ma sensibili alle masse di turisti poiché non amano i luoghi sovraffollati: tentate perciò di visitare i siti più famosi al mattino presto oppure verso sera. Noleggiando un'auto e seguendo le indicazioni per i siti archeologici avrete spesso la fortuna di ritrovarsi fra magnifiche rovine in zone deserte.

I passeggini non servono a gran che in Grecia: sono del tutto inadeguati ai viottoli di pietra e ai gradini e diventano una vera maledizione quando si tratta di salire a bordo o di scendere da un autobus o un traghetto. Molto meglio ricorrere al marsupio o a uno zaino portabambini. La cosiddetta 'polizia turistica' (a rigore un reparto di polizia, ma in realtà un ente che fornisce un servizio d'informazioni turistiche) dispone dell'elenco delle baby-sitter disponibili sul posto.

I bambini fino a quattro anni viaggiano gratis su traghetti e autobus. Fino a dieci (per i traghetti) e dodici anni (per gli autobus) si paga metà della tariffa piena. Negli spostamenti fra un'isola e l'altra conviene optare per gli aliscafi o i catamarani che, rispetto ai traghetti, sono più veloci. Gli autobus sono il mezzo di trasporto pubblico più usato, ma per raggiungere i grandi siti archeologici risultano più comodi i pullman turistici.

atene

aspetti pratici

Scegliete un albergo vicino alla Plaka e, per non sentire troppo rumore, chiedete una stanza che non si affacci sulla strada. Evitate i campeggi, gli ostelli e gli alberghi più economici che offrono una sistemazione poco adatta a una famiglia.

che cosa vedere e fare

Interessante e istruttivo Ad Atene i bambini apprezzeranno le stesse cose che stimolano il vostro interesse. Considerata l'estensione dell'Acropoli e il fatto che i più piccoli si stancano facilmente, potreste scegliere di visitarla in due volte in modo da riuscire a vedere tutto. Evitate comunque le folle arrivando sul posto la mattina presto o poco prima dell'orario di chiusura. Nella Plaka i piccoli turisti si divertono a passare in rassegna i negozietti di souvenir e a visitare il Museo dei Bambini, che è in realtà più un centro di svaghi che un vero e proprio museo. Il Museo Archeologico Nazionale è adatto ai bambini più grandicelli.

Puro divertimento Nella Plaka c'è un Museo dell'Arte Infantile che ha una sezione in cui i giovani visitatori possono cimentarsi con la pittura.

Atterrammo ad Atene a metà pomeriggio. L'autobus dell'aeroporto impiegò quasi due ore per arrivare in centro, ma questo non ci impedì di passare fin da subito una bella serata. Avendo prenotato un ostello nella Plaka, il cuore della città vecchia, scegliemmo un ristorante sulla principale piazza pedonale e gustammo una deliziosa cena a lume di candela. I camerieri furono così gentili da imboccare Zach e offrirci una bottiglia di retsina. Dopo cena facemmo una passeggiata fino all'Acropoli e c'imbattemmo in un gruppo musicale che suonava in un magnifico anfiteatro: seduti sui gradoni di pietra a guardare lo spettacolo e la città illuminata, subimmo immediatamente il fascino dell'antica capitale.

grecia una VACANZA al SOLE

grecia

Crispin Walker ha fatto un viaggio in Grecia di due settimane, visitando Atene e alcune isole, con il figlio Zach (21 mesi) e la compagna Yvette.

Abituato a sgattaiolare nottetempo nel nostro letto, Zach si trovò a meraviglia negli spazi angusti dell'ostello economico che avevamo prenotato e mostrò di apprezzare anche il grazioso patio dove l'indomani facemmo tranquillamente colazione. Nel corso della mattinata scendemmo al Pireo per imbarcarci sul primo traghetto diretto alle Cicladi, ma il tragitto d'autobus ci riservò una spiacevole sorpresa: nell'arco di venti minuti tentarono di rubarmi il portafoglio per ben tre volte! Era evidente che, carichi di zaini e con un marmocchio al seguito, dovevamo dare l'impressione di un bersaglio alquanto facile. A rendere comica (e memorabile) l'esperienza fu la scarsa destrezza dei borseggiatori che alle mie grida desistettero subito dal loro intento.

Ansiosi di lasciare la terraferma riuscimmo a prendere un traghetto per Paros dopo quattro ore, con un biglietto famigliare davvero vantaggioso (sono quasi certo di aver pagato la tariffa per studenti) vendutoci da un addetto ai traghetti fermamente deciso a battere la concorrenza. Zach trovò eccitante la traversata e contemplò a lungo l'immagine di Atene che si faceva sempre più piccola via via che ci allontanavamo. Prima dell'imbarco avevamo fatto rifornimento di frutta, bibite e patatine fritte al supermercato del Pireo e a bordo Yvette e io facevamo a turno: uno sorvegliava i bagagli e l'altro esplorava la nave insieme a Zach.

A Paros ci accolse una folla di procacciatori di clienti che si accalcavano vocianti uno sull'altro sventolando i loro volantini. Seguimmo un tale di nome Costa per dare un'occhiata alla villetta che offriva in affitto. La casetta non solo era splendida (camera da letto, soggiorno, cucina, bagno e balcone), ma si rivelò una soluzione perfetta anche per riposare durante le ore più calde della giornata.

Trascorremmo cinque giorni a Paros, dove Zach con la sua zazzera bruna attirava i sorrisi e le carezze delle nonnine greche. Nessuno di noi ha dimenticato l'escursione all'incantevole porticciolo di Naoussa e poi alla remota spiaggia di Kolimvythres, dove Zach sguazzava felice con papà nell'acqua poco profonda mentre mamma si divideva fra abbronzatura e lettura.

Prendemmo l'abitudine di andare a passeggio per Parikia non appena il caldo aveva allentato la morsa e un po' alla volta scendevamo verso il lungomare dove guardavamo il tramonto. Zach non mancava mai di rallegrarsi alla vista di un succulento spiedino greco (carne d'agnello servita con patate fritte e insalata) e, non appena dicevo di essere australiano, i proprietari di bar e ristoranti si animavano raccontandoci dei loro parenti emigrati a Sydney o a Melbourne.

Una nuova traversata in traghetto ci condusse all'isola di Naxos, a un'ora da Paros, dove, tramite il centro informazioni, ottenemmo un appartamentino graziosissimo. Cambiavamo spiaggia tutti i giorni, con Zach felice di poter giocare fra le onde del Mediterraneo.

Cenavamo nei ristorantini del porto e Zach era il benvenuto ovunque andassimo. Gustava vari pesci e stufati d'agnello, con una predilezione per l'insalata greca. Dopo cena ci piaceva andare a bere qualcosa nella piazzetta, mentre Zach scorazzava insieme ad altri bambini. Fu durante queste serate che scoprimmo il calore e la generosità dei greci. La famiglia è talmente importante in questo paese che proprio alle famiglie in quanto tali, quando sono clienti, viene riservato il servizio migliore, all'insegna della rapidità e della cortesia.

"La famiglia è talmente importante in questo paese che proprio alle famiglie in quanto tali, quando sono clienti, viene riservato il servizio migliore, all'insegna della rapidità e della cortesia. L'unico vero inconveniente dei greci, per quanto ci riguarda, è che si tratta di un popolo di fumatori incalliti".

Con l'ultima traversata sbarcammo a Mykonos. Stavolta avevamo preso un traghetto veloce e quando Zach udì accendersi i motori esultò per l'eccitazione. La cittadina di Mykonos è un centro piuttosto vivace e sebbene sia considerata la capitale gay dell'isola ci trovammo perfettamente a nostro agio. Anche qui affittammo un appartamento in posizione centrale e andammo alla scoperta dell'isola usando gli autobus locali. Ci divertimmo un mondo al Waterworld Fun Park, parco acquatico con una favolosa piscina per i bambini ed enormi scivoli per la gioia di mamma e papà. Un'altra bellissima escursione fu quella all'isola di Delo e al suo magnifico complesso archeologico: vi arrivammo di primo mattino per evitare le folle di turisti e il gran caldo, e Zach si trovò subito un'occupazione andando a caccia di gechi mentre noi fotografavamo lo splendido sito praticamente deserto.

L'ultima sera a Mykonos ci trovammo a sorseggiare un cocktail Mai Tai in attesa di veder sparire il sole rosso fuoco dietro l'orizzonte mentre Zach giocava felice con i sassolini della spiaggia. Difficile immaginare una vacanza al sole più desiderabile di questa.

parchi e giochi all'aria aperta

I Giardini Nazionali sono il parco più vicino alla zona dei principali siti archeologici. Vicino al Museo Archeologico Nazionale c'è il Parco Aeros, dove anche i più piccoli possono divertirsi correndo lungo bei viali ombrosi. Per rinfrescarsi non c'è niente di meglio che lasciare la città e concedersi un'escursione al mare. Assai suggestivo è un picnic al tramonto a Capo Sounion.

feste e manifestazioni

I bambini saranno entusiasti della Pasqua greca a patto di riuscire a star svegli fino alla fiaccolata di mezzanotte.

in giro per la grecia

I grandi siti archeologici che stimolano l'interesse dei bambini sono Delfi, antica dimora dell'oracolo, che raggiunse il suo massimo splendore nel IV secolo a.C., quando moltitudini di pellegrini, carichi di preziose offerte votive venivano a chiedere consiglio all'oracolo, e Olimpia, il luogo in cui si disputarono i primi Giochi Olimpici della storia che si svolgevano ogni quattro anni. Non occorre salire in cima all'Olimpo per scoprire il suo fascino, basta limitarsi a guardarlo ricordando che gli antichi greci lo ritenevano sede degli dei. Ai bambini piacerà anche il Canale di Corinto, lungo 6 km, largo 23 m e alto, con le sue pareti laterali, 90 m sul livello dell'acqua. Le spiagge più adatte ai bambini sulla terraferma si trovano presso Halkidiki, nella Grecia settentrionale.

Creta è perfetta come isola da visitare con i bambini. Molti alberghi offrono attrezzature e servizi speciali per i più piccoli e a Cnosso c'è molto da vedere, a partire dalla residenza del Minotauro. Belle spiagge si trovano sul lato orientale di Corfù e lungo le coste occidentali delle Isole Ionie, ma le migliori sono quelle lungo la costa settentrionale dell'isola.

libri

L'Odissea per ragazzi riscritta da Robin Lister è una lettura consigliata dai 10 ai 12 anni, ma se letta ad alta voce catturerà anche l'attenzione dei più piccoli. L'editore greco Malliaris-Paedia pubblica un'ottima collana dedicata ai miti, tradotta in inglese da Aristides Kesopoulos.

Il libro *The Wanderings of Odysseus* di Rosemary Sutcliff comprende bellissime illustrazioni e prevede anche una versione in cassetta audio, senz'altro più adatta da portare in viaggio e da ascoltare, per esempio, lungo un tragitto d'autobus. Se il caldo non dà tregua potreste optare per la versione più allegra che Terry Deary dà del racconto omerico in *The Groovy Greeks* e *Top Ten Greek Legends*. I patiti del computer apprezzeranno *Shadow of the Minotaur* di Alan Gibbons che fa entrare i miti nel mondo dei videogiochi.

Ancient Greece di Peter Connolly offre un primo approccio alla storia greca con belle illustrazioni che riportano in vita i siti archeologici; è adatto a bambini fino a 10 anni. Per i più grandicelli, e di genere completamente diverso, segnaliamo *My Life and Other Animals* di Gerald Durrell, dove l'autore racconta la propria infanzia sull'isola di Corfù.

POLONIA E PAESI DEL BALTICO

Non sono molte le famiglie che scelgono questa regione come meta di viaggio, eppure gli stranieri con bambini al seguito qui sono i benvenuti. Se la vostra è una famiglia numerosa potrà persino capitarvi di ricevere un applauso mentre camminate per strada!

I prodotti di prima necessità sono reperibili nei supermercati delle grandi città. Per il latte in polvere e i pannolini conviene recarsi in farmacia; nei grossi centri ce n'è quasi sempre una di turno aperta tutta la notte. Fate scorta in anticipo di tutto quello che vi occorre per i fine settimana, allorquando i negozi sono chiusi. Portate da casa il paracetamolo per i bambini e del latte artificiale pronto all'uso che vi sarà utile soprattutto durante gli spostamenti. In estate tenete presente il problema delle zanzare negli stati del Baltico. L'industria del turismo qui è ancora in fase di rodaggio, quindi, oltre alle pastiglie per la sterilizzazione, non dimenticate il vostro sense of humour.

Sebbene sui mezzi pubblici, negli alberghi e per alcuni ingressi siano previste riduzioni per i bambini, tuttavia nel complesso una famiglia in vacanza da queste parti non spende poco. I ristoranti di Varsavia sono carissimi e per disporre delle strutture e dei servizi più adatti ai bambini conviene investire il più possibile, entro i limiti concessi dal portafoglio, in un albergo di alta categoria. Le lavanderie a gettoni sono poche e molto distanti fra loro, anche nelle grandi città. A Zakopane, comunque, ci sono ottime pensioni per le famiglie e in Lettonia si possono trovare casette in affitto. Per il tragitto da Varsavia a Cracovia e Danzica va benissimo il treno, ma è opportuno prenotare uno scompartimento da poter chiudere a chiave.

informazioni

A Varsavia e a Cracovia trovate *What, Where, When*, una rivista d'informazione in lingua inglese.

che cosa vedere e fare

Animali e natura L'esperienza più entusiasmante è riuscire ad avvistare il bisonte europeo nella Foresta Bialowezia.

Interessante e istruttivo A Varsavia i bambini amano salire in cima al gigantesco edificio stalinista noto come Palazzo della Cultura e della Scienza dal quale si domina tutta la città. I più grandicelli vorranno vedere il Monumento al Ghetto di Varsavia e il Museo della Prigione Pawiak. A Cracovia sarà bello esplorare il vasto castello di Wawel. Da non perdere le miniere di salgemma a Wieliczka, appena fuori Cracovia, incredibile labirinto di gallerie e sale sotterranee (c'è anche una cappella che ha persino i lampadari fatti di sale).

A Danzica i ragazzi troveranno interessante l'escursione a Westerplatte, il luogo dove furono sparati i primi colpi della seconda guerra mondiale. Fuori città si possono visitare quello che fu il quartier generale di Hitler durante il conflitto, il Covo dei Lupi presso Gizycko oppure il Castello di Malbork, enorme edificio in mattoni che un tempo fu sede dei Cavalieri Teutonici. Un altro castello che merita senz'altro di essere visto è quello di Sigulda in Lettonia.

Tallin, capitale dell'Estonia, è la città del Baltico più accogliente per chi viaggia con i bambini, i quali si divertiranno ad andare alla scoperta della città vecchia dove si respira un'atmosfera da libro delle fiabe. Riscuoterà successo un'escursione al Museo all'Aperto, pieno di fattorie in legno che sembrano anch'esse uscite da un libro illustrato.

Puro divertimento L'unico circo permanente nella regione del Baltico è quello di Riga in Lettonia. A Varsavia non sono da perdere gli spettacoli di burattini del Teatro Lalka nel Palazzo della Cultura.

attività

Zakopane, fra i monti Tatra, è la meta ideale per chi vuol dedicarsi alla vita all'aperto. Qui funzionano molte funicolari e funivie, d'estate si trovano bei posti per fare picnic e con la bella stagione è piacevole esplorare anche i boschi. Memorabile è la discesa in barca lungo le rapide del fiume che attraversa la gola di Dunajec. In Lettonia si possono praticare molte attività all'aperto nella Valle di Gauja.

parchi e giochi all'aria aperta

A Varsavia ci sono bellissimi parchi nei quartieri di Wilanów e Lazienki, dove fra l'altro si trova un lago con noleggio barche (di fronte al palazzo) e un bel ristorante all'aperto che funziona d'estate.

feste e manifestazioni

Ai bambini piacerà il vivace corteo storico che si tiene a Cracovia sette giorni dopo il Corpus Domini (maggio/giugno), capeggiato da un guerriero tartaro che monta un cavallo di legno.

libri

La spada d'argento di Ian Serraillier (Paravia, Torino 1970; da cercare in biblioteca) racconta la fuga dalla Polonia di quattro bambini ridotti alla fame durante la seconda guerra mondiale. La stessa epoca fa da sfondo al romanzo di Gaye Hiçyilmaz *Vietato rubare le stelle* (Walt Disney, Milano 2001), in cui un ragazzo polacco è costretto ad abbandonare la madre e il fratello, che forse mai più rivedrà; l'anziano Wassilewski, strappato ai suoi sogni ancora bambino, ripercorre con la memoria la stessa storia; si comportò da eroe e divise la sua vita con un orso.

società e cultura

In Polonia è impossibile nascondere ai bambini gli orrori del periodo nazista. Prendetevi del tempo per tentare di spiegar loro cosa accadde e preparatevi a domande difficili se visiterete Auschwitz o il vecchio ghetto di Varsavia.

REPUBBLICA CECA E SLOVACCA

Sebbene cechi e slovacchi siano popoli tendenzialmente sensibili alle esigenze delle famiglie, può darsi che Praga vi riservi un'accoglienza piuttosto fredda. Nei ristoranti c'è scarsa attenzione verso i bambini, perciò conviene alloggiare in un appartamento in affitto, anche solo per pochi giorni. Il centro delle città è quasi sempre di dimensioni contenute e i trasporti pubblici funzionano bene. Il mezzo più comodo per viaggiare all'interno dei due paesi però resta l'automobile.

Nei supermercati delle capitali si trovano tutti i prodotti di cui possono aver bisogno un neonato o un bambino. I negozi chiudono prima dell'ora di cena e generalmente osservano anche la chiusura domenicale. Le lavanderie a gettoni esistono solo a Praga, mentre altrove sono diffuse lavanderie tradizionali e lavasecco. I grandi alberghi offrono il servizio di baby-sitter.

informazioni

Il settimanale *Prague Post*, in lingua inglese, è una miniera d'informazioni sia per quel che riguarda avvenimenti e spettacoli in programma sia come fonte di notizie pratiche. Una pubblicazione analoga è lo *Slovak Spectator* che va in stampa a Bratislava.

che cosa vedere e fare

Animali e natura Sebbene Praga abbia il suo zoo, gli animali più interessanti scorrazzano liberi. In Slovacchia ci sono cinque parchi nazionali popolati da orsi, cervi, linci e aquile.

Interessante e istruttivo A Praga i bambini si divertiranno a camminare sul Ponte Carlo e a esplorare Josefov, il vecchio quartiere ebraico, o il Castello di Praga, sede fra l'altro anche di un Museo dei Giocattoli. Da visitare anche il Museo Nazionale della Tecnologia, che ha un'enorme sala piena di treni, automobili e aeroplani. A breve distanza dalla capitale si trovano diversi castelli dall'aspetto fiabesco che non mancano di suscitare l'entusiasmo dei bambini, in particolare quello di Karlštein.

A Bratislava i ragazzi si stancano volentieri arrampicandosi in cima alla Torre di Michele e poi esplorando il castello. Il ponte da attraversare qui è il Nový Most.

Puro divertimento In tutte le grandi città si organizzano regolarmente spettacoli di marionette e spesso si trova anche un circo.

attività

Suggeriamo un'escursione sul fiume sia a Praga sia a Bratislava. Nella Slovacchia orientale gli appassionati di rafting potranno scendere lungo la gola di Dunajec.

parchi e giochi all'aria aperta

A Bratislava prendete il filobus che conduce alla catena montuosa dei Piccoli Carpazi dove troverete una torre della televisione con un caffè panoramico girevole. Il polmone verde di Praga è la Collina di Petrín, grande complesso di parchi con una funicolare che risale la collina e raggiunge un labirinto di specchi.

Io arrivai a Praga con il preconcetto che non fosse adatta ai bambini: tutte le guide di viaggio che avevo letto lo sostenevano. Ma si sbagliavano, perché il centro è piccolo e pedonale, il che è l'ideale per chi ha al seguito bambini piccoli, perché tutta la città è un grande museo all'aria aperta, adatto anche agli adolescenti annoiati e incontentabili che hanno bisogno di qualcosa che li impressioni fortemente.

praga alla SCOPERTA della BOEMIA

Rosie Whitehouse ha trascorso una vacanza a Praga con il marito Tim e i figli Ben, Esti, Rachel (12, 9 e 6 anni), Jacob ed Eve (gemelli di 18 mesi).

Le stelle luccicanti in cima alle guglie della Chiesa di Nostra Signora davanti al Týn sono più magiche di un castello di Disneyland e un altro incantesimo si ripete a ogni scoccare dell'ora davanti all'orologio del Vecchio Municipio, quando la corda tirata da uno scheletro dà il via al corteo dei dodici apostoli nella finestra superiore. A Praga ci sono ovunque burattini, in mostra o in vendita, che qui non sono semplicemente protagonisti di spettacoli per l'infanzia, ma fanno parte della cultura locale.

Se è vero che tutte le città comprese fra Varsavia e Belgrado sembrano esser state progettate dagli stessi architetti, è anche vero che Praga si colloca a un livello nettamente superiore rispetto alle altre. Ben disse che gli urbanisti di Praga probabilmente avevano visto tutta l'Europa centrale e, prendendo il meglio da ogni città, si erano poi messi al lavoro coronando il risultato con un capolavoro di produzione propria, il Ponte Carlo. In estate ormai i turisti devono fare la fila per attraversarlo, ma trovandoci a Praga durante una nebbiosa sera d'inverno avemmo la fortuna di poter camminare praticamente da soli su quello che è uno dei più bei ponti d'Europa.

Una ripida salita conduce al Castello di Praga. Il primo a riconoscerlo fu Ben che, da bravo fan di Tintin, l'aveva visto sulla copertina del volume *Lo Scettro di Re Ottocaro*. Per creare il personaggio di questa storia, infatti, Hergé si era ispirato a Ottocaro II, il re che effettivamente visse in questo castello. Durante un'opera di restauro, ma Hergé era già morto, la tomba del sovrano fu aperta e si scoprì che Ottocaro fu davvero sepolto insieme al suo scettro!

La zona della città che si rivelò più interessante per i bambini fu Josefov, il vecchio quartiere ebraico. Da ebrei i miei figli trovarono piuttosto insolito visitare una sinagoga come se fosse un museo e rimasero incantati dai racconti di Rabbi Löw, uno dei grandi eroi del ghetto e creatore del golem, la mitica macchina d'argilla di aspetto umano, capace di difendere il popolo ebreo dai suoi persecutori.

Poiché i nazisti avevano deciso di trasformare il Ghetto in un 'Museo della razza estinta' i monumenti della Praga ebrea sono sopravvissuti alla guerra a differenza di gran parte degli ebrei. I nomi dei 77.297 ebrei cechi uccisi dai nazisti sono scritti uno per uno sulle pareti interne della Sinagoga Pinkas. Al piano superiore dell'edificio è esposta una serie di poesie e disegni realizzati dai bambini che furono detenuti nel campo di concentramento di Terezín: l'effetto è sconvolgente ed Esti si fermò a osservare ogni singolo disegno. La sua bisnonna è morta ad Auschwitz, e potersi identificare con i bambini che vissero quell'esperienza le ha permesso di trovare un canale d'accesso alla pagina più buia della nostra storia.

A differenza degli altri musei, quello Nazionale risveglia un certo interesse. È qui che i vostri figli potranno apprendere com'erano fatti i musei di una volta: animali impagliati e bacheche di vasi pieni di reperti sotto formaldeide.

Viaggiando con una famiglia numerosa è facile riuscire a sentirsi a casa un po' ovunque. Così facemmo presto a sistemarci nell'appartamento affittato in un edificio che doveva corrispondere al massimo dello chic nell'Europa orientale degli anni '70. Scoperto che la cucina di Praga non è nulla di memorabile, diventammo clienti del supermercato sotto casa e imparammo a decifrare le etichette dei prodotti cechi.

I parchi sono spesso luoghi che offrono l'opportunità di cogliere l'animo di un paese. Nella funicolare per salire sulla Collina di Petrín, i gemelli per poco non finirono stritolati dalle porte. Nessuno mosse un dito e l'impressione che ne ricavai fu che i cechi non amano particolarmente i bambini, specie quelli dei turisti.

Ma avrei avuto di che ricredermi. E del resto, è proprio vero che di un viaggio si ricordano volentieri sia i momenti belli sia quelli difficili. La sera stessa avevamo appuntamento a cena con un amico, e dopo che Eve ebbe rovesciato la composizione di fiori che decorava la tavola, decisi che i gemelli sarebbero andati a dormire presto. Salutai il gruppo e raggiungemmo la fermata del tram e mentre aspettavo mi domandavo come avrei fatto a salire con il doppio passeggino, anche perché in una nevosa sera di febbraio non ci sono molti turisti in attesa di un tram che li porti in periferia. Preoccupazioni inutili: all'arrivo del tram la nostra presenza scatenò un gran trambusto e un vociare sommesso di vecchiette in apprensione. Salimmo a bordo e poi scendemmo a terra per mano di sorridenti uomini muniti di valigetta ventiquattrore. Alla fine, grazie ai bambini, ho intravisto uno scorcio della Praga più autentica.

"Una ripida salita conduce al Castello di Praga. Il primo a riconoscerlo fu Ben che, da bravo fan di Tintin, l'aveva visto sulla copertina del volume *Lo Scettro di Re Ottocaro*. Per creare il personaggio di questa storia, infatti, Hergé si era ispirato a Ottocaro II, il re che effettivamente visse in questo castello. Durante un'opera di restauro, ma Hergé era già morto, la tomba del sovrano fu aperta e si scoprì che Ottocaro fu davvero sepolto insieme al suo scettro!"

feste e manifestazioni

I bambini si divertono con il Festival dei Fantasmi che si tiene alla fine di aprile presso il Castello di Bojnice in Slovacchia e la Fiera della Primavera che si svolge a Praga nel mese di marzo.

libri

Grandi e piccini saranno affascinati dalla leggenda del Golem, il gigante d'argilla creato da un ingegnoso rabbino in aiuto agli Ebrei di Praga: è narrata ne *Il Golem* di Isaac B. Singer (Salani, Milano 2000); di questo autore si può leggere anche *Una notte* di Hanukkah (Einaudi Ragazzi, Trieste 2002), otto racconti ambientati nella provincia ebraica polacca, in cui, in una straordinaria atmosfera, si mescolano la sacralità delle tradizioni con il piacere dell'avventura fiabesca.

RUSSIA

russia

Un viaggio in Russia con i bambini ha senso se si parte sapendo a cosa si va incontro e se si è dotati di senso dell'umorismo. I russi amano i bambini ma, a parte questa predisposizione, il paese non offre molto ai piccoli stranieri di passaggio e nei ristoranti di lusso può capitare di vedersi respinti in quanto genitori con figli al seguito. Il meccanismo da capire è semplice: più si paga, migliori sono il servizio e le strutture di cui si può disporre. Per questo motivo gli alberghi sono da prendere in considerazione a partire dalla categoria media che dovrebbe garantire servizio di lavanderia e baby-sitter. Ostelli, appartamenti in affitto e campeggi sono soluzioni da scartare per chi viaggia con i bambini.

Se fate tappa a San Pietroburgo preparatevi a respingere l'attacco delle zanzare in estate e bevete esclusivamente acqua in bottiglia perché quella del rubinetto contiene parassiti dell'intestino; usate particolare attenzione soprattutto con i neonati.

Le strade russe versano in condizioni terribili, con l'unica eccezione della statale Mosca-San Pietroburgo; lo stesso vale per le ferrovie. Portate una scorta adeguata di cibi, bevande, giochi e letture per il viaggio. Mosca e San Pietroburgo hanno entrambe una metropolitana efficiente e quasi sempre accessibile ai passeggini. In ambedue le metropoli è possibile acquistare prodotti per neonati e bambini.

che cosa vedere e fare

Animali e natura A Mosca ci sono animali che si esibiscono un po' ovunque, esistono perfino un teatro dei gatti e un circo dei delfini. Lo zoo di Mosca è stato rinnovato e può essere un'attrattiva simpatica per i più piccoli. I pesci di Aquarium World dovrebbero tenere a bada per un po' i marmocchi più scatenati.

Interessante e istruttivo A San Pietroburgo sia la Fortezza di Pietro e Paolo sia il Planetarium organizzano visite guidate per i bambini. Piacerà senz'altro un'escursione all'Isola Vasilevskij. Fra i musei cittadini più apprezzati dai bambini segnaliamo l'enorme Museo Navale Centrale e il Museo di Antropologia ed Etnografia che attira l'attenzione con i suoi reperti raccapriccianti.

A Mosca va segnalata la ricca Armeria che al pari degli altri edifici del Cremlino in genere stimola la curiosità dei bambini; ma non tentate di visitarlo tutto in giornata: i vostri figli ne uscirebbero a pezzi. Con bambini più grandicelli vale la pena di noleggiare un'auto e fare un'escursione fuori porta alle antiche città di Novgorod e Vladimir, dove si coglie l'atmosfera della Russia più autentica.

Puro divertimento Ai bambini più grandicelli potrebbe piacere un balletto al teatro Kirov oppure al Bolshoi, entrambi chiusi però durante l'estate.

attività

A San Pietroburgo i bambini si divertono sulle barche a remi che si possono noleggiare vicino alla Fortezza di Pietro e Paolo.

parchi e giochi all'aria aperta

A San Pietroburgo ci sono un parco dei divertimenti attrezzato di tutto punto dietro la Fortezza di Pietro e Paolo e uno più piccolo nei Giardini Tauride. Fate comunque attenzione perché ci sono strutture pericolose. A Mosca il Parco Gorkij è dotato di vari divertimenti.

libri

Piotr di J. Terlouw (Piemme Junior, Casale Monferrato 1992) racconta il viaggio attraverso la Siberia di un bambino coraggioso che va a trovare il padre, deportato nella fredda regione russa. Per una prima conoscenza degli eventi del 1917 noleggiate il film *Reds* (1981). *Fiabe russe* (Motta Junior, Milano 1999) è una raccolta dei più celebri racconti popolari russi che hanno per protagonisti vivaci personaggi (la Baba Jaga e via dicendo); belle le luminose illustrazioni di Ivan Yakovlevic Bilibine. Da segnalare anche *L'anatrella bianca e altre fiabe popolari russe* (Salani, Milano 1990).

TURCHIA

turchia

I turchi adorano i bambini e quando c'è un bebè fanno tutti a gara per dargli un bacio. Ai vostri figli, in compenso, piaceranno le fragranze esotiche che si respirano nei mercati di Istanbul e le magnifiche spiagge lungo la costa. In questo paese è scomodo muoversi con il passeggino, conviene senz'altro optare per il marsupio o lo zaino portabambini. I negozi vendono solo l'indispensabile per i neonati: il mercato dei prodotti per l'infanzia, infatti, qui è meno sviluppato rispetto all'Europa occidentale. I turchi però sono abilissimi nell'improvvisare soluzioni per qualunque tipo di problema, che si tratti della sicurezza, della salute o del divertimento dei bambini.

Il latte pastorizzato si trova in vendita ovunque, ma omogeneizzati e altri tipi di pappe pronte qui sono sconosciuti. Negli alberghi e nei ristoranti saranno sempre pronti a cucinare qualcosa di adatto a un bambino piccolo.

Dal momento che in questo paese sono rari i campeggi simili a quelli europei, per chi viaggia con i bambini è una buona idea affittare un appartamento nelle località di mare o altrimenti scegliere un albergo a partire da quelli a due stelle.

Quando i nonni di Jeremy vennero a trovarci a Mosca, dove vivevamo da ormai cinque anni, ci dicemmo che il loro viaggio non sarebbe stato completo senza un'escursione all'ex capitale russa, San Pietroburgo, la città fondata da Pietro il Grande.

san pietroburgo BABUSHKE e BEBÈ

Tanya Seaward è stata a San Pietroburgo con il figlio Jeremy (11 mesi), il marito Bern e i nonni di Jeremy, Clem e Theresa.

Insistetti affinché prendessimo il treno notturno da Mosca a San Pietroburgo pensando che sarebbe stato più romantico viaggiare di notte. Bern aveva qualche perplessità sul fatto di svegliare Jeremy nel cuore della notte, ma alla fine si disse d'accordo. Partimmo dalla stazione Leningrado, edificio splendido dal punto di vista architettonico, come la maggior parte delle stazioni, ma decisamente squallido all'interno. Il fatto che fosse la mezzanotte di un venerdì non migliorava di molto le cose.

Avevamo prenotato due scompartimenti di prima classe, ciascuno con due cuccette, che si rivelarono puliti, comodi e silenziosi; c'era solo da abituarsi alle lenzuola ruvide e un po' troppo inamidate. Jeremy, che divideva la cuccetta con me, si distese a ridosso della parete mentre io trovai una sistemazione precaria in bilico sull'orlo della cuccetta. Cullato dal dondolio del treno Jeremy riprese sonno rapidamente per riaprire gli occhi all'alba; per svegliare me invece ci volle una tazza di tè forte e bollente, capace di rimettermi in piedi dopo la romantica nottata.

Il treno arrivò a destinazione alle 8 e fortunatamente fu possibile prendere subito possesso delle nostre camere in albergo. Si trattava di un elegante hotel vicino sia alla Prospettiva Nevskij (la via principale) sia al Museo dell'Ermitage. Il prezzo esorbitante dell'albergo fu in buona parte compensato dalla comodità di poter raggiungere a piedi quasi tutte le mete d'interesse. Avendo intenzione di restare soltanto tre giorni a San Pietroburgo, ci eravamo prefissi un programma di visita piuttosto fitto. Avevamo portato il passeggino di Jeremy, provvisto di schienale reclinabile e capote parasole/parapioggia, di modo che avrebbe potuto appisolarsi ovunque durante la giornata, senza costringerci a ritornare in albergo.

Il clima di San Pietroburgo è imprevedibile, anche d'estate, per cui ci eravamo attrezzati per il bello e il cattivo tempo, pioggia compresa. A Mosca avevamo imparato che se l'abbigliamento di Jeremy non era adeguato (più che adeguato a nostro avviso) saremmo stati redarguiti da ogni *babushka* (nonna) di passaggio.

Jeremy, svezzato solo da poche settimane, non mangiava ancora tutto quello che offre la tavola. Avevo portato farina di cereali, qualche cartone di latte a lunga conservazione e qualche vasetto di omogeneizzato, una scorta che integrammo senza difficoltà facendogli assaggiare quel che mangiavamo noi. In albergo approfittavo anche del generoso buffet della prima colazione per mettere da parte qualche fetta di pane, frutto o yogurt.

Un'altra questione da risolvere era il cambio dei pannolini: sia a Mosca sia a San Pietroburgo i fasciatoi pubblici sono qualcosa di sconosciuto, ma dal momento che potevo contare sull'aiuto di Teresa non fu difficile cambiare Jeremy nei bagni pubblici usando il passeggino come piano d'appoggio. Bisogna sapere che, fatta eccezione per le passeggiate e le uscite al parco, i russi non sono abituati a portare in giro i bambini piccoli (sotto i due anni).

La prima giornata fu dedicata quasi interamente al Museo dell'Ermitage e alla sua sterminata quanto varia collezione di opere d'arte. Lo stesso edificio, il Palazzo d'Inverno dello zar, è uno spettacolo e il suo cortile fu teatro della rivoluzione del 1917. Non avrei mai pensato di poter trascorrere un'intera giornata in un museo con un bambino piccolo, eppure fu ciò che avvenne all'Ermitage che in qualche modo incantò anche Jeremy con le sue splendide sale piene di dipinti, sculture e arazzi. Un'altra distrazione fu data dalla presenza di bambini più grandi (dopo una certa età i russi li portano volentieri al museo, vestendoli tutti in ghingheri) e il pisolino di metà mattina contribuì a far passare il tempo.

"A Mosca avevamo imparato che se l'abbigliamento di Jeremy non era adeguato (più che adeguato a nostro avviso) saremmo stati redarguiti da ogni babushka (nonna) di passaggio"

Il giorno seguente prendemmo un motoscafo per Petrodvoret, la residenza estiva dello zar appena fuori San Pietroburgo. L'attrattiva qui, oltre al magnifico palazzo, sono le bellissime fontane del parco, posto ideale per i bambini che trovano tanto spazio per correre e si divertono a guardare i giochi d'acqua.

Poi fu la volta di un'escursione in battello lungo i canali della città. Siccome la giornata era fredda e il cielo coperto rimasi al chiuso con Jeremy, mentre il resto del gruppo sedeva all'aperto al piano superiore. Ce ne restammo al calduccio confortati da uno spuntino, una bevanda calda e un pianoforte, probabilmente destinato a intrattenere i passeggeri delle crociere serali, che entusiasmò Jeremy con i suoi tasti.

Era giunto il momento di dire *das vidanija* (arrivederci) a San Pietroburgo. Per rientrare a Mosca prendemmo il treno del pomeriggio: con la luce del giorno i nostri ospiti avrebbero potuto ammirare la bellezza del paesaggio russo. Il treno era molto affollato e il nostro scompartimento più che al completo, occupato com'era da sei adulti e un marmocchio gattonante che trascorse quasi tutte le cinque ore passando dalle ginocchia dell'uno alle spalle dell'altro. La coppia di stranieri che divideva il nostro scompartimento si mostrò assai comprensiva, ma, con il senno di poi, mi dico che avremmo dovuto prenotare tutti i sei posti.

Nonostante le corse per vedere tante cose fu un bellissimo viaggio per tutti, anche se dubito che Jeremy ricorderà granché di San Pietroburgo.

Presso gli alberghi più grandi e i complessi turistici è possibile trovare una babysitter. Nelle città principali esistono lavanderie automatiche. Il mezzo più comodo per spostarsi all'interno del paese è l'aereo.

che cosa vedere e fare

Una crociera sul Bosforo piace ai bambini di tutte le età, così come i Musei Archeologico e Militare. Lasciata Istanbul visitate Efeso, Troia e Gallipoli. Spiegate un po' di storia ai vostri figli trasformandola in un racconto avvincente. I bambini apprezzeranno anche lo zoo del Bosforo situato a 48 km da Istanbul.

Gironzolando per il bazaar coperto di Istanbul si sentiranno un po' come personaggi di *Le Mille e una notte*.

attività

I campi di gioco al chiuso sono stati introdotti da poco in Turchia. A Istanbul segnaliamo il Play Barn e il Cosmic Bowling.

parchi e giochi all'aria aperta

Le maggiori località balneari sono dotate di parchi giochi ben attrezzati. I parchi pubblici, invece, a volte dispongono solo di pochi giochi molto semplici. A Istanbul consigliamo il Parco Yildiz e il Luna Park Maçka.

libri e film

Noleggiate il film *Gallipoli* (1982). Barbara Leonie Picard ha riscritto l'Iliade per i ragazzi, e lo stesso ha fatto Rosemary Sutcliff scrivendo *Navi nere di fronte a Troia. La storia dell'Iliade* (SEI, Torino 1997). Per la collana 'Fiabe e leggende di tutto il mondo', Mondadori pubblica *Fiabe turche* (Mondadori 1992): accanto alle storie fantastiche, popolate di fate ed eroi, trovano posto episodi umoristici e realistici, popolati da personaggi tipici della vita quotidiana.

società e cultura

Se portate i bambini nelle moschee vestiteli in modo adeguato e dite loro di comportarsi come in chiesa.

UNGHERIA

ungheria

L'Ungheria possiede molte attrattive simili a quelle dell'Europa occidentale, con il vantaggio che qui tutto costa la metà. I bambini si accorgeranno che questo paese è un po' diverso dalla realtà cui sono abituati e apprezzeranno la sua atmosfera caratteristica. Soprattutto fuori della capitale l'Ungheria appare come un paese all'antica e il suo fascino risiede proprio nel saper vivere il presente con uno stile d'altri tempi.

I supermercati ungheresi offrono tutti i prodotti di cui un neonato può aver bisogno; la maggior parte dei negozi chiude entro le 19. In caso di necessità, sappiate che ovunque troverete una farmacia aperta anche di notte che vende pannolini e latte in polvere. Il latte in commercio è pastorizzato, ma quando fa molto caldo è consigliabile comunque farlo bollire.

Per l'ingresso ai luoghi d'interesse non sono previsti biglietti famigliari, ma sia i trasporti pubblici sia i musei hanno prezzi ragionevoli. Per spostarsi a Budapest la cosa migliore è affidarsi ai mezzi pubblici. I treni sono comodi per viaggiare all'interno del paese, specialmente d'inverno; vi sono inoltre molte possibilità di fare crociere sul Danubio.

Chi viaggia all'insegna del risparmio potrebbe fare campeggio sulle rive del Lago Balaton, mentre chi cerca posti che siano attrezzati per i più piccoli dovrà optare per alberghi a partire da due stelle. I grandi alberghi offrono il servizio di baby-sitter. Le lavanderie a gettoni scarseggiano e perciò occorre fare il bucato a mano. La cucina ungherese non sempre va a genio ai bambini, ma in compenso ci sono molte pizzerie, soprattutto nelle grandi città.

che cosa vedere e fare

Animali e natura Ai bambini piacerà lo zoo di Budapest mentre voi sarete attratti dagli animali che decorano i palazzi art nouveau. In estate è divertente assistere agli spettacoli organizzati nel Parco Nazionale di Kiskunság, dove si esibiscono cavallerizzi che cavalcano senza sella.

Interessante e istruttivo Iniziate il vostro giro della capitale esplorando la collina del castello a Buda e in particolare le grotte. Da vedere assolutamente sono i plastici del Museo di Storia Militare. Appena fuori Budapest vale la pena di visitare il Museo Etnografico Ungherese di Szentendre, allestito all'aperto. A Szeged merita un'occhiata il Museo Ferenc Móra che ha un'esposizione dedicata agli Avari, il popolo che conquistò la regione nel V secolo.

Puro divertimento A Budapest c'è un circo permanente vicino al Parco della Città. Piaceranno senz'altro anche gli spettacoli del Teatro dei Burattini di Budapest.

attività

Durante tutto l'anno funziona la Ferrovia dei Bambini che fa il giro delle Colline di Buda. In estate gli abitanti di Budapest frequentano le piscine all'aperto dell'Isola Margherita. Per fare attività fisica in mezzo alla natura raggiungete il Lago Balaton, dove i vostri ragazzi potranno nuotare nonché andare in barca e in bicicletta.

parchi e giochi all'aria aperta

A Budapest ci sono molti giardini e parchi giochi. Il giardino più bello è quello del Parco della Città che ha anche un luna park.

ASIA

asia

L'Asia è un continente dove oggi è davvero molto più facile viaggiare rispetto al passato. Farlo con i bambini significa ritrovarsi ad avere terreno comune con le famiglie della popolazione locale, ma anche affrontare le consuete sfide, come quella di trovare cibi adatti ai piccoli compagni di viaggio a Tashkent come a Seoul. Flessibilità e pazienza sono doti preziose in ogni luogo e in ogni momento, per esempio durante una passeggiata sulla Grande Muraglia cinese, mentre si avvistano gli elefanti nello Sri Lanka, e anche quando ci si rilassa sulla sabbia di una spiaggia thailandese.

Nell'insieme i paesi asiatici sono alla portata di tutti. Certo, esistono posti come il Giappone o Singapore in grado di polverizzare un bilancio famigliare in un baleno, ma spesso è possibile approfittare di sconti e offerte speciali. D'altro canto esistono anche paesi come il Laos o le Filippine, dove la vita non costa quasi nulla e, se lo si desidera, ci si può concedere una notte in un albergo di lusso con piscina e quindi il piacere di un tuffo con i bambini prima di ripartire per una nuova avventura.

In Asia le tipologie di sistemazione variano da un paese all'altro: si va dalle piccole ryokan giapponesi (locande tradizionali), dove al mattino ciascuno riavvolge il proprio futon, alle esotiche case galleggianti dell'India del sud. Tra le prime preoccupazioni dei genitori c'è sempre quella alimentare, ossia il problema di trovare una cucina che sia allo stesso tempo sana e gradita ai bambini. I sapori delle cucine locali saranno nuovi, d'accordo, ma non necessariamente di gusto piccante e, in ogni caso, si può sempre specificare al momento dell'ordinazione che si desidera un piatto poco speziato e non piccante. Gran parte dei ristoranti per turisti si sono tuttavia conformati ai gusti occidentali e di conseguenza non è difficile trovarvi porridge, frittelle di banane oppure frullati.

Quanto ai mezzi di trasporto occorre puntare il dito sulla sicurezza. In gran parte dell'Asia centrale e sud-orientale è assai raro trovare seggiolini per auto di qualunque tipo e grandezza, quindi valutate l'opportunità di portare il vostro. Se affittate un'auto controllate che le cinture di sicurezza funzionino. In ogni caso, prima di salire a bordo di un mezzo, chiedete il maggior numero di informazioni possibile: non è detto che un bambino piccolo apprezzi viaggiare di notte su un pullman vietnamita o attraversare l'India su un treno sovraffollato. Spendere qualche dollaro in più per garantirsi un viaggio sicuro a volte può salvare la vacanza.

Se viaggiate con bambini di pochi mesi o di pochi anni portate tutte le medicine di cui potreste aver bisogno e valutate se caricarvi passeggino, marsupio o zaino. In quasi tutte le capitali dell'Asia si possono acquistare pannolini, latte in polvere e omogeneizzati, questi ultimi però scarseggiano nelle varianti alla frutta. Malaria e dengue rappresentano un potenziale pericolo in tutta la parte meridionale del continente, soprattutto nelle zone più isolate e nelle regioni di montagna potrebbe perciò tornare utile una zanzariera leggera per proteggere il letto dei bambini. Per maggiori informazioni sull'argomento v. il capitolo **Salute**; il volumetto *Healthy Travel Asia & India*, pubblicato dalla Lonely Planet, tratta altri disturbi e malattie che possono colpire il viaggiatore in questa parte del pianeta.

BANGLADESH

bangladesh

Per un bambino il fascino del Bangladesh risiede nel viavai della vita quotidiana, perché questo paese non ha molte località turistiche in senso tradizionale, bensì offre una corsa in risciò, un'escursione in barca o la visita a un villaggio.

aspetti pratici

Per le vie di Dacca regna sovrano il caos del traffico e l'aria inquinata non è certo l'ideale per i polmoni dei bambini. Una madre che allatta in pubblico è una rarità: anche coprendo il seno con un foulard, cosa che vi consigliamo, attirerete comunque gli sguardi; tuttavia, gli stranieri qui sono oggetto di curiosità proprio in quanto tali, a prescindere dall'attività cui sono intenti.

che cosa vedere e fare

A Dacca fate un'escursione sul fiume Buriganga: sarà entusiasmante osservare come si svolge la vita di coloro che abitano lungo le sue rive. Prendete poi uno dei coloratissimi risciò in circolazione, circa 600.000 nella capitale, e concedetevi un allegro giro turistico tutto balzi e scossoni.

Fuori della capitale sarà piacevole andare in bicicletta fra le piantagioni di tè intorno a Srimangal, dove i vostri figli vedranno loro coetanei al lavoro nei campi. Nella parte ovest del paese è possibile salire a bordo di un Rocket (vaporetto) e attraversare le paludi della vasta foresta del Sundarbans National Park, dove fra l'altro vivono alcuni esemplari di tigre del Bengala.

società e cultura

La manifestazioni d'affetto sono considerate inaccettabili in pubblico e nell'abbigliamento vige la norma del decoro tanto per le donne quanto per gli uomini.

BHUTAN

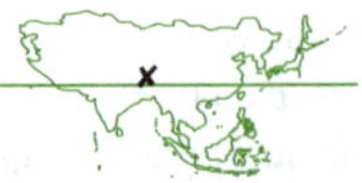

A dispetto dei lunghi tragitti d'auto e della totale assenza di televisori, pare che i bambini siano felici di viaggiare in questo regno himalayano, dove li accoglie il sorriso di un popolo dall'animo gentile.

Per molti versi il Bhutan è un paese unico, basti pensare alla determinazione con cui si perseguono la salvaguardia della cultura tradizionale, lo stile di vita fortemente improntato agli insegnamenti del buddhismo e la tutela delle risorse naturali attraverso una politica che pone limiti all'afflusso di turisti. A ogni straniero in visita nel paese il governo chiede, così all'epoca della stesura di questo libro, di comunicare l'itinerario di viaggio previsto e il pagamento di una tariffa di US$200 al giorno nella quale sono compresi vitto, alloggio, guide e cavalli da soma. I bambini fino a 6 anni viaggiano gratis; dai 6 ai 12 anni pagano il 50%.

che cosa vedere e fare

Animali e natura In autunno è possibile avvistare la gru dal collo nero che ricorre in molti canti ed espressioni del folclore locale; in inverno se ne vedono in abbondanza nella valle di Phobjikha.

attività

Un trekking ideale da fare con i bambini è quello dalla cittadina di Paro al campo base di Jhomolhari: si attraversano villaggi dell'altopiano e pascoli di yak, evitando passi d'alta quota e il rischio di essere colpiti dal mal di montagna.

Stupenda in Bhutan è la passione nazionale per il *datse* (tiro con l'arco), per cui è facile assistere a esercitazioni o gare, occasioni di grande partecipazione collettiva in cui si esprime il lato più vivace dei bhutanesi, con le varie tifoserie che si scherniscono e si stuzzicano a vicenda in un tripudio di suoni e di colori.

feste e manifestazioni

Ve ne sono durante tutto l'arco dell'anno, ma soprattutto in autunno e in primavera quando il clima è più mite. Offrono l'opportunità di cogliere alcuni interessanti aspetti della vita tradizionale e spesso anche l'unica possibilità di vedere l'interno degli straordinari *dzong* (monasteri-fortezza).

libri

Two and Two Halves in Bhutan, di Peter Steele, è un libro che descrive le gioie di un viaggio in Bhutan con i bambini.

società e cultura

Il rispetto per la monarchia locale e un comportamento decoroso in pubblico sono il miglior biglietto da visita per lo straniero.

INDIA

I bambini sono parte integrante della società indiana, e visitare con loro questo paese non può che favorire i contatti e i rapporti con la gente del posto, che è sempre pronta ad aiutare la famiglia straniera in difficoltà: grande conforto questo in un paese come l'India che, con le sue enormi dimensioni, i suoi suoni e la sua incredibile varietà, tende a sopraffare il turista.

Sulla maggior parte degli autobus e dei treni i bambini fino a 12 anni pagano metà della tariffa intera, mentre quelli fino a 5 anni viaggiano gratis. Il traffico urbano, un miscuglio indistinto di mezzi di trasporto e bestiame, è una realtà da cui conviene tenersi alla larga e, chi malauguratamente ci finisse in mezzo, dovrà fare estrema attenzione. Inoltre, manovrare un passeggino tra la folla non è quasi mai cosa agevole; nelle grandi città i passeggini sono sconsigliati perché il bambino viene a trovarsi praticamente a livello della spazzatura e dei gas di scarico.

I pannolini si possono acquistare nella maggior parte delle farmacie e dei supermercati. Nelle città una madre che allatta in pubblico dovrebbe coprire il seno con un foulard, sapendo però che anche così attirerà qualche sguardo; nei villaggi, invece, la gente può anche reagire congratulandosi con la madre.

delhi

che cosa vedere e fare

Interessante e istruttivo I bambini trovano affascinante la collezione di locomotive del Rail Transport Museum che comprende anche una locomotiva a vapore funzionante del 1855 e il teschio di un elefante che fu trasportato da un treno postale nel 1894.

Il Crafts Museum possiede una collezione d'artigianato tradizionale indiano: tessuti, oggetti di metallo, articoli in legno e ceramiche. È un museo all'aperto che fa parte di un complesso nel quale viene riprodotta la vita dei villaggi, offrendo così la possibilità di visitare l'India rurale senza mettere piede fuori da Delhi; l'ingresso è libero.

Il Bal Bhawan è un centro per le attività creative dove si tengono con regolare frequenza seminari di musica, pittura e teatro. Sul posto si trovano anche lo Science Park, il National Children's Museum e una ferrovia in miniatura.

Puro divertimento Al parco dei divertimenti di Appu Ghar troverete giochi e giostre che già conoscete accanto ad attrazioni del tutto nuove. L'autoscontro è un vero spasso e probabilmente anche l'unico luogo in tutto il paese dove vi capiterà di vedere delle cinture di sicurezza.

attività

L'India è ricca di incantevoli fortezze e a Delhi è possibile visitare il Red Fort, imponente testimonianza dell'antico potere moghul. Appena superato l'ingresso sarete circondati da sedicenti guide che si offriranno di accompagnarvi durante la visita.

parchi e giochi all'aria aperta

L'India Gate Children Park, frequentato da famiglie indiane e straniere, offre un giardino con altalene, strutture per arrampicarsi e altri giochi.

Come tutte le madri ho mille preoccupazioni per quel che riguarda la vita dei miei figli e non passa giorno senza che i miei pensieri ruotino intorno alla loro istruzione, alla loro salute e al loro futuro. Tali preoccupazioni divennero oggetto di interminabili discussioni allorché mio marito e io decidemmo di fare un viaggio di cinque settimane in India e in Nepal con i nostri ragazzi. Quasi tutti ci avevano domandato se avessimo perso il lume della ragione; persino il nostro medico, dicendoci che eravamo matti, ci aveva consigliato di cambiare rotta e puntare verso Disneyland!

india e nepal

alla GUIDA di un RISCIÒ

Sharon McRae e il marito Don sono stati in India con i figli Roddy e Liam (di 11 e 9 anni).

Visitare un paese in via di sviluppo con i propri figli non è un'impresa semplice. L'India mi attirava e mi spaventava allo stesso tempo, ma oggi posso dire che ciò che alla fine del viaggio mi stupì maggiormente fu che la gran parte dei miei timori si rivelarono infondati. Da adulti forse ci attacchiamo troppo alle comodità o siamo esageratamente diffidenti, mentre i bambini, che adorano le novità, adottano il nuovo ritmo e stile di vita con entusiasmo e curiosità, senza paure di sorta. Ci eravamo posti l'obiettivo di rendere il viaggio istruttivo per i nostri figli, ma stavolta furono loro a insegnarci qualcosa.

Avendo scelto di volare con biglietti stand-by, il nostro viaggio subì ritardi sia all'andata che al ritorno. I repentini cambi di programma non turbarono minimamente i ragazzi: la tappa imprevista di due giorni a Londra e poi il rientro in Canada ritardato di una settimana furono vissuti come occasioni in più per conoscere qualcosa di nuovo. Il loro entusiasmo era contagioso.

Atterrare all'alba all'aeroporto Indira Gandhi dopo un volo molto lungo non è piacevole nemmeno per il viaggiatore più incallito: l'incubo delle formalità burocratiche per l'ingresso nel paese, l'orda di tassisti urlanti che si contendono ogni singolo passeggero, l'apocalittico viaggio in taxi verso l'oscuro ventre di Delhi furono tutte esperienze accettate a occhi sgranati sì, ma con la massima tranquillità.

Per tutto il viaggio ci accontentammo di alloggi piuttosto rudimentali: il più delle volte dormivamo in quattro in un letto matrimoniale, l'acqua calda era un lusso e i servizi igienici un fenomeno decisamente a parte. Viaggiare in questo modo significò entrare subito in contatto con la cultura locale. La reazione dei ragazzi? Fare la doccia con i secchi d'acqua per loro era uno spasso!

L'idea di affrontare il traffico con loro mi rendeva inquieta: per le strade dell'India circolano vacche, furgoni, automobili, motociclette, risciò, biciclette e pedoni e il diritto di precedenza segue esattamente quello dell'ordine in cui li ho elencati;

dopo le persone vengono ancora cani, capre, maiali e galline. Per quanto possa sembrare folle vi è in realtà un criterio che regola quest'ordine e in qualità di pedone tutto quello che occorre ricordare è di lanciarsi a sinistra ogni volta che si sente un colpo di clacson o il campanello di una bicicletta. Ed ecco una banale passeggiata trasformarsi in un'avventura; i ragazzi si divertirono ad accettare la sfida schivando i pericoli con invidiabile agilità! A parte qualche scontro con le vacche, l'unico episodio imprevisto fu vedere Liam alla guida di un risciò a Delhi. E non se la cavava male! Aveva dato del 'pappamolle' al conducente del nostro risciò vantandosi della propria abilità nel guidare una moto fuoristrada ma omettendo, naturalmente, il particolare di avere fino ad allora guidato una moto solo in mezzo ai campi. Vedendolo sfrecciare allegramente per Paharganj con quel demone a tre ruote dedussi che schivare le marmotte nei campi non è cosa da tutti.

Dopo Delhi visitammo il Rajasthan, cuore dell'India, dove percorremmo il deserto a dorso di cammello, contemplammo il Taj Mahal al tramonto, risalimmo colline fortificate a dorso di elefante e gustammo un'infinità di sapori sconosciuti, e ognuna di queste novità sembrava accendere la curiosità dei ragazzi.

"Per le strade dell'India circolano vacche, furgoni, automobili, motociclette, risciò, biciclette e pedoni e il diritto di precedenza segue esattamente quello dell'ordine in cui li ho elencati; dopo le persone vengono ancora cani, capre, maiali e galline".

Il nostro viaggio proseguì con un lungo tragitto in treno a bordo di una carrozza di terza classe (il convoglio era sprovvisto dei vagoni letto di seconda classe che avevamo prenotato), in compagnia di passeggeri e bestie varie, e poi con un transito di due giorni in autobus che ci portò dall'India al Nepal. Non posso dirlo con certezza, ma il fatto che i ragazzi accettassero placidamente anche le lunghe reclusioni in treno o in autobus forse era dovuto al mondo brulicante che vedevano intorno a loro e che evidentemente riusciva ad attirare la loro attenzione come se si trovassero sul set di un thriller hollywoodiano. Durante i viaggi non mancarono i momenti difficili e faticosi, ma i ragazzi erano sempre capaci di trovare il lato comico della situazione. Il loro modo originale e spensierato di vivere ogni minimo episodio arricchì immensamente l'esperienza del viaggio.

Il Nepal ci riservò altre sorprese: al confine fui arrestata e tenuta brevemente sotto sorveglianza armata (una lunga storia...), ma la cosa non allarmò i ragazzi che invece erano interessati unicamente alle pistole in dotazione ai soldati; durante il trekking sulla pista dell'Annapurna Roddy per poco non volò giù da un precipizio mentre cercava di catturare un gallo per la cena; facendo rafting giù per le rapide risvegliammo ancora una volta lo spirito avventuroso di Liam che decise di scendere in kayak da solo lungo un agitato torrente himalayano e io non volli reprimere il suo entusiasmo: d'altronde, quante altre occasioni avrebbe avuto per realizzare questo sogno? Tornammo a casa sani e salvi, io con qualche capello bianco in più, i ragazzi con una serie di ricordi che conserveranno per tutta la vita.

mumbai (bombay)

aspetti pratici

La maggior parte degli alberghi di Mumbai dispone di stanze a più letti ed è in grado di fornire letti supplementari. Quasi tutti gli alberghi di lusso offrono il servizio di baby-sitter.

che cosa vedere e fare

Durante il fine settimane a Juhu Beach regna un'atmosfera carnevalesca: la spiaggia è presa d'assalto da folle di indiani e turisti che sguazzano in mare, giocano a cricket e si godono il fresco (nessuno però che nuoti o prenda il sole) fra un'infinità di bancarelle di spuntini, venditori di frutta, baracchini da fiera e chiromanti.

Water Kingdom e Fantasy Land sono due luna park all'occidentale. Al Breach Candy Club ci sono pony da cavalcare anche per i più piccoli, una grande piscina che ha la forma dell'India, una piscina per i piccoli e uno scivolo che finisce in acqua.

parchi e giochi all'aria aperta

In Horniman Circle ci sono i campi giochi di August Kranti Maidan e Kamala Nehru Park; in quest'ultimo c'è un enorme scarpone provvisto di scivolo che fa la gioia dei più piccoli.

in giro per l'india

Kolkata (Calcutta), da tempo ormai riconosciuta come capitale culturale dell'India, è una metropoli di dodici milioni di abitanti che offre scenari di rara bellezza. I Botanical Gardens sono famosi per un esemplare di baniano che ha più di due secoli e pare abbia una delle chiome d'albero più grandi del mondo. Al Birla Planetarium i bambini potranno ammirare le stelle del subcontinente molto meglio che attraverso l'aria inquinata che si respira all'esterno.

Raggiungere il versante indiano dell'Himalaya non è facile e può essere faticoso per un bambino, tuttavia una volta sul posto ci sono splendidi sentieri intorno alle località di Shimla e Dalhousie. Fra le due si trova McLeod Ganj, attuale residenza del Dalai Lama e del governo tibetano in esilio. In zona si contano diversi sentieri adatti a brevi passeggiate per grandi e piccini.

Le famiglie più intrepide saranno tentate di visitare il Ladakh, la terra dei passi d'alta quota, che segna il confine tra le vette dell'Himalaya occidentale e il vasto altopiano del Tibet. La regione offre innumerevoli possibilità di praticare il trekking (da escursioni in giornata a itinerari di più giorni), il rafting, nonché di andare in mountain bike.

In Kerala, stato dell'India del sud, la vita scorre a un ritmo più lento rispetto al resto del subcontinente. Le spiagge di Kovalam e Varkala sono molto belle, sebbene lo sviluppo edilizio incontrollato abbia già intaccato il loro fascino.

Il Periyar Wildlife Sanctuary è una riserva abitata da antilopi, sambar, scimmie, più di 700 elefanti e 35 tigri. Si possono fare gite in barca sul lago, passeggiate nella giungla e 'spice tours', ossia visite guidate che risultano divertenti se ci sono bambini.

L'entroterra di Varkala è attraversato da una rete di canali e laghi poco profondi, orlati di palme, da esplorare a bordo dei *kettuvallam* (particolare tipo d'imbarcazione scoperta) che raggiungono interessanti e sperduti villaggi.

feste e manifestazioni

L'evento dell'anno a Mumbai è la festa di Ganesh Chaturthi (agosto/settembre) che culmina sulla spiaggia di Chowpatty con l'immersione in mare di quelle grandi immagini di Ganesh, il dio dalla testa d'elefante, che prima hanno sfilato in processione per le vie della città, lasciando i bambini sospesi fra lo stordimento e la meraviglia.

libri e film

Gli adolescenti potrebbero apprezzare *Salaam Bombay*! (1988), film di Mira Nair sulla condizione dei bambini di strada a Mumbai, mentre per chi ha qualche anno in meno forse è più adatto *La Città della Gioia* (1992).

Fra gli scrittori consigliamo Rudyard Kipling. Classici come *Il Libro della Giungla* (disponibile in varie edizioni, fra cui Mondadori, Milano 2002), *Storie proprio così* (Mursia, Milano 1993) o il celebre *Kim* (Adelphi, Milano 2001) in genere si leggono volentieri a tutte le età. Molte sono le raccolte di fiabe tradizionali indiane: qui ricordiamo *L'elefante di pietra* di Francesca Lazzarato (Mondadori, Milano 1996), con belle illustrazioni, e ancora *Fiabe e leggende dell'India. Incanto e mistero del 'Tutto'* (Demetra, Verona 2000), e per i più piccolini *Fiabe dell'India incantata*, a cura di Rossana Guarnieri (Giunti, Firenze 1995).

società e cultura

In India si possono fare magnifiche fotografie, ma la regola vuole che nessuno manchi di sensibilità quando vuol ritrarre la gente, specie se si tratta di donne. Non si pretende che in un paese così ricco di tradizioni, usanze e culture uno straniero si comporti sempre in modo impeccabile, ma una cosa che tutti dovrebbero ricordare è il rispetto per i templi, i santuari e gli altri luoghi sacri.

Molti viaggiatori rimangono sconvolti dalla quantità di mendicanti che vedono in India. Non importa l'età dei vostri figli: preparateli alla vista della miseria più nera o saranno costretti a un impatto violento guardando negli occhi i propri coetanei.

NEPAL

Chi viaggia con i bambini raramente sceglie il Nepal come destinazione, eppure, se ben pianificata, la vacanza in questo paese non pone grandi difficoltà. Come in qualunque altra parte del mondo, la presenza dei più piccoli stimola l'ospitalità e la simpatia della gente del posto. Gli adulti si stupiscono dinanzi ai bambini che rivelano un'insospettata capacità di resistenza durante i trekking e che, raggiunto un villaggio, iniziano immediatamente a giocare con qualche bimbo nepalese.

Esistono varie possibilità di sistemazione sia a Kathmandu sia a Pokhara e la maggior parte degli alberghi offre stanze con tre o quattro letti. A Kathmandu è difficile trovare un albergo con giardino, ma in compenso ce ne sono molti che hanno una grande terrazza sul tetto dove i bimbi possono giocare in tutta sicurezza.

I ristoranti delle città sono generalmente sicuri per quel che riguarda la qualità degli alimenti, mentre nei villaggi di montagna l'igiene non è sempre assicurata.

Nell'istante in cui scesi dall'auto e calpestai il suolo di Kathmandu qualcosa mi disse che quel viaggio sarebbe stato un po' diverso dalle vacanze che ero solita fare con la mia famiglia. Di lì a qualche giorno avremmo iniziato il trekking sui monti dell'Annapurna completamente da soli, cioè senza l'accompagnamento di una guida. Dal canto mio, desiderosa di immergermi nella nuova cultura, pregustavo quei primi giorni di vita cittadina, in cui, con la prospettiva di dover portare in spalla ogni eventuale oggetto comprato, mi limitai ad acquistare poche cose leggere, come qualche lanterna di carta.

nepal

nepal

un GIOVANISSIMO TREKKER

Megha Singh (17 anni) ha trascorso 13 giorni in Nepal di cui 9 facendo trekking con la famiglia.

Kathmandu non assomigliava a nessuna delle città che conoscevo. La prima cosa che notai fu l'assenza di cibi stile fast food, di cui peraltro non sentii la mancanza poiché nei ristoranti del centro si mangiava benissimo. La maggior parte dei turisti passava il tempo esplorando le strette vie della città e imparando a destreggiarsi in mezzo al caos del traffico e le schiere di venditori ambulanti. C'erano anche molti luoghi d'interesse storico da visitare, ma l'attrattiva principale per me e mia sorella era la possibilità di fare affari a ogni angolo di strada: la gente del posto ci tallonava cercando di vendere merci varie e soprattutto balsamo di tigre. Alla fine cedemmo e ne comprammo una scatolina; fu una fortuna perché servì ad alleviare i dolori che si provano al termine di una faticosa giornata di trekking. Le occasioni che ci venivano offerte erano tanto numerose perché i nepalesi ci scambiavano per indiane dell'India e non potevano sapere che in realtà eravamo indiane provenienti dall'Australia. Vedevamo turisti allontanarsi dalle bancarelle con il sorriso sulle labbra per aver mercanteggiato sul prezzo di un elefante in legno facendolo scendere da 600 a 300 rupie, quando il prezzo di partenza per noi era di 200 rupie.

Da Kathmandu prendemmo un aereo per Pokhara, località molto isolata e perfetta per prepararci al trekking. La gente del posto, schietta e simpatica, invece di propinare a tutti il balsamo di tigre si divertiva a giocare a ping pong o a calcio con i turisti. Con nostro grande sconcerto (mio e di mia sorella) papà iniziò a insistere affinché ci spostassimo sempre a piedi come esercizio per l'imminente trekking e a ogni nostra rimostranza rispondeva "Vi lamentate per un paio di chilometri? Ma cosa farete durante il trekking, quando dovrete camminare molto di più e per giunta in salita?".

Senza che ce ne rendessimo conto arrivò il momento di mettersi in cammino. Il primo giorno incontrammo una famiglia nepalese che partiva per un pellegrinaggio. Erano diretti più o meno dove lo eravamo noi e, caso ancora più fortunato, uno degli uomini era uno sherpa. Tutt'a un tratto l'idea di fare un trekking senza né guida né portatori ci apparve meno azzardata.

La prima giornata fu lunga e faticosa perché non sapevamo cosa aspettarci dal trekking e procedemmo a passo piuttosto lento, facendo molte soste. Stanchi, ci fermammo al primo albergo lungo il sentiero ovvero il lussuoso Hilton, no pardon, il più modesto Hillton.

La sera si stava quasi sempre al buio o a lume di candela perché mancava la corrente elettrica. Ma se alla mancanza di luce ci abituammo presto, così non fu per il cibo. Non che la cucina ci facesse star male, questo accadde solo un paio di volte, ma i quintali di spezie che insaporivano le nostre pietanze ci dettero del filo da torcere. La prima sera, in albergo, facemmo la conoscenza di Robyn ed Eric, una coppia americana in luna di miele che adottammo subito come compagni di viaggio e che fortunatamente avevano un portatore che sapeva sempre dove si mangiava e si dormiva meglio. Mia sorella li trovava fantastici perché durante il trekking raccontavano barzellette esilaranti.

"Sfortunatamente, avremmo dovuto portare in spalla, durante il trekking, ogni eventuale oggetto comprato a Kathmandu, così mi limitai ad acquistare poche cose leggere, come qualche lanterna di carta".

Con il passare dei giorni camminare divenne meno faticoso grazie anche all'inesauribile scorta di cioccolata che ci eravamo portati. Mia sorella era quasi sempre di buon umore, solo qualche volta prendeva a lamentarsi per via del 'sacco d'aria' (chiamava così il sacco a pelo) che portava sulla schiena. Un giorno ebbe un momento di crisi e iniziò a dire che, per avere dieci anni, i suoi piedi avevano camminato più che a sufficienza. Papà allora le disse che in discesa avrebbe cavalcato un pony e questa piacevole prospettiva le fece ritornare l'energia per tutta l'ora successiva.

L'episodio più divertente per me fu essere scambiata per una nepalese. Alcuni turisti mi vennero vicino e scandendo le parole mi domandarono "Parli inglese? Quanto dista il prossimo villaggio?". Rimasero senz'altro di stucco quando scoprirono che non ne avevo la più pallida idea, che parlavo perfettamente l'inglese e soprattutto che venivo, indovinate un po', dalla loro stessa città: Melbourne!

Le tante vedute panoramiche delle montagne erano fantastiche, ma i bambini non riescono a concentrarsi a lungo su qualcosa e si annoiano facilmente (ne parlo con cognizione di causa). Visitare un monastero buddhista, fare il bagno nelle sorgenti termali e fare conoscenza con gli abitanti dei villaggi e con altri turisti arricchirono il trekking trasformandolo in qualcosa di indimenticabile.

Non vedevamo l'ora che arrivasse l'ultimo giorno, ma alla fine provammo una grande tristezza: dovevamo dire addio ai nuovi amici e concludere un'esperienza davvero speciale. Non tutti i mali però vengono per nuocere e ci gustammo la corsa in taxi fino a Pokhara: almeno non dovevamo più camminare.

La frutta fresca va sempre sbucciata e conviene diffidare del gelato che vendono gli ambulanti. In Nepal, però, la cosa più importante è fare attenzione all'acqua: quella del rubinetto si può bere solo se sterilizzata o fatta bollire, mentre il ghiaccio va evitato del tutto. Un'idea potrebbe essere quella di portare un filtro per l'acqua, oppure quella di usare compresse di iodio insieme alla vitamina C (quest'ultima neutralizza sia il colore sia il sapore dello iodio) in modo da renderla più gradevole ai bambini.

Camminare per le vie strette e trafficate di Kathmandu non è l'ideale per un bambino di pochi anni perché l'inquinamento causato dai motori diesel non è certo salutare per i loro polmoni. Per i più piccoli si può ovviare almeno in parte al problema con uno zaino portabambini.

A Kathmandu e a Pokhara si trovano pannolini usa e getta, però costano cari. Nei villaggi di montagna, poi, non c'è proprio modo di gettarli e la scelta quindi si pone tra riportare a valle i pannolini usati oppure optare per quelli di stoffa. La farmacia da viaggio è da portare sempre con sé durante i trekking.

valle di kathmandu

Passeggiare su e giù per le terrazze dei templi di Durbar Square è un modo magnifico per offrire ai bambini un primo assaggio di Kathmandu.

Nella parte orientale della valle si trova Bhaktapur, posto che una famiglia può tranquillamente esplorare in bicicletta.

attività

Il tratto nepalese dell'Himalaya comprende vette sopra gli 8000 m fra cui la maestosa cima dell'Everest, ma chi fa trekking con i bambini farà bene a mantenersi ben al di sotto di queste altitudini. Ci sono piste favolose che evitano i passi d'alta quota dove c'è il rischio di essere colpiti dal mal di montagna. Per maggiori informazioni sul mal di montagna, specie se avete intenzione di raggiungere altitudini elevate, v. il capitolo **Salute**.

La maggior parte delle piste di trekking in Nepal partono dalla valle di Kathmandu oppure intorno a Pokhara. La famosa pista Helambu inizia a nord della valle di Kathmandu, non è eccessivamente lunga (richiede più o meno sette giorni), si mantiene entro quote modeste e, soprattutto, non è mai troppo battuta.

Alcune tra le piste più conosciute del Nepal partono da Pokhara, cittadina dall'atmosfera sonnacchiosa, piacevolmente adagiata sulle sponde di un lago molto vicino alle montagne. Nella valle ci sono anche molti sentieri brevi e piste che si possono percorrere in giornata, tutti adatti ai bambini ma anche ai camminatori più pigri.

Pochi chilometri a est di Pokhara inizia la pista Annapurna Skyline, un trekking perfetto anche per i bambini, da farsi in tre o quattro giorni, campeggiando. La pista non tocca altitudini elevate, non prevede giornate di cammino particolarmente faticose e regala splendide vedute dell'Annapurna.

La pista Jomson, che inizia a Pokhara e termina a nord sull'asciutto altopiano tibetano, è una fra le preferite dalle famiglie. Durante il cammino si gode la vista di un paesaggio superbo e lungo la pista sono distribuiti i migliori rifugi di tutto il paese. Molto allettante è la possibilità di alloggiare in case da tè, dove capita che i bambini spariscano nella cucina illuminata dalle candele, per riemergerne con qualche dolcetto donato da una simpatica cuoca nepalese. Per raggiungere il centro di pellegrinaggio vicino a Jomson ci vuole una settimana. Per rientrare alla base s'impiega un'altra settimana, ma in alternativa si può prendere l'aereo (US$50).

in giro per il nepal

Chi visita il Nepal spesso lo fa unicamente con l'intenzione di fare trekking sull'Himalaya, tuttavia il paese offre molte altre opportunità fra cui quella di praticare il rafting oppure di dedicarsi alla mountain bike. Una zona trascurata dalla gran parte dei turisti è quella del Terai, fascia pianeggiante che attraversa tutto il paese nel senso della latitudine. Il Royal Chitwan National Park riesce a entusiasmare i bambini con la sua incredibile varietà di uccelli e di altri animali; per visitarlo si può scegliere fra safari in jeep o a dorso d'elefante, escursioni a piedi nella giungla oppure in canoa.

Durante la stagione secca, quando il cielo è terso, gli operatori locali organizzano voli panoramici, tutti i giorni all'alba, che permettono di ammirare lo spettacolo dell'Himalaya senza fare molta fatica.

feste e manifestazioni

Le vivaci feste tradizionali e le ricorrenze nepalesi si celebrano durante tutto l'arco dell'anno, soprattutto nella valle di Kathmandu verso la fine dei monsoni d'agosto e settembre.

libri

I bastoni dello yeti e altre favole del Nepal (EMI, Bologna 1996) è una raccolta di storie nate dall'immaginario popolare nepalese. *Pasta di drago* di Silvana Gandolfi (Salani, Milano 1993) è un'avventura esotica che si svolge fra Kathmandu e le nevi dell'Himalaya, tra leggenda e realtà. Un ottimo modo per entrare nell'atmosfera remota e misteriosa del Nepal.

società e cultura

Il rispetto per la cultura nepalese va osservato anche dai più giovani e persino durante un'afosa giornata di trekking: le ragazze dovrebbero mantenere un abbigliamento decoroso e i ragazzi non dovrebbero andare in giro a torso nudo.

PAKISTAN

pakistan

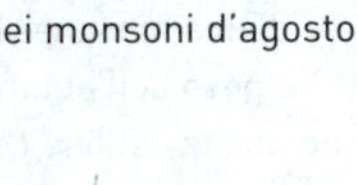

Come per molte altre regioni del subcontinente, un viaggio con i bambini in Pakistan non è cosa facile. Ciò che interessa la maggior parte dei bambini, mete turistiche a parte, è vedere come vivono e come giocano i propri coetanei. È necessario adottare le consuete precauzioni con il cibo e con l'acqua, sapendo che ovunque si trovano buoni piatti adatti ai bambini. In Pakistan è alquanto raro vedere una madre che allatta in pubblico; se decidete di farlo, consigliamo di coprirvi con un foulard.

Karachi è la città più grande del paese, ma per la maggior parte dei turisti non rappresenta che una tappa di transito prima di proseguire il viaggio in direzione nord verso Lahore, Islamabad e Peshawar, porta d'accesso alla provincia nord-occidentale. Prodotti per neonati e bambini generalmente sono reperibili a Karachi e Lahore, mentre scarseggiano nel resto del paese.

che cosa vedere e fare

In tutto il Pakistan si possono fare magnifiche escursioni a piedi. Le valli intorno a Ziarat e Chitral offrono bellissimi sentieri facili o di media difficoltà. Le famiglie che hanno l'ambizione di sfidare le catene dell'Hindukush e del Karakoram dovrebbero assolutamente ingaggiare una guida e uno o più portatori. Gli strepitosi panorami che si offrono allo sguardo percorrendo la Karakoram Highway seguono l'andamento tortuoso della strada (i bambini perciò possono essere soggetti a mal d'auto). Vedute spettacolari sono garantite anche dai safari aerei della Pakistan International Airlines, voli panoramici della durata di due ore che decollano da Islamabad, arrivano fino alla zona del K2 e rientrano alla base di partenza.

società e cultura

I pakistani si vestono in modo castigato e l'uso di indumenti lunghi, ampi e coprenti è considerato manifestazione di rispetto. Una giovane donna occidentale che si copre il capo con un foulard leggero in presenza di musulmani osservanti o all'ingresso di una moschea suscita l'approvazione generale.

Il peso dell'autorità islamica all'interno delle istituzioni politiche del paese rimane una questione controversa. Cristiani ed ebrei di norma sono rispettati in quanto *ahi-l-kitab* (popoli del libro); i pakistani sono felici di rispondere alle domande degli stranieri che si dimostrano interessati a conoscere la cultura islamica.

SRI LANKA

sri lanka

Lo Sri Lanka è un paese in cui si presta grande attenzione ai bisogni della famiglia. Alberghi e ristoranti, infatti, prevedono sempre soluzioni per soddisfare i clienti più piccoli; alberghi e pensioni, tanto per fare un esempio, spesso dispongono di stanze triple e fornire un letto supplementare su richiesta è atto di ordinaria amministrazione. Fatta eccezione per le avvincenti partite di cricket, Colombo non risulta di grande interesse rispetto ad altre parti dello Sri Lanka.

Prodotti per neonati e bambini si possono acquistare a Colombo, ma a prezzi elevati. L'acqua del rubinetto non è mai sicura, ma in compenso quella in bottiglia è reperibile in ogni angolo dell'isola. I bambini poi di solito bevono volentieri il latte di cocco.

Per quel che riguarda i trasporti pubblici è più sicuro viaggiare in treno che non a bordo di un autobus sovraffollato. Soluzione più comoda e che consente maggiore libertà di movimento è quella di noleggiare un'auto con autista.

A partire dagli anni '80 le regioni settentrionali e orientali dell'isola sono diventate teatro di violenti scontri etnici. Chi viaggia con i bambini dovrebbe limitarsi a visitare il sud e l'ovest del paese, rivolgendosi comunque a un'ambasciata per avere informazioni aggiornate prima di definire il proprio itinerario.

che cosa vedere e fare

Animali e natura Il Dehiwala Zoo di Colombo ospita una gran varietà di uccelli tropicali e presenta uno spettacolo di elefanti, quasi nulla in confronto a ciò che offre lo Yala West National Park, riserva in cui vivono allo stato brado elefanti, leopardi, orsi, coccodrilli e scimmie. Partecipate a un safari guidato a bordo di una jeep e pernottate in uno dei bungalow del parco in mezzo alla giungla.

Il vicino Bundala National Park ospita migliaia di fenicotteri che trovano dimora presso le acque luccicanti delle sue lagune e paludi. Nata come riserva per cuccioli di elefante abbandonati, il Pinnewala Elephant Orphanage offre la possibilità di vedere giovani elefanti scorazzare liberi per il suo territorio. I momenti più apprezzati dai bambini sono i pasti e il bagno dei cuccioli che avvengono a orari prestabiliti.

attività

Dall'incantevole cittadina di Kandy partono numerosi sentieri che permettono di fare escursioni al fresco nelle colline circostanti (prospettiva molto allettante visto il clima caldo umido dello Sri Lanka). Bei sentieri si trovano anche nelle cosiddette Horton Plains, mentre le antiche città di Anuradhapura e Sigiriya si possono comodamente esplorare in bicicletta.

Stupende spiagge di sabbia bianca si susseguono una dopo l'altra a sud di Colombo e un po' lungo tutta la costa dell'isola. Per gli aspiranti sub ci sono ottime possibilità di snorkelling a Hikkaduwa e Unawatuna.

A Tangalla si possono vedere tartarughe a rischio di estinzione arrivare sulla spiaggia durante la notte per deporre le uova. Quando nascono i piccoli vengono reclutati volontari di tutte le età per proteggere la corsa precipitosa delle tartarughine verso il mare.

feste e manifestazioni

La festa di Kandy Esala Perahera si tiene durante il plenilunio intorno alla fine di luglio. Le celebrazioni in onore del Sacro Dente di Kandy durano dieci giorni e culminano in una grande sfilata di danzatori, percussionisti e più di cinquanta elefanti vivacemente bardati.

libri

Gli adolescenti avranno modo di avvicinarsi alla cultura dello Sri Lanka leggendo *Aria di famiglia* di Michael Ondaatje (Garzanti, Milano 2000), l'autore del celebre romanzo *Il paziente inglese*.

società e cultura

Quella dello Sri Lanka è una società multiculturale in cui i turisti vengono quasi sempre accettati con grande tolleranza. Resta fermo che una donna straniera attirerà meno l'attenzione dei locali se vestita in modo castigato.

I bambini dovranno imparare a rispettare i simboli di entrambe le religioni locali, il buddhismo, credo del gruppo etnico di maggioranza, ovvero dei singalesi, e l'hinduismo, praticato dai tamili.

Prima di diventare genitori Pam e io avevamo già viaggiato parecchio girando per l'Europa, l'Asia e l'Africa, così alla nascita di Tashi la neomamma non si stupì di ricevere, al posto delle rose o dei cioccolatini, il libro *Travel with Children* della Lonely Planet. Tuttavia, siccome la nostra idea era quella di viaggiare con due figli, iniziammo a studiare un itinerario di viaggio soltanto diciannove mesi più tardi, ossia all'arrivo di Mitchell.

karakoram highway in BICICLETTA

Pam e Dave Quinn hanno percorso la Karakoram Highway con Tashi (2 anni) e Mitchell (11 mesi).

La scelta della meta venne quasi da sé: durante un precedente viaggio ci eravamo innamorati delle montagne del Pakistan settentrionale; il fatto poi di conoscere abbastanza bene la regione era per noi un dato importante in vista del primo viaggio con i figli perché, sapendo che le difficoltà con i bambini arrivano da sole, non volevamo ritrovarci a combattere anche con un ambiente, una società e usanze del tutto sconosciuti. Ad ogni modo, riuscimmo a rendere più ardua la sfida decidendo di usare le biciclette. Ancora oggi ci domandiamo come ci venne in mente un'idea simile!

L'intenzione era di arrivare in aereo fino a Rawalpindi e da lì proseguire per Gilgit, da dove, in autobus, passando lungo la Karakoram Highway, saremmo arrivati a Kashgar in Cina. La prima parte del viaggio sarebbe stata relativamente breve rispetto alla seconda, poiché avevamo previsto di rientrare in Pakistan lungo lo stesso percorso, ma più lentamente perché per farlo avremmo usato delle biciclette noleggiate a Kashgar. Tornati a Gilgit avremmo proseguito in direzione ovest per esplorare il Chitral; una volta sul posto, poi, fummo costretti ad annullare quest'ultima parte del viaggio a causa della pioggia inaspettata di missili cruise statunitensi che si abbattè in quella regione (e nel vicino Afghanistan) in risposta alle bombe fatte esplodere in qualche ambasciata americana.

Grazie ai bambini venivamo trattati nel migliore dei modi. Fummo sempre i benvenuti perché, a dispetto delle differenze che ci separavano, avevamo in comune il fatto di essere genitori. Con i suoi lunghi riccioli biondi Tashi era continuamente al centro dell'attenzione, ora in mezzo a un gruppo di bambini locali, ora nostro pretesto per scoprire luoghi e fare esperienze che senza di lei avremmo perso.

Al posto di frontiera cinese, per esempio, i passeggeri furono fatti scendere e i bagagli vennero scaricati per essere sottoposti a minuziosa perquisizione. I funzionari tralasciarono però le nostre cose, occupati com'erano a farsi fotografare dai colleghi con in braccio i nostri figli a cui avevano messo in testa i berretti delle guardie di confine cinesi. Poi ci offrirono il pranzo.

Mitchell era ancora allattato al seno e la cucina locale si rivelò perfetta per Tashi che, dopo qualche problema iniziale, si abituò ai nuovi gusti. In quella zona i pakistani facevano colazione con porridge e/o uova, mentre i pasti principali erano a base di riso e dhal con verdure. Onnipresenti erano le patatine fritte e di tanto in tanto si trovava anche qualche piatto di carne. Nei maggiori centri abitati, poi, si trovava sempre dello yogurt di ottima qualità. I bambini usavano i cucchiai e le forchette che avevamo portato per loro e che avevamo cura di tenere sempre puliti. Se capitava che ci fermassimo per più di un giorno in una cittadina, non appena scoprivamo un buon ristorante ci tornavamo per ogni pasto: la ripetizione dava sicurezza ai bambini e noi facevamo amicizia con i gestori.

L'esperienza con le biciclette fu senz'altro interessante e ci impedì di provare un solo attimo di noia. Imparammo a fare i conti con assi rotte, componenti di scarsa qualità e freni tutt'altro che affidabili, per non parlare di quando superammo le montagne più grandi o i passi a quota 4000 m.

"Riuscimmo a rendere più ardua la sfida decidendo di usare le biciclette"

Il primo giorno caricammo le biciclette a bordo di un autobus che da Kashgar risaliva un ripido canyon per arrivare al lago di Karakul, dove pedalammo fino a raggiungere una yurta per pernottare insieme a una famiglia di nomadi. Un posto decisamente esotico per festeggiare il primo compleanno di Mitchell!

Nessuno di noi soffrì a causa dell'altitudine. Il punto più alto da noi toccato fu il confine fra Pakistan e Cina, ovvero il Passo del Khunjerab che si trova a 4830 m d'altezza, ma non ci fermammo mai a dormire sopra i 4000 m. La salita in alta quota avveniva sempre in modo graduale, con intere e frequenti giornate di sosta per riposare e acclimatarci, soprattutto nel tragitto d'andata.

Pur essendo attrezzati per campeggiare non fu mai necessario tirare fuori la tenda perché pernottammo nelle pensioni dei villaggi, nelle caserme dell'esercito pakistano (gli occupanti furono cacciati fuori per far posto a noi) e una volta in un edificio abbandonato sul pendio di una montagna alta 7000 m.

Sulle prime pensavamo che le biciclette ci avrebbero creato una serie di problemi in più, e invece ci permisero di viaggiare secondo i nostri tempi, soddisfando i bisogni di entrambi i bambini e le esigenze di noi adulti. Quando non si guardavano intorno Tashi e Mitchell dormivano volentieri nei loro seggiolini e potevamo fermarci tutte le volte che Mitchell aveva bisogno di essere accudito o che volevamo fare una sosta prolungata presso un torrente. È una libertà di cui sentiamo la mancanza quando facciamo un viaggio in pullman.

Fu un'esperienza molto diversa da tutti i viaggi che avevamo fatto prima di avere figli. Tashi in particolare acquisì una magnifica consapevolezza del mondo in cui vive e non guardando le figure di un libro, bensì prendendo in mano un frammento di ghiacciaio, osservando un gruppo di cammelli selvatici o giocando con bambini che hanno un aspetto, parlano una lingua e vestono in modo diverso dal suo. Inutile dire che il viaggio ha soltanto rafforzato la nostra voglia di partire. Fra non molto, infatti, ci attendono Nepal, India e Pakistan.

CAMBOGIA

cambogia

In Cambogia la gente è felice di incontrare turisti che visitano il paese con i figli, ma gli stranieri devono essere consapevoli che il semplice spostarsi da un punto all'altro qui è un'impresa non da poco. Dopo anni di guerra e di conflitti interni, oggi le strade e la rete ferroviaria della Cambogia sono considerate generalmente sicure, tuttavia prima di spingersi oltre Angkor e Phnom Penh è bene contattare la propria ambasciata. Fuori dei centri abitati badate che i bambini non si allontanino dal tracciato dei sentieri poiché nelle campagne ci sono ancora mine inesplose.

che cosa vedere e fare

I famosi templi di Angkor, sparsi in mezzo alla giungla, sono una visione piena di fascino e di mistero tanto per i bambini quanto per gli adulti. Il complesso è formato da più di cento templi che si rivelano un po' alla volta tra le fronde degli alberi con i loro muri cadenti e le pareti scolpite che s'imprimono nella memoria come ricordo indelebile.

A differenza dei turisti che visitano il National Museum di Phnom Penh soprattutto per vedere i capolavori dell'arte khmer (IV secolo), i bambini in genere sono più attratti dall'imponente colonia di pipistrelli che sciama fuori dal tetto all'ora del tramonto.

Prendendo un cyclo (risciò) con i vostri figli e andando in English Street, vicino al National Museum, potrete attaccare discorso con i ragazzini cambogiani che studiano l'inglese.

feste e manifestazioni

A Phnom Penh si tengono regate di piroghe durante il Water Festival (Festa dell'Acqua) fra ottobre e novembre, ovvero quando il fiume Tonlé Sap riversa tutte le sue acque nel Mekong.

libri

I ragazzi apprezzeranno *Fiabe dal Vietnam, dal Laos e dalla Cambogia* (Mondadori,

Milano 1996), che raccoglie favole, leggende e tradizioni popolari nate dal magico mondo dell'Indocina.

società e cultura

Per entrare nelle pagode vestitevi in modo decoroso (niente shorts e canotte) ricordando di non tenere mai le punte dei piedi rivolte verso il Buddha. Se avete bambini già grandicelli preparatevi a raccontare chi erano e cosa facevano i khmer rossi.

FILIPPINE

I filippini sono un popolo che va matto per i bambini e tende a essere entusiasta anche dei loro genitori. Parlano quasi tutti un ottimo inglese, ma bisogna prima farsi un po' l'orecchio all'accento locale. Ai vostri figli comunque non mancheranno compagni di gioco.

Nelle città principali si trovano pannolini usa e getta, latte in polvere e latte a lunga conservazione, prodotti di cui è bene fare scorta prima di allontanarsi dai grandi centri. Le famiglie con bambini sono bene accette nella maggior parte degli alberghi e dei resort. La cucina filippina non è eccessivamente piccante e offre sempre una gran varietà di frutta e verdura fresca.

manila

Quasi tutte le famiglie tendono a fuggire dall'inquinamento di Manila, dove però si finisce per restare almeno un paio di giorni. Vale la pena allora di visitare il Museo Pambata, che prevede una sezione dedicata ai ragazzi con dispositivi scientifici interattivi e un'infinità di leve e bottoni da manovrare.

Il cimitero cinese (Chinese Cemetry) assomiglia più a una città in miniatura che a un camposanto, costituito com'è da casette, viuzze e comodità quali acqua calda e aria condizionata: i bambini ne sono affascinati e non lo trovano affatto un luogo macabro.

in giro per le filippine

Una visione che incanta grandi e piccini è quella delle risaie situate intorno a Banaue, terrazze stupende risalenti a duemila anni fa, simili a scalinate che salgono verso il cielo.

Più vicine a Manila, una zona ancora poco sviluppata, sono le placide spiagge di Puerto Galera e la più vivace Sabang, perfette sia per lo snorkelling sia per la vela.

Bohol Island, che si raggiunge con una breve traversata in traghetto da Cebu City, è l'isola delle famose Chocolate Hills, curiose colline dove nella stagione asciutta (da dicembre a maggio) si possono fare belle escursioni a piedi. I bambini amano la piccola Borocay Island soprattutto per le sue dimensioni: lunga 9 km e larga 1 km, è un'isola che si attraversa a piedi in un quarto d'ora. La cosa da fare qui però è godersi le spiagge favolose, come per esempio White Beach.

"Cos'hai detto che farete? Siete proprio fuori di testa!" Probabilmente lo eravamo, ma nessuno riuscì a fermarci. Partimmo con le nostre due figlie, che ancora non andavamo a scuola, per un viaggio epico: alla scoperta del sud-est asiatico con lo zaino in spalla.

sud-est asiatico

sud-est asiatico

Tracy Berno e Kevin Cummins hanno viaggiato nel sud-est asiatico per 5 mesi con le figlie Zoe e Vienna (di 3 e 2 anni).

Visti i presupposti era praticamente inevitabile: avevo trasportato il mio corpo in via di rapida espansione, ovvero incinta della nostra prima figlia, in giro per il Sudafrica; pochi mesi più tardi eravamo partiti alla volta del Canada con una neonata di 4 mesi e un altro bebè già in cantiere; meno di un anno dopo avevamo spiccato il volo per l'Australia e le Isole Cook con entrambe le nostre due figlie, Zoe e Vienna, che all'epoca avevano rispettivamente 14 mesi e 6 settimane. Un esordio promettente per le loro giovani vite e un modo per restare fedeli a quanto ci eravamo ripromessi, e cioè, che avere una famiglia non ci avrebbe impedito di viaggiare. Incoraggiati dal buon esito dei primi viaggi in compagnia della nuova ciurma, ci ponemmo un traguardo molto più ambizioso: visitare l'Asia con lo zaino in spalla.

Insegnando all'università (per uno strano caso, sono docente di discipline turistiche) non vedevo l'ora che giungesse anche per me il tanto sospirato anno sabbatico. Un invito a tenere dei corsi in Thailandia, con la prospettiva di seguire alcuni progetti di ricerca in Malaysia, a Singapore e alle Isole Cook, ci fornì l'opportunità perfetta per programmare un lungo soggiorno nel sud-est asiatico. Quando iniziammo a parlare del progetto, non considerammo come un ostacolo il fatto che le bimbe portassero ancora i pannolini, che soltanto una delle due sapesse camminare e che i loro gusti alimentari fossero più o meno quelli di un lattante.

Sapendo che durante il viaggio avremmo camminato molto, alcuni mesi prima di partire prendemmo l'abitudine di fare allegre passeggiate tutti insieme con il preciso scopo di preparare le nostre figlie. Ciascuna aveva il proprio zainetto, nel quale riporre due o tre cose, da portare in spalla durante il cammino. Percorrevamo ogni volta un tratto un po' più lungo e, arrivata l'ora della partenza, erano ormai in grado di camminare per un bel tratto con lo zainetto in spalla.

Sempre in preparazione al viaggio iniziammo anche uno svezzamento mirato a introdurre i cibi dei paesi che avremmo visitato. Riso e spaghetti divennero cibi famigliari e a partire dal primo giorno in cui ci sedemmo a tavola in Asia le bimbe mangiarono sempre volentieri.

Trascorsi i primi due mesi alle Isole Cook, prendemmo un aereo per Hong Kong e da lì raggiungemmo Singapore via terra, facendo anche una breve escursione a

Sarawak. Fatta eccezione per il volo fino a Kuching e un altro breve volo fra Hanoi e Vientiane (per via dei monsoni), viaggiammo sempre via terra usando tutti i mezzi possibili e immaginabili: autobus, treni, mountain bike, risciò, traghetti, automobili, fuoristrada e a piedi (se ne esistono degli altri li abbiamo usati sicuramente).

La presenza delle bambine ci creò ovunque delle opportunità che altrimenti non avremmo avuto. Con le loro testoline piene di riccioli biondi e i loro zainetti rossi, venivano spesso scambiate per gemelle e finivano sempre per essere al centro dell'attenzione. Eravamo i benvenuti nelle case di gente che non conoscevamo, nelle cucine dei ristoranti e c'era chi ci guardava, chi ci fotografava, chi ci offriva da mangiare, ci seguiva, ci toccava e ci invitava alle feste locali trattandoci come membri della famiglia. Zoe e Vienna erano con noi e hanno partecipato a tutto: hanno attraversato la campagna cinese in mountain bike, hanno visto i burattini sull'acqua in Vietnam, hanno nuotato in una fonte artesiana nella foresta pluviale del Laos, hanno navigato in canoa in Thailandia, hanno visto i rituali di automortificazione durante il Vegetarian Festival a Phuket, hanno osservato i varani a Melaka, hanno visitato le longhouse di Sarawak e molto altro ancora.

"Sapendo che durante il viaggio avremmo camminato molto, alcuni mesi prima di partire prendemmo l'abitudine di fare allegre passeggiate tutti insieme con il preciso scopo di preparare le nostre figlie"

Abbiamo dormito in ostelli magnifici e in ostelli squallidi, talvolta anche in alberghi veri, quando eravamo esausti o sentivamo il bisogno di coccolarci. Abbiamo mangiato presso baracchini e bancarelle per la strada, abbiamo fatto la spesa nei mercati e le inevitabili puntate ai fast food per gustare i sapori di casa. Prima di partire avevamo parlato più volte con uno specialista in medicina di viaggio per decidere quali vaccinazioni fare e quali farmaci portare. Ma per fortuna nessuno di noi si ammalò.

Le bimbe erano bravissime e reggevano così bene il ritmo dell'avventura che a volte ci dimenticavamo che in fondo erano poco più che bebè. In qualche occasione abbiamo preteso troppo da loro e furono le volte in cui si crearono delle tensioni fra di noi. A conti fatti, però, l'esperienza valse decisamente la pena: la meraviglia delle bambine di fronte al mondo che le circondava e la completa accettazione di culture e ambienti così diversi dai loro compensarono ogni nostra difficoltà e frustrazione.

Quando raccontavamo ciò che avevamo in mente di fare la gente diceva che eravamo matti, eppure l'abbiamo fatto ugualmente. Cambieremmo qualcosa a posteriori? Sì, cercheremmo di partire con più denaro (la media del nostro budget quotidiano era di US$50 per tutti e quattro). Lo rifaremmo? Potete scommetterci: ci stiamo già preparando!

Dopo sei settimane passate in giro per la Germania andando a trovare amici e parenti eravamo stanchi e avevamo deciso di far tappa nelle Filippine prima di ritornare in Australia. Quindici giorni di sole, sabbia e acque turchine ci avrebbero senz'altro rimesso in sesto e così cercammo una piccola isola dove poterci rilassare: la scelta cadde su Malapascua Island, un'isola dove non esiste il rischio di contrarre la malaria.

filippine

IN CERCA DI LINUS

Dore Stockhausen e Marcus Foley hanno trascorso 2 settimane nelle Filippine con il figlio Linus di 2 anni e mezzo.

Prima dell'arrivo a Manila nutrivo qualche dubbio sull'opportunità del viaggio, perché Linus e Marcus si erano buscati un brutto virus in Germania. Avevano entrambi febbre e nausea quando atterrammo nelle Filippine. In più Marcus aveva anche un'infezione assai fastidiosa alla radice del dente e in Germania era stato più volte dal dentista. Avremmo trovato un buon ospedale e bravi dentisti nelle Filippine? E sulla nostra isoletta lunga neanche 3 km?

Mi preoccupavo inutilmente. Al primo risveglio nell'aria inquinata di Manila tutti e due si sentivano meglio. Per la prima sera nella capitale avevamo prenotato una stanza, ma in albergo non c'era alcuna traccia della nostra prenotazione e così cercammo l'ufficio della Philippine Airlines.

Riuscimmo comunque a prendere possesso dei nostri biglietti e il giorno successivo arrivammo a Cebu City dove trovammo una stanza d'albergo discreta. Constatato che sia Marcus sia Linus erano ormai completamente sfebbrati, uscimmo per comprare i pannolini. Il mal di denti era miracolosamente scomparso. Linus apprese fin dal primo giorno la forma di comunicazione più importante: il sorriso; infatti ovunque andassimo c'era gente che gli sorrideva rivolgendogli qualche parola gentile. La maggior parte dei filippini parla un ottimo inglese, Linus però faceva fatica a capirli e di conseguenza si limitava a sorridere. In realtà più di qualcuno ci domandò se il bambino parlasse inglese o meno.

All'alba dell'indomani, sotto il cielo buio delle 5.30, proseguimmo il viaggio. Appena entrati nella stazione degli autobus fummo circondati da una decina di persone che ci volevano aiutare. Una volta informati sulla nostra destinazione, stiparono i nostri tre bagagli da qualche parte e ci fecero salire su un autobus. Durante le quattro ore del tragitto ci sentivamo tranquilli: i nostri zaini erano a bordo. A una fermata tutti scesero a terra e noi li seguimmo. C'era un piccolo snack bar e, effettivamente, anche noi avevamo sete. Bibita rosso fuoco o verde pisello, c'era da scegliere. Quale sarebbe piaciuta a Linus? Linus? Mi si gelò il sangue nelle vene.

Un attimo prima era fra di noi e adesso non c'era più. Sparito. Eravamo nelle Filippine da due giorni e nostro figlio era stato rapito. Curioso solo che la gente intorno a noi continuasse a sorridere. Ci si leggeva il panico in volto e a un certo punto un simpatico filippino ci condusse dietro l'angolo. Chi sedeva in braccio a un omone tatuato dalla testa ai piedi mangiando noccioline insieme a lui? Il nostro piccolo Linus, naturalmente, pallido ma felice. Il sollievo ci fece scordare la paura. Tornati sull'autobus mi preoccupai un pochino perché Linus soffre il mal d'auto. Per fortuna si sentì male quando l'autobus era già entrato nella stazione d'arrivo e tutti i passeggeri erano ormai scesi.

Una breve traversata in barca ed eccoci nella 'nostra' bellissima spiaggia e la 'nostra' capanna. Viaggiando in bassa stagione non era stato necessario prenotare e per tre giorni su dieci avemmo l'intero resort a nostra completa disposizione. Cameriere e inservienti facevano a gara per viziare e vezzeggiare Linus. Al mattino gli servivano una prima colazione a base di mango, il suo frutto preferito, e poi lo portavano a esplorare la cucina. In generale i piatti proposti erano perfetti per i bambini, non troppo speziati e sempre molto vari. Nessuno di noi ebbe mai problemi di stomaco.

"Linus apprese fin dal primo giorno la forma di comunicazione più importante: il sorriso; infatti ovunque andassimo c'era gente che gli sorrideva rivolgendogli qualche parola gentile".

La sera le persone del posto c'insegnavano interessanti giochi di carte e d'azzardo. Passeggiando per l'isola ci mostravano incantevoli bambine che Linus avrebbe potuto sposare, noi però decidemmo che sarebbe stato lui a scegliere, magari fra qualche anno.

Fu una vacanza bellissima: andare in barca, nuotare, fare snorkelling e rilassarsi. La sera prima del rientro a Manila la nostra isola fu colpita da un tifone. I venti più forti si scatenarono nel cuore della notte, ma Linus non si svegliò nemmeno una volta. Marcus e io invece non potevamo chiudere occhio. Le palme da cocco che vedevamo fuori della finestra erano orizzontali e le onde del mare lambivano ormai la nostra capanna. Al mattino il vento si era placato. La spiaggia era cosparsa di oggetti di plastica, materiali da costruzione, coralli e qualche cadavere di cane. Le onde erano ancora molto alte. Avremmo voluto partire ugualmente ma nessun barcaiolo era disposto a salpare.

L'indomani c'erano ancora onde molto alte, ma una persona gentile venne a dirci che in giornata un pescatore sarebbe partito per Cebu City e all'ora di pranzo sapevamo che avremmo preso il suo battello. Il nostro volo partiva quella sera.

Le onde ci sballottavano su e giù e io non mi sentivo benissimo. Credevo che Linus si fosse addormentato, ma se ne stava semplicemente immobile con il viso nascosto nel mio grembo. Il largo sorriso del pescatore e la presenza dei suoi due figli a bordo mi rassicurarono. Sbarcammo sani e salvi, per giunta in tempo per prendere prima l'autobus e poi l'aereo. Per un equivoco con la compagnia aerea, però, fummo costretti a trascorrere altri tre giorni a Manila, una snervante attesa in una camera d'albergo. Ma questa è un'altra storia.

Palawan si estende fin quasi a toccare lo stato malaysiano di Sabah ed è l'isola delle Filippine in cui maggiormente si è affermato il concetto di ecoturismo. Le grotte e il fiume sotterraneo del St Paul Subterranean National Park sono una tappa d'obbligo per i bambini. La foce del fiume è raggiungibile sia in barca sia a piedi, con un tragitto di due ore lungo la cosiddetta pista delle scimmie. Nella città di Irawan merita di essere visitato il Crocodile Farming Institute, un centro dove si allevano specie di coccodrilli a rischio d'estinzione. Sono previste visite guidate per le famiglie e l'ingresso è gratuito.

libri

La fata della Luna di Francesca Lazzarato e Vinicio Ongini (Mondadori, Milano 1992) è una raccolta di fiabe della tradizione filippina, popolate da fate della Luna e da crudeli ragazze-stella, da orchi della giungla e da cacciatori di teste. I piccoli lettori troveranno in appendice al volume una serie di schede sulla storia e le tradizioni delle isole dell'arcipelago filippino.

INDONESIA

indonesia

Le isole dell'arcipelago indonesiano rappresentano una straordinaria mescolanza di popoli, culture e tradizioni artistiche, e gli indonesiani, gente dotata di senso pratico e di buon cuore, sono lieti del fatto che gli stranieri visitino le loro terre con i figli.

In Indonesia è bene adottare tutte le consuete precauzioni che riguardano la salute, prima fra tutte quella di evitare sempre acqua di rubinetto e ghiaccio. Fatta eccezione per le isole più remote, latte confezionato, succhi di frutta e acqua minerale in bottiglia sono reperibili ovunque; latte in polvere, omogeneizzati e pannolini si trovano facilmente nelle grandi città. Trattandosi di un paese a maggioranza musulmana, le madri che allattano dovrebbero farlo con grande discrezione.

I prezzi di alberghi e pensioni variano molto, ma dal punto di vista della sistemazione l'Indonesia rimane comunque uno fra i paesi meno cari dell'Asia; a Jakarta e Yogyakarta, in particolare, i prezzi si mantengono bassi a causa dell'accanita concorrenza. A Bali si spende un po' di più, ma il rapporto qualità-prezzo tende a essere buono e molti alberghi e losmen (pensioni) possiedono giardini invitanti e offrono ricchi buffet per la prima colazione.

jakarta

che cosa vedere e fare

Animali e natura Lo spettacolare Ragunan Zoo di Jakarta comprende un tratto di foresta pluviale e offre quindi la possibilità di avvistare la fauna locale nel proprio ambiente. Fra gli animali più noti ricordiamo l'orangotango, la tigre di Sumatra e il varano di Komodo.

Interessante e istruttivo Il parco Taman Mini Indonesia Idah è una specie di Indonesia in miniatura, con abitazioni tradizionali, oggetti d'artigianato regionale e capi d'abbigliamento conformi al costume locale. Gli isolotti dell'arcipelago sono circondati da una grande laguna dove i bambini possono navigare in barchette a remi. **Puro divertimento** Il Taman Impian Jaya Ancol si trova sul lungomare ed è un grande parco dei divertimenti che comprende innumerevoli attrattive per i bambini, compresi un acquario e una piscina; scordatevi però Ancol Beach: è una spiaggia inquinatissima. Quello che più piace ai bambini di questo parco è Dunia Fantasi, versione locale di Disneyland che si rifà evidentemente a quest'ultima sin dal 'viale principale'. È tutto ben organizzato, con le solite giostre e giochi fatti apposta per esaurire la pazienza e il portafoglio dei genitori.

bali

aspetti pratici

I bambini qui sono considerati parte della comunità sotto ogni aspetto e può capitare che un bebè venga momentaneamente 'sottratto' ai genitori per essere cullato e nutrito da una persona del posto. Alcuni alberghi stile resort prevedono uno speciale programma di intrattenimento per i bambini, mentre quasi tutti sono in grado di procurare una baby-sitter. Nelle piccole losmen a gestione famigliare, invece, troverete sempre qualcuno disposto a badare ai vostri bimbi per un paio d'ore (molto spesso le figlie, le sorelle o le nipoti dei gestori).

che cosa vedere e fare

Situata fra le montagne nel cuore dell'isola, Ubud è il centro dell'arte e della cultura tradizionali di Bali. Uno spettacolo che incanta grandi e piccini è la danza stilizzata che simula il combattimento fra Barong e Rangda, bizzarre e ambigue creature che impersonano il bene e il male.

Presso la Monkey Forest (Foresta delle Scimmie), vicino a Sangeh, le scimmie sono considerate sacre e di conseguenza per così dire autorizzate a saltare addosso alle persone che sospettano nascondere qualche nocciolina o, peggio ancora, una banana (magari proprio quella nello zaino di vostro figlio).

Le spiagge di Kuta, Legian, Nusa Dua, Lovina e Candidasa sono davvero ben attrezzate per le famiglie e offrono ottime possibilità di praticare il surf e perfino il boogie boarding.

in giro per l'indonesia

Yogyakarta (o Yogya) riassume in sé numerosi aspetti della cultura giavanese, dall'arte del batik alle manifatture dell'argento, passando per un palazzo del sultano presidiato da guardie in costume tradizionale e per i quotidiani spettacoli di danza. *Wayang orang* è il nome del teatro classico giavanese, al quale però i bambini spesso preferiscono le più vivaci rappresentazioni del teatro d'ombre chiamato *wayang kulit*. Spettacoli pomeridiani di *wayang* si tengono presso l'Agastya Art Institute, mentre il Sono-Budoyo Museum propone una rappresentazione tutte le sere. Yogya è anche un'ottima base per esplorare il magnifico tempio buddhista di Borobudur e l'imponente tempio hindu di Prambanan.

Una volta lasciate Giava e Bali il numero di turisti in circolazione diminuisce sensibilmente. Un efficiente servizio di traghetti collega i principali gruppi di isole, tuttavia per quelle più lontane conviene forse prendere l'aereo. Sull'isola di Komodo vive la più grande specie di varano del pianeta chiamata per l'appunto varano di Komodo.

A Sumatra, presso Bukit Lawang, ha sede l'Orang-utan Rehabilitation Centre, famoso in tutto il mondo per la meritoria attività di reinserimento delle scimmie nel loro habitat naturale.

I bambini più grandicelli con genitori dediti al trekking possono esplorare la valle di Baliem sull'isola di Irian Jaya. Un'altra isola poco visitata è Kalimantan, dove le famiglie più intrepide possono risalire il fiume Sungai Mahakam e scoprire come si vive lungo le sue sponde.

feste e manifestazioni

Considerato il gran numero di popoli diversi presenti nell'arcipelago non sarà difficile incappare in qualche festa o celebrazione locale, dalle cerimonie funebri della regione di Tana Toraja (Sulawesi) alle feste in onore di Dewi Sri (la dea del riso) che si tengono a Giava.

libri e film

Nel volume *Il grande libro delle leggende* (Fabbri, Milano 1996) i bambini potranno trovare leggende e fiabe delle tradizioni di molti popoli del mondo, e anche quelle della tradizione indonesiana.

Inoltre, suggeriamo *L'orso permaloso e altra favole di Bali* (EMI, Bologna 1996).

LAOS

Noto nell'antichità con il nome di Lan Xang ('Milioni di Elefanti'), il Laos è il meno sviluppato dei tre stati dell'ex Indocina francese. Le infrastrutture turistiche per il momento scarseggiano, tuttavia la gente del posto riempirà di attenzioni i vostri figli che qui non tarderanno a trovare compagni di gioco.

Sebbene a Vientiane, la capitale, viva anche una piccola comunità internazionale, la cosa migliore è portare con sé tutto ciò che è necessario per un neonato o un bambino piccolo, dai pannolini al latte in polvere. A differenza della Thailandia, dove allattare in pubblico non crea problemi a nessuno, il Laos è un paese di fedeli seguaci del buddhismo dove converrà comportarsi con maggiore discrezione.

che cosa vedere e fare

A Vientiane visitate il Pha That Luang, tempio del XVI secolo che stimola la curiosità dei bambini quando vi scorgono i fedeli intenti ad appiccicare palline di riso alle pareti in omaggio allo spirito del re Setthathirat.

Luang Prabang è una graziosa città situata alla confluenza dei fiumi Mekong e Khan nonché un ottimo posto da esplorare con i bambini. Il Museo del Palazzo Reale (Haw Kham), gli antichi templi e le vecchie ville francesi sono tutti raggiungibili a piedi senza difficoltà. Un taxi motoscafo vi porterà alle grotte di Pak Ou, dove abbondano le statue del Buddha, fermandosi lungo il tragitto presso piccoli villaggi costruiti sulle rive del fiume.

La Piana degli Orci, vicino a Phonsavan, è un luogo enigmatico dove ci sono enormi orci di pietra sparsi in mezzo a distese d'erba e dove potrete intrattenere i vostri figli con le misteriose storie che si raccontano intorno alle loro origini.

libri

I ragazzi apprezzeranno *Fiabe dal Vietnam, dal Laos e dalla Cambogia* (Mondadori, Milano 1996), che raccoglie fiabe, leggende e tradizioni popolari nate dal magico mondo dell'Indocina.

società e cultura

Nel Museo del Palazzo Reale come nei templi buddhisti gli stranieri devono evitare di indossare shorts, T-shirt o prendisole.

MALAYSIA

malaysia

La Malaysia è il paese del sud-est asiatico dove si viaggia più agevolmente con i bambini e dove l'incrocio fra le componenti malese, cinese e indiana dei suoi abitanti dà origine a una cultura alquanto vivace e interessante.

Le possibilità di sistemazione non mancano e sono di vario tipo: sulle spiagge della costa orientale, per esempio, ci sono molti resort che offrono bungalow per famiglie e numerosi sono anche gli alberghi di tipo cinese, convenienti perché stabiliscono i prezzi per camera e non per persona. Autobus e treni sono mezzi di trasporto comodi e facili da usare, ma sulle lunghe distanze, per spostarsi da una città all'altra, conviene optare per i taxi collettivi.

La cucina malaysiana contempla fragranze e sapori delle tradizioni malese, cinese e indiana, ragion per cui i bambini hanno ampia possibilità di scelta. I prodotti per i neonati sono facilmente reperibili; fatene una buona scorta, però, prima di avventurarvi per isole o zone sperdute.

kuala lumpur

che cosa vedere e fare

Kuala Lumpur (che molti chiamano semplicemente 'KL') è una città che armonizza modernità e tradizione. Lungo il fiume, a pochi isolati dalla vecchia Chinatown, fervono le attività del Central Market, posto ideale per una famiglia che vuole pranzare o fare uno spuntino.

I cosiddetti Lake Gardens formano la cintura verde della città e ad attrarre i bambini qui sono lo spettacolare giardino delle farfalle e il National Planetarium. Il Petronas Science Centre possiede una serie di dispositivi interattivi per imparare a conoscere varie forme di energia e propone a tutti i visitatori l'esperienza virtuale di un volo in elicottero verso una piattaforma di trivellazione. Sunway Lagoon è un grandioso parco acquatico: proprio quel che ci vuole per un bel tuffo rinfrescante.

Kelly e io siamo insegnanti e attualmente lavoriamo a Vientiane, la capitale del Laos. Ci siamo trasferiti in questo paese con i nostri tre figli affinché tutti insieme potessimo fare esperienza di una cultura diversa. Quando Kelly decise di partecipare a un corso di scrittura che si sarebbe tenuto per dieci giorni a Kuala Lumpur, in Malaysia, ero eccitato all'idea di visitare un nuovo paese e conoscere un'altra città, ma al tempo stesso ero anche un po' preoccupato per il fatto di dover passare dieci giorni con i ragazzi abitando in un albergo. Pochi giocattoli e moltissimo tempo a disposizione sembravano i potenziali ingredienti di una vacanza disastrosa e, invece, oggi ricordiamo i dieci giorni trascorsi a Kuala Lumpur come una grande vacanza, grande non solo perché piacevole e divertente, ma anche perché, come scoprimmo sul posto, Kuala Lumpur possiede innumerevoli attrattive che vantano dimensioni da primato e per di più in molti casi gratuite o comunque poco costose.

kuala lumpur una GRANDE VACANZA

kuala lumpur

Jeff e Kelly Barrons sono stati a Kuala Lumpur per dieci giorni con i figli Genevieve, Zachary e Jacob di 10, 8 e 6 anni.

Che nella città si trovassero le Petronas Towers, ovvero i grattacieli più alti del mondo, era l'unica cosa che sapevo prima di andarci. Ma a Kuala Lumpur o nelle sue immediate vicinanze si trovano anche il più lungo pennone portabandiera, la più lunga ferrovia elettrica priva di conducente, la più grande piscina a onde, il più lungo ponte pedonale sospeso, una delle torri più alte del mondo, uno dei più grandi parchi giochi, la funivia più veloce e più frequentata (a Genting Highlands), la più grande voliera del pianeta.

Dopo il giro di orientamento del primo giorno decidemmo di visitare le Petronas Towers, dove riuscimmo a inserirci nel gruppo di una visita guidata gratuita. La visita non prevedeva di arrivare fino all'ultimo piano, ma in compenso ci portò nel corridoio di vetro che collega le due torri all'altezza del 42° piano. La vista della città da lì è spettacolare e incredibile è anche la sensazione che si prova guardando giù, sotto i propri piedi. La prima cosa che notarono Genevieve, Zachary e Jacob scrutando quel panorama fu il grande parco giochi ai piedi delle torri, e così (visto che ogni parco giochi merita una visita) non appena riappoggiamo le suole sulla solida superficie terrestre, ci dirigemmo immediatamente verso quello che si sarebbe rivelato il parco giochi più grande e meglio attrezzato che avessimo mai visto. C'erano strutture per arrampicarsi di ogni tipo e la cosa più bella era indubbiamete quella grande e indimenticabile piscina per i bambini, con tanto di cascata, sempre nello stesso parco.

Di lì a poco i miei figli scoprirono che poco distante, bastava prendere un autobus, si trovava la più grande piscina a onde del mondo. E fu così che finimmo la giornata al parco acquatico di Sunway Lagoon. La piscina era davvero enorme: c'erano scivoli, alcune piscine più piccole con delle corde sospese fatte apposta per arrampicarsi nonché un 'fiume' che scorreva lento intorno al perimetro di una delle piscine. Era molto divertente tuffarsi nel fiume e lasciarsi trasportare dalle sue acque passando sotto a tutta una serie di cascate. Sulla vasca più grande, poi, era sospeso il più lungo ponte pedonale costruito dall'uomo.

Il lato ovest del centro di Kuala Lumpur è fiancheggiato da un grande spazio verde che prende il nome di Lake Gardens. Zachary è il nostro appassionato di bird watching ed era al settimo cielo quando entrammo nella voliera: si tratta di un immenso recinto coperto popolato da innumerevoli varietà di uccelli e tuttora in procinto di accogliere nuove specie. Per noi che veniamo dal Canada era affascinante vedere così tanti uccelli colorati e tutti insieme. Non lontano dalla voliera si trova Butterfly Park, il parco delle farfalle: non avevamo mai visto farfalle dai disegni così elaborati e dai colori così intensi. Oltre alla voliera e a Butterfly Park il complesso dei Lake Gardens comprende anche il National Planetarium che, sebbene di dimensioni ridotte, è concepito benissimo ed entusiasmò tutti e tre i ragazzi. Appena fuori del parco, tornando verso il centro, s'incontra il Police Museum, dove s'imparano un sacco di cose non solo sulla polizia malaysiana, ma anche sul paese in generale; i ragazzi lo definirono un 'museo fantastico'. Ai maschi in particolare piacevano i veicoli parcheggiati fuori del museo e la collezione di armi da fuoco, mentre Genevieve era più interessata alle didascalie sulla storia della Malaysia.

"Oggi ricordiamo i dieci giorni trascorsi a Kuala Lumpur come una delle nostre più belle vacanze"

Una sorpresa piacevole quanto inattesa fu il Petronas Science Centre che si trova all'interno delle torri gemelle e fornisce un quadro dettagliato del settore energia in Malaysia, dai vari campi di ricerca ai singoli ambiti d'impiego. Il centro è pieno di congegni interattivi, pensati apposta per i ragazzi, e offre perfino la possibilità di raggiungere una piattaforma petrolifera tramite un volo virtuale in elicottero. Al National Zoo, dove esemplari di una straordinaria varietà di specie vivono in vasti recinti, i miei figli hanno apprezzato soprattutto il settore fauna africana e quello dei rettili.

Da Kuala Lumpur si raggiunge facilmente Genting Highlands, località di montagna non lontana dalla città presso la quale si trovano un casinò e un parco dei divertimenti. In cima al monte si sale con quella che pare sia la funivia più veloce e più frequentata del mondo. Il panorama che si gode dalla sommità è un vero spettacolo e con le attività offerte dal posto la giornata vola senza che uno se ne accorga.

Kuala Lumpur ha tutti i presupposti per garantire una vacanza ideale per la famiglia. Noi tutti conserviamo bellissimi ricordi di questa città e speriamo di poterci ritornare in futuro.

Fuori Kuala Lumpur va segnalato il Forestry Research Institute che offre la possibilità di osservare la foresta pluviale dall'alto di un corridoio sospeso che attraversa le chiome degli alberi.

in giro per la malaysia

Per scordare l'afa di Kuala Lumpur conviene dirigersi verso il fresco della collina, dove si trovano le suggestive stazioni delle Cameron Highlands o di Fraser's Hill.

Per andare da Gemas a Kota Bharu vale la pena di prendere la Jungle Railway e percorrere in treno le 14 ore del tragitto; volendo si può spezzare il viaggio a Jerantut e visitare il magnifico Taman Negara National Park che comprende una delle più antiche foreste pluviali del pianeta.

Da maggio ad agosto merita un'escursione a Rantau Abang, sulla costa orientale, per avvistare le grandi tartarughe marine (dermochelide coriacea) che in questo periodo vengono a deporre le uova. Le piccole isole vicino a Terengganu sono mete assai ambite dalle famiglie poiché offrono spiagge incontaminate, capanne in riva al mare e possibilità di andare in barca e praticare snorkelling.

Chi vuole evitare i percorsi più battuti, può esplorare gli stati di Sarawak e Sabah, nell'isola di Borneo, inventantosi un trekking esotico lungo il fiume partendo da Kuching oppure un'escursione in giornata intorno alla base del monte Kinabalu.

libri

Le avventure di Sandokan, l'eroico personaggio nato dalla penna di Emilio Salgari, hanno reso celebre la natura selvaggia di questa terra: leggete *Sandokan* (Giunti, Firenze 1998), il classico, e se non siete paghi continuate con *Sandokan alla riscossa* (Fabbri, Milano 2001).

società e cultura

Il fatto che a Kuala Lumpur esista un Hard Rock Cafe non impedisce che vi sia anche una polizia religiosa in circolazione a caccia di violatori della legge islamica: fate in modo che i vostri figli si comportino bene nel rispetto delle usanze locali.

MYANMAR (BIRMANIA)

A dispetto dell'attuale crisi politica, vale comunque la pena di fare un viaggio in Myanmar con i bambini, i quali fra l'altro qui trovano compagni di gioco praticamente ovunque.

Uno dei modi migliori per visitare il paese è quello di noleggiare un'auto con autista. Per ragioni di sicurezza conviene evitare di prendere aerei della compagnia di bandiera locale. Per motivi umanitari, invece, è bene alloggiare in alberghi e pensioni gestiti da gente del posto e acquistare prodotti d'artigianato direttamente dagli artigiani.

aspetti pratici

Le farmacie di Yangon e Mandalay sono ben fornite, ma i prodotti per neonati a volte scarseggiano. Come per gran parte del sud-est asiatico, nelle zone più sperdute c'è il rischio di contrarre la malaria e la dengue.

che cosa vedere e fare

A Yangon, alzandosi di prima mattina, è possibile assistere ai riti che si celebrano presso la scintillante Shwedagon Paya, esperienza alla quale i bambini possono partecipare accendendo i bastoncini d'incenso. Una meta ambitissima dai giovani viaggiatori sarà la gelateria o il chiosco di lassi da raggiungere di pomeriggio, con una corsa in risciò.

Fuori della capitale meritano una puntata i giardini galleggianti e i templi costruiti sugli isolotti del lago Inle; in alternativa ci si può unire ai pellegrini buddhisti diretti allo stupa di Kyaiktiyo, costruito in cima a un'alta rupe.

Esplorate quindi Mandalay in risciò e andate a trovare gli scultori della pietra che operano fuori Mahamuni Paya. Poi prendete un traghetto per l'antica Bagan e qui fate salire i bambini su un carretto trainato da un cavallo per raggiungere i templi; la sera scegliete un ristorante in riva al fiume che offra uno spettacolo di marionette.

feste e manifestazioni

Se volete partecipare al Thingyan, la festa dell'acqua di tre giorni che si svolge in aprile, preparatevi a subire alcune docce fredde. Sono previsti anche danze e spettacoli all'aperto, ma il vero scopo della manifestazione è inzuppare il prossimo e farsi inzuppare.

società e cultura

Se la conversazione riguarda la politica birmana siate prudenti, non tanto per voi quanto per non mettere a repentaglio la gente del posto. Dovreste anche cercare di spiegare con parole semplici la difficile situazione politica ai vostri figli.

SINGAPORE

singapore

Singapore è una prospera città-stato che propone al turista un assaggio delle grandi culture asiatiche riassunte e concentrate in uno spazio relativamente limitato e facile da visitare. Sicura e pulita, questa metropoli possiede un'infinità di attrattive che i bambini si divertiranno a scoprire nei suoi giardini come nelle sue vie secondarie.

Singapore offre un'ampia rete di trasporti e taxi a prezzi economici. Le possibilità di sistemazione spaziano dalle pensioni agli alberghi di lusso in stile coloniale come il celebre Raffles. La varietà e la qualità del cibo sono note in tutto il mondo: qui infatti è possibile gustare le migliori specialità della cucina cinese, malese, indiana ed europea direttamente dai vivaci chioschi e dalle bancarelle per la strada.

Se la spesa per il vitto può mantenersi entro limiti ragionevoli, vale il contrario per quasi tutto il resto e bisogna quindi fare i conti con i prezzi elevati di alberghi, ingressi e attività. Sono previsti tuttavia sconti nominali per le famiglie e attività gratuite da praticare nei parchi e lungo il fiume.

aspetti pratici

I prodotti per neonati e bambini si trovano facilmente in tutta la città. L'allattamento al seno è diffuso, con discrezione in pubblico, e in molti grandi magazzini c'è una stanza riservata alle mamme.

che cosa vedere e fare

Animali e natura Negli Zoological Gardens, uno degli zoo più belli del mondo, i bambini possono far colazione in compagnia di un orangotango o cavalcare un pony. Apprezzatissimo è il safari notturno che consente di osservare molti animali nel pieno delle loro attività.

Attraversando il favoloso aviario dello Jurong Bird Park si possono ammirare pinguini, fenicotteri e uccelli rapaci; i bambini lo possono attraversare a piedi oppure optare per il giro in Panorail, lussuosa ferrovia soprelevata, a monorotaia, lunga 1.7 km.

Puro divertimento L'isola di Sentosa è un'enorme parco a tema, una specie di Disneyland galleggiante. Ci sono spiagge, funivie e divertimenti multimediali che fanno conoscere ai bambini i personaggi della mitologia cinese.

attività

Prendete un sampan (barchetta) e fatevi un giro lungo il fiume di Singapore prima di andare a cena in uno dei ristoranti galleggianti di Clarke Quay, lungofiume con molti locali adatti alle famiglie.

parchi e giochi all'aria aperta

I bambini adorano la fontana presso Bugis Junction dove si possono tuffare e giocare con gli spruzzi e i getti d'acqua. Quelli più grandicelli possono noleggiare biciclette e roller blade all'East Coast Park e al Pasir Ris.

Un ottimo posto per correre in libertà sono i Singapore Botanic Gardens, un grande parco pulito che comprende un po' di giungla, un giardino di orchidee nonché vasto spazio per fare jogging e tai chi – piacevole soprattutto al mattino.

Un posto che merita di essere visitato è la Bukit Timah Nature Reserve: un bellissimo tratto di foresta pluviale popolato da farfalle giganti e lemuri volanti che possiede sia sentieri da percorrere a piedi sia piste per mountain bike.

feste e manifestazioni

In dicembre i commercianti di Orchard Rd abbelliscono le vetrine con splendide luci e decorazioni, e i centri commerciali offrono divertimenti gratuiti per tutta la famiglia nell'intero periodo che precede il Natale.

società e cultura

Singapore è famosa per le sue multe destinate a chi mastica gomma o sputa in pubblico, prova tangibile della rigida amministrazione che regola la vita cittadina. Aspetto questo che però nulla toglie alla vivacità, la tolleranza e l'ospitalità dei suoi abitanti, un crogiolo di comunità quanto mai eterogeneo.

THAILANDIA

I thailandesi amano i bambini e i piccoli turisti qui trovano compagni di gioco e nonne adottive praticamente in ogni villaggio. Per quasi tutte le tariffe d'ingresso i bambini fino a 12 anni pagano metà prezzo.

Nella caotica e affollata Bangkok (come in altre grandi città) è un'utile precauzione dare ai bambini, qualora si perdessero, un biglietto con il nome e il numero di telefono dell'albergo scritti in thailandese. Anche in questo paese valgono tutte le consuete misure precauzionali riguardo all'igiene e alla prevenzione della malaria. Ai bambini inoltre va detto di non accarezzare o giocare con gli animali poiché la rabbia è piuttosto diffusa, e a tale riguardo sarà opportuno non perdere d'occhio i più piccoli che potrebbero anche non mostrare o non riferire di essere stati morsi.

L'allattamento al seno è diffuso, ma s'impone la discrezione: copritevi con un foulard o qualcosa di analogo. Pannolini e latte in polvere sono facilmente reperibili a Bangkok e Chiang Mai.

bangkok

Una semplice passeggiata per Bangkok può trasformarsi in una vera e propria avventura. Per provare il brivido di tuffarsi in mezzo al traffico non c'è niente di meglio che un giro in tuk-tuk (triciclo a motore), da usare con moderazione per via del forte inquinamento. Senz'altro più rilassanti come mezzo di trasporto sono le imbarcazioni che circolano lungo il fiume Chao Phraya e la rete circostante di canali e affluenti servendo case private, edifici commerciali e templi affacciati sull'acqua. I mercati galleggianti esercitano un grande fascino sullo straniero, con il risultato che a Bangkok il numero dei turisti supera di gran lunga quello dei venditori locali. Cercate di visitare un mercato al mattino presto in modo da evitare la ressa e il gran caldo.

che cosa vedere e fare

Animali e natura Unitevi alle famiglie thailandesi in fuga dal caos cittadino per scoprire il tranquillo e bel Suan Sat Dusit (Zoo Dusit) di Bangkok, ex giardino reale oggi dimora di più di 300 mammiferi, 200 rettili e 800 uccelli.

Alla periferia di Bangkok si trova il Samphran Elephant Ground & Zoo, dove si assiste a 'raduni' di elefanti e numeri che vedono protagonisti i coccodrilli. Safari World è un parco che si attraversa in fuoristrada (5 km), popolato da fauna asiatica e africana.

Interessante e istruttivo Il Queen Saovabha Memorial Institute, meglio noto come Snake Farm (vivaio di serpenti), è un centro di ricerca dove i ragazzi possono vedere giornalmente come i serpenti velenosi vengono 'munti' per consentire la produzione di antidoti.

I genitori forse hanno la tendenza a strafare, eppure i bambini spesso visitano volentieri 'tutti quei Wat', ovvero i templi come il complesso del Wat Phra Kaew (Grand Palace), perché i monaci thailandesi di solito sono molto gentili e pazienti e consentono ai bambini di correre liberamente dappertutto. Con un battello raggiungete il Wat Arun (Tempio dell'Alba), dove i bambini potranno salire i gradini fino a metà della torre alta 82 m.

Puro divertimento Siam Park, a 10 km da Bangkok, è un enorme parco dei divertimenti, assai ben organizzato, con piscine, scivoli che terminano in acqua e vasche a onde; di sabato è meno affollato rispetto alla domenica.

All'ottavo piano del World Trade Centre Bangkok offre la sua miglior ricetta contro l'afa dei tropici, il World Ice Skating Centre, ovvero una pista di pattinaggio su ghiaccio. Come la maggior parte dei centri commerciali della città, il palazzo possiede una piccola area di svago riservata ai bambini completa di videogiochi.

parchi e giochi all'aria aperta

Lumphini Park è il parco più grande frequentato di Bangkok, con un lago e un noleggio di barche e sentieri tra gli alberi. Il parco si anima soprattutto durante la stagione degli aquiloni (da febbraio ad aprile): qui li vendono e ne fanno volare in quantità.

in giro per la thailandia

Chiang Mai, la seconda città della Thailandia, è una metropoli dalla brulicante vita notturna e dai vivaci mercati artigianali. L'interessante Young Elephant Training Centre, situato sulla strada che da Chiang Mai va a Lampang, è la meta ideale per una favolosa escursione in giornata. Adulti e bambini possono cavalcare gli elefanti e dar loro da mangiare frutta fresca in un ambiente pressoché naturale.

Lungo le coste della Thailandia (sia terraferma sia isole) si trovano alcune fra le più belle spiagge e parchi marini di tutta l'Asia. Tra le più conosciute ricordiamo le isole di Ko Samui, Ko Samet, Ko Pha-Ngan e Phuket, ma ce ne sono molte altre da scoprire.

Fra i parchi nazionali del paese, tutti bene organizzati, segnaliamo quello di Khao Sok, dove le famiglie possono pernottare in capanne costruite sugli alberi, sotto pareti di roccia calcarea ed esplorare i corsi d'acqua e le cascate della giungla. Il Khao Yai, il più vecchio parco nazionale della Thailandia, è popolato fra l'altro da elefanti selvatici e offre 50 km di piste e sentieri in parte tracciati dal passaggio degli stessi animali che vivono nella zona.

libri

Il piccolo protagonista di *Ban Pong. Dove si mangiano le cavallette* di Michael Cox (Piemme Junior, Casale Monferrato 1999) vi porterà per mano a far conoscenza di Ban Pong, la città della Thailandia in cui vive; vi spiegherà, fra le altre cose, come mai non bisogna mai puntare i piedi verso un thailandese, e vi illustrerà come si vive nella 'terra del sorriso'. Il volume contiene molte illustrazioni.

società e cultura

Una delle bellezze della Thailandia è il concetto di sanuk, ovvero di piacere, divertimento: qualunque attività, lavoro compreso, vale la pena a patto di avere un pizzico di sanuk, viceversa si tratta solo di un compito ingrato.

Il riserbo dei thailandesi impone un atteggiamento di rispetto verso il prossimo nel modo di vestire come nel modo di parlare. Lo straniero chiassoso, di conseguenza, spesso è l'ultimo a essere servito.

VIETNAM

I vietnamiti sono estremamente bendisposti verso i turisti occidentali in generale e la presenza dei bambini non fa che aumentare le opportunità di entrare in contatto con la gente del posto, in una società che compiange le persone non sposate e senza figli.

La favolosa cucina vietnamita offre infinite possibilità di soddisfare i palati dei bambini, dagli involtini primavera e gli spaghetti in brodo *pho* alle baguette e i gelati. L'offerta di strutture ricettive varia a seconda delle zone del paese, ma con l'incremento del turismo va aumentando anche il numero di pensioni decorose e alberghi a prezzi accessibili.

Dopo decenni di guerra le infrastrutture del Vietnam sono ancora in fase di sviluppo. Se i voli interni sono affidabili, non si può dire sempre altrettanto degli altri mezzi di trasporto. Il sistema ferroviario continua a essere lento e disagevole. Gli autobus pubblici si guastano di frequente, hanno sedili con spazio quasi inesistente per le gambe e soffrono di affollamento cronico. La salvezza quindi per gli stranieri che viaggiano con marmocchi impazienti al seguito è rappresentata dai più veloci e affidabili minibus.

Le famiglie con bambini di pochi anni devono fare i conti con il traffico spaventoso delle città e la guida spericolata di molti vietnamiti, per non parlare degli scippi effettuati da auto o moto in corsa e dei borseggi nei mercati.

I prodotti principali per i bambini, come pannolini e latte in polvere, si trovano nelle grandi città. Acqua e cibo richiedono le consuete precauzioni. Il latte in vendita spesso non è pastorizzato.

ho chi minh (saigon) e il sud

che cosa vedere e fare

Animali e natura Lo Zoo cittadino e gli annessi Botanical Gardens sono un posto perfetto per le famiglie. Ci si può rilassare all'ombra degli alberi, passeggiare per il grande parco e correre fra i laghetti e le aiuole fiorite; non mancano giostre, un trenino per bambini e una casa degli specchi.

Interessante e istruttivo Il Museo dei Residuati Bellici (War Remnants Museum) – il più visitato fra i luoghi che ricordano la guerra del Vietnam (che i vietnamiti chiamano 'American War') – possiede anche una sezione meno drammatica che propone spettacoli di marionette sull'acqua per i bambini.

Puro divertimento Se i bambini sono irrimediabilmente stufi di andar per pagode e musei, potete distrarli con una visita al Saigon Water Park, parco acquatico situato in un sobborgo lungo il fiume che attraversa Ho Chi Minh. Qui, chi lo desidera, può trascorrere l'intera giornata a mollo, sbizzarrendosi fra piscine, fontane, scivoli, percorsi circolari e altri divertimenti acquatici. In città si trovano altri due parchi acquatici, che sono stati aperti più recentemente: il Vietnam Water World e il Sharks. Nelle vicinanze dell'aeroporto è stato aperto Saigon Superbowl, un posto dove trascorrere un pomeriggio o eventualmente solo un paio d'ore qualora un vostro volo subisse un ritardo.

attività

Un giro per Ho Chi Minh a bordo di un cyclo (taxi-triciclo), con soste frequenti per gustare il miglior gelato di tutto il sud-est asiatico, terrà allegri per un bel po' tutti i bimbi che si annoiano facilmente.

Il delta del Mekong, all'estremità sud del paese, è un mosaico di paludi, risaie, fiumi e isolotti che i bambini si divertiranno a esplorare in barca.

Lungo la costa centrale meritano una puntata le acque turchine di Nha Trang, la più bella spiaggia municipale del Vietnam, che offre ottime possibilità di praticare lo snorkelling (anche per i principianti).

hanoi e il nord

Hanoi è una metropoli che sta cambiando rapidamente, eppure gli stranieri riescono quasi sempre a individuare il volto pacato e affascinante di questa città passeggiando amenamente lungo i suoi laghi e i viali ombrosi fiancheggiati da begli edifici del periodo coloniale.

che cosa vedere e fare

Puro divertimento Famose in tutto il mondo, le marionette sull'acqua di Hanoi incantano adulti e bambini e talvolta colpiscono in particolar modo il pubblico adolescente. Ogni sera sono previsti spettacoli sulle sponde del lago Hoan Kiem. Presso il placido Temple of Literature (Tempio della Letteratura) si trovano in vendita marionette di seconda mano.

Una tradizione russa che sopravvive in Vietnam è quella del Central Circus con i suoi acrobati, giocolieri e domatori di grande talento. Il circo va in scena tutte le sere nell'enorme tendone montato vicino a Lenin Park e presenta anche uno spettacolo per bambini la domenica mattina.

attività

I bambini che amano la natura saranno felici di esplorare uno dei parchi nazionali o delle riserve naturali che si trovano vicino a Hanoi. Il Cuc Phuong National Park è la sede dell'Endangered Primate Rescue Centre, dove i bambini ricevono notizie circa lo stato delle scimmie che rischiano l'estinzione e l'importanza di proteggere il loro ambiente.

Halong Bay è una delle meraviglie della natura che questo paese possiede. Oltre a godere delle magnifiche vedute panoramiche, i ragazzini possono esplorare innumerevoli grotte di tutte le forme e dimensioni. Da Hanoi è possibile prenotare un'escursione per tutta la famiglia (a prezzi ragionevoli) con pernottamento a bordo di una nave ormeggiata in baia.

feste e manifestazioni

Quello del Tet Festival, ovvero le celebrazioni per l'inizio del nuovo anno lunare, è un bellissimo momento per visitare il Vietnam e non a caso è difficile prenotare biglietti e alberghi per questo periodo. Sono giorni in cui i vietnamiti stanno molto attenti alle cose da non farsi perché di cattivo augurio, per esempio cucire, scopare, giurare o rompere oggetti.

La festa di metà autunno o di Trung Thu si celebra con tortine di riso ripiene di semi di loto, tuorli di uova d'anatra, uva passa e altri ingredienti apprezzati dai bambini che in quest'occasione sfilano con lanterne colorate dalle sagome più fantasiose (barche, draghi e rospi) accompagnati dalle percussioni di piatti e tamburi.

libri

I ragazzi apprezzeranno *Fiabe dal Vietnam, dal Laos e dalla Cambogia* (Mondadori, Milano 1996), che raccoglie fiabe, leggende e tradizioni popolari nate dal magico mondo dell'Indocina.

società e cultura

Fate attenzione a non tenere mai le piante dei piedi rivolte verso una persona o una statua del Buddha. Inoltre, sappiate che gli shorts sono un indumento che i vietnamiti considerano adatto unicamente ai bambini.

Alcuni anni fa avevamo trascorso un fine settimana a Ho Chi Minh (Saigon) e in quell'occasione avevamo constatato quanto la gente di lì fosse aperta e ospitale con gli stranieri, non solo con gli adulti ma anche con i bambini. La nostra intenzione ora era di approfondire la conoscenza del paese. Partiti via terra da Phnom Penh giungemmo a Ho Chi Minh, da dove avremmo proseguito alla volta di Hanoi facendo tappa a Hué, cioè più o meno a metà strada fra le due città.

vietnam la PICCOLA IMPERATRICE

Damien Coghlan e la compagna Barbara hanno trascorso tre settimane in Vietnam con la figlia Teodora di 8 anni.

Ricordo una magnifica giornata trascorsa al Saigon Water Park sguazzando fra piscine e fontane di ogni tipo oppure adagiati su una camera d'aria che ci trasportava dolcemente sull'acqua lungo percorsi circolari. Le coppie più giovani (noi siamo entrambi genitori non più giovanissimi) sembravano incuranti della reperibilità di chiropratici e sfidavano disinvolti tanto gli scivoli più innocui quanto quelli più pericolosi. Il ristorante del parco offriva cibi e bevande in grado di soddisfare i palati più esigenti (ci divertimmo ad assaggiare questo e quello) in un ambiente tranquillo e accogliente. Avevamo dimenticato la macchina fotografica, ma scoprimmo che sul posto c'erano bravi fotografi in grado di ritrarre i bambini molto meglio e molto più velocemente di quanto avremmo saputo fare noi. Non erano nemmeno troppo cari.

Il parco che comprende lo zoo e il giardino botanico di Ho Chi Minh fu una bella sorpresa, non tanto per gli animali quanto per i grandi spazi verdi e ombrosi, il bizzarro ingresso dell'acquario e l'ingente quantità di bambini esortati dai genitori a fare amicizia con nostra figlia.

Situata all'estremità opposta di questo paese lungo e stretto, Hanoi fu invece un'esperienza completamente diversa. La veduta di Ho Chi Minh avvolta da luci fioche nel silenzio più totale ci riempì di un senso di soggezione. Per fortuna ci avevano messo in guardia circa l'atteggiamento da tenere, di massimo rispetto, perché la presenza delle guardie e l'atmosfera eccessivamente tetra avrebbero potuto scatenare benissimo un attacco di riso nervoso. Qui invece facevano sul serio e non c'era da scherzare.

La città vecchia di Hanoi ci fece l'impressione di un borgo medievale europeo brulicante di persone e di attività. Il rumore, il caos e l'energia che sprigionava quel quartiere sono indescrivibili. Dopo le prime ore eravamo così intontiti che ci rifugiammo in albergo ma, non potendo restare barricati in camera, optammo per una passeggiata intorno al lago dove trovammo Fanny's Ice Cream Parlor, una simpatica gelateria che ci riconciliò con la città e ci fece venir voglia di un tuffo. Sapevamo che alcuni alberghi aprono le piscine anche al pubblico e al 'Cuban' ne trovammo una dove sguazzammo in beata solitudine fino al primo pomeriggio.

All'alba dell'indomani l'area intorno al lago centrale appariva completamente trasformata: niente motorini, niente clacson, niente campanelli di cyclo, niente grida e schiamazzi. Intorno al lago c'erano migliaia di persone intente a fare ginnastica, vecchi e giovani che si cimentavano in tutte le pose e gli esercizi possibili e immaginabili (talvolta anche inimmaginabili).

La vita, si sa, ci pone sempre di fronte a situazioni nuove e impreviste. La nostra piccola vegetariana ha una passione per i negozi di animali e nei mercati era sempre attratta dalle grandi ciotole piene di granchietti vivi. Ciò che la turbava era il passo successivo, quando cioè vedeva che manciate di questi esserini finivano in un pestello e venivano ridotti in poltiglia sotto i nostri occhi. Sensazioni analoghe erano provocate dal venditore di cani che per esporre la sua merce tirava fuori una carcassa dal contenitore fissato sul portapacchi della bicicletta e la trascinava per le zampe posteriori. I viaggi allargano la mente e ti fanno provare emozioni sconosciute.

"All'alba dell'indomani l'area intorno al lago centrale appariva completamente trasformata: niente motorini, niente clacson, niente campanelli di cyclo, niente grida e schiamazzi. Intorno al lago c'erano migliaia di persone intente a fare ginnastica, vecchi e giovani che si cimentavano in tutte le pose e gli esercizi possibili e immaginabili (talvolta anche inimmaginabili)".

Quando ci fermammo a Hué, a metà del paese, trovammo una città accogliente dove i bambini possono farsi vestire da imperatore o imperatrice e farsi fotografare seduti sul trono: essere imperatore anche solo per un paio di minuti non è cosa da poco e nostra figlia s'innamorò del magnifico vestito che aveva indossato. Fu così che, dopo lunghe contrattazioni, acquistammo un *ao dai* (costume tradizionale) della sua taglia nell'edificio antistante, un abito autentico, bellissimo e leggero da mettere in valigia. Indossato la sera stessa per andare a cena, il costume suscitò commenti entusiasti. La cameriera del ristorante, che avrà avuto poco più dell'età di mia figlia, chiese il permesso di mostrarla ai suoi amici, giusto il tempo di 'mangiare un gelato insieme' e sparì con lei in sella a una bicicletta. Genitori irresponsabili? Eravamo a Hué già da qualche giorno e ci sentivamo tranquilli. Come promesso, tornarono dopo venti minuti, esattamente un quarto d'ora dopo che avevamo iniziato a preoccuparci.

La vita in Vietnam è senz'altro molto dura eppure, durante il nostro soggiorno, abbiamo constatato ovunque che, nonostante le difficoltà, i vietnamiti sono sempre felici di avere bimbi intorno a sé e addirittura ansiosi di accudirli e dare loro tutto ciò di cui possano avere bisogno, qualunque sia il paese di provenienza. Viaggiare con i bambini è sempre gratificante: in Vietnam può essere anche un vero spasso.

ASIA SETTENTRIONALE

Viaggiare nell'Asia centrale post-sovietica ed effettuare lunghi spostamenti da una città all'altra attraverso gli interminabili paesaggi della Via della Seta, mettono a dura prova la resistenza non solo di un bambino ma anche di un adulto. A dispetto di tutte le difficoltà, in ogni caso, si trova sempre qualcuno disposto a dare una mano.

aspetti pratici

Le condizioni igieniche variano molto da una zona all'altra e la cucina dell'Asia centrale è fatta di sapori a cui ci si deve abituare. In compenso si trovano frutta e verdura di stagione, e sia il *naan* sia i piatti a base di riso piacciono a quasi tutti i bambini.

Per la sistemazione si spazia da costosissimi alberghi cittadini a pensioni accoglienti e incantevoli possibilità d'alloggio in case private. I pannolini si possono acquistare nei grandi magazzini delle città, mentre le medicine vanno tutte portate da casa. In giro si trovano pochi seggioloni, seggiolini per auto e altre attrezzature specifiche per i bambini, quindi siate pronti a improvvisare oppure portate le vostre.

che cosa vedere e fare

Tralasciando i trekking più faticosi, ci sono escursioni a piedi da fare in giornata con i bambini partendo dal canyon di Ala Archa, vicino a Bishkek in **Kirghizistan**. Si può anche organizzare un'escursione a cavallo intorno ai laghi di Köl-Say in **Kazakhistan**, o un trekking a dorso di cammello per il deserto del Karakum in Turkmenistan.

I bambini amano i vivaci bazaar all'aperto che ricordano le carovane della Via della Seta, come per esempio il famoso mercato di Bukhara in **Uzbekistan**. Il leggendario mercato di Kashgar si trova poco oltre il confine cinese, nella regione dello Xinjiang.

feste e manifestazioni

Navrus (Nuovi Giorni) è la più importante festività dell'Asia centrale ed è il periodo migliore per assistere alle tradizionali corse di cavalli e alle gare di buzkashi, versione originale e turbolenta del polo che risale all'epoca di Gengis Khan.

CINA

Viaggiare con i bambini in Cina ha il grande vantaggio di farvi apparire quasi normali agli occhi della gente del posto. I Cinesi si alzeranno in piedi per lasciarvi il posto a sedere, vi faranno strada tra la folla e, in generale, vi tratteranno con un occhio di riguardo. Ciò nondimeno, destreggiarsi in una grande città può essere molto faticoso con i bambini, perciò converrà privilegiare i mercati, i giardini con un laghetto dove si può andare in barca e i parchi giochi.

Un viaggio attraverso la Cina tende a essere disagevole e faticoso, basti pensare ai lunghi tragitti in treno, in carrozze dai sedili duri gremite di passeggeri che fumano e sputano. Le guance e le teste di quelli che qui chiamano *xiao laowai* ('piccolo straniero') e *yang wawa* ('bebè straniero') sono, spesso e volentieri, oggetto di pizzicotti.

In tutta la Cina gli stranieri sono costretti a pagare prezzi gonfiati e pochi sono gli sconti previsti per i bambini. Per quanto possa sembrare ridicolo, troverete utile procurare una tessera ISIC (International Student Identity Card) per ciascuno dei vostri figli da sventolare davanti agli occhi del bigliettaio all'ingresso di templi, giardini e musei.

Prodotti di base come pannolini, latte in polvere e farmaci di largo consumo in genere sono reperibili, ma non sempre in grande assortimento e di ottima qualità. Allattare al seno non comporta difficoltà, ma farlo in pubblico inevitabilmente attira gli sguardi dei curiosi.

La maggior parte dei bambini stranieri sembra gradire la cucina cinese. Il latte in polvere e i cereali per la prima colazione si trovano ovunque, mentre è più difficile trovare il latte fresco. Per i bambini più piccoli, non abituati a mangiare con i bastoncini, portate cucchiai di plastica.

beijing

che cosa vedere e fare

Animali e natura Lo zoo di Pechino nacque come giardino privato dell'imperatrice Dowager Cixi che per proprio diletto importò la bellezza di 700 animali dalla Germania. Le condizioni dello zoo non sembrano granché migliorate dal tempo di Cixi e, fatta eccezione per i panda coccolati e viziati da tutti, la maggior parte degli animali è tenuta in gabbie anguste e con poco spazio all'ombra. Ai bambini in genere piace il Blue Zoo in cui fra l'altro si passa attraverso un tunnel, piccolo ma ben fatto, dove si vedono anche cuccioli di squalo.

Puro divertimento L'immenso Lakeview Water Park è un parco acquatico con un circuito per i gommoni e una rete di scivoli tutti curve e zigzag. Il parco Ritan ha un autoscontro, minigolf e altalene; all'interno del China World Trade Centre c'è una pista di pattinaggio su ghiaccio; Five Colors Earth, in Poly Plaza, offre una panoramica di arti e mestieri.

attività

Dopo esser stata inaccessibile per cinque secoli, la Città Proibita costituisce oggi un nucleo di edifici antichi fra i meglio conservati di tutta la Cina.

La leggendaria Via della Seta, l'antica via commerciale che collegava la Cina all'Europa, battuta da mercanti e da mendicanti, da ladri e da sovrani, fu anche uno dei nostri viaggi più stupefacenti.

uzbekistan

PANNOLINI sulla VIA DELLA SETA

Tanya Seaward ha visitato Samarcanda e Bukhara con il marito Bern e il figlio Jeremy di 11 mesi.

Erano ormai cinque anni che vivevamo a Mosca e avevamo deciso di fare ritorno in Canada. Ci sembrava però un peccato partire senza aver visto la famosa Via della Seta. Molti dei nostri amici erano stati a Samarcanda e a Bukhara ed erano rimasti incantati dalla bellezza e dalle meraviglie architettoniche di quei posti.

Per organizzare il viaggio lessi varie guide e, chiedendo in giro per Mosca, raccolsi informazioni dettagliate su come muoversi in Uzbekistan. Conobbi perfino una coppia che c'era stata l'anno precedente con il figlio di un 1 e mezzo. Prima della partenza consultammo anche una dottoressa che, con i suoi ottimi consigli riguardo a vaccinazioni, cibo e acqua, ci permise di metterci in viaggio più tranquilli.

Il nostro itinerario era Tashkent-Samarcanda-Bukhara-Khiva e quindi ritorno a Tashkent in aereo. Noleggiammo un furgoncino con l'aria condizionata, (assolutamente indispensabile!) non eccessivamente costoso, che si rivelò assai comodo per viaggiare con un bambino piccolo. Al momento della prenotazione comunicammo all'agenzia turistica che il mezzo doveva avere le cinture di sicurezza perché vi avremmo fissato il seggiolino per auto di nostro figlio. Abitando a Mosca da qualche tempo, infatti, sapevamo che le cinture di sicurezza sono considerate un optional in Russia. Quando ci consegnarono un furgoncino sprovvisto di cinture non ci stupimmo poi più di tanto, di fatto comunque urgeva trovare un modo per fissare il seggiolino al sedile dell'auto. Sebbene un pezzo di corda acquistato al mercato locale risolse il problema, sconsiglierei di adottare soluzioni simili a lungo termine.

Riguardo ai trasporti si poneva una seconda questione da risolvere: portare il passeggino o lo zaino? Il nostro passeggino era un modello solido e resistente, fra l'altro già collaudato dai marciapiedi dissestati della Russia. E poi ci eravamo fatti l'idea che sarebbe stato più comodo dello zaino sia perché avremmo potuto usarlo per cambiare Jeremy sia perché così sarebbe stato più facile proteggere il bambino dal sole.

Durante tutto il viaggio alloggiammo in pensioni, dove trovammo sempre gestori simpatici e disposti a soddisfare le nostre richieste, come riscaldare la pappa di cereali per Jeremy, provvedere al bucato, etc. Tutte le pensioni avevano un ampio cortile relativamente pulito in cui far scorrazzare il bambino quando sentiva il bisogno di muoversi liberamente. In camera c'era sempre un piccolo frigorifero, molto comodo per riporvi la frutta e i succulenti pomodori che compravamo per Jeremy lungo la strada.

Gli uzbeki sono magnifici con i bambini, particolare questo che rese il nostro viaggio ancora più piacevole. Ovunque andassimo la gente ci veniva incontro sorridendo a Jeremy o facendogli qualche buffa smorfia. Con i suoi capelli biondi e gli occhi azzurri, Jeremy attirava l'attenzione dal momento che gli uzbeki hanno tutti carnagione e occhi scuri. Benché non avessimo una lingua in comune, molte donne venivano a trovarci con i loro bebè per confrontare sesso, età e caratteristiche dei rispettivi figli. Notammo che i bambini più grandi hanno il compito di badare ai fratelli e alle sorelle più piccoli, spesso infatti erano dei bambini ad avvicinarci cercando in tutti i modi di far ridere Jeremy.

"Con i suoi capelli biondi e gli occhi azzurri, Jeremy attirava l'attenzione dal momento che gli uzbeki hanno tutti carnagione e occhi scuri. Benché non avessimo una lingua in comune, molte donne venivano a trovarci con i loro bebè per confrontare sesso, età e caratteristiche dei rispettivi figli"

Nei mercati di Tashkent e Samarcanda trovammo frutta e verdura fresca a volontà, oltre a squisiti *naan*. Jeremy fece sempre onore al *plov*, il piatto nazionale a base di riso, carote, uva passa e carne. A Bukhara e Khiva consumammo la prima colazione e la cena in pensione, senza quindi il pensiero di dover trovare cibo sicuro. A pranzo in genere mangiavamo fuori, ma la gran parte dei locali erano posti poco igienici per un bambino e, in alcuni casi, anche per un adulto!

Strano ma vero, Jeremy si divertì a passare in rassegna i negozi di tappeti a Bukhara. Il vecchio edificio di pietra che ospitava il mercato si manteneva meravigliosamente fresco all'interno anche nei giorni più afosi. Ciascuna bottega aveva il pavimento e le pareti tappezzate di tappeti e Jeremy si sentiva attratto da questi ambienti colorati e accoglienti. Esplorava i negozi a quattro zampe, circondato da facce sorridenti, mentre mamma e papà cercavano un tappeto da portare a casa.

Il centro storico di Khiva ci fece l'impressione di un museo e non di un quartiere abitato come quelli di Samarcanda e Bukhara. In molti edifici sono allestiti piccoli musei con ricostruzioni di ambienti e figure di uomini e donne a grandezza naturale. Una donna che lavorava in uno di questi musei era così entusiasta di Jeremy che lo prese in braccio e si fece fotografare in posa con lui all'interno di una ricostruzione d'ambiente.

A conti fatti ne è valsa la pena: l'organizzazione è stata un po' più laboriosa del solito, ma è stato bellissimo fare il viaggio con Jeremy. Pur senza poterlo dire con le sue parole, ho motivo di pensare che anche lui se la sia spassata.

Visitate senz'altro il Palazzo d'Estate che, con i suoi laghi e i suoi giardini, è uno dei posti più frequentati della città.

Beijing è il punto da cui si parte per raggiungere la Grande Muraglia: vi sono diversi itinerari da percorrere a piedi lontano dalle folle dei turisti, fra cui un bel percorso di 4 km vicino a Huanghua, perfetto anche per le gambe dei piccoli.

shanghai

I circhi cinesi sono famosi in tutto il mondo e a Shanghai hanno sede diverse compagnie di maghi, mimi, clown e acrobati della bicicletta.

Mete apprezzate dai ragazzini sono i parchi come Ocean World e lo Jinjiang Amusement Park. All'interno dei Botanical Gardens c'è un parco giochi per bambini. Tutti i grandi magazzini e centri commerciali hanno una sezione di giochi e divertimenti.

cina sud-occidentale

Allontanandosi dal caos dei grandi cuori pulsanti di Beijing e Shanghai si scoprono i villaggi suggestivi del sud-ovest della Cina, genti contadine, mercatini del sabato o della domenica, feste di paese con giochi popolari, canti e danze. Dopo lunghi tragitti in autobus e treno, una famiglia può trovare ciò di cui ha bisogno nelle cittadine di Dali e Lijiang (provincia dello Yunnan): non troppa gente, cibi graditi ai bambini (come per esempio il porridge alla banana) nonché possibilità di nuotare, fare gite in barca, passeggiate in campagna ed escursioni in bicicletta.

Meno famosa dell'escursione in battello lungo il fiume Chang Jiang (Yangzi), che dura tre giorni e va da Chongqing a Wuhan, è l'escursione in battello lungo il corso del Li Jiang, il fiume che i cinesi dicono assomigliare a un rotolo di seta, nel tratto compreso fra Guilin e Yangshuo, che è adatta ai bambini perché dura sei ore.

in giro per la cina

Le dimensioni di questo paese sterminato mettono in serie difficoltà la famiglia che si accinge a stabilire il proprio itinerario di viaggio. Che decidiate di visitare l'esercito dei guerrieri di terracotta presso Xi'an oppure le grotte buddhiste di Yungang (Collina delle Nuvole) vicino alla Mongolia Interna, ricorrete ai voli interni per coprire le distanze più lunghe e risparmiare le energie vostre e dei figli.

feste e manifestazioni

Durante la Festa dei Dragoni che si tiene nel mese di giugno vengono distribuiti, ad adulti e bambini, fagottini di riso a forma di piramide avvolti in foglie di bambù o di banana. In occasione delle feste in tutta la Cina si sparano petardi a volontà: se le orecchie dei vostri piccoli non tollerano il rumore mantenetevi a una distanza ragionevole.

tibet

Il Tibet è una terra di grande fascino spirituale, ma i bambini devono essere preparati ad affrontare la ressa e la calca per le strade così come la moltitudine di venditori ambulanti che offrono merce di ogni sorta, dalle bandierine di preghiera ai teschi di yak.

Il Tibet si estende per buona parte su un gigantesco altopiano e la quota elevata può causare il mal di montagna negli adulti come nei bambini. La cucina tibetana prevede sapori a cui bisogna abituarsi e in molte zone l'igiene è un problema. Portate con voi sia medicine sia prodotti d'uso quotidiano. Molti alberghi dispongono di camere che di norma hanno tre o quattro letti suddivisi in due stanze comunicanti.

libri e film

Nella collana delle avventure di Tintin ricordiamo il volume *Tintin in Tibet*, lettura amata da grandi e piccini (lo trovate nel catalogo della Lizard Edizioni di Roma). La storia della guerriera Mulan, resa celebre dal film d'animazione di Walt Disney, è raccontata nel libro *Fa Mulan: la storia di una guerriera* di Robert San Souci (Mondadori, Milano 1998). Per la collana 'La magica casa sull'albero' Piemme Junior pubblica *Avventura nell'antica Cina* di Mary Pope Osborne (Casale Monferrato 2001): Jack e Annie, i protagonisti di questa e di altre storie ambientate nei più svariati paesi del mondo, devono affrontare il Re Drago, un imperatore che vuole distruggere tutti i libri. Infine, alcune favole cinesi, o meglio, di piccole etnie appartenenti alla grande Cina, sono raccolte nel volume *I mille fili della seta* di Enea S., pubblicato nel 2001 dalla casa editrice Emi.

Ai più grandicelli piaceranno i colori e le atmosfere di *Kundun* (1997), il film che ripercorre le tappe della vita e dell'esilio del 14° Dalai Lama, e, per quanto riguarda i romanzi, sia *Il fazzoletto rosso di Ji-Li Jiang* ('Gaja' Mondadori, Milano 1998), la storia autobiografica di una ragazzina vissuta a Shangai negli anni '60, sia *Quando nasce una femmina* di Pamela Grant (Edizioni EL Ex-libris, Trieste 1994), ambientato nella Cina di inizio secolo, dove la nascita di una femmina è sempre considerata un peso per la famiglia. Ko-chin, quattordicenne, viene data in moglie a un riformatore, che le insegna a ragionare con la propria testa e la rivaluta come persona, ma allo scoppiare della rivoluzione, la ragazza deve decidere se rimanere legata alla famiglia o appoggiare la causa.

società e cultura

La rivoluzione culturale ha modificato molti aspetti della società cinese, ma non è riuscita a scalfire il concetto di 'faccia' (conservazione della stima altrui), profondamente radicato nell'anima collettiva, e a eliminare l'imbarazzo che un cinese prova immancabilmente in presenza di una persona sconosciuta.

Non dimenticate che, a dispetto della cornice religiosa, il Tibet è uno stato di polizia cinese e qualunque discussione politica può essere fonte di guai.

COREA

corea

I coreani sono un popolo ospitale ma non in modo invadente e i vostri figli saranno chiamati spesso a giocare con i bambini del posto. La Corea inoltre è uno dei paesi asiatici dove una famiglia in viaggio si sposta con più facilità. I servizi di trasporto sono tutti affidabili ed economici. In alternativa agli alberghi, che comunque non scarseggiano, è possibile pernottare nelle invitanti *yogwan* (pensioni tradizionali).

aspetti pratici

I prodotti per neonati e bambini si trovano senza difficoltà sia a Seoul sia in gran parte delle altre città. La viaggiatrice che allatta in pubblico attirerà gli sguardi soltanto perché c'è di mezzo un bambino straniero.

seoul

Seoul è una città di complessi ipermoderni e affascinanti siti storici, ma anche di numerosi parchi, ben distribuiti su tutto il territorio urbano e soprattutto intorno ai grandi palazzi d'epoca, dove i bambini possono correre e divertirsi.

che cosa vedere e fare

Lotte World è un'immensa 'città dei bambini' con piste di pattinaggio, piscine, negozi e molto altro ancora. Al Children's Grand Park troverete giostre, laghetti e un piccolo zoo. Allestito con gusto, il Korean Folk Village offre laboratori di ceramica e di tessitura per i più grandicelli, un mercato e una scuola confuciana.

in giro per la corea

Esplorare la penisola coreana è facile e parchi nazionali come quelli di Puk'ansan e Songnisan hanno sentieri adatti a tutta la famiglia che attraversano paesaggi spettacolari.

Una bella escursione in aliscafo vi permetterà di costeggiare il litorale per tre ore attraverso l'Hallyo Haesang National Marine Park, facendo brevemente tappa sulle isole o nelle principali località lungo il tragitto.

feste e manifestazioni

Una delle feste più belle da condividere con i coreani è il compleanno del Buddha, quando i fedeli danno espressione alle loro preghiere appendendo ceri e lanterne di carta nei templi.

libri

I ragazzi più grandicelli potrebbero avvicinarsi alla storia della Corea leggendo *Impossibile dirsi addio* di Sook Nyul Choi (EL, Trieste 1994), un romanzo ambientato nella realtà complessa e tormentata della Corea contemporanea; la giovane Sook, protagonista del libro, ci racconta gli anni che vanno dal conflitto mondiale alla guerra civile, quelli della dominazione giapponese. Un altro interessante romanzo è *La lunga stagione della pioggia* di Helen Kim ('Gaja' Mondadori, Milano 1998) che narra la storia di una ragazzina e della sua famiglia nella Corea sconvolta dalla guerra civile.

società e cultura

Curiosi per natura, i coreani vi tempesteranno di domande riguardo ai vostri figli e parenti (vivi e defunti).

GIAPPONE

giappone

Il Giappone contemporaneo è una terra di contrasti stridenti e i vostri figli saranno affascinati tanto dalle scintille dell'alta tecnologia nelle strade affollate di Tokyo quanto dagli sperduti villaggi di montagna che sembrano appartenere a un'epoca remota.

In molti ristoranti giapponesi è possibile ordinare semplicemente puntando il dito verso modellini in plastica esposti in vetrina che riproducono tutti i piatti del menu, dagli spaghetti ai dessert. I bambini di solito apprezzano l'*okonomiyaki* ('cuoci quel che ti piace') perché, armati di spatola e bastoncini propri, possono friggere da sé quel che scelgono di volta in volta. Se il gioco non è di loro gusto, potete sempre ricorrere a uno dei soliti fast food.

L'allattamento al seno è molto diffuso e ugualmente accettato, solo che in pubblico le donne giapponesi sono talmente discrete che talvolta quasi non si nota la loro presenza. Prima di uscire date ai vostri figli un foglietto con l'indirizzo e il numero di telefono dell'albergo scritti anche in giapponese.

tokyo

informazioni

Per scoprire quel che può piacere ai bambini procuratevi la guida Japan for Kids di Diane Wiltshire Kanagawa e Jeane Huey Erickson.

aspetti pratici

Tokyo è una delle città più care al mondo e visitarla per una famiglia che viaggia all'insegna del risparmio può rappresentare una vera sfida. I bambini troveranno divertente mangiare le cose che spuntano dai rivenditori automatici e voi sarete contenti dei prezzi. Per risparmiare potete provare i *bento* (pranzo confezionato in scatola) oppure fare la spesa da voi. I trasporti pubblici in genere funzionano a meraviglia, ma tendono a essere costosi. Se possibile cercate sempre di evitare i taxi che, oltre a essere cari, sono molto lenti quando c'è traffico.

che cosa vedere e fare

Animali e natura Lo zoo di Ueno ospita panda, leopardi delle nevi e, per la gioia dei bambini, un piccolo recinto con animali che si possono accarezzare. Chi ama i pesci può dar da mangiare alle carpe del santuario di Yasukuni-jinja o del parco Rikugi-en (si dice che quest'ultimo abbia le carpe più belle di tutta Tokyo). All'acquario Shinagawa propongono tutti i giorni spettacoli di delfini, mentre al Tokyo Sealife Park i bambini possono guardare negli occhi tonni e squali.

Interessante e istruttivo Dedicato espressamente ai bambini, il Tokyo Metropolitan Children's Museum ha diverse aree di gioco dove cimentarsi con varie attività manuali, per esempio la ceramica e l'origami, nonché una fornitissima biblioteca di manga. I bambini si divertono anche al Museum of Maritime Science, costruzione a forma di nave che possiede una serie di modellini dettagliati di navi e una vasca con sottomarini che si possono pilotare per mezzo di telecomandi. Se i vostri figli sono appassionati di automobili e dintorni saranno felici di visitare il Transportation Museum la cui collezione spazia dai risciò ai motori a vapore.

Puro divertimento Al National Children's Castle ce n'è per soddisfare i gusti di tutti i bambini: piscine, teatri di marionette, aree di gioco e spettacoli. Tokyo Disneyland, che ricalca abbastanza la struttura del parco originale in California, è un altro posto dove andare sul sicuro con i piccoli. I giovani spericolati amanti di giostre e montagne russe potranno provare brividi mozzafiato nel parco dei divertimenti di Koraku-en oppure in quello di Toshimaen. Sparse per la città ci sono inoltre moltissime sale con videogiochi, ma se volete offrire il non plus ultra in questo settore portate i vostri ragazzi al palazzo della Sony dove, se avranno la pazienza di attendere il loro turno in fila (le code talvolta sono lunghissime), potranno sperimentare gli ultimissimi giochi sfornati dalla casa.

attività

Può essere interessante assistere a un incontro di sumo al Ryogoku Kokugikan oppure una partita di baseball al Tokyo Dome. Per gli appassionati di arti marziali non mancheranno certo occasioni di assistere a incontri di aikido, judo, karate e kendo.

parchi e giochi all'aria aperta

Situato a fianco di un parco dei divertimenti, il Koishikawa Koraku-en è un incantevole giardino del XVII secolo che presenta elementi tipici di paesaggi giapponesi. Se volete fare un po' di attività fisica vi suggeriamo una passeggiata attraverso i boschi e le paludi del Nature Study Garden.

in giro per il giappone

Dici Giappone e pensi immediatamente alla sagoma del venerato monte Fuji la cui scalata è un'impresa decisamente eccessiva per un bambino. Assai più fattibile, invece, è l'escursione ai cinque laghi del Fuji e pazienza se al paesaggio i vostri figli preferiranno i parchi dei divertimenti che si trovano sul posto. Il parco nazionale di Daisetsuzan offre magnifici sentieri e favolose piste di sci a tutti coloro che fuggono dal caos della grande metropoli. Per far conoscere ai ragazzi un po' di storia del Giappone visitate i palazzi e i templi di Kyoto oppure l'A-bomb Museum di Nagasaki, terribile monumento alle vittime della bomba atomica sganciata nel 1945.

libri e film

Probabilmente i vostri figli conoscono meglio di voi i cartoni animati giapponesi, noti in tutto il mondo, dalla serie dei *Pokémon a Digimon: Il film* (2000). *La notte dei Ninja* di Mary Pope Osborne (Piemme Junior, Casale Monferrato 2000; collana 'La magica casa sull'albero') è un divertente romanzo d'avventure per bambini dai 5 anni in su ambientato nell'antico Giappone.

I giapponesi di Lolli Santini (Vallardi, Milano 1995), illustrato e di facile lettura, introduce i ragazzi alla storia del Giappone e dei giapponesi, offrendo anche una panoramica sulle loro abitudini di vita. Ai più grandicelli consigliamo invece *Il pianto degli usignoli* di Katherine Paterson ('Gaja' Mondadori, Milano 1999), un romanzo ambientato nel mondo del Medioevo giapponese. La storia di Takiko, adolescente bellissima, di nobile famiglia, che dovrà affrontare la terribile prova della deturpazione del volto.

società e cultura

I giapponesi sono quasi sempre comprensivi e tolleranti con gli stranieri che non conoscono il galateo locale, ma ogni tentativo di osservare le loro regole di condotta sociale sarà molto apprezzato. I bambini poi si divertono ad apprendere i vari tipi di inchini. Una cosa che si dovrebbe tenere a mente è che in Giappone la franchezza non è considerata una virtù. Nella conversazione il silenzio non viene quasi mai interpretato come assenso.

HONG KONG

hong kong

Se escludiamo i pericoli legati al traffico, non dovrebbero esserci grandi difficoltà nel muoversi a Hong Kong con i bambini. I taxi funzionano bene e costano poco, e la linea ferroviaria MTR (Mass Transit Railroad) è sicura, pulita e veloce. L'ex possedimento britannico propone un ricco assortimento di cucina occidentale e cinese. La varietà e la presentazione di un *dim sum* – buffet di piccole prelibatezze cantonesi cotte al vapore e servite in rapida successione – finiscono per incantare anche i bambini più scettici.

Molti alberghi offrono tariffe ridotte per i bambini e sulla maggior parte dei mezzi pubblici si paga metà prezzo fino a 12 anni. Latte in polvere, pannolini e farmaci sono facilmente reperibili ovunque. Allattare in pubblico non è una rarità, ma come sempre è gradita la discrezione.

che cosa vedere e fare

Animali e natura Presso i vasti Zoological and Botanical Gardens funziona uno dei maggiori centri per la riproduzione in cattività di specie animali che rischiano l'estinzione.

Puro divertimento I bambini di Hong Kong amano visitare l'Ocean Park, moderno acquario e parco dei divertimenti con un drago che cavalca le montagne russe, spettacoli di delfini e una vasca di squali da attraversare in tutta sicurezza. Il vicino Water World è un parco acquatico di prim'ordine, con magnifiche piscine, scivoli e trampolini.

attività

Ci sono numerosi sentieri adatti alle famiglie con bambini sull'isola di Hong Kong, i New Territories e gli isolotti vicini. Un bell'itinerario che vi suggeriamo inizia con la salita in cima al Victoria Peak a bordo del Peak Tram: si percorre poi l'Hong Kong Trail che passa per l'Aberdeen Country Park e, di solito, richiede più di una giornata di cammino. I piccoli turisti in genere non lasciano la città senza aver fatto una corsa sullo Star Ferry, il traghetto usato dai pendolari. Le vedute più suggestive si godono facendo la traversata di sera, se possibile con un bel cielo limpido.

feste e manifestazioni

Le migliori feste di Hong Kong si tengono sull'acqua. In occasione della festa di Tin Hau (aprile/maggio), per esempio, il porto si riempie di giunche da pesca decorate. Imbarcazioni vivacemente decorate sono anche quelle della Festa dei Dragoni (giugno) durante la quale si disputano animate gare di voga.

in giro per hong kong

A Kowloon c'è l'Hong Kong Science Museum che, con la sua sezione di robotica interattiva, entusiasma bambini e ragazzi. Il grande Kowloon Park è perfetto per correre in libertà o per una bella nuotata. Macao non ha molte attrattive per i bambini, ma in estate l'Hyatt Regency Hotel offre ai ragazzi d'età compresa fra 9 e 14 anni vacanze in campeggio di cinque giorni con attività quali windsurf, tennis, roccia e teatro.

film

I film sul kung-fu con Jackie Chan – come per esempio *Young Master* (1980) – sono un gradevole miscuglio di commedia e arti marziali che può dare ai ragazzi una vaga idea della vita di strada a Hong Kong.

TAIWAN

taiwan

Attirando costantemente l'attenzione altrui, i bambini vi offriranno molte opportunità di interagire con le famiglie taiwanesi. Nella maggior parte dei luoghi pubblici sono previsti sconti per i minori e per quel che riguarda la salute non occorre prendere particolari misure di precauzione.

Va detto però che le città di Taiwan sono molto trafficate e affollate; inoltre, dal momento che la maggior parte dei bambini frequenta scuole che richiedono grande applicazione e ha poco tempo per giocare, scarseggiano sia i parchi sia i campi giochi pubblici.

Omogeneizzati e pappe pronte sono reperibili ovunque. La donna straniera che allatta il proprio figlio attirerà qualche sguardo, ma soprattutto da parte di madri curiose.

che cosa vedere e fare

Interessante e istruttivo Se avete poco tempo a disposizione rinunciate a sperimentare i dispositivi interattivi dell'ottimo National Palace Museum di Taipei e riducete la visita al museo a mezza giornata. Caotico e stupefacente è il mercato serale di Huahsi, meglio conosciuto come Snake Alley ('Vicolo dei serpenti'), dove addestratori di serpenti si divertono a giocare con cobra vivi come se fossero innocui animali domestici.

Puro divertimento Al Children's Recreation Center di Taipei ci sono giostre per bambini ed esposizioni di carattere scientifico. L'acquario Fin's Sealife Taipei ha un passaggio subacqueo molto apprezzato dai bambini.

attività

Presso la località di montagna di Alishan inizia l'Alishan Loop, un itinerario da percorrere facilmente in giornata: lungo il cammino si toccano due laghi gemelli, alcuni templi e il cosiddetto albero sacro che si dice avere tremila anni. Chi ama camminare troverà altri bei sentieri nel parco nazionale di Taroko sulla costa orientale.

libri

Per i ragazzi suggeriamo *The Abacus Contest: Stories from Taiwan and China* di Priscilla Wu, un'introduzione all'odierna cultura taiwanese.

società e cultura

Quello che di primo acchito verrebbe spontaneo definire materialismo taiwanese è da intendersi piuttosto come la volontà a conquistarsi il prestigio o la stima altrui tramite l'acquisizione di beni. L'adulazione dell'ospite è considerata un modo per esprimergli la propria stima e, di conseguenza, ogni complimento andrebbe schivato con parole di modestia.

STATI UNITI

canada

NORD AMERICA

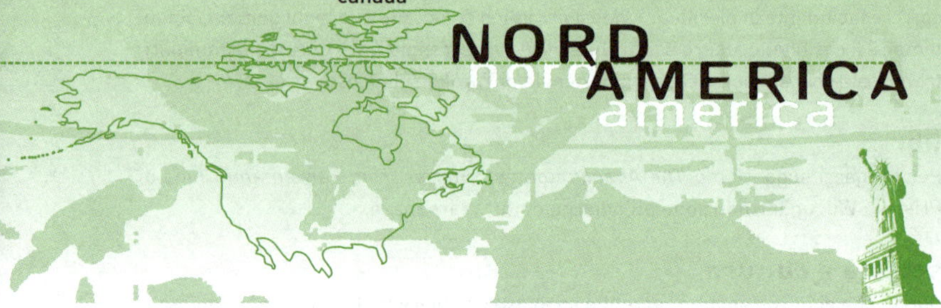

Che si vada alla scoperta delle meraviglie dell'Ovest o si segua un itinerario coast to coast visitando i parchi a tema delle grandi città, un viaggio negli Stati Uniti o in Canada, o magari in tutti e due, può dare molte soddisfazioni ai figli come ai genitori. Poco importa qual è il mezzo di trasporto prescelto: che sia l'aereo, l'automobile, il treno o il pullman, già il transito di per sé da un punto all'altro sarà parte dell'avventura. Viaggiare all'interno degli Stati Uniti e del Canada è quasi sempre facile, sicuro e alla portata di tutti. La domenica i quotidiani locali di solito sono accompagnati da un ricco supplemento che annuncia attività, mostre, feste e altre manifestazioni adatte alle famiglie.

Le possibilità di sistemazione variano da stato a stato e, quanto ai prezzi, di norma sono previste anche tariffe famigliari. Le catene di motel in molti casi offrono il soggiorno gratuito per i bambini (la pubblicità dice 'kids stay free'), o altrimenti fanno pagare un piccolo supplemento per un lettino pieghevole o una culla extra. I campeggi sono ben attrezzati, spesso con campi sportivi, piscine, giochi e altro ancora, e quindi perfetti per accogliere adulti con bambini. Una famiglia può trovare alloggio anche in alcuni ostelli, mentre i bed&breakfast (B&B) in genere sono più adatti alle coppie senza figli. In quasi tutti gli stati esistono case e appartamenti di villeggiatura, in genere reperibili in internet oppure tramite gli uffici denominati Convention & Visitors Bureau. In ogni centro abitato ci sono lavanderie automatiche e il servizio viene offerto anche in molti alberghi e campeggi.

In entrambi i paesi la maggior parte dei ristoranti dispone di seggioloni o seggiolini da fissare al tavolo. A differenza degli Stati Uniti, però, in Canada sono pochi i locali che prevedono un menu specifico per i bambini. Inoltre, dal momento che mangiando sempre al ristorante, naturalmente, si finisce per spendere una cifra esagerata, molti motel dispongono di camere con cucinino dove preparare un pasto semplice o perlomeno la prima colazione. In alternativa potrebbe esserci un piccolo frigorifero, utile per conservare non solo un po' di provviste ma anche i resti di un pranzo o di una cena consumati al ristorante, perché, come sapete, chiedere di incartare i resti è una pratica assai diffusa in questa parte del mondo a prescindere dalla categoria del locale.

Allattare in pubblico non dovrebbe comportare alcun problema, ma come sempre si consiglia di mantenere un atteggiamento discreto. Il verificarsi di alcuni casi, seppure isolati, in cui donne sono state invitate ad allontanarsi da posti pubblici perché stavano allattando ha fatto sì che in molti stati sia stata introdotta una legge che afferma il diritto della madre ad allattare il proprio figlio in pubblico. Una legge analoga attualmente in discussione al Congresso degli Stati Uniti vorrebbe affermare il medesimo diritto all'interno degli uffici pubblici e nei luoghi turistici. In tutto il Canada sono state condotte con successo campagne di incoraggiamento delle madri ad allattare ovunque e in qualunque momento e di sensibilizzazione degli esercenti affinché l'allattamento sia possibile in ristoranti, negozi e altri luoghi pubblici. In alcuni edifici esistono zone nido o aree riservate alle madri dove le donne possono allattare in tutta libertà.

L'automobile continua a essere il mezzo di trasporto più comodo, specialmente nell'ovest. Il sistema di trasporti pubblici funziona in modo efficiente, tuttavia spesso è un servizio ridotto proprio perché gli americani tendono a preferire l'automobile. Le agenzie di autonoleggio prevedono la formula giornaliera, settimanale e anche weekend (in genere da giovedì a lunedì), e proprio quest'ultima non di rado risulta essere la più conveniente. In quasi tutti gli stati è obbligatorio per legge avere un seggiolino in auto per tutti i bambini fino a 4 anni o di peso inferiore a 40 libbre (circa 18 kg).

L'Amtrak ha un'estesa rete ferroviaria e di linee d'autobus che percorre tutti gli Stati Uniti e la maggior parte dei treni possiede una carrozza panoramica a due piani che allevia ai bambini la noia dei viaggi lunghi. La Via Rail canadese ha una linea transcontinentale che attraversa paesaggi davvero spettacolari fra Vancouver e Montreal. Entrambe le ferrovie offrono biglietti famigliari con un buon rapporto qualità-prezzo.

I supermercati sono il posto dove trovare più facilmente prodotti per neonati e bambini: pannolini, omogeneizzati, biberon, latte fresco, latte in polvere e farmaci da banco come aspirina o rimedi contro il raffreddore. In farmacia, oltre alle medicine, potrete acquistare pannolini, creme solari, etc. Carrozzine, passeggini e zainetti portabambini sono reperibili in negozi per l'infanzia, grandi magazzini o catene di discount come Wal-Mart o K-Mart. I turisti che arrivano da oltreoceano sappiano che in tutto il Nordamerica i pannolini sono chiamati 'diapers' piuttosto che 'nappies'.

ALASKA

alaska

Campeggiare costa relativamente poco e la cosa più bella da farsi in Alaska, ossia camminare e osservare la natura, non costa nulla. I bambini di età compresa fra 2 e 11 anni hanno diritto a uno sconto del 50% sui traghetti dell'Alaska Marine Hwy, mentre quelli fino a 2 anni viaggiano gratis. L'Alaska Railroad, cioè la ferrovia, e le compagnie d'autobus offrono discreti sconti per i bambini e riduzioni all'ingresso sono previste anche in musei, parchi nazionali e parchi statali.

anchorage

che cosa vedere e fare

Animali e natura Genitori e figli salgano a bordo di un vagone panoramico dell'Alaska Railroad e si dirigano verso nord per esplorare la natura selvaggia del Denali State National Park, dove è facile avvistare alci americani, caribù, lupi e orsi bruni.

Interessante e istruttivo L'Alaska Native Heritage Center è dedicato alla storia e alla cultura delle popolazioni indigene dell'Alaska. Un sentiero lungo mezzo miglio (1 km) attraversa un affumicatoio e un laboratorio d'intaglio. All'interno vengono illustrate attività come il taglio e l'affumicatura dei salmoni oppure la cucitura di pelli di animali.

L'Alaska State Museum è una vetrina di tradizioni, usi e costumi locali, ma i bambini qui sono attratti soprattutto dal nido d'aquila a grandezza naturale collocato in cima a un albero e raggiungibile grazie a una scala circolare.

Venticinque miglia (40 km) a est di Anchorage si trova il Valdez Museum, dove i ragazzi apprendono quali conseguenze può causare una fuoriuscita di petrolio e vedono un modellino del controverso oleodotto dell'Alaska.

alaska sud-orientale

che cosa vedere e fare

La traversata del cosiddetto Inside Passage è un viaggio che non si scorda per tutta la vita. Potete salpare a Bellingham, nello stato di Washington, a bordo di un traghetto dell'Alaska Marine Hwy e quindi toccare tutti i 14 porti della rotta prevista, da Ketchikan a Haines. Nulla impedisce di spezzare il tragitto fermandosi per un giorno o due se volete provare ad avvistare le balene, fare un'escursione a piedi o in kayak oppure ancora visitare una città di frontiera. Chi intendesse immergersi nella natura selvaggia per più giorni prenda in considerazione il noleggio di una capanna di legno nella Tongass National Forest. Quasi tutte le capanne si raggiungono per mezzo di un idroplano, esperienza questa che entusiasma tutti i bambini.

Ad Admiralty Island, vicino a Juneau ovvero la bella capitale dello stato, i bambini possono osservare gli orsi bruni intenti a catturare i salmoni che guizzano fuori dall'acqua. Per i camminatori in erba con genitori al seguito ci sono i ranger della Juneau Parks & Recreation che organizzano escursioni guidate per famiglie.

CALIFORNIA

california

Viaggiare in California con i bambini non comporta difficoltà, salvo quella delle grandi distanze da percorrere. I trasporti pubblici sono ridotti, ma la Greyhound offre comunque biglietti settimanali Ameripass applicando il 50% di sconto per i bambini.

san francisco e la california settentrionale

informazioni

Nella Bay Area di San Francisco si pubblica *Parents' Press*, mensile gratuito d'informazioni e notizie utili ai genitori.

che cosa vedere e fare

Animali e natura I bambini adorano osservare le otarie che si crogiolano al sole (quando non c'è la nebbia) al Pier 39 di San Francisco, vicino al Fisherman's Wharf.

Sul lato opposto della baia si trova l'Oakland Zoo, che si visita facilmente a piedi anche con i bambini piccoli, anche perché ha una zona ristorante all'aperto, animali da accarezzare e a cui dar da mangiare, pony da cavalcare e una seggiovia.

Nella regione costiera come nell'entroterra montuoso si trovano parchi statali e parchi nazionali. La Point Reyes National Seashore e la Point Lobos State Reserve sono entrambe ottime zone per avvistare specie esotiche di pivieri e per osservare da vicino le otarie. Un bel posto per fare campeggio con tutta la famiglia è il Calaveras Big Trees State Park nelle montagne della Sierra Nevada, dove i bambini possono avvistare i picchi e attraversare un tunnel formato da tronchi d'albero in un magnifico bosco di sequoie giganti.

Interessante e istruttivo L'Exploratorium di San Francisco è un museo dell'arte e della scienza molto amato e frequentato, dove ai bambini piace soprattutto la Tactile Dome lungo le cui pareti nere possono camminare carponi, arrampicarsi e scivolare. Lo Zeum è un fantastico centro che combina arte e tecnologia, con un laboratorio (Performing Arts Lab) dove i ragazzi dagli 8 ai 18 anni possono creare e proiettare le proprie opere video.

L'Habitot Museum di Berkeley organizza attività guidate di tipo artistico per bambini molto piccoli. Al Monterey Bay Aquarium, lungo la costa, i bambini possono schiacciare il naso contro il vetro di una vasca su due livelli piena di meduse, squali e altre creature che popolano i fondali marini. Il vecchio penitenziario di Alcatraz è meta di molte famiglie che desiderano fare un'escursione in traghetto, ma non è consentito girare liberamente sull'isola.

Puro divertimento All'estremità nord di Lake Merritt, il lago di Oakland, si trova Children's Fairyland, incantevole parco dei divertimenti risalente agli anni '50 (precursore di Disneyland), che propone giochi ispirati alle fiabe, giostre e spettacoli di marionette.

Nei dintorni di San Jose il parco di Raging Waters offre piscine e divertimenti acquatici mozzafiato, mentre il Paramount's Great America propone brividi analoghi in ambienti che ricreano gli scenari di film d'azione come *Top Gun* e la serie di *Star Trek*. Il Boardwalk di Santa Cruz è un vecchio parco dei divertimenti, con prezzi accessibili a tutti, giostre adatte ai più piccoli e vari giochi per i più grandicelli.

parchi e giochi all'aria aperta

A San Francisco sia il Golden Gate Park sia il più piccolo Dolores Park hanno bei parchi giochi, con strutture per arrampicarsi e giostre. Il Marina Green, che affaccia sulla baia, è perfetto per far volare gli aquiloni e per giocare a rincorrersi oppure a palla. L'Adventure Playground di Berkeley Marina è un parco giochi davvero unico nel suo genere, praticamente un enorme fortino progettato dai bambini che continuano a lavorarci armati di sega, martello e pennelli.

los angeles e la california meridionale

che cosa vedere e fare

Animali e natura L'eccellente San Diego Zoo è un magnifico giardino in cui vivono più di 3000 animali di oltre 800 specie. Vi è anche una nursery dove i bambini possono vedere i più recenti 'arrivi' dello zoo.

Quando papà mi chiese se mi sarebbe piaciuto andare in California con lui, io e lui soli, non pensavo che parlasse sul serio. Ho tre sorelle e un fratello che, ne ero certo, sarebbero diventati verdi d'invidia. Mio padre lavora come corrispondente all'estero e, mentre abbiamo viaggiato in tutta Europa, anche in paesi colpiti dalla guerra, l'America sembrava invece sempre fuori discussione come meta di vacanze. "Troppo cara", non faceva che ripetere la mamma, ma secondo me aveva soltanto paura dell'aereo.

california

SUCCEDE solo in AMERICA

Ben Judah (12 anni) ha accompagnato il padre Tim durante un viaggio di lavoro in California di due settimane.

Ciononostante, qualche settimana dopo, seduto nella sala d'aspetto di un aeroporto, giocavo nervosamente con il mio Game Boy sperando che il nostro aereo non precipitasse nel bel mezzo dell'Atlantico. Il volo fu uno spasso, ebbi persino l'occasione di vedere *South Park: Bigger, Longer & Uncut*, un film sconsigliato ai minori di 15 anni! Durante le undici ore del volo parlai così tanto con mio padre che mi venne il mal di gola e me lo tenni fino all'indomani mattina.

La prima sorpresa che mi si parò davanti, una volta fuori dai meandri dell'aeroporto internazionale di Los Angeles, fu l'enorme negozio Erotic Megastore. Subito a fianco c'era un Dunkeroo Donuts, completo di insegna con ciambella gigante che girava su se stessa. Furono queste le prime impressioni di un continente del tutto nuovo per me. Andammo allo Standard Hotel, in Sunset Boulevard, e non appena misi piede in camera caddi in catalessi da jet lag.

Per il cambiamento di fuso orario ci svegliammo alle quattro del mattino ora di Los Angeles. Papà aveva una voglia matta di doughnut (marca di ciambelle), ma il Dunkeroo Donuts del centro di Los Angeles era ancora chiuso. Passammo quindi a vedere cosa offriva Beverly Hills. Arrivarono le dieci che avevamo già fatto tappa a Santa Monica mangiando un gelato su una spiaggia completamente deserta.

Quella sera visitammo il Mann's Chinese Theater, il cinema dove si proiettarono le prime di tanti vecchi film. Davanti all'entrata c'è il famoso marciapiedi che ha più di duemila stelle di marmo con dentro i nomi dei divi del cinema. L'ebbrezza che per un attimo provai al pensiero di veder scritto il mio nome in una di quelle stelle svanì all'istante quando mio padre mi disse che chiunque lavori a Hollywood può far incidere il suo nome su quel marciapiedi per soli 7500 dollari! Decisi che Hollywood, cioè la carriera di attore, non faceva per me.

Ero molto contento di aver passato un'intera giornata con mio padre e mi rendevo conto che avevo imparato moltissime cose su di lui come uomo – non era solo colui che mi tirava giù dal letto dicendo che dovevo lavarmi e vestirmi. E al resto della famiglia non ci pensavo proprio.

Il giorno dopo noleggiammo un'auto e partimmo per San Fernando Valley che distava circa 50 miglia (80 km) da Los Angeles: autostrada a otto corsie per tutto il tragitto! Andavamo a trovare un lontano cugino che abitava in quello che mio padre definì un grande sobborgo di Los Angeles. Mio cugino ci mostrò con grande orgoglio la sua auto, la casa, la piscina, il garage, la figlia di tre anni e perfino il loro forno a microonde. La visita non fu tempo perso perché ci regalò due biglietti d'ingresso all'Universal Studios Hollywood, dove lavorava la moglie.

L'Universal Studios Hollywood è un parco con alcuni giochi veramente originali. Il migliore mi sembrò il percorso Jurassic Park, dove devi evitare i dinosauri mentre stai precipitando giù per una cascata. Era bello visitare un parco a tema che non fosse ispirato a Topolino. Però quanto mi è piaciuta Disneyland! Bè, piace a tutti, no? I giochi e le giostre sono molto più belli di quelli di Eurodisney e, in qualche modo, il tutto mi è sembrato anche meno commerciale di Parigi.

Papà voleva andare a Death Valley perché c'era stata mia zia, ma non mi disse che ci volevano quattro ore e mezzo di macchina per arrivarci. Passammo attraverso un paio di città che sembravano fotocopie di Las Vegas e poi per Trona, un vero inferno con tutte quelle fabbriche e industrie e quell'aria inquinata. Passammo davanti all'ingresso dell'Edwards Air Force Base, il luogo d'atterraggio dello shuttle, e lungo tutto il percorso c'erano dei cartelli militari tutti numerati. Mi venne in mente 'X-Files' e mi domandai dove tenessero gli alieni. Alle undici di sera arrivammo a un piccolo albergo stile ranch.

"Passammo davanti all'ingresso dell'Edwards Air Force Base, il luogo d'atterraggio dello shuttle, e lungo tutto il percorso c'erano dei cartelli militari tutti numerati. Mi venne in mente 'X-Files' e mi domandai dove tenessero gli alieni"

Il mattino dopo mio padre doveva lavorare e così mi spedì a fare un giro a cavallo di tre ore per vedere Death Valley. Sulle prime pensai che andare a cavallo era una cosa da femmine, ma dal momento che i miei compagni di scuola erano lontani mille miglia potevo azzardarmi a farlo. L'escursione prevedeva la salita in cima a una rupe attraverso dune di sabbia e poi giù per una gola, ma a dire il vero non potevo apprezzare la bellezza del paesaggio perché dovevo lottare con il mio cavallo che si rifiutava categoricamente di avanzare e a un dato momento fu sul punto di sbalzarmi di sella e farmi rotolare giù per una scarpata!

Dopo la cavalcata ero esausto e dormii per quasi tutto il lungo viaggio in auto che ci ricondusse all'aeroporto internazionale di Los Angeles. Sarei rimasto volentieri in California e il viaggio con papà è stato grande, ma a quel punto mi accorsi che mi mancava il pezzo della famiglia che era rimasto a casa.

Il Los Angeles Zoo, che domina la città dall'alto di Griffith Park, possiede un aviario accessibile al pubblico e un settore dedicato ai bambini che si chiama Adventure Island.

Interessante e istruttivo Il famoso LA County Natural History Museum è conosciuto soprattutto per gli imponenti scheletri di dinosauro esposti nella Dinosaur Hall e per l'enorme allevamento di insetti operante presso lo zoo. Per un tuffo nella vivace cultura ispanica portate i ragazzi in Olivera St, via nel cuore di Los Angeles chiusa al traffico e trasformata ormai dagli anni '30 in un vero e proprio mercato messicano.

Puro divertimento I parchi dei divertimenti della California meridionale sono noti in tutto il mondo e Disneyland continua a essere il più apprezzato dal pubblico: nella Toon Town di Fantasyland i più piccoli possono ancora farsi fotografare in compagnia di Topolino.

Non lontano da Disneyland si trova la Knott's Berry Farm, parco dei divertimenti ispirato al Far West, con dimostrazioni di come si separava l'oro dalla sabbia e messa in scena di sparatorie. Gli Universal Studios di Hollywood sono un'ottima introduzione al mondo degli effetti speciali e dei trucchi cinematografici, ma offrono anche percorsi stile montagne russe ispirati ai film Back to the Future e Jurassic Park.

Fra Los Angeles e San Diego si trova Legoland: in teoria il posto è pensato per i più piccoli ma, dal momento che non si possono toccare, per molti genitori risulta poi faticoso impedire ai figli di mettere le mani sugli amati mattoncini. Sono disponibili biciclette per visitare il parco e sono previste escursioni in barca fra gli isolotti più grandi.

attività

Agli appassionati di dinosauri vanno segnalati i La Brea Tarpits, pozze di catrame in cui a partire dall'ultima glaciazione finirono intrappolati moltissimi animali. Gli scavi, che hanno riportato alla luce un gran numero di fossili e ossa di dinosauro, proseguono sotto gli occhi del pubblico e, per chi è munito di sacco a pelo e torcia elettrica, ci sono possibilità di pernottare sul posto a poco prezzo.

parchi e giochi all'aria aperta

Fra le Hollywood Hills si estende Griffith Park, uno fra i più grandi parchi cittadini degli Stati Uniti, che ha una giostra del 1926, pony da cavalcare e aree riservate al picnic. Il Santa Monica Pier è un pontile adibito a parco dei divertimenti, con varie giostre e giochi sullo sfondo dell'Oceano Pacifico.

feste e manifestazioni

Intorno alla fine di gennaio iniziano le celebrazioni del Capodanno cinese (soprattutto a San Francisco e Los Angeles) che prevede sfilate, fuochi d'artificio e grandi abbuffate. Il Cinco de Mayo, ovvero il 5 maggio, anniversario della vittoria messicana del 1862 sui francesi a Puebla, si festeggia in città come San Diego, Los Angeles, San Francisco e altri centri che hanno una popolosa comunità ispanica.

FLORIDA

Con tutte le sue spiagge, la Florida è un posto perfetto per i bambini. Il paese, però, non è solo sinonimo di mare e sabbia, perché ci sono moltissime foreste, laghi e parchi dove poter campeggiare, fare escursioni, andare in bicicletta e in canoa nonché un'incredibile varietà di flora e fauna selvatica.

miami

informazioni

Di venerdì il quotidiano *Miami Herald* pubblica il supplemento *Weekend* dedicato al tempo libero. Esiste poi un'ottima guida dal titolo *Places to Go with Children in Miami & South Florida*, di Cheryl Juárez e Deborah Johnson, utilissima per intrattenere e divertire i bambini in quest'angolo di mondo.

che cosa vedere e fare

Animali e natura Il Metrozoo di Miami è uno zoo di prima classe dove gli animali hanno molto spazio per muoversi sistemati come sono in vasti recinti che riproducono il loro ambiente naturale. Eccellente pure il Miami Seaquarium, attivo nella conservazione e protezione dell'ambiente marino e amato dai ragazzi per come vi è illustrata la vita subacquea.

Interessante e istruttivo Piace molto ai bambini anche l'Historical Museum of Southern Florida di Miami che, con i suoi reperti e oggetti in esposizione, spazia dalla preistoria locale agli anni '20 rappresentati da un tram di Miami egregiamente restaurato. Con congegni da manovrare e dispositivi interattivi, il Miami Museum of Science & Space Transit Planetarium è una meraviglia per i bambini.

attività

Chi ama l'acqua non potrà resistere alla tentazione di tuffarsi nell'elegante Venetian Pool di Miami, una favolosa piscina alimentata da una sorgente, con grotte e cascatelle che i bambini saranno ansiosi di esplorare.

parchi e giochi all'aria aperta

Il South Pointe Park di Miami Beach è un posto dove trascorrere un bellissimo pomeriggio di sole: ci sono un bel parco giochi, un molo con i pescatori, un breve lungomare su cui passeggiare e una spiaggia molto invitante. L'Ocean Drive è il viale alla moda che costeggia il litorale, battuto da chi ama farsi guardare, perfetto per osservare lo spettacolo della gente durante una passeggiata in famiglia o una pedalata in bicicletta (si possono noleggiare sul posto).

in giro per la florida

A Orlando si può visitare l'ultima novità inaugurata da Walt Disney World ovvero Animal Kingdom, un parco che offre safari, escursioni sul fiume e piste da percorrere a piedi per osservare gli animali selvatici da vicino. Nel Magic Kingdom resiste ancora il castello di Cenerentola, ma non mancano attrazioni più recenti quali Alien Encounter e Space Mountain (montagne russe mozzafiato che sfrecciano nello 'spazio' e di solito fanno più paura ai genitori che i figli). L'Orlando Science Center è una variazione sul tema Disney World e propone fra l'altro un programma di visita serale per le famiglie.

Una meta di enorme richiamo sulla East Coast è il Kennedy Space Center, dove i bambini possono provare il brivido del decollo a bordo di un Apollo 8 stando all'interno della ricostruzione di un modulo spaziale. A Titusville l'US Space Camp organizza belle serate d'intrattenimento per i ragazzi.

A Tampa si trova Busch Gardens, un parco a tema ispirato all'Africa, con divertimenti come una serie di elettrizzanti montagne russe e una pianura di 80 acri (32 ettari), Serengeti Plain, popolata da giraffe, zebre, ippopotami, leoni e cammelli. Per ammirare quest'ultima dall'alto fate un giro sullo Skyride con i bambini.

Questo stato è ricco di splendidi zoo, tuttavia per un bambino sarebbe un peccato lasciare la Florida senza averne ammirato la natura dal vivo. L'Everglades National Park è senz'altro il fiore all'occhiello tra le riserve della Florida, ma vi sono anche altri parchi nazionali che si prestano a essere visitati con i bambini. Sia il Corkscrew Swamp Sanctuary, sulla Gulf Coast a nord di Naples, sia il Myakka River State Park vicino a Sarasota offrono bellissime escursioni a bordo di un idroscivolante (che può trasportare 70 passeggeri) attraverso zone protette di fitta palude abitate da alligatori e uccelli esotici.

I GRANDI LAGHI

Parte del cosiddetto Midwest, la regione dei Grandi Laghi (Michigan, Illinois, Ohio, Indiana, Wisconsin e Minnesota), è caratterizzata da moderni centri urbani e pianure ondulate coperte da campagna: il cuore pulsante intorno al quale orbita gran parte delle attività è Chicago.

chicago

informazioni

Informazioni utili sulle attività da farsi con i bambini si trovano nei supplementi *Friday Guide* che il quotidiano *Chicago Tribune* manda in edicola di venerdì e *Weekend* che esce il sabato con il *Chicago Sun-Times*.

che cosa vedere e fare

Animali e natura Lo Shedd Aquarium è conosciuto per il suo Oceanarium a più livelli, dove enormi vasche riservate ai mammiferi sembrano comunicare con le acque del lago al di là di finestroni alti dal pavimento al soffitto. I bambini di Chicago adorano il Lincoln Park Zoo, dove fra l'altro l'ingresso è gratuito.

Interessante e istruttivo Il Field Museum of Natural History ha una collezione eterogenea con reperti vari provenienti da ogni parte del mondo: mummie egizie, manufatti degli indiani d'America e numerosi scheletri di dinosauro (famoso è quello del Tyrannosaurus Rex battezzato Sue, in assoluto il meglio conservato di questa specie). All'Adler Planetarium and Astronomy Museum si scende sottoterra per osservare il cielo; congegni interattivi permettono ai ragazzi di assistere alla simulazione di eventi cosmici quali la caduta di un meteorite sulla terra.

attività

L'elegante profilo di Chicago è noto soprattutto nella versione che si offre allo sguardo dall'alto del Sears Tower Skydeck, ma una visione altrettanto spettacolare è quella che si gode dal John Hancock Centre, con la differenza che qui le code d'attesa sono molto più corte: in 40 secondi, poi, l'ascensore vi farà volare al 94° piano.

parchi e giochi all'aria aperta

Molto frequentato è il Navy Pier, luna park dove i ragazzi possono tentare la sorte al tirassegno sfidando l'imprevedibilità dei getti d'acqua o fare un giro sulla ruota panoramica alta 150 piedi (45 m). Molto frequentata in estate è la grande piscina pubblica di Holstein Park, dove fra l'altro noleggiano anche costumi da bagno.

in giro per i grandi laghi

Più o meno a un'ora di treno da Chicago si trova l'Indiana Dunes National Lakeshore, un parco che offre spiagge discrete e sentieri attraverso le paludi. A Cleveland, in Ohio, c'è il vivace Rock & Roll Hall of Fame & Museum che rende omaggio alle radici del rock e strabilia il pubblico con un allestimento interattivo che spazia dagli artisti della Motown all'hip hop.

HAWAII

L'idea di vacanza evocata da parole come *aloha* o dallo stesso nome di Hawaii è del tutto pertinente quando si parla di questo stato, soprattutto per quel che riguarda i bambini. Gli hawaiani amano i *keiki* (bambini) e per loro organizzano attività all'aperto di ogni genere, dall'equitazione al surf. Ricca inoltre è l'offerta di parchi, zoo, acquari e musei che si rivolgono ai ragazzi. Numerose e varie anche le possiblità di sistemazione: si va dai campeggi esposti alla brezza marina agli alberghi di superlusso che prevedono un programma quotidiano di attività per più piccoli.

informazioni

Pubblicazioni utili sono l'inserto *TGIF* ('Thank God It's Friday', ovvero 'grazie a Dio è venerdì') che esce il venerdì con l'*Honolulu Advertiser* e il settimanale gratuito *Honolulu Weekly* dove le famiglie possono trovare spunti interessanti per trascorrere il tempo libero nella zona di Oahu. Meritano un'occhiata anche le numerose riviste turistiche che vengono distribuite gratis, sia perché riportano cartine delle isole sia perché contengono buoni sconto di vario tipo, validi per l'acquisto di un sandwich o di un biglietto per una crociera all'ora del tramonto.

honolulu

che cosa vedere e fare

Animali e natura I bambini piccoli sono felici di poter accarezzare gli animali del piccolo Honolulu Zoo, all'interno di Kapiolani Park. Il vicino Waikiki Aquarium ha una vasca, allestita espressamente per i bambini, con pesci e altri animali che si possono accarezzare. All'Hanauma Bay Park i bambini intravvedono banchi di pesci pappagallo e altri abitatori delle scogliere coralline nelle acque turchesi che lambiscono i bordi di un anello vulcanico.

Interessante e istruttivo L'interessante Bishop Museum espone un po' di tutto, da antiche immagini che adornavano i templi hawaiani a mazze da guerra munite di denti di squalo e oggetti di scambio portati sulle isole dai mercanti yankee nel XIX secolo. Due volte al giorno vengono date dimostrazioni di attività tradizionali come la confezione di trapunte o di ghirlande di fiori, ma è anche possibile assistere a spettacoli di musica e danza hawaiana (*hula*).

Presso l'Hawaii Maritime Center, con sede lungo il Pier 7 dell'Honolulu Habor, è visibile *Hokulea*, la canoa a doppio scafo che fu costruita per ripercorrere le rotte dei primi navigatori polinesiani. I bambini più grandicelli, abituati a un mondo dove tutto funziona grazie all'elettricità, spesso rimangono affascinati nell'apprendere le antiche tecniche di navigazione e come una volta si sopravviveva in mare.

attività

Le spiagge più sicure per chi ha bambini piccoli in genere sono quelle del lato sottovento (sud) delle isole. Oltre alle famose spiagge di Waikiki e Diamond Head, provate la piccola Sans Souci Beach che ha anche docce all'aperto e un servizio di bagnini. I ragazzini possono prendere lezioni di surf e fra le dolci onde di Waikiki i più grandi imparano facilmente il boogie boarding.

Da novembre a marzo portate i vostri figli e la macchina fotografica a Sunset Beach o a Waimea Beach, lungo la costa nord dell'isola, dove surfisti provetti sfidano giornalmente le onde più alte – in inverno le correnti provenienti da nord possono produrre onde alte 20-30 piedi (6-9 m).

parchi e giochi all'aria aperta

I parchi costruiti sulla sabbia sono una delle attrattive delle Hawaii; uno dei più amati dalle famiglie è l'Ala Moana Park, vicino a Waikiki, perché oltre alla sabbia possiede anche zone d'erba e una placida laguna dove poter sguazzare e nuotare in tutta sicurezza.

in giro per le hawaii

A Big Island c'è l'Hawaii Volcanoes National Park, un'autentica meraviglia della natura in costante mutamento – il Puu Oo è un vulcano attivo e la lava continua a fuoriuscire dal suo cratere scivolando poi lentamente verso il mare. Attraverso il parco corre la Crater Rim Road, un sentiero che serpeggia fra colate laviche di epoche diverse. I bambini si divertono ad attraversare il Thurston Lava Tube (galleria di roccia lavica) muniti di torcia elettrica. Presso il Kilauea Visitor Center i bambini assistono incantati al breve video sulla storia del vulcano che proiettano al Nature Center; i bambini di età compresa fra 5 e 12 anni possono partecipare al programma giornaliero 'junior ranger'.

A sud di Kailua-Kona ci sono favolose possibilità di praticare lo snorkelling in acque sicure e accessibili anche ai bambini. Kahaluu Beach brulica di pesci multicolori ed è particolarmente adatta ai principianti. Non di rado è possibile avvistare balene dalla riva, specialmente lungo la costa occidentale di Maui. Per vederle più da vicino potete partecipare a un'escursione di whale-watching oppure fare una traversata a bordo del traghetto Maui-Lanai (nave che trasporta 24 passeggeri).

A Lahaina, vecchio porto di baleniere, si trova l'Old Lahaina Luau, ricostruzione turistica dell'antico villaggio di pescatori che, una volta tanto, non è un salasso economico. La posizione è incantevole, i pasti abbondanti e il divertimento prevede anche uno spettacolo di *hula*.

Gli adolescenti possono unirsi al gruppo di ciclisti che si raduna sulla vetta dell'Haleakala (10.000 piedi; 3000 m) per lanciarsi sulla strada serpeggiante che scende per 38 miglia (61 km) lungo il fianco del monte. Le biciclette sono dotate di speciali freni di sicurezza e ogni gruppo di ciclisti è seguito da furgone di scorta.

Con una puntata in auto fino al Waimea Canyon Lookout scoprirete perché Kauai è soprannominata Garden Island (isola giardino).

LOUISIANA

louisiana

new orleans

Nessuno corre o si agita troppo a New Orleans, città dove sembra vigere il motto *laissez les bons temps rouler* (spassatevela più che potete). E per i bambini è divertente scoprire il miscuglio di culture che rende questa città assolutamente unica. Tanto la cucina quanto la musica di New Orleans, infatti, riflettono influenze africane, francesi, italiane, spagnole e caraibiche.

informazioni

Se volete essere informati su attività organizzate appositamente per i bambini consultate il quotidiano *Times-Picayune* nell'edizione del lunedì: sotto la rubrica 'Living' troverete la voce 'kid stuff' che riporta questo genere di annunci. Informazioni analoghe sono pubblicate su riviste turistiche come *Where*.

aspetti pratici

Accent on Children's Arrangement è un servizio cui si possono affidare i bambini sapendo che saranno impegnati in attività organizzate.

che cosa vedere e fare

Animali e natura Obbligatoria per adulti e bambini è la visita agli Audubon Zoological Gardens, uno fra i migliori zoo del paese. La sezione intitolata Louisiana Swamp ricrea un tipico ambiente cajun popolato da alligatori, linci rosse, volpi, orsi neri, chelidridi, farfalle giganti ed enormi anaconde. Nell'Aquarium of the Americas i bambini possono osservare da vicino murene provenienti dalle scogliere coralline dei Caraibi e altre creature acquatiche che abitano il bacino amazzonico, il fiume Mississippi e le paludi del suo delta.

Puro divertimento Storyland è un luna park per bambini, con giochi vecchio stile e prezzi abbordabili, conosciuto per il suo Last Carousel, una giostra d'epoca restaurata, con animali di legno e organo Wurlitzer.

attività

La 'crociera' offerta dall'Audubon Zoo è un modo davvero unico di visitare lo zoo e l'Aquarium of the Americas: i bambini ne saranno entusiasti. Sono disponibili biglietti scontati che comprendono l'ingresso allo zoo, l'ingresso all'acquario e la crociera. Per passeggiare a piedi e andare liberamente a zonzo in bicicletta ci sono il City Park e le sponde del lago; volendo si può percorrere anche tutto il perimetro di Audubon Park e quello di Levee Park lungo il fiume.

feste e manifestazioni

New Orleans si scatena all'inizio di gennaio con il Mardi Gras che dà inizio ai festeggiamenti di carnevale destinati a culminare alla mezzanotte di un giorno di fine febbraio o inizio marzo. A questo proposito un avvertimento per i genitori: la massima animazione si ha nel quartiere francese (French Quarter), dove è probabile che i bambini piccoli siano travolti o spaventati dalla baraonda di musicisti di strada, artisti e cartomanti di ogni genere.

in giro per la louisiana

Per una famiglia che viaggia in automobile è piuttosto facile esplorare le piccole città, i rami paludosi dei fiumi e le strade di campagna della Louisiana. Nella parte sud-occidentale dello stato, la cosiddetta Cajun Country, si respira l'autentica atmosfera cajun nelle piccole città e nelle stradine secondarie di campagna; ci sono molti ristoranti in cui suonano musica cajun e zydeco e durante i fine settimana capita spesso di incappare in qualche festa cajun. Lungo le rive del Mississippi, fra New Orleans e Baton Rouge, si trovano vecchie piantagioni, oggi aperte al pubblico come siti storici, che in genere si visitano accompagnati da guide in costume d'epoca.

NEVADA E IL SOUTH-WEST

nevada e il south-west

Deserti ardenti e cime innevate, montagne dalla sommità piatta e altopiani solitari popolano i vasti orizzonti degli stati sud-occidentali, Nevada, Utah, Arizona e New Mexico. I vostri figli avranno sentito parlare di Las Vegas e in tivù avranno forse visto le sue insegne al neon, ma in questa parte degli Stati Uniti si possono scoprire deserti disseminati di cactus, grotte calcaree e piste da sci nonché il magnifico Grand Canyon e la più antica capitale degli Stati Uniti, Santa Fe, importante centro di riferimento per la cultura degli indiani del sud-ovest.

las vegas

Fino a poco tempo fa il centro di Las Vegas così come The Strip erano territori frequentati soprattutto da giocatori d'azzardo e nella maggior parte dei casinò si auspicava che i clienti lasciassero i bambini a casa. Di recente, invece, la città ha cambiato atteggiamento e oggi fa di tutto per attirare le famiglie, al punto che il numero di passeggini in circolazione sta ormai per eguagliare quello delle bande di scommettitori. I bambini sono dunque i benvenuti, tranne forse nelle zone in cui si gioca molto seriamente.

informazioni

A dispetto delle numerose insegne con la scritta 'Tourist Information', l'unico vero ufficio turistico che funziona in città è il Las Vegas Convention & Visitors Authority che ha sede all'interno del Las Vegas Convention Center.

aspetti pratici

Incredibile ma vero, anche a Las Vegas esistono quartieri abitati, con tanto di supermercati e farmacie ben forniti in cui trovare tutto il necessario per bambini e bebè, dai pannolini agli omogeneizzati ai farmaci da banco.

Servizi di baby-sitter si trovano lungo The Strip e a prezzi ragionevoli; l'amministrazione cittadina è convinta infatti che otterrà il vostro denaro in altri modi. Vi sono tre alberghi in città che offrono un centro di baby-sitter: il Gold Coast, l'MGM Grand e l'Orleans. Tutti gli altri invitano i genitori a rivolgersi ad agenzie di baby-sitter come l'Around the Clock Childcare e la Precious Commodity.

che cosa vedere e fare

Interessante e istruttivo Il Las Vegas Natural History Museum possiede modelli di dinosauro a grandezza naturale e un diorama della flora e fauna del Nevada. Il vicino Lied Discovery Children's Museum ha un congegno che produce bolle giganti e altri dispositivi interattivi per bambini di età compresa fra 3 e 12 anni.

Puro divertimento Percorrendo The Strip è difficile non fare una sosta al Circus Circus, complesso formato da albergo, casinò e parco a tema, dove animali, acrobati e maghi si esibiscono quotidianamente dalle undici del mattino fino a mezzanotte (l'ingresso è gratuito). Adventuredome è un grande parco dei divertimenti situato all'interno del complesso Circus Circus che offre un po' di tutto, dagli aeroplanini per i piccoli e i numeri gratuiti dei clown fino alla cosiddetta Extreme Zone riservata ai ragazzini spericolati.

Sempre lungo The Strip si trova il parco acquatico Wet'n'Wild (26 acri), dove dall'inizio di maggio alla fine di settembre è possibile rinfrescarsi e divertirsi in piscine con oltre una dozzina di scivoli, cascate, galleggianti e un percorso che simula una discesa fra le rapide.

attività

Lo Scandia Family Fun Center, pochi isolati a ovest di The Strip, è un centro concepito per il divertimento dell'intera famiglia, con tre campi di minigolf da 18 buche, autoscontro acquatico, campetti da baseball, miniauto da corsa e più di 200 videogiochi.

in giro per il south-west

Las Vegas è un'ottima base per esplorare il Grand Canyon in Arizona e la Death Valley in California. Appena 20 miglia a ovest di The Strip, in contrasto con le luci e i lustrini di Las Vegas, troneggia il Red Rock Canyon in tutto il suo naturale splendore.

A un'ora d'automobile troviamo Lake Mead che vanta 500 miglia (800 km) di bellissime sponde con varie zone perfette per una nuotata o per andare in barca. Presso l'armoniosa Hoover Dam i bambini più grandicelli partecipano volentieri alla visita guidata della centrale elettrica che dura mezz'ora.

I parchi nazionali di Zion e Bryce Canyon nell'Utah offrono favolosi sentieri attraverso paesaggi scabri costellati di insolite formazioni rocciose. L'interessante Museum of Indian Arts & Culture di Santa Fe presenta la storia e la cultura della comunità indiana nella regione.

NEW ENGLAND

new england

I sei stati che compongono il New England – Massachusetts, Rhode Island, Connecticut, Vermont, New Hampshire e Maine – conservano in parte il loro carattere di 'vecchia America' e si prestano a essere visitati con i bambini. Ce n'è per tutti i gusti: graziose fattorie e villaggi di campagna, aspre scogliere mozzafiato, catene montuose di granito nonché migliaia di laghi e laghetti di origine glaciale.

boston

informazioni

Due guide utili per i genitori sono *Kidding around Boston* di Helen Byers e *Kids Explore Boston* di Susan D. Moffat.

che cosa vedere e fare

Animali e natura L'avvistamento di una balena è quasi garantito a Stellwagen Bank, zona situata a 25 miglia (40 km) dalla costa e battuta dai cetacei perché ricca di cibo. Le enormi megattere incutono davvero timore quando all'improvviso si vedono saltare fuori dall'acqua e giocare tra loro; in primavera e in autunno, poi, la zona è attraversata da grandi branchi di delfini diretti o provenienti dall'Artide dove trascorrono il periodo estivo. Sono previste regolari escursioni in barca cui è facile partecipare.

Interessante e istruttivo Sul lungomare la zona restaurata di vecchi edifici in mattoni, nota come Museum Wharf, ospita il Boston Tea Party Museum, dove ai bambini piace assistere alla ricostruzione del momento in cui nel porto venivano scaricate le balle di tè. Il vicino Science Museum è pieno di congegni e dispositivi da azionare (il generatore di fulmini riscuote sempre grande successo). Alla porta accanto si trova il Computer Museum, famoso soprattutto per l'enorme computer attraverso i cui circuiti è possibile camminare.

Puro divertimento Il Salem Willows Amusement Park, 20 miglia (32 km) a nord-est di Boston, offre spiagge sicure, giochi e giostre per i bambini nonché minicrociere all'interno del porto.

attività

Al New England Aquarium si possono ammirare creature marine di tutte le forme, dimensioni e colori. All'interno di una gigantesca vasca cilindrica girevole, piena d'acqua di mare, vivono oltre 600 animali fra cui tartarughe, squali e anguille. Ai bambini in genere piace il porto di Boston, con i suoi traghetti per la vicina Georges Island e la vecchia goletta Liberty Clipper.

libri

Make Way for Ducklings di Robert McCloskey è una bellissima storia ambientata a Boston e un'ottima lettura per i bambini piccoli. Nel Boston Public Garden troverete le statue che raffigurano i simpatici protagonisti di questo libro.

in giro per il new england

A Salem verrete a conoscenza dei Salem Witch Trials, ovvero i processi alle streghe che qui si svolsero nel 1692, un'oscuro capitolo della storia americana che spesso intriga i bambini con il gusto dell'orrido. Scendendo lungo la costa si possono esplorare le dune di sabbia di Cape Cod o visitare la ricostruzione di un villaggio costiero dell'Ottocento presso il Mystic Seaport Museum, in Connecticut.

A nord di Boston funziona ancora una vecchia ferrovia a vapore che raggiunge la cima di Mt Washington, in New Hampshire. In Vermont è d'obbligo assaggiare lo squisito sciroppo d'acero. Bella da esplorare è l'aspra costa del Maine, tutta pini e rocce di granito.

NEW YORK

new york

Dici New York e pensi alla città dei grattacieli. Lo stato però non si esaurisce con la Grande Mela e offre un'infinità di attrattive per grandi e piccoli.

new york city

La città di New York è strepitosa per i bambini, ci sono la Statua della Libertà, l'Empire State Building, parchi in ogni quartiere e musicisti in ogni stazione della metropolitana. Non mancano i musei dedicati espressamente ai bambini e non c'è circo itinerante che manchi di far tappa a New York.

informazioni

Nei negozi per l'infanzia viene distribuito il giornale gratuito *Big Apple Parents' Paper*, ricco di suggerimenti utili per chi si muove in città con i bambini.

che cosa vedere e fare

Animali e natura Iniziare la visita dell'enorme Bronx Zoo con un giro sulla ferrovia sospesa Skyfari. Tornati a terra i bambini possono dare un'occhiata al mondo notturno dei pipistrelli, sentire l'odore di una moffetta o arrampicarsi su una ragnatela di corda.

Approfittando del fatto che Ava, nostra figlia, avrebbe trascorso una settimana in campeggio decidemmo di cogliere la palla al balzo e fare qualcosa di speciale con nostro figlio Trevor. Visti i suoi 14 anni era difficile trovare qualcosa che lo interessasse e infatti non sembrò particolarmente entusiasta dell'idea che Colleen e io avevamo avuto. O almeno così dava a vedere. Alla sua età non sempre le manifestazioni esteriori coincidono con ciò che uno prova.

new hampshire la PISTA di TREVOR

Mark e Colleen Lightbody hanno trascorso una settimana fra le montagne del New Hampshire con il figlio Trevor (14 anni).

La nostra intenzione era di fare con lui qualcosa che non avremmo potuto fare con la sorella minore, qualcosa che fosse adatto alla sua età e al contempo un po' una sfida. Decidemmo di affrontare le White Mountains del New Hampshire: una zona che Colleen e io avevamo battuto da soli parecchi anni prima.

Tracciato un itinerario di massima, discutemmo i dettagli con Trevor, studiammo le carte geografiche ed elencammo le attrezzature e le provviste necessarie. Lo zaino di Trevor era il più pesante, ma ogni nostra obiezione fu troncata dal suo laconico "Non c'è problema". Colleen e io ci rendemmo conto di essere entrati in una nuova fase e il viaggio ci dette ragione. Finita l'epoca dei genitori carichi come un mulo.

Il guardiano del parco ci aveva raccomandato di arrivare prima delle 9 e quindi fummo costretti ad alzarci alle 4 (a Trevor questo piacque moltissimo!). Passammo il confine in un lampo e raggiungemmo il campeggio giusto in tempo per accaparrarci una delle ultime piazzole libere.

Montata la tenda e sistemato tutto, sempre dividendoci i compiti, era giunto il momento di rodare gambe e polmoni percorrendo un sentiero breve. La sera, intorno a un falò improvvisato, cominciammo a scherzare sull'avventura che ci attendeva l'indomani. Le dinamiche famigliari cambiano completamente quando ci si trova solo con un figlio e sembrava che ognuno apprezzasse la compagnia degli altri e la possibilità di parlare. E non si sentiva affatto la mancanza del solito cicaleccio fatto di dispetti e bisticci che tutti i genitori di almeno due figli ben conoscono.

Il mattino si annunciò con lo scoraggiante picchiettio della pioggia sul nylon della tenda. Mi precipitai all'ufficio del campeggio per leggere l'ultimo bollettino meteorologico e apprendere così la crudele sentenza che annunciava pioggia e cielo irrimediabilmente coperto per tutto il santo giorno con qualche vaga possibilità di schiarita appena per l'indomani. Rinunciare? Nessuno osò confessarlo.

Eravamo soli su quel sentiero e dopo non molto ci accorgemmo che si trattava di un percorso tutt'altro che agevole. Oltre a essere ripido, il sentiero era tutto curve, disseminato di massi nonché di radici e ceppi d'albero. Il terreno poi con la pioggia era diventato fangoso. Con nostra sorpresa, Trevor ci diede dentro. Ci arrampicammo per ore, facendo piccole soste ogni volta che sentivamo il bisogno di alleggerire l'abbigliamento. Difficile dire se la sensazione di bagnato che avevamo addosso fosse dovuta al sudore o alla pioggia. A metà pomeriggio raggiungemmo l'area riservata al campeggio. Sparse fra gli alberi scorgemmo le piattaforme di legno su cui si montano le tende e avvicinarsi alla meta incespicando fra le rocce scivolose fu un po' come entrare in un mondo magico. Trevor fu il primo a cogliere quest'atmosfera, dicendo: "Sembra il paese degli gnomi". Fra i rami grondanti d'acqua comparve prima un escursionista con i capelli scompigliati che ci sorrise prima di proseguire e poi due amache dondolanti occupate da due donne che, con forte accento francese, dissero: "Ce l'avete fatta, ci sono piattaforme libere più avanti. Scegliete quella che volete".

"Lo zaino di Trevor risultò essere il più pesante, ma ogni nostra obiezione fu troncata dal suo laconico 'Non c'è problema'. Colleen e io ci rendemmo conto di essere entrati in una nuova fase e il viaggio ci dette ragione. Finita l'epoca dei genitori carichi come un mulo".

Il mattino dopo non riuscivo a vedere nulla. "Che nebbia", pensai, ma in verità erano nuvole. L'intenzione era di arrivare in cima e camminare lungo il crinale per toccare qualcuna delle altre vette intorno ai 5000 piedi (1500 m). Dopo alcune ore raggiungemmo il limite della vegetazione arborea e scorgemmo le prime creste.

La visibilità era pari a zero e il vento soffiava così forte che faticavamo a restare in piedi. Appena ci riparammo a ridosso di un affioramento roccioso e aprimmo gli zaini, tutt'a un tratto, sembrò illuminarsi il mondo intero. Alzammo lo sguardo e, come se qualcuno stesse aprendo una finestra, vedemmo sparire un banco di nubi. Lo spettacolo ci fece restare senza fiato. Si vedevano foreste, valli e montagne a perdita d'occhio. Il paesaggio scomparve di nuovo e la scena continuò a ripetersi più volte facendo crescere la nostra euforia a ogni nuovo squarcio di panorama. Nel giro di dieci minuti l'intero cielo si era schiarito, le nubi si erano alzate come un sipario e la nostra vista spaziava per circa 50 miglia (80 km) in ciascuna direzione. Per tutti e tre era stata un'esperienza completamente nuova e in qualche modo conquistata. Dopo qualche minuto fummo raggiunti da altri escursionisti desiderosi di consumare il loro pranzo al sacco. Erano tutte persone adulte. In Nordamerica gli adolescenti non godono di molta considerazione, è raro che un estraneo rivolga loro la parola o che li tratti da pari. In quella circostanza, invece, dopo quel che era successo e nell'euforia generale le persone salutarono Trevor, gli fecero domande e lo trattarono esattamente come un adulto.

Fu Trevor a guidare la discesa alcuni giorni dopo. A me dolevano le ginocchia, Colleen aveva mal di schiena, ma Trevor mise la quinta. Non lo rivedemmo fino al parcheggio. Spaparanzato sull'erba, sembrava stanco ma felice, forte e contento di sé. Fu la vista più bella di tutto il viaggio.

Più piccolo è il Central Park Wildlife Center, dove si possono accarezzare i lama e osservare i comportamenti buffi di foche e pinguini.

Interessante e istruttivo L'American Museum of Natural History è famoso per la sua sala dei dinosauri, dove i bambini possono toccare e prendere in mano ossa di creature estinte eppure ancora tanto affascinanti. Ha compiuto cent'anni il Brooklyn Children's Museum che ha un parco giochi ispirato alla diversità culturale e una serra concepita per insegnare ai bambini concetti come la tutela della natura e la conservazione dell'ambiente. Nel mese di giugno il museo ospita un festival internazionale dei palloncini. Le dimensioni contenute del New York Aquarium lo rendono un posto perfetto anche per i bambini piccoli; c'è anche una vasca dove si possono toccare stelle marine e altre piccole creature acquatiche.

Puro divertimento Il Big Apple Circus fa una tappa al Lincoln Center ogni inverno, mentre il Ringling Bros and Barnum & Bailey Circus s'installa nel Madison Square Garden nei mesi di maggio e giugno con i suoi leoni, le tigri, i giocolieri e i pagliacci.

parchi e giochi all'aria aperta

Lungo le strade dell'enorme Central Park trottano cavalli e carrozze accanto a ragazzi che sfrecciano sui roller blade, tutto in perfetta armonia all'interno di quello che è lo spazio verde più famoso di tutta New York. Altri parchi adatti ai bambini, con sabbia, scivoli e altalene, sono Riverside Park a Manhattan, Hecksher Playground nella zona di Midtown e Prospect Park a Brooklyn.

feste e manifestazioni

È difficile che a New York passi una settimana senza una qualche sfilata, un mercatino o una festa per le vie della città. La sfilata che si tiene in occasione del St Patrick's Day, in marzo, e Macy's Thanksgiving Day sono due tra gli eventi di maggiore richiamo. Tutti gli anni migliaia di spettatori vogliono assistere all'accensione dell'Albero di Natale (Christmas Tree Lighting) che convenzionalmente inaugura il periodo festivo in città.

in giro per lo stato di new york

Lo Strong Museum di Rochester è un interessantissimo museo storico dedicato ai bambini, con molti oggetti da toccare e manovrare e una sala davvero curiosa con personaggi, baleniere, dimostrazioni culinarie e macchine del tempo.

Vicino a Saranac Lake si può visitare il piccolo Six Nations Indian Museum, museo a gestione famigliare che offre una bellissima introduzione alla cultura degli indiani d'America.

Quasi tutti coloro che si recano a Cooperstown lo fanno con l'intento di visitare il National Baseball Hall of Fame Museum ovvero la sua collezione di cimeli: mazze, guanti, divise sportive e palline usate da Babe Ruth, Willie Mays e altri campioni dello sport più amato negli Stati Uniti.

Ai patiti di luna park segnaliamo il Lake George Action Park, un parco dei divertimenti con giochi, giostre e spettacoli stile fine Ottocento, e il vicino Great Escape Fun Park, il più grande parco dei divertimenti di New York, con percorsi sull'acqua, montagne russe e spettacoli dal vivo.

Sposi in luna di miele e animi sprezzanti del pericolo hanno reso famose le cascate del Niagara, ma la loro meraviglia incanta soprattutto i bambini. La principale attrazione turistica di Niagara Falls è il giro in barca di mezz'ora a bordo del *Maid of the Mist* che si avvicina alla cascata e permette di percepire tutta la furia dell'acqua che scroscia impetuosa. Sono previsti biglietti famigliari che consentono l'ingresso anche ad altri luoghi turistici nei dintorni.

Adagiato in alta quota sulle Adirondack Mountains, il suggestivo villaggio di Lake Placid ha ospitato le Olimpiadi Invernali del 1932 e del 1980. La località ha molto da offrire durante tutto l'arco dell'anno, dallo sci e il pattinaggio su ghiaccio d'inverno alle escursioni a piedi e in bicicletta d'estate.

MONTAGNE ROCCIOSE

montagne rocciose

Nella culla del mitico Far West i bambini talvolta hanno modo di scoprire che quello vero è piuttosto diverso da quello rappresentato nei film western. Vecchi centri minerari e città di frontiera come Leadville (Colorado) e Helena (Montana) conservano luoghi d'interesse storico che dimostrano quanto la 'conquista' dell'Ovest andò a scapito del popolo e della civiltà degli indiani d'America.

L'unico grosso problema da queste parti sono le folle di turisti che durante la stagione estiva si è soliti incontrare in parchi nazionali come quello di Yellowstone o di Rocky Mountain.

colorado

che cosa vedere e fare

Interessante e istruttivo Il Denver Museum of Natural History possiede alcune sale dedicate alla geologia e ai dinosauri, con vari oggetti da toccare e congegni da manovrare; inoltre, c'è la possibilità di partecipare a interessanti e divertenti laboratori di mezza giornata (prezzi abbordabili) per la coppia 'genitore-figlio' su temi quali artigianato, salute, flora e fauna.

attività

Fra i parchi nazionali va segnalato quello di Mesa Verde, nel Colorado sud-occidentale, davvero unico per come riesce a presentare la storia e la cultura di un popolo indigeno le cui origini risalgono a più di mille anni fa. Nel Cliff Palace, arrampicandosi lungo una scalinata di pietra e poi quattro scale a pioli, i bimbi più agili scoprono con i genitori un labirinto di rifugi e nascondigli.

wyoming

attività

Fondato nel 1872 per salvaguardare la singolare struttura geologica di questa zona (spettacolari sorgenti termali geotermiche, foreste fossili e laghi alpini insieme a una ricca flora e fauna selvatiche tra cui il grizzly o orso grigio), lo Yellowstone National Park è un posto che ogni bambino sarà entusiasta di esplorare. Alle famiglie con bimbi che abbiano compiuto otto anni la Yellowstone Association offre escursioni a cavallo con pernottamento e guida di un ranger.

In estate i turisti prendono d'assalto il Rocky Mountain National Park per ammirare le magnifiche cime montuose e avvistare vapiti, pecore delle Montagne Rocciose, alci e castori.

montana e idaho

che cosa vedere e fare

Interessante e istruttivo Il Museum of the Rockies di Bozeman è uno dei musei più divertenti del Montana: è noto soprattutto per i diorami di dinosauri e per il percorso 'Tour of the Night Sky' del planetario, ispirato alla cosmogonia degli indiani d'America.

attività

Il Glacier National Park è una meta che incute grande rispetto nei visitatori nordamericani in quanto tuttora luogo sacro della nazione dei Piedi Neri per i quali questa regione era la 'spina dorsale del mondo'. Il percorso chiamato Going-to-the-Sun Rd ('la strada verso il sole'), lungo 50 miglia (80 km), attraversa lo spartiacque continentale all'altezza del Logan Pass offrendo stupende vedute dei ghiacciai e, non di rado, anche di capre delle nevi e pecore delle Montagne Rocciose.

Sun Valley (Idaho) è un vero paradiso per le famiglie di sciatori poiché vi sono piste di ogni tipo, dalle più facili alle più difficili; i bambini godono di sconti sui biglietti per gli impianti di risalita e sono previsti anche corsi per i principianti. I crateri del Moon National Monument sono un'esperienza unica per un bambino che qui può raggiungere i bordi dei crateri, arrampicandosi su per brevi sentieri, e andare alla scoperta di tunnel e grotte di lava.

PACIFIC NORTHWEST

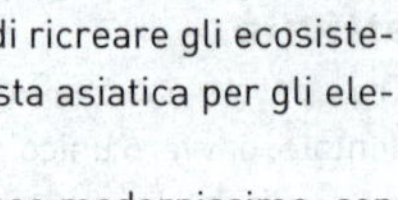

seattle

che cosa vedere e fare

Animali e natura Il Woodland Park Zoo di Seattle fu uno dei primi zoo del paese ad abolire le gabbie sostituendole con recinti in cui si cercava di ricreare gli ecosistemi delle specie animali ospitate (qui non mancano una foresta asiatica per gli elefanti e una savana africana).

Interessante e istruttivo Il Pacific Science Center è un museo modernissimo, con una sezione interattiva dedicata agli ologrammi e un robot che sfida i bambini a tria. Al Burke Museum si possono ammirare i totem (pali scolpiti con figure sovrapposte di animali e uomini) degli indiani nativi della North Coast, una magnifica introduzione al mondo spirituale degli indiani d'America.

Che Seattle sia una città proiettata verso il futuro lo affermava già nel 1962 con la costruzione dello Space Needle ('ago dello spazio') in occasione dell'Esposizione Universale. La vista dalla terrazza panoramica è strepitosa, ma i bambini sembrano apprezzare soprattutto la salita lampo in ascensore che in soli 41 secondi raggiunge l'altezza di 520 piedi (156 m).

parchi e giochi all'aria aperta

Durante i brevi periodi estivi in cui la città diventa calda e afosa, gli abitanti di Seattle sciamano verso Lake Washington per affollare le piccole spiagge che orlano le sponde del lago. Vi sono anche piste ciclabili e aree con giochi per i bambini piccoli.

in giro per il pacific northwest

I due stati che formano la regione del Pacific Northwest, Washington e Oregon, sono caratterizzati da territori e paesaggi assai diversi e al contempo spettacolari, basti pensare alla Columbia River Gorge, maestoso canyon scavato dal fiume omonimo, o alla zona vulcanica devastata dall'eruzione di Mt St Helens. Sempre piacevole è la sosta a Portland (Oregon) che possiede una qualità invidiatale da molte città americane, ovvero la reputazione di essere simpatica e ospitale nonché un centro prospero e fiorente, disseminato di fontane e bizzarre statue di animali.

TEXAS

texas

In Texas i vostri ragazzi potranno finalmente giocare ai cowboy. È divertente scoprire che da qualche parte gli stereotipi del Far West esistono sul serio: immensi spazi aperti, cowboy in carne e ossa, paesaggi pietrosi e animali insoliti. In tutto il paese si trovano facilmente molti alberghi che offrono tariffe scontate per le famiglie nonché agenzie con convenienti proposte di viaggi pacchetto.

che cosa vedere e fare

Animali e natura A sud-ovest di Dallas-Fort Worth, presso Glen Rose, si trova il Fossil Rim Wildlife Center realizzato per proteggere specie animali in pericolo come il rinoceronte bianco africano e il guaro (lupo dalla criniera) messicano. Molto bello è il Fort Worth Zoo che ospita specie particolari come il koala e il varano di Komodo.

Interessante e istruttivo Presso lo Space Center Houston della Nasa, bambini (ed ex bambini!) possono indossare una tuta spaziale di quelle usate per le missioni lunari e provare l'ebbrezza di saltare in un ambiente a bassa gravità (simulatore delle condizioni presenti sulla luna).

San Antonio è la suggestiva cittadina dove sorge quello che fu il vecchio forte spagnolo e poi la missione di Alamo, famosa per la bellezza del posto ma soprattutto perché teatro di una delle più importanti battaglie della storia del Texas.

Puro divertimento Il Sea World San Antonio organizza visite 'dietro le quinte' per giovani appassionati dell'universo acquatico. Nel parco a tema Six Flags di Arlington il divertimento è garantito grazie alle montagne russe. A Fort Worth c'è il Cowtown Coliseum, dove aspiranti cowboy e cowgirl assistono con il fiato sospeso a emozionanti numeri di rodeo che vedono esperti cowboy alle prese con tori selvatici.

attività

L'equitazione è uno sport molto diffuso in Texas e se i vostri figli desiderano montare a cavallo potranno farlo sia in luoghi remoti come il Big Bend National Park sul Rio Grande sia nei ranch per turisti nella regione centrale dello stato.

Per gli adulti Austin è soprattutto una città della musica, per i bambini invece diventa interessante nel periodo compreso fra marzo e novembre quando, ogni giorno all'ora del tramonto, si vedono milioni di pipistrelli affamati che spiccano il volo da sotto il Congress Ave Bridge per andare a caccia di insetti.

WASHINGTON, DC

Con tutti i suoi luoghi d'interesse storico, i musei e le occasioni di svago, la regione che ospita la capitale degli Stati Uniti è una meta molto frequentata dalle famiglie americane. Il bello per chi viaggia all'insegna del risparmio è che a Washington, DC molti posti prevedono l'ingresso gratuito, cosa che permette di offrire ai propri figli divertimento e cultura a volontà.

che cosa vedere e fare

Animali e natura Allestito entro i confini naturali di un canyon coperto di foreste, il National Zoological Park è uno dei fiori all'occhiello del distretto di Columbia. Durante i fine settimana estivi consigliamo di visitarlo nelle prime ore del mattino per evitare le folle e il gran caldo.

Interessante e istruttivo Le enormi sale del National Air & Space Museum ripercorrono la storia dell'aviazione e delle esplorazioni spaziali tramite congegni interattivi e apparecchi quali il *Flyer* dei fratelli Wright, lo *Spirit of St Louis* di Charles Lindbergh e il modulo di comando dell'*Apollo 11*.

Il National Museum of Natural History vanta un cinema con sala IMAX e un settore scientifico dove i bambini possono toccare ed esaminare conchiglie, ossa, geodi, costumi e altro ancora.

Puro divertimento Il bellissimo Discovery Theater dell'Arts & Industries Building mette in scena spettacoli per bambini e numeri di marionette e burattini; sul lato opposto della strada c'è un'antica giostra ancora funzionante.

attività

I bambini si divertono un mondo a esplorare il National Sculpture Garden dove scoprono enormi e bizzarre sculture come House di Roy Lichtenstein e Spider di Louise Bourgeois.

parchi e giochi all'aria aperta

Chi ama le attività all'aperto può puntare in direzione nord-ovest e raggiungere il Rock Creek Park, dove troverà lunghi sentieri da percorrere a piedi, a cavallo o in bicicletta.

in giro per washington, dc

Sulla sponda opposta del Potomac si trova la Virginia, stato dove si possono visitare molti edifici in stile coloniale, mostre dedicate alla guerra di secessione e l'ottimo Children's Museum di Richmond.

NORD AMERICA

Come negli Stati Uniti quasi tutti i luoghi d'interesse turistico prevedono tariffe ridotte per i bambini e/o biglietti famigliari (validi cioè per due adulti e due bambini) che, in molti casi, risultano ancora più convenienti. Alcuni alberghi offrono il pernottamento gratuito per i bambini piccoli. L'aspetto forse più interessante del Canada è il suo ricco mosaico culturale, patrimonio formato da popoli di origine europea, asiatica e dai nativi americani.

MONTREAL

che cosa vedere e fare

Animali e natura L'Insectarium del Jardin Botanique (giardino botanico) affascina tutti i bambini con la sua enorme quantità di insetti provenienti da tutto il mondo; se siete fortunati, vi offriranno anche l'assaggio di una cavalletta ricoperta di cioccolato.
Interessante e istruttivo Il Planetarium di Montreal è un posto molto frequentato dalle famiglie, apprezzato soprattutto per gli spettacoli multimediali sull'energia del sole e i campi magnetici della terra. Vi sono alcune mostre interattive e proiezioni serali di riprese della volta celeste con commento alternato in lingua inglese e francese. La YMCA, che ha sede in Rue Stanley, offre un programma diurno di varie attività per bambini di età compresa fra 18 mesi e 12 anni (prezzi abbordabili).
Puro divertimento In estate è facile (anche se costoso) far contenti i ragazzi nel parco dei divertimenti di La Ronde dove, oltre alle montagne russe, del vecchio tipo in legno, ci sono anche giostre per i bambini più piccoli.

attività

In estate gli abitanti di Montreal amano andare a passeggio nella zona del Vieux-Port (porto vecchio) che si presta benissimo a un picnic lungo il fiume, una passeggiata in bicicletta o anche solo uno sguardo allo scorrere della vita in quest'angolo della città. Fra maggio e giugno talvolta c'è la possibilità di assistere a uno spettacolo del fantastico Cirque du Soleil (la compagnia originale).

Costruito in occasione delle Olimpiadi del 1976, l'Olympic Park ha una funivia che regala una magnifica vista della città. Genitori e figli con la passione del nuoto possono tuffarsi in una delle sei piscine pubbliche oppure esplorare la cosiddetta Biodome, ricostruzione globale dell'ecosistema di una foresta pluviale, con tanto di scimmie e alligatori.

parchi e giochi all'aria aperta

Lo splendido Parc du Mont Royal domina l'intera città, mentre il Parc La Fontaine attira molti piccoli con il suo teatro delle marionette e la piscina per bambini.

TORONTO

I bambini sono i benvenuti nella più grande città del Canada, famosa per la pulizia e l'esuberanza dei quartieri del centro. Metropolitana e tram sono perfettamente sicuri, solo chi gira con il passeggino potrebbe avere qualche difficoltà nel caricarlo a bordo di alcuni mezzi pubblici.

che cosa vedere e fare

Animali e natura Nell'enorme Toronto Zoo i bambini possono riposarsi un po' prendendo la ferrovia in miniatura che fa il giro del parco. Uno dei settori preferiti dai bambini è la cosiddetta Black-Light Zone, dove possono spiare le mosse degli animali notturni.

Interessante e istruttivo Da tempo modello per i musei della scienza dedicati ai bambini, l'Ontario Science Centre possiede centinaia di congegni da manovrare, compreso un generatore elettrico da far rizzare i capelli e una macchina del tempo progettata al computer. Spazi per giocare e dispositivi interattivi per bambini fino a 8 anni si trovano al Children's Own Museum, dove ci sono anche un giardino, giochi di costruzioni, una parete piena di strumenti musicali e un laboratorio artistico.

Puro divertimento In estate sono molti i bambini e i ragazzi che si divertono con i giochi e le giostre del Paramount Canada's Wonderland, dove oltre a vari tipi di montagne russe c'è un'enorme sezione per i più piccoli popolata di personaggi dei cartoni animati di Hanna e Barbera. Da maggio a settembre Ontario Place diventa un posto ideale per i bambini, con mimi, musicisti ambulanti e dove viene anche allestito il Children's Village con un'area tutta dedicata ai mattoncini Lego.

attività

Harbourfront organizza attività per bambini che spaziano dai concerti all'aperto in estate al pattinaggio su ghiaccio (gratis) in inverno.

parchi e giochi all'aria aperta

High Park è perfetto per un picnic, per andare in bicicletta, pattinare sui roller blade o passeggiare fra le aiuole all'ora del tramonto. All'estremità ovest di Ward's Island c'è un simpatico 'fortino' che funge da parco giochi per i bambini.

feste e manifestazioni

Nel mese di maggio, in occasione dell'International Children's Festival, Harbourfront ospita compagnie di teatro, danza, musica e marionettisti provenienti da tutto il mondo per una serie di eventi che si rivolgono soprattutto ai bambini.

VANCOUVER

Vancouver

Vancouver ama definirsi una città amica dei bambini, ricca di mete e attività interessanti per i piccoli.

informazioni

Nei centri d'informazione turistica troverete l'opuscolo gratuito *Kids' Guide to Vancouver* che elenca almeno un centinaio di posti dove poter portare bambini e ragazzi.

che cosa vedere e fare

Interessante e istruttivo L'HR MacMillan Planetarium and Pacific Space Centre, che fa parte del Vancouver Museum Complex, offre bellissime immagini del cielo e degli astri in movimento proiettate all'interno di una cupola del diametro di 20 m.
Puro divertimento Stanley Park fa la gioia dei più piccoli con la sua fattoria per i bimbi e la ferrovia in miniatura. Playland, all'interno di Hastings Park, è un parco dei divertimenti con oltre 35 fra giostre e giochi di vario tipo. SplashDown Park, infine, è un parco acquatico con 13 scivoli, piscine e divertimenti vari che coprono una superifcie di ben 10 acri (4 ettari).

attività

Il Vancouver Aquarium ospita più di ottomila creature marine, ma ad attirare l'attenzione dei visitatori più giovani sono soprattutto delfini, orche e beluga. A partire da 8 anni i bambini possono partecipare all'esperienza 'Sleepover with the Whales'.

parchi e giochi all'aria aperta

Nel Kitsilano Beach Park si trova l'unica piscina con acqua di mare della città (la piscina è scoperta, ma l'acqua è riscaldata), nota con il nome di Kitsilano Outdoor Pool. A West Vancouver va segnalato Lighthouse Park, una bellissima foresta fitta di vecchi abeti Douglas, con un faro del 1914, interessanti formazioni rocciose e vasche naturali che i bambini amano esplorare.

feste e manifestazioni

Il Vancouver International Children's Festival si tiene ogni anno a Vanier Park durante l'ultima settimana di maggio. Al festival, che offre spettacoli e divertimenti per tutte le età, partecipano circa 200 fra musicisti, attori, mimi, clown, marionettisti, giocolieri e cantastorie canadesi e di provenienza internazionale.

Il Canada non è una destinazione esotica per chi come noi vive negli Stati Uniti ed è persino difficile percepirlo come paese straniero giacché parliamo la stessa lingua. Eppure avevo sentito gente favoleggiare di viaggi in Canada con i bambini: città immacolate, paesaggi da cartolina e poche persone in giro vista la scarsa densità di popolazione. La decisione fu presa: avremmo varcato il confine.

canada sul FIUME dei SOGNI D'ORO

Stephanie Levin-Gervasi ha fatto una vacanza in Canada con il marito Luis e la figlia Camille (8 anni).

L'intenzione era di raggiungere Vancouver (British Columbia) in aereo e da lì proseguire in treno per Whistler. Trattandosi del primo viaggio in Canada sia per mio marito sia per nostra figlia, ci concedemmo un paio di giorni per visitare Vancouver.

Questa città è talmente a misura di bambino che ti fa venir voglia di venirci ad abitare. L'attraversammo in lungo e in largo a bordo di autobus, battelli e naturalmente a piedi, superando molti ponti e costeggiando molte baie. Un paio di giorni non rendono giustizia a Vancouver. La cosa migliore, a mio avviso, è combinare un po' di attività all'aperto con la visita di alcuni musei adatti ai bambini.

Noi scegliemmo di vederne due. Il primo fu Science World, l'edificio che domina la città con la sua cupola d'argento a forma di palla da golf. È molto frequentato, pieno di sorprese che puoi mettere in funzione azionando leve o pulsanti, fra le quali trovammo formidabili il robot grattaschiena e la spirale girevole che, a seconda di come la muovi, deforma le facce di chi la guarda o le riduce a una poltiglia informe. All'HR MacMillan Planetarium and Space Centre, in Vanier Park, Camille decollò per Marte a bordo di un simulatore spaziale e poi ebbe modo di arrampicarsi su un albero nello spazio.

Trascorsi i due giorni a Vancouver, prendemmo un treno per Whistler dove, siccome il tasso di cambio in Canada è favorevole al dollaro americano, optammo per il lussuoso albergo Chateau Whistler.

La chiamano la regina delle montagne e in inverno, imbiancata di neve, Whistler avrà senza dubbio un aspetto regale, d'estate invece brulica di famigliole in gita offrendo una miriade di attività all'aperto. La nostra prima avventura famigliare fu un'escursione in canoa sul cosiddetto 'fiume dei sogni d'oro' (River of Golden Dreams). Essendo rematori inesperti, ingaggiammo una guida affinché ci seguisse a distanza ravvicinata, in un'altra canoa. Fu un'intuizione preziosa.

Fummo classificati come 'rematori tranquilli', principianti che non si sarebbero lanciati tra le rapide in questo breve tratto di fiume. Avevamo indossato i giubbotti di salvataggio (perché non si sa mai) ed eravamo così distribuiti: io davanti, Camille nel mezzo e Luis dietro, in modo da rendere più pesante la parte posteriore della canoa. Finché restavamo tutti seduti riuscivamo a mantenere un buon equilibrio. A un certo punto però urtammo un ostacolo: Luis e io non riuscimmo a coordinare il movimento dei remi e le cose si complicarono quando cominciammo a essere trascinati dalla corrente. La parte anteriore della canoa andò a sbattere contro un groviglio di rovi e rami appuntiti lungo la riva, facendoci sbandare ora da un lato ora dall'altro. Sulle prime ci venne da ridere, ma dopo aver urtato la riva una dozzina di volte presi a coprire d'ingiurie mio marito.

La guida che ci seguiva continuava a incoraggiarci: "Ehi, ve la state cavando benone". Camille invece, che presagiva un disastro, cominciò ad agitarsi. La canoa non si rovesciò, ma sul fondo dell'imbarcazione c'era tantissima acqua. In fondo al 'fiume dei sogni d'oro' arrivammo incolumi ma di pessimo umore.

Tornati in albergo cercammo di calmarci con un tuffo in piscina. Camille si mise a giocare con un gruppetto di bambini. Se le avessimo dato il permesso, sarebbe rimasta tutto il tempo in piscina. Noi però volevamo esplorare i sentieri e la natura di Whistler che sapevamo essere come una tavolozza di colori in costante mutamento. Camille ci seguì di malavoglia.

Dal punto di vista di un bambino, il posto più bello del villaggio è senz'altro il 'kid's centre' situato ai piedi della Blackcomb Mountain. In inverno è una scuola di sci, mentre in estate si trasforma in un centro di attività che spazia dalla parete su cui arrampicarsi ai pony da cavalcare e i tappeti elastici. Investimmo dieci dollari in biglietti d'ingresso e Camille li spese tutti sui tappeti elastici. Dopo due giorni di salti sapevano tutti chi era la piccola californiana dai lunghi riccioli.

"Questa città è talmente a misura di bambino che ti fa venir voglia di venirci ad abitare".

L'ultimo giorno, dopo una mattina passata in piscina, insistetti per un'ultima escursione in montagna. Noleggiammo delle mountain bike presso il villaggio e l'impiegato del negozio ci indicò il sentiero più facile, assicurandoci che era impossibile perdersi. Camille impiegò un po' di tempo a raccapezzarsi con i rapporti, poi ingranò e cominciammo a pedalare attraverso verdi foreste, incrociando sentieri nascosti e altre famiglie su due ruote. E naturalmente ci perdemmo.

Quel che c'è di bello in Canada, per chi ci viaggia con i bambini, è il senso di perfezione che si percepisce nell'aria, la sensazione di essere in buone mani. Per questo motivo ci stupimmo molto quando una volta, verso le tre del mattino, suonò l'allarme antincendio dell'albergo. Avvolti nelle vestaglie, ci unimmo alle persone che andavano sbucando dalle camere accanto. Una volta ammassati nella lobby fummo ricacciati in camera dagli impiegati dell'albergo che con le torce ci facevano cenno di risalire. "Non c'è nessun incendio. Solo un blackout del generatore del villaggio". Dopo tutta quell'agitazione era impossibile riprendere sonno e così, tirato fuori un mazzo di carte, giocammo a rubamazzo. Chi diceva che il Canada non è posto da vacanza esotica?

SUD E CENTRO AMERICA

A differenza dei Caraibi, che sono meta di molte famiglie, sono pochi gli stranieri che visitano l'America centrale e meridionale con i figli. I popoli latinoamericani provano tutti un senso di viva simpatia per i bambini e, in generale, i figli sono considerati una ricchezza della società. Sono soprattutto i bambini con la carnagione e i capelli chiari ad attrarre la gente del posto che vorrà ricoprirli di premure e gentilezze: ai genitori spetta il compito di proteggerli da eventuali attenzioni indesiderate.

Di solito i bambini godono di sconti sia sui mezzi pubblici sia negli alberghi e nei teatri; il limite di età per tali riduzioni varia da un posto all'altro (in genere si è considerati bambini fino a 12 anni, ma in alcuni posti la definizione si applica fino a 16) ma generalmente non viene osservato rigidamente. In albergo la norma è contrattare: dal momento che per un bambino non vi chiederanno mai la tariffa prevista per un adulto, resta da discutere se il suo pernottamento sarà a metà prezzo oppure gratis. Se i figli dormono nella camera dei genitori, solitamente il soggiorno dei bambini è quasi sempre gratuito o a prezzo notevolmente ridotto. Se vi accingete a un soggiorno prolungato in una determinata località informatevi in anticipo circa la disponibilità di babysitter, culle, omogeneizzati o quant'altro vi occorre, sì da potervi organizzare.

Al ristorante potete tranquillamente ordinare una porzione da dividere fra due bambini o fra un adulto e un bambino: si tratta di una pratica diffusa e accettata. Per mangiare in modo semplice e spendere poco, conviene fare la spesa al supermercato e cucinare da sé. Siate sempre prudenti con l'acqua e il ghiaccio, e ricordate di bollire il latte che spesso non è pastorizzato.

Sugli autobus i bambini pagano la tariffa intera se occupano un posto a sedere, mentre viaggiano quasi sempre gratis se siedono in braccio a un genitore. Su gran parte dei voli interni i bambini sotto i 12 anni pagano metà prezzo e ricevono un posto a sedere, mentre fino a 2 anni si paga il 10% della tariffa senza aver diritto al posto a sedere.

I pannolini sono reperibili quasi ovunque, mentre non è altrettanto facile trovare creme, lozioni, omogeneizzati e farmaci da banco al di fuori delle grandi città e delle località turistiche. Informatevi sui rischi specifici per la salute presenti nei paesi che intedete visitare e fate particolare attenzione a evitare le scottature e un'eccessiva esposizione al calore. Alcuni genitori si preoccuperanno della scarsa pulizia dei servizi igienici pubblici, ragion per cui torna sempre utile avere con sé la carta igienica. Se una madre può tranquillamente portare un maschietto nel gabinetto riservato alle donne, è considerato inaccettabile che un padre faccia entrare sua figlia nel gabinetto degli uomini.

Le norme di sicurezza che vigono in questa parte del mondo non sempre coincidono con quelle cui siamo abituati a casa. Le agenzie di autonoleggio, per esempio, non sempre dispongono di seggiolini di sicurezza, perciò, se pensate di spostarvi in auto, portate il vostro. Nei sedili posteriori, inoltre, raramente ci sono le cinture di sicurezza. Sono poche anche le piscine recintate, cosa che impedisce di prendere il sole a occhi chiusi se si è in compagnia di un marmocchio gattonante. Ma come sempre, con un po' di attenzione e un pizzico di buon senso, si può fare una bella vacanza anche qui.

In America Latina si ammette l'allattamento in pubblico che è però considerato indice di basso livello sociale, poiché le madri di classe medio-alta qui preferiscono usare il biberon. Si tratta quindi di un problema di immagine: allattate pure in pubblico, con discrezione, come sempre; il biberon da queste parti è uno status symbol. Allattare un bambino che non è più un neonato può attirare qualche sguardo curioso.

ARGENTINA

L'Argentina, e Buenos Aires in particolare, è un posto molto adatto ai bambini in termini di sicurezza, salute, disponibilità della gente e attività organizzate per le famiglie.

Neonati e bambini sono i benvenuti ovunque e vengono sempre trattati con simpatia. Allattare in pubblico qui non è molto diffuso, sebbene sia considerato un comportamento inoffensivo. Nelle aree abitate da un maggior numero di indigeni le donne allattano i figli anche al mercato.

In alcune zone del nord dell'Argentina, dove esiste il rischio di contrarre il colera, è consigliabile, in via precauzionale, non mangiare verdura cruda o frutta non sbucciata e usare l'acqua in bottiglia persino per lavarvi i denti. Nessun uomo sano di mente consiglierebbe di mettersi al volante a Buenos Aires; la città dispone comunque di una buona rete di trasporti pubblici, non in condizioni perfette, ma sufficientemente estesa.

Benché spesso fumosi, i ristoranti offrono un'ampia scelta di pietanze adatte ai bambini. I camerieri sono abituati a portare piatti e posate in più per loro, anche se poi magari vi ritrovate in conto un piccolo supplemento per il coperto extra. Specialità regionali quali per esempio le *empanadas* (focacce ripiene di carne o formaggio) tendono a essere più piccanti nelle regioni centrali e meridionali del paese, ad ogni modo pastasciutta e carne alla griglia si trovano dappertutto. Negli alberghi economici spesso i gestori permettono ai clienti di usare la cucina interna. I bambini che hanno un debole per i dolci saranno ben contenti di gustare gli ottimi gelati argentini.

I piccoli argentini, non appena sono capaci di attraversare la strada da soli e di ritrovare la via di casa, possono andare liberamente a trovare amici o parenti. Tale abitudine, che potrà anche non trovarvi d'accordo, è diffusa perché i luoghi pubblici sono posti sicuri per i ragazzini. Se un bambino sotto i 14 anni viaggia in compagnia di adulti che non sono suo padre o sua madre teoricamente dovrebbe essere in possesso di un consenso scritto da parte dei genitori.

buenos aires

informazioni

Ambito Financiero, il quotidiano finanziario della capitale, il venerdì pubblica un'ottimo supplemento culturale con l'elenco delle attività che la città offre ai bambini, compresi film, concerti e spettacoli teatrali. Le attività per i bambini si concentrano soprattutto durante le vacanze invernali (le prime due settimane di luglio) e spesso richiamano una gran folla di partecipanti.

aspetti pratici

Sui mezzi pubblici la gente di solito è molto disponibile, pronta a cedere il proprio posto a un adulto con un bambino oppure a far sedere un bimbo sulle proprie ginocchia. Sono iniziative talmente consuete che a volte capita di trovare qualcuno che, spontaneamente, vi toglie il piccolo dalle braccia per farlo accomodare su di sé. Siccome gli argentini sono un popolo che ama il contatto fisico, i vostri figli riceveranno continuamente carezze o pacche affettuose.

che cosa vedere e fare

Interessante e istruttivo Ai bambini più grandicelli piaceranno senz'altro la visita guidata del Teatro Colón, con i modelli in scala delle scenografie, così come il Museo Histórico Nacional e il Museu de Arte Moderno. Merita fare una passeggiata nel quartiere di La Boca, giù al porto, per vedere le pittoresche case costruite dagli immigrati italiani. Gli adolescenti saranno felici di assistere a una partita di calcio. Per improvvisare una lezione di spagnolo portate i vostri figli al cinema: ci sono molte sale che proiettano film e cartoni stranieri generalmente doppiati in spagnolo.

parchi e giochi all'aria aperta

Le numerose piazze e i parchi pubblici di Buenos Aires sono luoghi d'incontro assai frequentati dalle famiglie; i più belli sono i vasti spazi aperti del quartiere di Palermo dove, fra l'altro, si trovano il Jardín Botánico Carlos Thays, il Jardín Zoológico e il Planetario. In Plaza Alemania si esibiscono gli acrobati dello skateboard; in zona sfrecciano anche sportivi più giovani in sella alle loro biciclette o in equilibrio sui roller blade.

feste e manifestazioni

Bambini e ragazzi che amano i cavalli non vorranno perdere la fiera degli allevatori di cavalli che si tiene ogni anno a fine marzo. Nel mese di luglio, invece, si tiene quella dell'agricoltura.

in giro per l'argentina

A meno che non abbiate optato per i voli interni, ricordate che in questo paese le distanze sono lunghe e costringono a viaggi che, specialmente per i bambini piccoli, sembrano interminabili. Esistono escursioni organizzate a Esteros del Iberá, affascinante regione incolta e paludosa, dove si possono avvistare molti animali selvatici. La Península Valdés ha un paesaggio davvero unico ed è anch'essa ricca di fauna selvatica. In estate i più grandicelli apprezzeranno l'escursione all'imponente ghiacciaio Moreno all'interno del Parque Nacional Los Glaciares, nell'estremo sud del paese. A nord, invece, sono da segnalare le Cascate dell'Iguazú, una delle bellezze naturali più straordinarie del continente americano.

BOLIVIA

Sono pochi gli stranieri che si avventurano in Bolivia con i bambini, ma quelli che lo fanno vengono premiati dalla grande gentilezza di questo popolo. I piccoli dai capelli biondi sono quelli che, com'è inevitabile, attirano maggiormente l'attenzione locale.

la paz

aspetti pratici

La Paz, città con una strepitosa posizione panoramica, si trova a quasi 4000 m sopra il livello del mare, ragion per cui occorre portare indumenti caldi per i più piccoli e tenere presente il rischio del mal di montagna (per maggiori informazioni v. il capitolo **Salute**).

che cosa vedere e fare

Interessante e istruttivo Il museo dei bambini propone bacheche d'interesse scientifico ed esperimenti da fare in prima persona. Il planetario è perfetto per trascorrere un'ora a guardare le stelle. All'Academía de Música organizzano corsi (in spagnolo) per imparare a suonare gli strumenti della tradizione andina.

attività

A La Paz troverete mercati vivaci e bei giardini botanici. I bambini apprezzeranno senz'altro le sale giochi, presenti in ogni angolo della Bolivia, ma anche attività all'aperto, come andare a cavallo, fare escursioni sui fiumi e camminate non troppo impegnative.

in giro per la bolivia

Da La Paz si possono fare varie escursioni della durata di un giorno che, per una famiglia, rappresentano un'ottima opportunità per approfondire la conoscenza del paese. Se siete interessati all'archeologia, potete visitare le rovine di Tiahuanaco, sito parzialmente restaurato che comprende una piramide su cui arrampicarsi e un museo. Gli adolescenti adorano la pista di mountain bike che si trova nella Valle di Zongo, oppure sciare a Chacaltaya, località che vanta le piste più alte del mondo.

feste e manifestazioni

Le cosiddette peñas (concerti di musica tradizionale) si tengono almeno una volta la settimana nelle città e nei paesi più grandi. I bambini si divertiranno in mezzo a quella specie di carnevale che è La Diablada (la 'danza dei diavoli' che si tiene a Oruro durante la settimana santa), occasione di vivaci sfilate, musica e danze.

BRASILE

Il Brasile possiede un'infinità di spiagge e, nelle maggiori città, fra musei e altri luoghi interessanti i bambini non hanno che l'imbarazzo della scelta. I brasiliani, particolarmente rispettosi della famiglia, si comportano con i bambini come fossero piccoli principi e principesse. In alcuni stati esiste il rischio di contrarre la malaria e la febbre gialla (per maggiori informazioni v. il capitolo **Salute**).

Se, in linea di massima, il pernottamento dei bambini è gratuito, è variabile invece il limite d'età entro il quale si applica l'offerta. Le baby-sitter si trovano facilmente. La maggior parte dei ristoranti dispone di seggioloni e le porzioni tendono a essere sufficientemente abbondanti da poter bastare per due. Diffusi e convenienti sono i ristoranti self-service in cui si paga a peso. Questo paese offre inoltre tanta bella musica per bambini che ai vostri figli piacerà ascoltare e ballare anche se non capiscono i testi in portoghese.

rio de janeiro

informazioni

Per informazioni sulle attività riservate ai bambini consultate le pagine degli spettacoli dei quotidiani *Jornal do Brasil* e *O Globo*, entrambi in lingua portoghese, nell'edizione del sabato o della domenica.

aspetti pratici

Il traffico di questa città è assai caotico; funzionano bene sia la metropolitana sia i servizi d'autobus, ma con i bambini piccoli conviene evitare le ore di punta.

che cosa vedere e fare

Animali e natura Senz'altro interessante per i bambini è il Jardim Zoológico di Quinta da Boa Vista che ospita varie specie indigene fra cui alcune a rischio d'estinzione. Sempre all'interno del parco si trova il Museu Nacional che attira i bambini con il gusto dell'orrido presentando, fra le altre cose, scheletri di tigri dai denti a sciabola, un'enorme meteorite e cruente immagini relative alle malattie tropicali.

Interessante e istruttivo Ai bambini più grandicelli di solito piace il Plánetario di Gávea, dove possono contemplare i cieli del sud con una piacevole musica classica in sottofondo; inoltre, durante il fine settimana sono previste attività per i bambini più piccoli.

Puro divertimento Mini-Rio, nel centro commerciale Barra, ha un piccolo parco dei divertimenti con autoscontro nonché giochi e giostre per i più piccoli. Il Parque

Tivoli a Lagoa è un luna park molto frequentato e apprezzato da adulti e bambini. Per i ragazzini a caccia di brividi c'è Terra Encantada, un grande parco dei divertimenti che si trova a Barra de Tijuca e che, con il gioco chiamato Cabum, offre l'esperienza di una caduta libera a 100 km/h, sconsigliata ai deboli di cuore. A Grota Funda segnaliamo i due parchi acquatici Water Planet e Wet and Wild che hanno giochi e divertimenti per tutte le età. A Rio ci sono molti cinema e i film stranieri in genere non vengono doppiati, pertanto, se ci portate i bambini, assicuratevi che la proiezione sia in una lingua che conoscono almeno un po'.

attività

Una cosa che diverte i bambini è prendere la funivia che sale sul Pão de Açúcar ('pan di zucchero'), ma piacciono anche la ferrovia del Corcovado (il 'gobbo') e l'enorme statua del Cristo Redentor. Nel Parque Tom Jobim si può fare un giro in canoa sulla Lagoa Rodrigo de Freitas, oppure noleggiare biciclette per seguire il sentiero che costeggia il lago. Praia do Grumari è la spiaggia più isolata e intatta fra quelle vicine alla città, tranquilla nei giorni feriali, affollatissima nel fine settimana.

parchi e giochi all'aria aperta

I bambini saranno contenti di esplorare il Parque Nacional da Tijuca, una giungla tropicale con tanto di cascate, popolata fra l'altro da iguane e scimmie, dotata di ottimi sentieri, ristoranti e aree riservate al picnic. L'incantevole Jardim Botânico è un'oasi di pace nei giorni feriali che trabocca di famigliole e radio accese durante il fine settimana. Più tranquillo è il vicino Parque Lage, dove non è consentito praticare sport e dove s'incontrano molti genitori con bambini piccoli.

in giro per il brasile

I bambini più grandicelli spalancheranno gli occhi di fronte alle maestose cascate della Foz do Iguaçu, alle spettacolari montagne coperte di foresta pluviale atlantica che si ammirano durante il tragitto ferroviario da Curitiba a Paranaguá, ai lussureggianti parchi nazionali del Brasile e al Pantanal, regione famosa in tutto il Sudamerica per la sua fauna selvatica, che per i più atletici sarà favoloso esplorare. Nello stato di Minas Gerais raccontate ai vostri figli un po' di storia del Brasile portandoli nelle città che furono teatro della febbre dell'oro.

feste e manifestazioni

Il carnevale di Rio (febbraio e marzo) è probabilmente una festa esageratamente chiassosa e travolgente per un bambino, ma può essere divertente parteciparvi nelle cittadine di campagna. Adatte ai più piccoli sono invece le popolari Festas Juninas (feste di giugno) alle quali partecipano bambini travestiti da zotici e bifolchi che si divertono a ballare la quadriglia.

I preparativi per questo viaggio iniziarono con largo anticipo rispetto alla partenza. La fortuna ci assistette e riuscimmo a mettere in cantiere il nostro secondo bebè in tempo perché avesse poi un'età che gli permettesse di affrontare il viaggio in Brasile, visto che avevamo accettato l'incarico di aggiornare la guida del paese - doveva cioè essere sufficientemente piccolo da poter essere allattato al seno e sufficientemente leggero da poter essere trasportato senza difficoltà. Stavolta l'Amazzonia ci parve una meta un po' troppo a rischio (malaria e febbre gialla) e così decidemmo che il territorio più adatto a svolgere le ricerche in quattro sarebbe stato la regione sud-orientale.

brasile

brasile

per AGGIORNARE la GUIDA

Robyn Jones e Leonardo Pinheiro, entrambi autori Lonely Planet, hanno visitato il Brasile con Alex (4 anni) e Nicholas (6-9 mesi).

Sapevamo fin dall'inizio che non si sarebbe trattato di una vacanza: qualunque autore Lonely Planet potrà confermarvi che scrivere guide di viaggio è un mestiere ben diverso da quello che la gente immagina. Il problema dunque era: come conciliare la vita di famiglia con il viaggio e il lavoro da svolgere? Le difficoltà sembravano enormi: percorrere circa 10.000 km, visitare più di 50 siti, fra città, paesi e parchi nazionali, confermare qualche milione di dati e cambiare albergo più o meno ogni giorno. Cominciammo a pronosticare una serie di situazioni possibili e a stilare un elenco di oggetti vari e stratagemmi che sarebbero stati necessari per riuscire a svolgere nel miglior modo possibile il nostro lavoro. Alla fine decidemmo di noleggiare un'automobile con l'aria condizionata per gran parte del viaggio: una sorta di albergo su ruote o, se preferite, di casa mobile, naturalmente con un bagagliaio molto spazioso.

Optammo per un viaggio aereo molto lungo, piuttosto che spezzare il volo facendo scalo per la notte: in questo modo avremmo potuto restare leggeri con i bagagli a mano e recuperare il resto delle nostre cose appena atterrati a Rio. Alex fu affascinato dai vari pulsanti che andava scoprendo a bordo dell'aereo e prese gusto anche al fatto di poter chiamare le hostess per ordinare da bere. L'altro suo passatempo preferito era scorazzare su e giù per i corridoi.

Durante i tragitti in auto non potevamo permetterci molte soste e così tentammo di coinvolgere Alex nel nostro lavoro insegnandogli a riconoscere gli aspetti più vivaci e divertenti della cultura brasiliana. Ci aiutava a ispezionare le camere d'albergo sviluppando ben presto un discreto occhio e giungendo persino ad apprezzare l'architettura dell'Hotel Niemeyer in cui alloggiammo (i lunghi corridoi e la spaziosa pianta modernista gli permettevano di fare corse fantastiche). Sul posto acquistammo giocattoli, oggetti d'artigianato, libri e musicassette affinché potesse imparare un po' di portoghese. Lo incoraggiavamo a ordinare per sé al ristorante, a parlare con la gente e a giocare con i bambini che incontravamo per via. Alla fine dei tre mesi aveva imparato la lingua piuttosto bene e preferiva parlare in portoghese invece che in inglese. Vedendo bambini affamati e senza tetto per la strada imparò a conoscere anche qualche lato negativo del Brasile.

Temevamo che i continui spostamenti turbassero l'equilibrio dei piccoli rendendoli irritabili e capricciosi, ma nulla di tutto questo accadde. 'Casa' era dove si trovavano i genitori. I nostri figli dormivano bene in auto soprattutto di pomeriggio (così concentravamo in quelle ore gli spostamenti più lunghi) e persino nel caos da manicomio delle strade di São Paulo (sconsigliamo a tutti di mettersi al volante da quelle parti). Nelle praças (piazze) delle cittadine e dei paesi di campagna il nostro Alex riusciva a bruciare gran parte delle sue energie sfrecciando da una parte all'altra e seguendo le linee ricurve del disegno sul selciato. A noi sarebbe piaciuto fare qualche puntata in più alla spiaggia, nelle ore del tardo pomeriggio. Ad Alex piacquero molto anche i parchi delle stazioni termali, dove poteva servirsi liberamente quando aveva sete e dove una volta si divertì degustando l'acqua di dodici fonti diverse.

"Temevamo che i continui spostamenti turbassero l'equilibrio dei piccoli rendendoli irritabili e capricciosi, ma nulla di tutto questo accadde. 'Casa' era dove si trovavano i genitori".

Quando al ristorante c'era da aspettare troppo a lungo e Alex si metteva a correre all'impazzata per tutto il locale, il bebè si dimenava o strillava e gli altri clienti inarcavano le sopracciglia e noi prendevamo a bisticciare e perdevamo l'appetito. Fu così che cominciammo a optare per i locali self-service, dove si paga a peso. Alex imparò ad apprezzare la cucina brasiliana: fagioli neri e riso, *sushi* (São Paulo ha una grande comunità di origine giapponese), fette di noce di cocco fresca acquistate ai baracchini lungo la strada, e, quando eravamo in spiaggia, formaggio salato infilzato su uno stecco e *cuscus* al cocco con latte condensato. Sembrò toccare il cielo con un dito in una piantagione di manghi, dove si abbuffò a volontà riducendosi a un musetto gocciolante ma felice.

In conclusione, volete sapere se consigliamo di fare un viaggio in Brasile con i bambini? Assolutamente sì, soprattutto se siete in vacanza. Liquidate in fretta le grandi città per esplorare le zone rurali di Minas Gerais o la fascia costiera di Rio e São Paulo. A noi è piaciuto tantissimo allontanarci dai percorsi più battuti e avventurarci fra le montagne, andare alla scoperta delle affascinanti città coloniali, parlare di pantere nella giungla atlantica, dar da mangiare ai lupi presso un monastero in Minas Gerais e rilassarci a Ilha Grande, dove Alex ha potuto mungere una mucca, andare a cavallo e dar da mangiare alle galline per esclamare infine "qui ci si diverte un mondo". Siamo riusciti a conciliare la vita on the road, la compagnia dei bambini, il lavoro e, uno dei vantaggi maggiori, a evitare tre mesi di noiose faccende domestiche, come cucinare, lavare i piatti e fare pulizie. In questo senso è stata quasi una vacanza.

CILE

Il Cile è un paese dove una famiglia in viaggio può trovarsi perfettamente a proprio agio: i cileni amano i bambini e ci sono numerose attività che genitori e figli possono fare insieme.

santiago

informazioni

La città offre molte attività dedicate al mondo dell'infanzia; per suggerimenti su come passare il tempo con i bambini consultate i quotidiani spagnoli, per esempio *El Mercurio*, oppure la rivista in inglese *News Review*.

aspetti pratici

Le vie di Santiago sono intasate dal traffico e perciò spesso conviene usare la metropolitana al posto dell'autobus, anche se questo significa non avere garantito un posto a sedere. Non di rado accade che qualcuno, vedendo un adulto con un bambino, si alzi per cedergli il posto o si offra di far accomodare il bimbo sulle sue ginocchia. Per lo stomaco dei bambini si consiglia di ricorrere sempre all'acqua in bottiglia. La maggior parte dei ristoranti offre un ampio assortimento di piatti adatti ai più piccoli e la cucina cilena, fatta eccezione per qualche salsetta piccante, non prevede sapori particolarmente forti. Le porzioni di solito sono sufficientemente abbondanti da bastare per un genitore e un figlio.

che cosa vedere e fare

Interessante e istruttivo Il Museo Infantil è favoloso, con le sue numerose stanze dei giochi dedicate alle costruzioni, all'ecologia e all'ottica. Il Museo de Ciencia y Tecnología affascinerà i più grandicelli con il suo planetario e le sue proposte multimediali. I ragazzini con il gusto dell'orrido saranno interessati alla mummia di un bambino dodicenne, immolato almeno cinque secoli fa, visibile al Museo Nacional de Historia Natural.

parchi e giochi all'aria aperta

Come in quasi tutte le città cilene, a Santiago ci sono grandi parchi pubblici dove non mancano le aree di gioco per i bambini. A ovest del centro si trova il Parque Quinta Nacional che, con i suoi alberi e le fresche zone d'ombra, richiama amanti delle passeggiate e famiglie dedite ai picnic. All'interno del parco s'improvvisano partite di calcio, si noleggiano barche e si visitano alcuni musei. Nel grande Parque Metropolitano c'è una funivia che, prima di raggiungere la cima del Cerro San Cristóbal, effettua una fermata allo zoo.

in giro per il cile

Lo spettacolo delle montagne andine non può lasciare indifferenti i bambini e soprattutto i più grandicelli resteranno incantati dinanzi alle imponenti montagne e ai ghiacciai dei parchi nazionali del sud. Per chi lo desidera c'è la possibilità di scegliere fra varie escursioni organizzate, fra cui quelle in barca a vela lungo i fiordi della durata di quattro giorni. Le navi traghetto servono Isla Grande de Chiloé, cuore del folclore cileno, dove si può girovagare per i paesini abitati da gente molto ospitale.

Più distante è l'Isola di Pasqua che accende la fantasia dei bambini con le sue gigantesche statue monolitiche. Le famiglie animate da spirito d'avventura possono visitare la remota Isla Robinson Crusoe, dove fu abbandonato il marinaio che ispirò a Daniel Defoe il personaggio del famoso romanzo. L'arcipelago è parco nazionale e riserva della biosfera dell'UNESCO.

ECUADOR

ecuador

In questo paese gli stranieri che viaggiano con i bambini suscitano ancora curiosità e in genere sono trattati con gentilezza e riguardo, nonché osservati con grande interesse. I vostri figli saranno incantati dalle meraviglie del paesaggio andino e dagli insoliti e buffi mezzi di trasporto usati da queste parti. Probabilmente non vorrete che imitino i ragazzini del posto, abituati a calarsi a valle dagli altopiani delle Ande seduti sul tetto dei vagoni ferroviari!

quito

La capitale dell'Ecuador è un ottimo posto per mostrare ai bambini il volto della storia coloniale: l'ideale è fare una passeggiata in città la domenica pomeriggio, quando c'è poco traffico e le vie sono più tranquille.

che cosa vedere e fare

Animali e natura Se non avete modo di osservarli in mezzo alla natura, il luogo migliore per far conoscere ai vostri figli la flora e la fauna dell'Ecuador è visitare il Museo de Ciencias Naturales. Al Vivarium si possono vedere animali vivi come il boa constrictor e alcuni serpenti velenosi.

Interessante e istruttivo Il Museo de la Ciudad ha varie sezioni che illustrano la vita quotidiana a Quito attraverso i secoli, con l'ausilio fra l'altro di computer e programmi interattivi. Ai più grandicelli potrebbero interessare l'iconografia e gli utensili delle tribù amazzoniche esposti alla Fundación Sinchi Sacha.

parchi e giochi all'aria aperta

A Quito scarseggiano sia gli spazi verdi sia i parchi giochi e questi ultimi sono anche poco sicuri. Nel Parque El Ejido s'improvvisano partite di calcio o di pallavolo e si può assistere al curioso gioco diffuso in tutto l'Ecuador, che si fa con palline d'acciaio delle dimensioni di quelle da golf.

feste e manifestazioni

Le festa annuale che si svolge a Quito verso l'inizio di dicembre offre a tutti, e in particolare ai bambini, l'opportunità di divertirsi e di fare conoscenza con la gente del posto. I tradizionali festeggiamenti di Capodanno incantano i bambini quando, a mezzanotte, vengono bruciati i grandi pupazzi preparati per l'occasione. Ai bambini in genere piace anche il Carnaval (nel fine settimana che precede il mercoledì delle Ceneri) che si celebra con molti giochi e battaglie d'acqua.

in giro per l'ecuador

A Quito potete noleggiare un'auto o prendere un autobus e raggiungere località più piccole e tranquille, dove i bambini possono muoversi più liberamente. Interessanti escursioni in giornata sono quelle a Saquisili e Otavalo, dov'è divertente esplorare gli allegri mercati dell'artigianato indio.

L'arcipelago delle Galápagos è senz'altro una meta molto costosa se paragonato al resto dell'Ecuador, ma poiché custodisce un patrimonio di flora e fauna davvero eccezionale è un'escursione da prendere in considerazione se avete figli già grandicelli e appassionati di animali. I ragazzi saranno elettrizzati all'idea di attraversare la foresta pluviale o di dormire in una capanna in mezzo alla giungla. Sono disponibili escursioni guidate al preciso scopo di avvistare la fauna selvatica.

Per molte escursioni è richiesta la vaccinazione contro la febbre gialla e la profilassi antimalarica.

PERÚ

Il Perú è un posto magnifico per i ragazzi con la passione dell'archeologia. Non sono ancora molte le famiglie che visitano questo paese con i bambini, eppure i peruviani accolgono gli stranieri con simpatia e curiosità. I rischi legati alla salute sono rappresentati da febbre gialla e malaria nella regione amazzonica e dal mal di montagna sulle Ande, perciò se visitate queste zone siate prudenti con i bambini. Per maggiori informazioni sulla malaria vi rimandiamo al capitolo **Salute**. Quanto all'acqua dovrete ricorrere sempre a quella in bottiglia oppure avere l'accortezza di farla bollire a lungo. I gabinetti pubblici sono una rarità e, là dove presenti, spesso risultano sporchi. Noleggiare un'auto con autista spesso non costa molto più che il semplice noleggio del mezzo.

lima

che cosa vedere e fare

Non priva di aspetti irritanti, Lima è una città interessante da visitare, sebbene afflitta da un brutto clima e da spiagge inquinate. Per far conoscere ai bambini la fauna peruviana si può iniziare dal Museo de Historia Natural oppure dallo zoo. Si possono fare escursioni in barca a vela di mezza giornata per raggiungere le isole al largo della costa popolate da otarie e uccelli marini; molte agenzie offrono anche escursioni guidate da naturalisti esperti ai parchi nazionali che prevedono il pernottamento in rifugi nella giungla.

Ai più grandicelli piaceranno le belle ricostruzioni in scala dei principali siti archeologici esposte al Museo de la Nación. Anche il Museo de Oro del Perú fa sempre colpo con la sua sterminata collezione di oggetti d'oro che spazia dai tappi per le orecchie ai poncho. Da non perdere è il Museo Rafael Larco Herrera che possiede un'interessante collezione di mummie e un curioso giardino di cactus.

Nei dintorni di Lima potrete visitare con i bambini un piccolo sito preincaico e le catacombe del monastero di San Francisco, dove si ritiene siano stati sepolti circa 70.000 defunti. I piccoli affascinati dal mondo militare saranno felici di assistere al cambio della guardia in Plaza de Armas.

in giro per il perú

I più piccoli si divertiranno senz'altro a esplorare le famose rovine inca nella zona di Cuzco e in particolare il complesso monumentale di Machu Picchu. Con i più grandi potreste percorrere il cosiddetto Sentiero Inca, ma trattandosi di tre giorni di duro cammino l'interesse potrebbe non mantenersi vivo per tutto il tempo e il buonumore potrebbe venire meno. Un'alternativa migliore allora è raggiungere il posto in treno, o addirittura concedersi la spesa dell'elicottero, e limitarsi a qualche breve passeggiata intorno alle rovine.

A Chan Chan (la grande capitale costruita in adobe) i bambini saranno affascinati dalle piramidi e guarderanno con stupore le immense greggi di alpaca e lama domestici così come le allegre e vivacissime fiestas sul lago Titicaca. Un'esperienza senz'altro avvincente è sorvolare in aereo i misteriosi disegni (gigantesche figure che rappresentano animali e forme geometriche) tracciati sul suolo dai Nazca.

feste e manifestazioni

Se vi trovate in Perú a fine giugno vale la pena di partecipare all'Inti Raymi (festa del sole) che si tiene a Cuzco, una bella occasione per entrare in contatto con la cultura tradizionale.

libri

La saggia scimmia Mashin, di Alarco de Zadra A. (EMI, Bologna 1995), raccoglie quindici favole dell'Amazzonia peruviana, raccontate da una mamma alle sue figlie per tramandare le tradizioni orali. Una di queste bambine, ora donna e a sua volta mamma, ha voluto scriverle per altri bambini.

VENEZUELA

Venezuela

Che i venezuelani adorino i bambini, lo si può dedurre dall'alto tasso di crescita della popolazione. Sono pochi gli stranieri che visitano il Venezuela con i figli e che hanno la fortuna di scoprire che i bambini qui trovano subito molti compagni di gioco.

I generi di prima necessità si trovano quasi sempre senza difficoltà a Caracas e nelle altre città. L'acqua in bottiglia è reperibile dappertutto; supermercati e farmacie vendono pannolini usa e getta, omogeneizzati e pappe pronte. I potenziali rischi per la salute sono di varia natura (per maggiori informazioni v. il capitolo **Salute** o consultate il vostro medico di fiducia).

Quando partimmo per il nostro primo grande viaggio all'estero Alexa aveva da poco compiuto 2 anni. Avevo scelto l'Ecuador un po' perché conoscevo qualcuno che ci abitava, ma soprattutto perché pensavo che sarebbe stato facile visitarlo: un paese piccolo, con la capitale situata più o meno al centro da usare come base per i nostri spostamenti. Inoltre era un paese che offriva un po' di tutto: spiagge, foreste pluviali, foreste di nubi, montagne e città. Mi portai dietro un sacco di bagagli, compresi giochi, pannolini e biberon, che per la maggior parte poi tenni a Quito, dove avevamo fatto base. Alexa era sempre contenta di ritornare 'a casa' dopo le escursioni o i viaggetti fatti in giro per il paese. A posteriori posso dire che abbiamo passato troppo tempo nella capitale, una città che a ben guardare non offre molto ai bambini. I parchi giochi erano pochi e pericolosi, l'unico posto che mi sembrò sicuro era uno spazio riservato al gioco nei locali di una catena di fast food dove ogni tanto andavamo a mangiare. Ci trovammo entrambe più a nostro agio nelle cittadine più piccole, con poco traffico e più spazi verdi.

ecuador UMIDO e SELVAGGIO

Susan Roedl ha trascorso otto settimane in Ecuador con la figlia Alexa (2 anni)

Per gli spostamenti usammo soprattutto gli autobus che risultarono essere un buon mezzo di trasporto. L'unico viaggio lungo fu quello per Guayaquil, un tragitto di 12 ore che spezzammo pernottando lungo l'itinerario. È comunque sconsigliato viaggiare di notte per via dei rapinatori. Per andare a Otavalo noleggiammo un'auto per una settimana poiché gli orari degli autobus erano scomodi e io desideravo fare delle soste lungo il percorso. Temevo che guidare a Quito sarebbe stato difficile, ma dovetti ricredermi e quando giunse il momento di riconsegnare l'auto un po' mi dispiaceva l'idea di doverne fare a meno.

Era divertente soprattutto quando trovavamo posti dove si poteva sguazzare nell'acqua oppure giocare con altri bambini. E siccome in Ecuador non scarseggiano né le spiagge né i bambini, ce la spassammo quasi tutto il tempo. Per quanto turistica, Baños è un'incantevole cittadina costruita presso delle sorgenti d'acqua. Il viaggio in autobus necessario per raggiungerla è favoloso perché per gran parte del tempo si vedono le montagne coperte di neve. Vi trovammo un albergo con piscina dove Alexa si sbizzarrì con i suoi giocattoli acquatici (ce n'erano moltissimi in vendita anche sul posto) e dove facemmo amicizia con una famiglia ecuadoriana.

L'Ecuador non è rinomato per le sue spiagge, ma essendo amanti dell'acqua ci recammo a Manta e ad Atacames, ambedue affollate e festose, soprattutto Atacames, piena di ristoranti, bar e venditori ambulanti che offrivano ogni genere di merce e servizi. Ci trattenemmo fino a notte inoltrata di modo che, con la bambina interessata a tanto movimento, riuscii persino a bere un aperitivo e a scambiare quattro chiacchere con qualcuno. Qui è proibita la circolazione delle auto: l'unico mezzo di trasporto è il taxi-bicicletta.

Uno dei pochi posti dove arrivammo senza l'ausilio della mia guida fu Aldea Salamanca, un posticino gestito in pieno rispetto dell'ambiente da un ecuadoriano insieme alla moglie canadese. La coppia aveva un bambino dell'età di Alexa e i due non tardarono a diventare compagni di gioco. Un giorno il proprietario ci accompagnò a fare un'escursione nei boschi, portandoci fino a una cascata e raccontandoci un'infinità di cose sulle piante e gli insetti che vedevamo.

Una delle esperienze più belle fu l'escursione a El Reventador, un piccolo paese, o meglio una grande fermata degli autobus ai margini della foresta pluviale. Ci andammo perché sono un'appassionata di bird-watching e avevo letto di un resort nelle vicinanze dove c'era la possibilità di avvistare gli uccelli più belli dell'Ecuador. Mi avevano avvisato che il resort era chiuso, ma volli tentare ugualmente nella speranza che il custode non ci avrebbe negato un tetto sotto cui ripararci. Il custode infatti acconsentì, specificando che avrei dovuto provvedere da sola all'acquisto di viveri e candele nel paese vicino. In paese incontrammo una ragazzina annoiata che si offrì di farci da guida. A 2 anni Alexa incantava tutte le bambine un po' più grandi, che la trattavano un po' come una bambola, e l'attrazione era senz'altro reciproca. Durante il nostro 'giro turistico' incontrammo alcune persone, galline, maiali e finimmo per salire in cima alla collina da dove godemmo di 'una splendida vista panoramica del paese'. Sulla sommità della collina vedemmo alcuni lama, vacche e manzi al di là di un recinto. Era così piacevole starsene a guardare il tramonto che restammo lassù finché fu quasi buio. Tutt'a un tratto le vacche e i manzi furono liberati dal recinto e li vedemmo venirci incontro. Iniziai a correre verso la strada, mi accorsi però che la strada era già piena di manzi e ce n'erano un paio che ci stavano caricando. Fui presa dal panico, ma la nostra giovane guida ci condusse verso un tubo gigante sul quale salimmo con un balzo mettendoci in salvo dagli animali. Tornammo in paese in tutta sicurezza, camminando sul tubo.

"A 2 anni Alexa incantava tutte le bambine un po' più grandi, che la trattavano un po' come una bambola, e l'attrazione era senz'altro reciproca".

Quando arrivammo al resort trovai una situazione insperata: avevamo un bungalow tutto per noi ed eravamo completamente sole in mezzo alla foresta. L'indomani mattina ci alzammo di buon'ora e camminammo fino alla cascata di San Rafael, dove pranzammo. Al ritorno Alexa era così stanca che dovetti portarla in braccio. Teneva la testa posata sulla mia spalla e stava ormai per chiudere gli occhi quando indicò qualcosa sussurrando "rosso". Girai gli occhi verso la foresta e vidi un uccello. Era la rupicola o galletto di roccia, l'uccello che tutti i bird-watchers vorrebbero vedere quando vengono in Ecuador. Ci sedemmo a guardarlo finché spiccò il volo.

I bambini viaggiano gratis sugli autobus e sulla metropolitana di Caracas e pertanto non dovrebbero occupare un posto a sedere (fateli sedere sulle vostre ginocchia).

caracas

che cosa vedere e fare

La capitale non solo non suscita l'entusiasmo di molti bambini ma è considerata un posto pericoloso rispetto al resto del paese. Con la metropolitana si può raggiungere facilmente il Parque Zoológico do Curicuao che ospita varie specie indigene di uccelli, rettili e mammiferi. Il Museo de los Niños (Museo dei Bambini) offre molti oggetti da toccare e congegni da manovrare, ma se volete evitare le folle cercate di non visitarlo durante il fine settimana. Nel Parque del Este, il più grande parco cittadino, i bambini si divertono a visitare la casa dei serpenti, l'aviario, il giardino dei cactus e, durante il fine settimana, possono assistere alle proiezioni del planetario.

in giro per il venezuela

I tour operator presenti nella capitale sono in grado di organizzare vari tipi di escursioni su misura per chi viaggia con i bambini, per esempio un trekking sui tepuis (montagne dalla cima piatta), un'escursione in aereo per sorvolare la cascata Angel (la più alta del mondo) o una visita al magnifico Parque Nacional Mochima. Visitando i paesi e i centri più piccoli, i vostri figli potranno farsi un'idea più precisa dello stile di vita tradizionale.

feste e manifestazioni

In occasione del Corpus Domini si scatenano i Diablos Danzantes (diavoli danzanti: demoni, mostri e animali fantastici muniti di corna) che in origine dovevano spaventare i fedeli.

SUD E CENTRO AMERICA

COSTA RICA

Per i viaggiatori il Costa Rica è uno dei paesi più sicuri e ospitali dell'America Latina, dove la cucina è ottima e il clima favorevole. La curiosità dei costaricani verso lo straniero non deve sorprendere: qui non arrivano molte famiglie da oltreoceano e in fondo è un peccato, anche perché si tratta di un paese fautore di un'attenta politica ecologica.

san josé

aspetti pratici

Il sistema dei trasporti, niente affatto costoso, prevede un'estesa rete di collegamenti che s'irradiano da San José che può pertanto fungere da comoda base per varie escursioni. Guidare un'auto a noleggio per le vie della capitale non sempre è cosa facile, mentre diventa piacevole quando, abbandonata la città, ci si dirige verso la campagna. Le condizioni delle strade sono variabili: alcune sono appena praticabili, altre in buone condizioni. Noleggiando un taxi per una giornata a volte si spende meno che per un'escursione organizzata, con l'ulteriore vantaggio di non dover guidare e di potersi godere i bambini.

informazioni

Il *Tico Times* ha una pagina di annunci dedicata alle attività per i bambini.

che cosa vedere e fare

Animali e natura Ai bambini piaceranno sia il Serpentario, che ospita poche ma interessanti specie di serpenti e lucertole vivi, sia il Jardín de Mariposas Spirogyra, dove si possono ammirare le più incredibili farfalle del Costa Rica.

Interessante e istruttivo I più grandicelli si divertiranno al Museo de los Niños (Museo dei Bambini), grande complesso ricavato dalle vecchie prigioni, con varie leve da manovrare e congegni interattivi. A partire da una certa età i ragazzi potrebbero essere interessati al Museo de Criminologia che espone anche reperti raccapriccianti fra cui arti amputati di criminali.

Puro divertimento In città opera una compagnia di teatro per bambini i cui spettacoli possono essere un'imprevista e divertente lezione di spagnolo. La famiglia al completo potrebbe iscriversi a qualche lezione di ballo. Al cinema spesso i film vengono proiettati in inglese con i sottotitoli in spagnolo. Pochi chilometri a ovest della città si trova Acua Mania, uno splendido parco acquatico per tutta la famiglia.

parchi e giochi all'aria aperta

Il Parque Morazán ha una zona ricca di giochi per i più piccoli. Gli adolescenti si incontrano invece in Plaza de la Cultura, dove ci sono alcuni fast food e gelaterie.

in giro per la costa rica

Nella regione della Valle Centrale, non lontano dalla capitale, si possono praticare attività quali equitazione, rafting o kayak sui fiumi e raggiungere vulcani, parchi nazionali o rifugi costruiti in zone sperdute. A La Guácima, a ovest di San José, c'è un allevamento di farfalle e nelle vicinanze, presso Alajuela, si può visitare Zoo Ave, giardino zoologico con molti uccelli, alcune scimmie e qualche rettile. I bambini che hanno compiuto cinque anni possono salire a bordo della funivia che attraversa un tratto di foresta pluviale vicino al Parque Nacional Braulio Carrillo. Ai bambini piccoli piacerà il giardino di Zarcero, bell'esempio di arte topiaria con i suoi cespugli potati in forme di uomini e di animali.

feste e manifestazioni

Nel mese di luglio, a Puntarenas e Playa del Coco, si tiene la Fiesta de la Virgen del Mar che prevede una vivace regata nonché una serie di festeggiamenti e celebrazioni sulla terraferma.

GUATEMALA

In Guatemala i bambini sono tenuti in grande considerazione e in molte occasioni aiutano gli adulti a rompere il ghiaccio dando modo di scoprire l'ospitalità locale. Il paese offre moltissimo dal punto di vista archeologico, storico e culturale, ma non bisogna dimenticare che, fra rovine e musei, i bambini si annoiano facilmente. Per ovviare al problema si potranno alternare le visite più serie ad attività ludiche in parchi acquatici, parchi giochi, centri di ricreazione (chiamati *turicentros*) con piscine e giochi di vario tipo nonché laboratori dove si può apprendere una tecnica artigianale, come per esempio la tessitura.

Gli autobus sono il mezzo di trasporto più economico. I bambini lo trovano divertente per i viaggi brevi, ma non sempre hanno la pazienza di resistere a bordo per ore e ore più o meno schiacciati in mezzo a una folla di passeggeri, mercanzie e animali. Le automobili a noleggio sono costose e, ad ogni modo, non è il massimo destreggiarsi al volante lungo strade molto strette e percorse da autisti incoscienti.

Per i bambini portate indumenti molto caldi. A prescindere dalla categoria dell'albergo, le camere talvolta sono umide e odorano di stantio; quando è possibile, scegliete quelle dei piani superiori, preferibilmente senza moquette. Bevete solo acqua in bottiglia (controllando che il sigillo sia intatto) e siate cauti con il cibo (evitate la verdura fresca e i gelati venduti per la strada).

città di guatemala

Città di Guatemala è il più grande agglomerato urbano dell'America centrale, una metropoli inquinata e in continua espansione che comunque offre alcuni luoghi interessanti nella cosiddetta Zona 2.

che cosa vedere e fare

Il grande Parque Minerva è un posto tranquillo, dove i bambini possono correre liberamente fra gli eucalipti. Vicino al Mapa En Relieve, una divertente mappa del Guatemala con buffe montagne sproporzionate rispetto al resto, ci sono giostre e giochi per i bambini. L'Autosafari Chapín, a sud della capitale, è un'ottima meta per un'escursione in giornata: la riserva, impegnata in progetti di tutela degli animali, si visita a bordo di automezzi del parco e ospita specie di fauna indigena quali are, cervi e pecari.

antigua guatemala

A una famiglia che voglia fare escursioni suggeriamo di alloggiare ad Antigua. Con i suoi parchi giochi, i corsi di spagnolo per bambini e la cucina che soddisfa anche i più schizzinosi, è senz'altro una delle città guatemalteche più attente ai bisogni dei bambini. E non solo: incastonata fra tre vulcani maestosi, è anche una delle città più antiche e più belle delle Americhe.

che cosa vedere e fare

Nelle giornate di sole i bambini possono rincorrere le farfalle del Mariposario Antigua, rigoglioso giardino dove si allevano gli insetti dalle ali variopinte. Casa K'ojom è un museo dedicato alla musica e ai riti maya, che raccoglie, oltre ad una mostra fotografica, numerosi strumenti musicali, utensili e maschere; inoltre proiettano un curioso filmato che piacerà ai bambini. Un altro posto che attira l'interesse dei più giovani è il convento di La Merced, gravemente danneggiato da più di un terremoto nel XVIII secolo, che ha, all'interno delle rovine, un'enorme fontana del diametro di 27 m, considerata la più grande di tutto il Centro America.

I più grandicelli hanno la possibilità di esplorare la campagna facendo escursioni in bicicletta o a cavallo, o di partecipare alle escursioni guidate della città o di villaggi e fattorie dei dintorni organizzate dalle agenzie locali. Gli adolescenti accetteranno con entusiasmo la sfida di un trekking che raggiunge la sommità del Volcán Pacaya. Il mercato di Antigua è caotico, variopinto e animatissimo, per i bambini una finestra spalancata sulla cultura locale. Il sabato e la domenica sera, quasi sempre, gruppi di mariachi o suonatori di marimba si esibiscono nel Parque Central, una piazza che è il punto di incontro sia dei cittadini sia dei visitatori stranieri.

Passando dal Belize alla regione del Petén, l'angolo nord-est del Guatemala, attraversammo un posto di frontiera molto tranquillo. Fummo subito colpiti dalla gentilezza dei guatemaltechi: simpatiche le guardie di confine che, attratte dalle nostre biciclette, si dilungarono a spiegarci quali zone del Guatemala avremmo dovuto visitare, simpatica la gente che accorreva presso i bordi della strada per salutarci con la mano. In tutti i paesi del Centro America André è stato trattato come un principe. La gente qui ha grande rispetto per la famiglia e i bambini sono considerati come qualcosa di molto speciale.

guatemala

guatemala

VIVERE fra gli INDIGENI

Cathy Sather ha fatto un viaggio attraverso l'America centrale con il marito Doug e il figlio André (12 anni) fermandosi per tre mesi in Guatemala.

Facemmo tappa a El Remate, un piccolo villaggio adagiato sulle rive del Lago de Petén Itza. L'indomani ci alzammo alle 5 e uscimmo in fretta nell'aria fresca del mattino: volevamo raggiungere l'antica città maya di Tikal in tempo per vedere l'alba. L'intenzione era di salire sul Tempio II e da lì guardare il sole sorgere dietro il Tempio I. Una volta in cima al tempio, ci sedemmo ad ascoltare i rumori della giungla, immaginando la civiltà che un giorno aveva abitato quei luoghi. André era affascinato dalle rovine di pietra, dalla giungla, dalle storie degli antichi popoli indigeni e soprattutto dalla grandiosità degli edifici e dal fatto che fossero stati costruiti da esseri umani. Gli piaceva anche il fatto di potersi arrampicare su e giù per queste strutture, saliva di corsa in cima a ogni tempio esplorandone ogni nicchia e cavità accessibile. Col passare delle ore cominciavo a sentire la stanchezza, ma mi bastava guardare mio figlio per ritrovare la voglia di scalare ancora un tempio.

Un'altra grande fortuna del soggiorno in questo villaggio fu l'opportunità di vivere insieme a una famiglia del posto che aveva ben sei figli, ai quali bisogna aggiungere i quattro piccoletti dei parenti della porta accanto. André con tutti questi bambini non poteva che essere contento. La nostra casa era una *palapa* (costruzione con il tetto di paglia) che aveva una finestra aperta sul lago e rivolta verso ovest, quindi in direzione del tramonto. C'era un sistema per l'acqua corrente che scoprimmo presto non funzionare; la fonte d'acqua per ogni necessità era il lago. Lungo la sponda ognuno aveva costruito una specie di banchetto presso il quale faceva il bucato e si lavava, metodo che non tardammo a fare nostro.

La corrente elettrica era arrivata al villaggio per la prima volta il mese precendente alla nostra venuta. C'era un vicino che possedeva un frigorifero e i bambini spesso venivano mandati a prendere qualcosa da lui in bicicletta. Ben presto anche André fu invitato a partecipare a questi 'viaggi'. Era un po' come se l'avessero adottato: per lui il rapporto con la famiglia ospite era molto più spontaneo e naturale rispetto a Doug e me. I ragazzini avevano in programma varie spedizioni quotidiane e André andava spesso con loro. In questo modo ebbe occasione di fare: la visita giornaliera al mulino dove il grano veniva macinato in farina per fare le *tortillas*; una visita a un membro anziano della famiglia; una giornata con i bambini a scuola, dove stavano festeggiando il carnevale; molti viaggi all'emporio locale e molti viaggi dal vicino con il frigorifero. I bambini poi passavano delle ore giocando a calcio oppure a tirare sassi nel lago. Abitando con questa famiglia imparammo moltissimo spagnolo, ma la cosa più bella fu che ci permisero di condividere la loro vita quotidiana. Non dimenticheremo mai il meraviglioso rapporto che si stabilì tra di noi. Per André fu un'esperienza assolutamente entusiasmante e proseguire il viaggio non fu facile per nessuno dei tre.

Lasciato il villaggio pedalammo per due giorni in direzione sud, attraversando una zona nota come territorio di guerriglia. A farci venire i capelli dritti, però, fu solo una strada sterrata molto tortuosa che aveva il difetto di ridursi a una sola corsia ogni volta che sopraggiungeva un veicolo dalla direzione opposta. La sera del primo giorno ci fermammo alla Finca Ixobel, una fattoria gestita da un'americana e diventata ormai una splendida oasi di riposo per i viaggiatori. La finca possiede bungalow, campeggio, un magnifico orto biologico e agli ospiti di passaggio offre pasti squisiti in allegra compagnia. Un giorno Doug e André fecero una lunga escursione a cavallo e l'indomani un'escursione a piedi che li condusse a visitare una grotta. Videro stalattiti e stalagmiti, percorrendo alcuni tratti immersi nell'acqua fino alla cintola e con un braccio sollevato perché la torcia non si bagnasse. La grotta terminava su una cornice di roccia affacciata su un'enorme piscina naturale. A quel punto avevano due possibilità: scendere a piedi seguendo la cornice oppure tuffarsi in acqua. Inutile a dirsi, entrambi scelsero la seconda. André poi tornò ad arrampicarsi sulla cornice e a rituffarsi finché ne ebbe la forza. Al suo rientro scoppiava dalla voglia di raccontarmi ogni dettaglio della loro avventura!

"André saliva di corsa in cima a ogni tempio esplorandone ogni nicchia e cavità accessibile. Col passare delle ore cominciavo a sentire la stanchezza, ma mi bastava guardare mio figlio per ritrovare la voglia di scalare ancora un tempio".

Infine passammo un paio di mesi nelle regioni più popolate del Guatemala domandandoci come avremmo fatto a tornare alla nostra vita 'normale'. Era stato bello avere tanto tempo per ascoltare musica, leggere e disegnare. Il viaggio aveva fatto diventare André un lettore vorace, desideroso di leggere qualunque cosa gli capitasse fra le mani. Avevamo conosciuto le meraviglie della giungla e il respiro dell'oceano, parlavamo tutti e tre un discreto spagnolo e ci eravamo appassionati a una cultura fantastica. Ma, più di ogni altra cosa, eravamo stati benissimo insieme!

feste e manifestazioni

È senz'altro emozionante trovarsi ad Antigua durante la Semana Santa (periodo in cui si registra il maggior afflusso turistico), quando centinaia di persone sfilano per le vie della città, indossando lunghe vesti color porpora e calpestando un selciato tappezzato con raffinate composizioni di segatura e petali di fiori. La grande calca e le nuvole d'incenso, però, non sono l'ideale per i più piccoli.

libri

Suggeriamo i racconti di *La formica coraggiosa e altre favole maya del Guatemala* (EMI, Bologna 1996).

HONDURAS

honduras

In Honduras ci sono poche attività espressamente riservate ai bambini, ma i genitori accorti sapranno come coinvolgere i figli nel loro programma di viaggio. I grandi alberghi hanno quasi sempre la piscina, dettaglio che fa la gioia di tutti i bimbi. Vicino alle rovine di Omoa e Copán ci sono un paio di fattorie che operano all'insegna dell'ecoturismo offrendo varie attività. In alcune zone, ma soprattutto a La Ceiba, sono in aumento le rapine e quindi conviene stare un po' all'erta. Se poi intendete fare escursioni in zone più selvagge tenete presenti i rischi per la salute, legati in particolare alla presenza di animali e insetti potenzialmente pericolosi.

Gli autobus sono un mezzo di trasporto comodo ed economico: si va dai pullman con aria condizionata, televisore e servizio bar ai più modesti scuolabus importati dagli Stati Uniti e opportunamente riadattati.

tegucigalpa

che cosa vedere e fare

A Tegucigalpa, la capitale, trafficata e rumorosa, ci sono uno zoo e un centro dove vengono allevate le iguane prima di essere rimesse in libertà. Le agenzie locali offrono escursioni organizzate al Parque Nacional La Tigra e alle affascinanti città minerarie fondate in epoca spagnola.

in giro per l'honduras

La spiaggia più sicura per chi vuol nuotare probabilmente è West Bay, sull'isola di Roatán, nell'arcipelago delle Bay Islands, al largo della costa settentrionale. Ricordate che molte spiagge sono lambite da onde pericolose, con correnti di risucchio, e popolate da fastidiosi pappataci e zanzare. Nel paese esiste inoltre il rischio di contrarre la dengue e la malaria. I più grandicelli si divertiranno un mondo andando a cavallo fra le spettacolari rovine maya di Copán, mentre ai bambini di tutte le età piacerà partecipare a un'escursione organizzata nella giungla in uno dei rigogliosi parchi dell'Honduras (per esempio il Parque Nacional Pico Bonito).

MESSICO

Quasi tutti i bambini si fanno conquistare dai colori, i suoni e le bellezze del Messico. Accanto a spiagge e piscine, che suscitano ovunque l'entusiasmo dei bambini, ci sono acquari, zoo e in più i luoghi che furono degli atzechi e degli olmechi, storie avvincenti che i vostri figli non si stancheranno di ascoltare.

I bambini sono i benvenuti negli alberghi di tutte le categorie e in genere anche nei caffè e nei ristoranti. Sugli autobus a lunga percorrenza pagano la tariffa piena a meno di non viaggiare seduti sulle vostre ginocchia. Non dovrebbe essere difficile trovare una baby-sitter economica: basta rivolgersi al proprio albergo.

città del messico

informazioni

Tiempo Libre è il settimanale (in lingua spagnola) che annuncia gli eventi e le attività in programma nella capitale, con una sezione dedicata espressamente ai bambini.

aspetti pratici

Città del Messico ha una rete di trasporti efficiente ed economica, garantita dagli autobus e dalla metropolitana, con l'unico inconveniente che a volte i mezzi sono molto affollati. Alcuni treni della metropolitana prevedono carrozze riservate alle donne e ai bambini ma, in ogni caso, è opportuno utilizzarla solo in tarda mattinata, la sera e la domenica. Nelle ore di punta, infatti, la ressa dei passeggeri in attesa sui marciapiedi è tale da risultare pericolosa e da intimidire comunque i bambini più piccoli.

che cosa vedere e fare

Interessante e istruttivo I bambini non vorranno perdere il Papalote Museo del Niño, un fantastico museo dove i bambini possono toccare e manipolare gli oggetti esposti. Il Museo Nacional de Antropologia è un'affascinante guida attraverso la cultura messicana, ma la quantità dei reperti esposti è troppo vasta perché si possa apprezzare tutto in una sola visita. In una radura del parco, vicino all'ingresso del museo, alcuni Totonachi (tribù indigena) eseguono la loro spettacolare danza dei voladores, che, dopo essere saliti sulla cima di un palo alto 20 m e aver allacciato alla vita una corda che passa anche fra le dita dei piedi, si lanciano a testa in giù con le braccia aperte, descrivendo un'ampia spirale di 13 giri. Alla fine passano a raccogliere il denaro offerto dagli spettatori.

Puro divertimento Il divertimento è gratuito e assicurato nelle piazze centrali di Coyoacán, dove musicisti, mimi e commedianti si esibiscono praticamente ogni sera e tutto il giorno durante il fine settimana, trasformando il quartiere in una grande festa all'aperto. La sera ai bambini piacerà senz'altro passeggiare in Plaza Garibaldi, dove suonano vari gruppi di mariachi, vestiti con i loro allegri costumi. I film stranieri per bambini di solito sono doppiati in spagnolo.

parchi e giochi all'aria aperta

Il Bosque de Chaptultepec è il parco più grande di Città del Messico, un'immensa riserva boschiva che comprende alcuni laghi, uno zoo, diversi bei musei e La Feria, un grande luna park con alcune giostre che regalano brividi mozzafiato. Per passeggiare al fresco provate anche il Parque Ecológico de Xochimilco che ha alcuni laghi, un giardino botanico di recente creazione e una sorprendente quantità e varietà di uccelli acquatici.

feste e manifestazioni

Tra le tante fiestas previste dal calendario messicano segnaliamo il Día del Niño, ovvero il carnevale dei bambini, che si festeggia in grande allegria tra fine febbraio e inizio marzo con cibi, bevande, sfilate, musica, danze e fuochi d'artificio. Il 12 dicembre i bambini vengono vestiti con i vivaci costumi della tradizione indigena e condotti alla Basílica de Guadalupe.

in giro per il messico

Alcune fra le mete più interessanti del Messico sono raggiungibili in giornata dalla capitale. I siti archeologici possono rivelarsi posti divertenti se i bambini prendono gusto ad arrampicarsi sulle piramidi e a esplorare le gallerie. L'antica città di Teotihuacán, dove sorgono due enormi e bellissime piramidi, è perfetta per un'escursione in giornata, e può essere un'esperienza straordinaria, posto che riusciate a tenere a bada i venditori ambulanti. In questa regione ci sono anche vulcani, interessanti rovine e parchi nazionali. Uno dei posti migliori per far conoscere la fauna selvatica ai piccoli è la riserva Africam Safari, a est di Città del Messico.

Se intendete visitare sia la città sia i villaggi più lontani tenete presente che, per una famiglia, la soluzione dell'auto a noleggio o dell'escursione organizzata è spesso più comoda del viaggio in autobus. I bambini saranno incuriositi dall'artigianato locale (maschere, marionette, strumenti musicali) e incantati dai *clavadistas* che con eleganza si tuffano da un'altezza che va dai 25 ai 45 m nelle onde dell'oceano sottostante. Non stupisce che prima preghino presso un piccolo santuario.

libri

Gli antichi imperi di Amerindia ormai sono scomparsi, ma sopravvivono la grandezza e il fascino delle loro culture nei racconti di Fasolini E., della raccolta *Favole Atzechi - Maya - Incas* (EMI, Bologna 2001).

SUD E CENTRO AMERICA

sud centro america

LE BAHAMAS

le bahamas

Nell'arcipelago delle Bahamas si pratica una spietata caccia al turista, specie se con famiglia al seguito, e i grandi alberghi fanno a gara nel fornire strutture e comodità per i bambini. Quasi tutti offrono il soggiorno gratuito, o a prezzo ridottissimo, ai piccoli che dividono la camera con i genitori e, dietro prenotazione, sono in grado di provvedere a baby-sitter, culle e omogeneizzati. Vi sono resort che applicano la formula del 'tutto compreso' rivolgendosi in particolare alle famiglie, con tutta una serie di proposte e attività per gli ospiti più giovani. Un'altra buona soluzione per chi viaggia con i bambini è affittare una casetta o un appartamento, in genere attrezzate di tutto punto e persino con la possibilità di affidare i bambini al custode (opportunità da verificare al momento della prenotazione).

nassau

aspetti pratici

Esplorare New Providence con i bambini è davvero facile: l'isola misura infatti solo 21 x 7 miglia (34 x 11 km). Le agenzie locali offrono escursioni organizzate, in giro circolano minibus e, chi lo desidera, può comunque noleggiare un'auto.

che cosa vedere e fare

In barca si può raggiungere Paradise Island, isoletta al largo di Nassau con spiagge molto belle, oppure Blue Lagoon Island, l'isola dove fu girato il film *Flipper*. I bambini qui possono nuotare entro una laguna protetta insieme a delfini ammaestrati e anche i più piccoli riescono a zampettare nelle acque basse, dove i delfini non si sottraggono alle carezze.

Il pappagallo delle Bahamas, oggi specie in pericolo, viene allevato in cattività presso il centro Ardastra Gardens and Zoo, dove tentano di ammaestrare alcuni fenicotteri delle Indie occidentali insegnando loro a sollevare una zampa a comando.

Al Crystal Cay Marine Park, una struttura a forma di navetta spaziale sospesa sull'oceano, i bambini possono osservare tartarughe e squali e prendere in mano stelle marine e altre creature che abitano i fondali marini. Al largo c'è un parco marino con belle scogliere coralline che si possono raggiungere a bordo di un sommergibile.

I bambini si divertono un mondo a Fort Charlotte, un castello d'epoca che si visita accompagnati da guide in costume, dove possono esplorare il fossato, le prigioni sotterranee, varie gallerie e persino un'accurata ricostruzione della camera di tortura.

parchi e giochi all'aria aperta

Il Botanical Garden è un posto dove i bambini possono scorrazzare in tutta libertà, soprattutto nella rigogliosa zona Fantasia, dove ci sono centinaia di specie di piante tropicali, laghetti coperti di ninfee, grotte artificiali e una fontana con cascata.

libri

Per invogliare i vostri figli a partire potreste regalare loro *Bahamas – Out Island Odyssey* di Nan Jeffrey, resoconto di un viaggio compiuto dall'autrice insieme a due figli adolescenti e uno poco più che in fasce.

BERMUDA

Gli abitanti delle Bermuda sono senz'altro assai bendisposti verso le famiglie che visitano il loro paese, tuttavia l'arcipelago è una meta che pone alcune difficoltà a chi viaggia con i bambini. Non esistono agenzie di autonoleggio e, accanto ai grandi alberghi e resort che accettano i più piccoli senza limiti di sorta, vi sono non solo molti alberghi e pensioni con un'atmosfera più formale dove sono previste attività rivolte esclusivamente agli adulti, ma ce ne sono addirittura alcuni dove i bambini non sono ammessi. Qualora l'albergo non fosse in grado di fornirli, culle e seggioloni si possono noleggiare presso la sede della Croce Rossa (Bermuda Red Cross).

che cosa vedere e fare

Hamilton, la capitale, naturalmente offre spiagge e piscine, ma anche escursioni di snorkelling per bambini, minigolf, un magnifico acquario e uno zoo, grotte di calcare e molti fortini da esplorare. A Fort Hamilton, per esempio, i bambini possono correre nel vecchio deposito d'armi sotterraneo e lungo lo stretto fossato oggi trasformato in lussurreggiante giardino.

A Pembroke Parish ha sede il Bermuda Underwater Exploration Institute che presenta una mostra interattiva avvalendosi delle più recenti novità nel campo della tecnologia audio e video. A Bailey's Bay merita l'escursione alle Crystal Caves, breve giro attraverso una serie di imponenti grotte sotterranee, scoperte nel 1907 da due ragazzini in cerca della palla da cricket che avevano smarrito.

CUBA

Cuba è un paese dove si può andare tranquillamente con i bambini: per le strade non c'è traffico intenso, c'è un basso tasso di criminalità e i cubani sono estremamente ospitali con gli stranieri.

La maggior parte delle agenzie turistiche applicano tariffe ridotte per i bambini fino a 12 anni che dividono la stanza con i genitori e tariffe simboliche per quelli fino ai 2 anni. In molti casi, se i bambini sono piccoli, una famiglia può ottenere una camera al prezzo di una semplice doppia. Alcuni resort prevedono assistenza diurna e attività specifiche per i bambini e in quasi tutti gli alberghi la reception è in grado di offrire una baby-sitter per poca spesa. Quel che a volte lascia a desiderare è la sicurezza degli impianti elettrici: controllate le prese di corrente nella vostra camera e fate attenzione ai fili scoperti.

Se non siete in viaggio organizzato potreste avere difficoltà a trovare alimenti graditi ai vostri figli. Per non sbagliare: omelette, patate fritte e banane.

havana

aspetti pratici

I parchi giochi osservano un determinato orario d'apertura. Spostarsi a bordo di automobili d'epoca, carri trainati a cavallo e bicitaxi (triciclo) può essere divertente, mentre gli autobus delle linee urbane in genere sono molto affollati e a volte rendono necessarie lunghe attese.

che cosa vedere e fare

Il Parque Lenin è un posto fantastico per i bambini, con magnifici vecchi alberi, un grande zoo, un acquario con pesci e coccodrilli d'acqua dolce, un trenino per i piccoli, un parco dei divertimenti e un laghetto artificiale con barchette a noleggio. Seguendo l'esempio dei cubani potete portare i vostri figli al parco dei divertimenti dell'Expo Cuba, dove campeggiano ancora sbiaditi manifesti di propaganda.

Il Museo del Aire possiede aerei ed elicotteri di tutti i tipi, ma ad attirare l'attenzione dei ragazzi sono soprattutto l'aereo personale di Che Guevara e la tuta spaziale indossata dal primo cosmonauta cubano.

A L'Avana ci sono molti teatri e cinema, fra cui il Cinecito dietro l'Hotel Inglaterra, che programmano film per bambini. Durante il fine settimana i teatri principali presentano spettacoli di marionette e altre rappresentazioni per bambini.

in giro per cuba

Il modo più semplice per visitare l'isola, se escludiamo i viaggi organizzati, è noleggiare un'auto, soluzione che fra l'altro probabilmente è anche la più economica. La Península Guanahacabibes è un bel posto per fare snorkelling con i bambini o dedicarsi al bird-watching. Per un tuffo nella Cuba del periodo coloniale potete fare una puntata a Santiago de Cuba, città ricca di eventi culturali, musei e castelli o passeggiare per le vie e i cortili acciottolati di Trinidad.

GIAMAICA

giamaica

Numerosi sono ormai i genitori che partono per i Caraibi con i bambini e la Giamaica è senz'altro un paese che incoraggia il turismo famigliare, offrendo per esempio baby-sitter previa prenotazione. Non mancano i resort con la formula 'tutto compreso', come Poinciana (Negril), FDR Resort (Runaway Bay), Superclubs Boscobel Beach (vicino a Ocho Rios) e Sandals Beaches (Negril e Whitehouse), dove gli adulti possono rilassarsi mentre i bambini si impegnano in mille attività organizzate. Chi preferisce alloggiare in un albergo tradizionale, e quindi non in un resort per famiglie, farà bene a prenotare eventuali culle, omogeneizzati o seggioloni.

Se amate stare per conto vostro potete affittare una casetta o un appartamento; ve ne sono anche in condomini attrezzati di tutto punto, con baby-sitter o custodi disposti a prendersi cura dei bambini. Girare l'isola in auto è assai piacevole perché vi sono belle strade panoramiche, ma non bisogna dimenticare che i giamaicani sono pessimi guidatori.

montego bay

che cosa vedere e fare

Il Montego Bay Marine Park organizza escursioni guidate in canoa o kayak fra le mangrovie, durante le quali i bambini potranno avvistare aironi, egrette, pellicani e altri uccelli acquatici nonché, guardando sott'acqua, piccoli barracuda, pesci d'argento, pesci ballerini, granchi e aragoste. Ai bambini piacerà anche l'escursione in semisommergibile che parte da Margueritaville per mostrare ai passeggeri le bellezze della flora e della fauna marina attraverso una cupola di vetro inserita nella base dell'imbarcazione.

PUERTO RICO

puerto rico

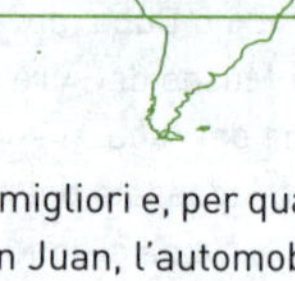

Puerto Rico è senz'altro una delle isole caraibiche con le strade migliori e, per quanto sia sconsigliabile affrontare in prima persona il traffico di San Juan, l'automobile a noleggio è un'ottima soluzione per divertirsi a esplorare il territorio dell'isola. In linea di massima si può girare senza necessità di prenotare la sistemazione in anticipo oppure basta farlo il giorno prima. La legge portoricana prevede che in auto i bambini fino a 4 anni viaggino legati negli appositi seggiolini di sicurezza.

Se quel che cercate è la tranquillità organizzata di un villaggio turistico, tutti e quattro i megaresort di Puerto Rico (Hyatt Dorado e Hyatt Regency a Dorado, El Conquistador vicino a Fajardo e Wyndham Palmas del Mar vicino a Humacao) offrono assistenza diurna e programmi di attività stile campeggio per bambini dai 3 ai 15 anni.

Molti genitori portano i figli piccoli al ristorante o fanno tardi la sera per le vie dei centri abitati. Allattare in pubblico ora è consentito per legge, ma in passato era considerato comportamento indecente. È questa la ragione per cui, vedendo una madre che allatta, i portoricani tendono a distogliere lo sguardo oppure fingono di non vederla. Sono abiti mentali che vanno cambiando, al punto che una persona del posto può sentire perfino il bisogno di venire a congratularsi con la donna che allatta il proprio figlio.

san juan

che cosa vedere e fare

Con i suoi congegni interattivi, il Museo del Niño è simile ai tanti musei per bambini che esistono negli Stati Uniti e, fra le tante attrattive, propone pure un viaggio attraverso il cuore dell'uomo. Il Parque de Ciencias Luis A. Ferre è un parco a tema con un buon rapporto qualità-prezzo: ci sono infatti un planetario e interessanti musei dedicati alla fisica, l'energia elettrica, i trasporti e la tecnologia aerospaziale.

La domenica La Casita diventa palcoscenico per spettacoli gratuiti di marionette, musica e danze tradizionali. Il Parque de las Palomas (Parco delle Colombe) è un ombroso cortile acciottolato dove i bambini possono dar da mangiare ai piccioni. Al Fuerte San Felipe del Morro, un imponente forte di sei piani che risale al 1539, i bambini possono giocare immaginando di essere conquistadores spagnoli. Durante il fine settimana i campi intorno al forte sono meta di amanti del picnic e ragazzini muniti di aquilone.

in giro per puerto rico

Le meravigliose spiagge di Puerto Rico, solitamente prese d'assalto il sabato e la domenica, risultano deserte durante la settimana. Se i vostri bimbi sono amanti del mare vale la pena di investire qualche dollaro per approfittare della spiaggia e delle strutture offerte da uno dei resort. Belle spiagge adatte alle famiglie sono quella del Balneario Condado a San Juan, la graziosa Playa Luquillo sulla costa orientale e, sulla costa nord, Playa de Cerro Gordo, Crash Boat Beach e l'insenatura vicino al Faro de los Morrillos.

Una passeggiata da non perdere è quella per El Yunque, una bellissima foresta sulla costa orientale con un visitor centre che offre una mostra interattiva, un filmato in inglese e un corridoio sospeso che attraversa la foresta in mezzo alle chiome degli alberi. In inverno si possono avvistare le balene lungo la costa ovest, per esempio noleggiando una barca a Rincón. Per osservare gli animali selvatici che non avete visto nella foresta portate i bambini allo Zoológico Zoorico di Mayagüez. Visitando i siti archeologici presso Tibes i ragazzi si faranno un'idea delle antiche civiltà locali: sul posto, infatti, si conservano alcune plazas dove si svolgevano le cerimonie rituali, bateyes (campi dove si giocava a palla) e più di 180 scheletri.

REPUBBLICA DOMINICANA

Come in quasi tutta la regione dei Caraibi, nella Repubblica Dominicana i bambini sono amati e rispettati, dato questo che si traduce nella possibilità di viaggiare comodi e tranquilli anche con loro. Autobus e taxi servono praticamente tutte le zone del paese, mentre le auto a noleggio sono costose e guidare qui comporta dei rischi. Malaria e dengue sono entrambe malattie endemiche. Per informazioni sui vaccini v. il capitolo **Salute**.

santo domingo

Santo Domingo è una città molto vivace e ricca di storia, con primati quali quello della chiesa più antica, la prima strada asfaltata e il più antico forte europeo che si conservino nel Nuovo Mondo. Il Museo de las Casas Reales espone i tesori recuperati dai galeoni spagnoli affondati al largo delle coste dell'isola.

Il Parque Zoológico Nacional, che ospita molte specie animali, ha anche un laghetto popolato da fenicotteri e un acquario con una vasca di squali visibile attraverso un corridoio subacqueo.

Per correre all'aria aperta ci sono il Jardín Botánico Nacional, il Parque Colón oppure Plaza de la Hispanidad, un'ampia piazza chiusa al traffico. Sia quest'ultima sia Parque Colón sono ottimi posti per sedersi a sorseggiare una meritata birra mentre gli adorabili marmocchi scorrazzano in zona.

feste e manifestazioni

Il Merengue Festival (luglio/agosto) prevede musica e danze in una cornice un po' meno scatenata rispetto alle altre feste cittadine, perfetto quindi anche per i bambini che non vedono l'ora di scendere in pista.

in giro per la repubblica dominicana

Se per una volta desiderate delegare ad altri il compito di intrattenere i vostri figli, tenete presente la Costa del Coco, un resort con la formula 'tutto compreso' che offre innumerevoli attività, favolose spiagge orlate di palme e un parco dei divertimenti dove si vedono danzare cavalli, delfini e otarie. Gli amanti degli animali possono partecipare a un'escursione di whale watching o a incontri ravvicinati con i coccodrilli oppure con le iguane.

AFRICA E MEDIO ORIENTE

A dispetto dei tanti genitori che ritengono impossibile fare un viaggio in Africa con i bambini, ci sono migliaia di piccoli viaggiatori che ogni anno visitano il continente nero senza subire incidenti di sorta. Presso molte società africane i bambini sono tenuti in gran conto e viaggiare con loro può significare ricevere un trattamento speciale e favorire i contatti con la gente del posto.

Le preoccupazioni maggiori per i genitori che si accingono a un viaggio in Africa riguardano la salute; in molte zone, per esempio, la malaria è endemica e occorre proteggere i bambini con un'adeguata profilassi (per maggiori informazioni v. il capitolo **Salute**). Gli altri potenziali pericoli sono indicati per ciascun paese, ma nella maggior parte dei casi si tratta di malattie che si possono prevenire ricordandosi di non camminare scalzi ed evitando il contatto con le acque stagnanti.

Per avere la certezza che il bagno e la camera d'albergo soddisfino le vostre aspettative, potete sempre optare per una sistemazione un po' più cara. In molti paesi gli alberghi di lusso hanno piscine aperte al pubblico (con ingresso a pagamento) che faranno la gioia dei bambini più sensibili al caldo.

Programmando ogni cosa in dettaglio e mantenendo comunque una buona dose di flessibilità, è possibile far conoscere ai propri figli la straordinaria natura, il paesaggio e la storia dell'Africa scoprendo così che i benefici di una tale esperienza superano di gran lunga gli inconvenienti che il viaggio può comportare.

EGITTO

Gli egiziani amano i bambini e quasi ovunque li accolgono con gentilezza e generosità. Coloro che hanno meno di 12 anni entrano gratis in gran parte dei siti archeologici, dei musei e non pagano in molti alberghi che, fatta eccezione solo per i più infimi, vanno benissimo per i bambini (dipende un po' da quanto siete esigenti in fatto di igiene e pulizia), mentre solo quelli a quattro o cinque stelle sono in grado di offrire servizi di assistenza specifica per i bambini, come quello di baby-sitter. Sono molte le donne che allattano in pubblico, sempre e comunque con discrezione.

Molti conoscono l'Egitto come la culla della civiltà, un paese ricco di leggende e opere d'arte che risalgono all'epoca dei faraoni. Ma per chi ci è stato l'Egitto è anche la terra dove uno si trova a contrattare con gente che non ti capisce, ad attraversare una strada a due corsie percorsa da un traffico che necessiterebbe invece di cinque corsie e a svegliarsi alle 5 del mattino per comprare un biglietto d'ingresso alla tomba di Tutankhamon.

egitto

PIRAMIDI... senza ESAGERARE

Debra Leung (15 anni) ha fatto una vacanza di tre settimane in Egitto con la famiglia.

Un bel giorno la nostra famiglia fece le valigie e partì per il paese delle piramidi insieme a una famiglia di amici con due ragazzini turbolenti di 5 e 8 anni. Prima di partire avevamo fatto moltissime ricerche per rendere il viaggio il più indolore possibile. Raccomando a tutti di fare altrettanto: in questo modo non solo sarete preparati ad affrontare quel che vi aspetta, ma avendo già una sorta di infarinatura, riuscirete anche a imparare molte più cose durante le visite guidate. La preparazione al viaggio aveva coinvolto tutta la famiglia ed era stato anche divertente imparare, per esempio, che l'imbalsamazione consisteva nell'estrarre i vari organi del corpo umano da orifizi minuscoli: una scoperta esilarante per noi ragazzi.

Il viaggio in aereo fu lungo e faticoso, soprattutto per i più piccoli che però trovarono il modo di distrarsi con una serie di giochi da viaggio. Una volta arrivati al Cairo, quattro bambini imbronciati e quattro adulti forse ancora più esausti dovevano tentare di raccapezzarsi, capire chi erano e dove volevano andare. Non di certo lo stato mentale giusto per affrontare il traffico dell'ora di punta in Egitto. Ciò che comunque riuscimmo a capire alla fine del nostro primo giorno al Cairo è che in Egitto l'ora di punta dura 24 ore su 24, e che di norme che regolano il traffico praticamente non ce ne sono. In una carreggiata a due corsie trovano comodamente e abusivamente posto cinque file di automobilisti; di passaggi pedonali neanche l'ombra, salvo la microscopica breccia nel traffico tracciata qui e là da schegge di turisti impazziti, come noi, che tentavano di guadare il fiume di automobili.

Le piramidi di Giza erano qualcosa che bisognava vedere e adesso so perché l'Egitto viene chiamato 'terra dei misteri'. All'interno delle piramidi ci sono delle camere in cui si può entrare, ma è una visita che sconsiglierei alle famiglie con bambini molto piccoli. Le discese e le salite a volte sono molto ripide e strette e un bambino piccolo potrebbe spaventarsi facilmente. Il Museo Egizio del Cairo è fantastico con la sua collezione di manufatti antichi, come per esempio la mummia di Ramsete II, ma per vederlo tutto ci vuole un giorno intero e i bambini si annoierebbero.

Scoprimmo ben presto che in Egitto contrattare fa parte della vita e così, come regola generale, imparammo che non bisogna mai accettare la prima offerta. Gran parte dei venditori ambulanti capivano l'inglese, cosa che tornò assai utile a un certo manipolo di turisti confusi provenienti dall'Australia. Un amico, una volta, mi disse "Puoi mercanteggiare quanto e come vuoi, ma dopo aver fatto l'acquisto troverai subito un altro negozio che vende lo stesso oggetto a un prezzo inferiore", e qui infatti era così. Dopo aver speso lunghe ore a far ridere gli egiziani con le nostre scarse capacità di tirare sul prezzo, magari coinvolgendo anche i bambin che si divertivano, dovevamo subire anche la frustrazione di trovare le merci appena acquistate a metà prezzo dietro l'angolo.

La crociera lungo il Nilo fu un modo fantastico per ammirare il paesaggio egiziano. Ogni giorno erano previste fermate per consentire ai passeggeri di visitare i monumenti situati lungo il tragitto, per esempio i templi di Karnak e il tempio di Luxor, solo per citare quelli più conosciuti.

Consiglio a chiunque intenda fare una crociera di questo tipo di scaglionare le visite e di fare una selezione dei templi che si vogliono visitare. Viceversa è assai probabile che un bambino piccolo raggiunga ben presto il limite di saturazione. All'inizio i bambini sembravano interessati alle tombe, soprattutto quando ci calavamo negli stretti corridoi che portavano ai tesori dell'età dell'oro dove c'era un'atmosfera un po' da film di Indiana Jones. Ma poi facevano notare che i posti erano quasi tutti uguali e si rifiutavano di camminare.

"Una volta arrivati al Cairo, quattro bambini imbronciati e quattro adulti forse ancora più esausti dovevano tentare di raccapezzarsi, capire chi erano e dove volevano andare. Non di certo lo stato mentale giusto per affrontare il traffico dell'ora di punta in Egitto".

Per ovviare all'inconveniente tentavamo di interessare i bambini ai templi che stavamo per visitare raccontando storie e leggende legate a quei luoghi e, una volta sul posto, indicavamo loro i geroglifici o le immagini scolpite che facevano riferimento a quanto avevamo detto.

La crociera durò due settimane durante le quali ci furono varie occasioni di divertimento per tutta la famiglia. Più volte furono organizzate a bordo feste in maschera e altre attività, come la danza del ventre, che ci fecero gustare il viaggio e approfondire la conoscenza delle tradizioni locali.

Prima di quanto ce l'aspettassimo arrivò il momento di tornare in Australia e al lusso dei nostri passaggi pedonali. Non posso negare che alla fine fossimo un po' provati, ma ci sentivamo ripagati da quanto avevamo appreso della storia e della cultura di una delle più antiche civiltà del mondo e soprattutto dal fatto di aver visto quei luoghi con i nostri occhi.

aspetti pratici

In Egitto non vigono particolari norme per la sicurezza dei bambini, perciò se noleggiate un'auto controllate che i sedili posteriori abbiano le cinture di sicurezza. Per i più piccoli dovrete portare il vostro seggiolino auto, così come dovrete portare da casa i giubbotti di salvataggio se avete intenzione di noleggiare una feluca o un altro tipo di imbarcazione. Lo stesso vale per il casco se volete far andare i bambini a cavallo.

È un dato di fatto che, in Egitto, molti bambini finiscono per soffrire di diarrea e problemi di stomaco; siate quindi attrezzati a fronteggiare questo tipo di disturbi (v. il capitolo **Salute**). Un'altra minaccia per la salute è rappresentata dall'epatite che in Egitto è endemica; prima della partenza vale quindi la pena di vaccinare i bambini contro l'epatite A e B.

Pannolini, latte in polvere e salviettine umidificate si trovano facilmente nelle farmacie delle maggiori città e dei principali centri turistici. Creme e lozioni solari ad alto fattore di protezione, invece, assolutamente indispensabili in questo paese, non sempre sono reperibili fuori dal Cairo e comunque sono molto costose (portatele da casa). Non esistono strutture riservate al cambio dei pannolini, ma la gente accetta tranquillamente di veder cambiare un bebè in pubblico.

che cosa vedere e fare

Animali e natura La costa del Mar Rosso è famosa per la sua flora e fauna subacquea: se le immersioni sono sconsigliate ai minori di 16 anni, ci sono comunque molte opportunità di praticare lo snorkelling. Alcuni grandi resort dispongono anche di barche con il fondo di vetro che permettono di ammirare i pesci e i coralli restando all'asciutto.

Interessante e istruttivo Quando si tratta di visitare i monumenti di un paese che vanta cinque millenni di storia e cultura, come si può immaginare, non c'è che l'imbarazzo della scelta. Volendo rendere le cose più interessanti per i bambini, quando visitate i templi e le tombe, potete mettervi alla ricerca dei rilievi che raffigurano scene raccapriccianti (la cosa ha grande successo a partire dai 5 anni) oppure, nei musei, cercare gli animali domestici e i giocattoli che i faraoni volevano portare con sé nella vita ultraterrena. Un altro modo per far conoscere la storia agli archeologi in erba è visitare il Dr Ragab's Pharaonic Village, un parco a tema vicino a Giza, dove alcuni attori rappresentano la vita quotidiana nell'antico Egitto. Circa 15 km a sud di Giza c'è la Fagnoon Art School, dove i bambini imparano a dipingere, modellano la ceramica e si cimentano in lavoretti di falegnameria.

Puro divertimento Ci sono alcuni grandi parchi dei divertimenti nei dintorni del Cairo. Crazy Water è un parco acquatico con scivoli, piscina a onde e un campo giochi. Sindbad Park, Merryland e Dreampark sono luna park con le consuete giostre e montagne russe. Il bowling e il pattinaggio su ghiaccio sono arrivati perfino nei centri commerciali del Cairo: i più centrali sono il World Trade Centre e l'Arcadia.

attività

Escursioni emozionanti sono quelle a cavallo o a dorso di cammello offerte dagli allevamenti vicino alle piramidi di Giza.

libri
Sono disponibili diversi volumi per introdurre i ragazzi alla civiltà egizia, fra cui segnaliamo: *Egizi. Per farli conoscere ai bambini* di Philippe Lamarque (Larus, Bergamo 2000; collana 'La storia dei popoli'), corredato da molte belle illustrazioni; *Le piramidi* di James Putnam (DeAgostini, Milano 1995; collana 'Primo piano'); *Guida all'antico Egitto* di Will Osborne e Mary Pope Osborne (Piemme Junior, Casale Monferrato 2001; collana 'La magica casa sull'albero'); e infine per quanto riguarda la mitologia, segnaliamo *I miti egizi* di Rossana Guarnieri (Fabbri, Milano 2000), che illustra il complesso Olimpo egizio, la lotta per il potere e i misteri dell'oltretomba, e *La mitologia egizia* di Claude Helft (Motta junior, Milano 2001), che svela molti aspetti di questa civiltà. *L'uomo e il leone*, di Diane Barbara (Motta junior, Milano 2001) è invece una favola che, sullo sfondo del paese dei faraoni, narra le vicende di un leone e di un topolino che vivevano da buoni amici. Fiabe egiziane si possono invece leggere nella raccolta *Il sultano di Luxor* di Francesca Lazzarato ('Fiabe junior' Mondadori, Milano 1998).

società e cultura
La società egiziana è conservatrice e, per quanto tollerante verso i turisti stranieri, non apprezza la nudità in pubblico, nemmeno quella dei bambini. Fate dunque indossare sempre il costume da bagno, anche ai bebè.

ERITREA E GIBUTI

L'Eritrea e il Gibuti sono entrambi paesi che riservano una calda accoglienza ai bambini, tuttavia l'assenza di attrezzature e servizi per l'infanzia può rendere il viaggio piuttosto difficile. Negli alberghi di lusso i bambini sotto i 2 anni in genere non pagano nulla, mentre per quelli fino a 12 anni viene aggiunto un supplemento al prezzo della camera.

aspetti pratici
Trattandosi di paesi con infrastrutture assai modeste, non è facile trovare in loco prodotti per neonati e bambini. Acqua in bottiglia, pannolini e omogeneizzati si possono acquistare nei migliori supermercati di Asmara e Gibuti, ma sono irreperibili altrove. Le creme solari ad alto fattore di protezione vanno portate da casa. Se intendete noleggiare un'auto portate anche il seggiolino di sicurezza per vostro figlio. La malaria è endemica in Gibuti e nelle pianure occidentali dell'Eritrea. Sugli altopiani dell'Eritrea adulti e bambini possono andar soggetti al mal di montagna, perciò fate attenzione a riconoscere eventuali sintomi e cercate di non stancarvi durante i primi giorni. Per maggiori informazioni a riguardo v. il capitolo **Salute**.

attività
Si possono fare molte cose oltre a usufruire delle piscine degli alberghi (dove si paga un ingresso giornaliero). In Eritrea vanno segnalate le isole dell'arcipelago

Dahlak che offrono incantevoli spiagge sabbiose e magnifiche opportunità di praticare lo snorkelling – non sono però una meta economica. I bambini si divertiranno anche a osservare le vivaci contrattazioni del mercato del bestiame che si tiene ogni lunedì a Keren. In Gibuti si possono fare escursioni a piedi nel parco nazionale La Forêt du Day.

libri

La terra di Punt, di Habté Weldemariam (EMI, Bologna 1996) è una raccolta di miti, leggende e racconti dell'Eritrea.

ETIOPIA

Gli etiopi sono molto affabili con le famiglie straniere in visita nel loro paese, ma attrezzature e servizi per i bambini scarseggiano una volta lasciata Addis Abeba.

aspetti pratici

Pannolini usa e getta, omogeneizzati e latte in polvere sono prodotti che ad Addis Abeba si trovano nei supermercati per la comunità straniera, tuttavia non sempre sono disponibili e in ogni caso tendono a essere molto cari. Ad Addis Abeba ci sono buone strutture sanitarie, fra cui una clinica pediatrica aperta 24 ore su 24; sono reperibili anche i farmaci. Fuori della capitale, invece, assistenza e servizi sono ridotti al minimo. Dovrete senz'altro portarvi da casa sia le creme solari ad alto fattore di protezione sia prodotti come antibiotici in gocce per orecchie, bagni oculari e salviette umidificate. Fate molta attenzione con il cibo: diarrea e vomito sono molto diffusi fra i turisti, quindi bevete solo acqua in bottiglia oppure bollita e purificata. Il pericolo di contrarre la malaria è maggiore ad altitudini poco elevate. Il parassita della bilharziosi è presente nelle acque di tutti i fiumi e laghi eccetto quello di Langano, per cui limitatevi a fare il bagno in piscina.

che cosa vedere e fare

Animali e natura I bambini saranno incantati alla vista dei fenicotteri (circa 200.000 esemplari) che si radunano sulle sponde del lago Abiato nella stagione degli amori. Un trekking a dorso di mulo nel Parco Nazionale dei Monti Bale o in quello dei Monti Simien è un ottimo modo per avvistare babbuini, stambecchi e altri animali selvatici.
Interessante e istruttivo Il piccolo Museo Nazionale di Addis Abeba ospita i resti fossili di quella che potrebbe essere la nostra più antica antenata, 'Lucy', donna vissuta tre milioni e mezzo di anni fa. Al Museo Etnologico, sempre nella capitale, i bambini impareranno a conoscere le numerose popolazioni, etnie, culture presenti in Etiopia tramite le sezioni illustrative dedicate a ciascun popolo e regione. La città di Aksum, guerra con l'Eritrea permettendo, è un posto favoloso da esplorare insieme ai bambini, con i suoi palazzi in rovina, le tombe sotterranee e i campi disseminati di enormi stele scolpite (le più grandi raggiungono i 25 m d'altezza).

attività

I più grandicelli potrebbero entusiasmarsi andando alla scoperta degli imponenti castelli di Gondar, impresa che probabilmente risulta troppo faticosa per i più piccoli.

libri

Per avvicinare i ragazzi alla cultura e all'immaginario popolare degli Etiopi, non c'è veicolo migliore delle favole: in italiano i ragazzi potranno sfogliare *Fiabe etiopi* di Shiferaw Mengesha (Oscar Mondadori, Milano 1993) e *Favole etiopiche*, a cura di Aldo Troisi (Xenia, Milano 1993).

GAMBIA E SENEGAL

gambia e senegal

Gambia e Senegal sono paesi in cui l'industria del turismo ha sviluppato discrete strutture, come grandi alberghi e resort, capaci di offrire servizi adeguati a chi viaggia con i bambini. Nei posti più economici non sono previsti sconti per i piccoli e sui trasporti pubblici si paga per ogni posto a sedere occupato, indipendentemente dall'età del passeggero. Se è vero che, fuori dalle zone più turistiche, attrezzature e servizi per l'infanzia scarseggiano, è anche vero che nell'Africa occidentale i bambini sono considerati un bene prezioso e averne con sé arricchisce l'esperienza del viaggio.

aspetti pratici

Nelle grandi città è possibile comprare omogeneizzati, pannolini usa e getta e medicine a prezzi assai elevati, ma volendo spostarsi altrove occorre portarsi dietro tutto ciò di cui si può aver bisogno. Vanno portati da casa anche eventuali seggiolini di sicurezza per l'auto e giubbotti di salvataggio per i bambini.

che cosa vedere e fare

In entrambi i paesi ci sono numerose riserve naturali che, generalmente, si possono però visitare con un automezzo. Il posto è turistico, ma a tutti i bambini piace dare un'occhiata ai coccodrilli del Kachikaly Crocodile Pool di Bakau, in Gambia.

attività

Ai più grandicelli piacerà non solo frequentare le innumerevoli spiagge ma anche fare un'escursione in piroga attraverso le paludi di mangrovia delle zone costiere oppure un'escursione in fuoristrada all'interno di una riserva naturale. La regione senegalese di Casmance può essere anche attraversata in bicicletta (informatevi prima sulle condizioni di sicurezza). I ragazzini si faranno pensierosi dopo la visita a La Maison des Esclaves e al Museo Storico IFAN sull'Île de Gorée, vicino a Dakar, uno dei principali centri della tratta degli schiavi nel XVIII e XIX secolo.

libri

La sposa del leone, a cura di Francesca Lazzarato e Vinicio Ongini (Mondadori, Milano 1995), raccoglie fiabe, leggende e miti della tradizione senegalese, tramandate ancora oggi dalla viva voce degli anziani. Le schede in appendice completano il quadro con informazioni e curiosità. Il libro è adatto ai bambini dai 6 ai 9 anni.

KENYA

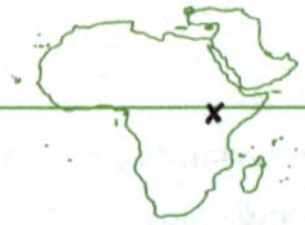

I kenyani sono ospitali e gentili, non solo con i bambini, ma anche con i loro genitori. Il principale problema da risolvere qui sono gli spostamenti fra una località e l'altra: le cattive condizioni delle strade e la precarietà dei trasporti pubblici si traducono in viaggi lunghi e faticosi. Fino a 2 anni il pernottamento è quasi sempre gratuito, mentre da 2 a 12 anni si paga il 50% della tariffa intera se dividono la stanza con i genitori. Chi vuole essere sicuro dal punto di vista igienico, dovrà optare per un albergo di categoria media o elevata. Alcuni alberghi di lusso non ospitano chi ha meno di 8 anni circa, nell'intento di preservare la tranquillità dell'ambiente; se desiderate questo tipo di sistemazione non scordate di accertarvene.

aspetti pratici

Omogeneizzati, latte in polvere e pannolini usa e getta sono reperibili nei grandi supermercati, ma a caro prezzo, perciò conviene portarsene una scorta adeguata. Quel che non si trova, invece, sono i repellenti per insetti adatti ai bambini: è indispensabile allora portarne da casa se intendete recarvi in zone malariche. Ricordate inoltre che anche correre scalzi comporta qualche rischio: nelle aree abitate i bambini potrebbero essere infestati dall'anchilostoma, mentre presso le sponde dei laghi si può contrarre la bilharziosi. In altre zone la minaccia è rappresentata da scorpioni, serpenti e rovi, quindi è sempre meglio camminare con le scarpe ai piedi.

È raro che un'agenzia di autonoleggio o di safari disponga di un seggiolino auto per bambini, pertanto portate il vostro, verificando in anticipo che vi siano le cinture di sicurezza. Se usate i mezzi pubblici sappiate che su *matutus* (minibus) e autobus i bambini piccoli non vengono considerati come passeggeri e quindi finiscono per viaggiare sulle ginocchia degli adulti (una soluzione scomoda per i tragitti lunghi).

che cosa vedere e fare

È superfluo dire che in Kenya tutti vengono ad ammirare le meraviglie della natura. I safari diventano più piacevoli per i bambini se l'albergo o il villaggio dove si alloggia dispongono di una piscina, dove potersi scatenare quando non sono impegnati ad avvistare la fauna selvatica a bordo di qualche fuoristrada. Il Langata Giraffe Centre, il David Sheldrick Wildlife Trust e lo Snake Park del National Museum si trovano tutti nei dintorni di Nairobi e completano le conoscenze che i bambini hanno acquisito nella savana. Animali a parte, un'iniziativa che riscuote successo è la visita al Railway Museum (Museo delle ferrovie).

parchi e giochi all'aria aperta

Kaleidoscope è il nome di uno spiazzo pieno di giochi annesso a un ristorante situato lungo Miotoni Rd, sulla strada per Karen.

MALAWI

Avendo sviluppato un'industria locale del turismo attenta anche alle esigenze delle famiglie, il Malawi è un paese dove si può viaggiare facilmente con i bambini. Le strutture ricettive offrono varie possibilità di scelta, ma va detto che la maggior parte degli alberghi attrezzati ad accogliere i bambini si concentra sulle sponde del lago Malawi. Le camere a più letti e i bungalow in genere non costano molto più che una stanza doppia, ma in alternativa è quasi sempre possibile far aggiungere uno o due letti supplementari per i bambini in una camera doppia. Le dimensioni ridotte del paese fanno sì che gli spostamenti fra le località turistiche siano relativamente brevi e non comportino difficoltà.

aspetti pratici

Pannolini e altri prodotti per neonati e bambini sono reperibili nella capitale e in alcuni dei centri maggiori, ma non nelle zone remote. L'assistenza sanitaria è buona nelle grandi città, ma comporta spese elevate, quindi verificate che la vostra assicurazione di viaggio preveda una copertura adeguata. Anche se la gente del posto a volte sostiene il contrario, nelle acque del lago Malawi è presente il parassita della bilharziosi. Il rischio di contrarre la malattia è minore facendo il bagno lungo le spiagge lontane dai nuclei abitati e prive di alghe (è qui che si annidano i vermi parassiti), tuttavia non si è mai completamente sicuri. Ovunque sia, cercate sempre di ottenere informazioni precise prima di mettere piede in acqua.

che cosa vedere e fare

Oltre che in fuoristrada, molte riserve naturali del Malawi si possono visitare anche a cavallo o a piedi. La Nyika Safari Company organizza numerose attività all'interno del noto Nyika National Park ed è un'ottima agenzia a cui rivolgersi se cercate un safari adatto anche ai bambini.

attività

I trekking a cavallo piacciono ai bambini che, una volta in sella, non trovano più il tempo di annoiarsi. A Cape Maclear c'è la possibilità di fare escursioni in kayak ed esplorare in questo modo gli isolotti al largo della costa è assai piacevole se i vostri figli hanno l'età per farlo. Quasi tutti i parchi nazionali prevedono itinerari da percorrere a piedi. Il solito tuffo in piscina è possibile in qualunque resort.

MALDIVE

La maggior parte dei turisti in visita alle Maldive opta per i resort, ossia complessi alberghieri che offrono un ambiente sicuro, con poco viavai e pochi pericoli, quasi tutti adatti ai bambini, perfettamente attrezzati e completi del servizio baby-sitter.

Per la prima volta, in Madagascar, ci siamo trovati in un ufficio della compagnia aerea che non aveva nemmeno il telefono. L'erosione che spesso caratterizza il territorio dell'isola si riflette nello sfacelo dei più elementari servizi pubblici. Le poste, i trasporti e ogni forma di comunicazione, ammesso che esistano, nella migliore delle ipotesi sono irregolari e inaffidabili. Un po' come la nostra bimba di 8 mesi! Detto questo, lasciare la civiltà per il caos fu comunque uno degli aspetti più belli del nostro viaggio.

madagascar

madagascar

RESTARE SAVI nella TERRA dei MATTI

Jane Bennett ha trascorso tre settimane in Madagascar insieme al compagno David e alla piccola Sacha (8 mesi).

Quando arrivammo in Africa eravamo ormai a tre quarti del nostro giro del mondo e pensavamo di avere acquisito una discreta pratica di come si viaggia con un bebè, ovvero aver capito cosa mettere nel bagaglio a mano (piccole confezioni di salviettine umidificate, ricambi strategicamente riposti in mezzo ai giocattoli), imparato a regolare il ritmo delle poppate ed escogitato trucchi e giochini per intrattenere la creatura prima, dopo e durante i pasti. Per facilitare le cose avevamo organizzato il viaggio in modo da trascorrere buona parte del tempo con amici e parenti. Avevamo trascorso qualche giorno nella periferia di Pretoria, luogo che coincide con due ricordi precisi. Il primo, indimenticabile, è la scena surreale di noi seduti nel soggiorno mentre guardiamo un telegiornale che snocciola un elenco interminabile di incidenti, morti e disordini, breve sommario della violenza che si consuma quotidianamente al di là della zona di sicurezza. Il secondo è che a Pretoria Sacha incominciò a gattonare.

Eravamo così entrati in una fase completamente nuova. La nostra bambina era ora in grado di abbandonare il suo materassino, poteva cadere dai letti e, in linea di principio, avrebbe anche potuto sparire tra la folla. In un certo senso non era più lei ad accompagnare noi, bensì noi a seguire lei! Riducemmo i bagagli al minimo e ci ritrovammo con lo zainetto portabambini, modello ergonomico e con il seggiolino che si aggancia ai tavoli dei ristoranti. Nulla di più. In Madagascar, invece, scoprimmo che anche un lettino da viaggio (offertoci, per solidarietà, da un'altra coppia) era parte indispensabile della carovana, e per di più il nostro era provvisto di zanzariera.

Eravamo arrivati nella 'terra dei matti', così la chiamavano affettuosamente i nostri amici, la settimana dopo che un gruppo di dissidenti aveva dato fuoco al vecchio Rova (il palazzo della regina). Ci avevano avvertito di non uscire dopo il tramonto e di girare senza denaro per le vie della capitale, Antananarivo (Tana). Che paese! Inaffidabile eppure accogliente, imprevedibile e allegro, tanto che, per qualche oscura ragione, fu lì che capimmo che senso avesse viaggiare con un bambino. Un paese dove chi è legato agli orari vive frustrazioni continue. Scoprimmo infatti che i ristoranti francesi aprono tardi e che spesso vi si aggirano orribili cani infestati dalle mosche, capaci di intrattenere Sacha a una distanza di sicurezza consentendo anche a noi di mangiare in relativa tranquillità.

Per fortuna Sacha apprezzava il riso locale e mangiò anche i cereali in fiocchi e i vasetti di pappe biologiche di cui avevamo fatto scorta prima di lasciare gli Stati Uniti e che però si esaurirono presto. L'allattavo ancora al seno per tre o quattro volte al giorno, gran comodità questa perché così vi era un alimento sicuro che assumeva costantemente.

Le persone che vivono senza telefono e televisione hanno tempo per stare con i bambini: durante un tragitto di tredici ore su un taxi-brousse ('taxi della boscaglia') che forò le gomme sotto la pioggia, il viaggio divenne un'avventura. Insieme ad amici, anch'essi con un bambino piccolo, passammo in rassegna tutto il repertorio di ninnananne per addormentare due creature messe a dura prova dalla stanchezza (e sì che avendo due musicisti fra noi si trattava di un repertorio sterminato!). Le ore trascorse ad aspettare un veicolo sostitutivo all'interno di squallide capanne lungo la strada furono ore inaspettatamente belle per tutti. Assaggiammo il cibo del villaggio e osservammo il lento svolgersi della vita locale con la sensazione di aver ricevuto un dono: altro che scorci rubati sbirciando attraverso un'anonima finestra. Inoltre gustammo l'esperienza – che oggi spesso ci si nega in Occidente – di cullare un bimbo addormentato, facendolo per tutto il tempo del viaggio e dandoci il cambio quando le braccia cominciavano a indolenzirsi.

"Eravamo così entrati in una fase completamente nuova. La nostra bambina era ora in grado di abbandonare il suo materassino, poteva cadere dai letti e, in linea di principio, avrebbe anche potuto sparire tra la folla. In un certo senso non era più lei ad accompagnare noi, bensì noi a seguire lei!"

Non è affatto detto, ce ne rendemmo conto sul posto, che a un bambino piccolo interessi fare un'escursione all'alba nella foresta per vedere l'indri e il lemure gigante che assomiglia un po' al panda. Adagiata nello zainetto, Sacha dormì tranquilla per tutto il tempo e le racconteremo tutto quando sarà più grande. A pensarci bene dormiva anche quando avvistammo le balene grigie al largo di San Diego. La domanda a questo punto era: ma allora per chi è che stiamo facendo questo viaggio esasperante? Lo devo ammettere, fu un'illuminazione: del suo primo giro intorno al mondo Sacha non avrebbe conservato che timbri sul passaporto e fotografie. In qualche modo non ci era bastato il parto in casa come ostacolo da superare. Come famiglia, ora, avevamo anche bisogno di cimentarci con un viaggio in uno dei paesi più inospitali del pianeta per provare a noi stessi che eravamo ancora in grado di fare pazzie, che si può ancora vivere dopo la nascita di un figlio!

Per i bambini che dormono nella stanza dei genitori di solito si paga un supplemento, ovvero una tariffa inferiore a quella per singolo adulto. In ogni caso, sole, sabbia e mare in genere fanno la gioia di tutti i bambini.

aspetti pratici

Prima di prenotare il soggiorno in un resort verificate la disponibilità di prodotti per l'infanzia. Sappiate in ogni caso che, laddove ci sono, pannolini, medicine e latte, o latte in polvere, costano molto di più rispetto a casa, quindi conviene portarsi dietro una buona scorta di tutti i prodotti necessari. Ricordate anche tutto quel che occorre per proteggere la pelle dal sole: oltre alle creme ad alto fattore di protezione e ai cappelli, consigliamo l'uso di apposite magliette in lycra. Le scarpette di gomma sono comode per correre nell'acqua: sono reperibili anche presso alcuni resort, ma la cosa migliore è portarle da casa.

attività

Sguazzare nell'acqua e correre sulla spiaggia sono tra i passatempi preferiti dei bambini, perciò non dovrebbe porsi il problema di come trascorrere la giornata. La maggior parte dei resort dispone di tavoli da ping pong, campi da tennis, da pallavolo o da volano. Per i più grandicelli che dovessero annoiarsi dopo i primi giorni si può sempre fare un'escursione in canoa o un'uscita con i pescatori (attività comunque che si pagano a parte). Alcuni resort offrono corsi di windsurf o di vela e, se l'età minima per un corso di sub è 16 anni, ci sono corsi di snorkelling anche per i bambini.

libri

Per far conoscere ai vostri figli il mondo colorato di queste isole potete considerare l'acquisto di un volume fotografico sul mondo marino maldiviano, per esempio l'*Atlante dei pesci delle Maldive* di Paolo Fossati e Angelo Mojetta (Portoria, Milano 1997).

MAROCCO

marocco

In Marocco, come in altri paesi del Nordafrica, i bambini sono i benvenuti e non di rado aiutano a rompere il ghiaccio con la gente del posto, in particolare con le donne. In quasi tutti gli alberghi sono previsti sconti per chi ha meno di 12 anni, mentre fino ai 2 anni il soggiorno è in genere gratuito.

aspetti pratici

Pannolini usa e getta e altri prodotti per bambini si trovano in vari negozi delle maggiori città, ma sono generalmente cari. Facilmente reperibili sono anche acqua in bottiglia e latte a lunga conservazione oppure in polvere. La cucina del Marocco è squisita, tuttavia è bene evitare tutte le insalate (sempre ammesso che i vostri figli ne mangino) e mangiare solo frutta e verdura sbucciata e ben lavata.

Considerato che alcune strade interne sono pericolose e che sia gli autobus sia i taxi collettivi qui non sono l'ideale per viaggiare con i bambini, cercate di utilizzare le ottime ferrovie marocchine per gli spostamenti all'interno del paese.

che cosa vedere e fare

Ai bambini piacerà esplorare il dedalo di viuzze strette e tortuose che costituisce la medina di Fès el-Bali (non perdeteli di vista, perché è facile smarrirsi!). Troveranno di loro gusto anche la Djemaa el-Fna, l'enorme e suggestiva piazza nel cuore della medina di Marrakech che la sera si riempie di musicisti, incantatori di serpenti, acrobati e altri artisti di strada.

libri

L'erede dello sceicco di Francesca Lazzarato e Vinicio Ongini (Mondadori, Milano 1992) raccoglie le più belle fiabe nate dall'immaginario popolare dei paesi del Maghreb, con una serie di schede che, prendendo spunto dalle favole, illustrano in modo semplice e divertente tradizioni, religione e usi della gente di Marocco, Tunisia e Algeria. Interessante anche una raccolta di racconti sbocciati dalle dune del deserto, nei quali le tradizioni dei popoli si mescolano a fervide fantasie: *Favole dal deserto. Il mondo meraviglioso del Maghreb* di Fasolini E. (Emi, Bologna 2001). Un'altra lettura divertente che permette di avvicinarsi alla cultura popolare marocchina è *Fiabe del Marocco* (Mondadori, Milano 1996).

MAURITIUS, RÉUNION E SEYCHELLES

Ricchi come sono di spiagge favolose e resort perfettamente attrezzati, le isole Mauritius, Réunion e Seychelles sono tutte mete piacevoli da raggiungere con i bambini. La maggior parte dei resort offre il servizio baby-sitter e organizza attività per i bambini. In alcuni casi hanno anche parchi giochi o aree riservate al gioco. Quasi tutti i tour operator e molti alberghi offrono il 50% di sconto (sulla tariffa adulti) per i piccoli d'età compresa fra 2 e 12 anni, mentre fino a 2 anni il soggiorno è gratuito.

aspetti pratici

Dal momento che la scelta di pannolini usa e getta e prodotti per bambini, pur essendo reperibili, è limitata, soprattutto fuori della Réunion, consigliamo di portarvene il più possibile da casa. Vista l'intensità dei raggi del sole non trascurate eventuali sintomi da eccessiva esposizione e portate un'adeguata quantità di creme ad alto fattore di protezione. Se temete che vostro figlio non sia al sicuro giocando nell'acqua portate anche un piccolo giubbotto di salvataggio. Allontanandovi dalle spiagge evitate i cibi dei venditori ambulanti e bevete sempre solo acqua in bottiglia.

che cosa vedere e fare

Alle Seychelles i bambini si divertono a ispezionare la collezione del Natural History Museum di Victoria, dove è esposto lo scheletro del coccodrillo delle Seychelles.

Storm e io stavamo trascorrendo l'inverno in Europa e ci trovavamo a Parigi già da alcuni mesi quando decisi che era ora di concedersi una pausa al caldo. Non sapevo se scegliere la Spagna o il Marocco: l'idea di andare in Marocco da sola con Storm mi rendeva titubante e pensavo che il viaggio in Spagna sarebbe forse stato un po' più facile. Mostrai a Storm qualche cartina, alcuni opuscoli di viaggio con fotografie, chiedendogli dove gli sarebbe piaciuto andare. "In Marocco", rispose senza esitare. La decisione era presa.

marocco alla SCOPERTA dell'HAMMAM

marocco

Maree Conroy ha viaggiato per un mese in Marocco con il figlio Storm di 5 anni.

A Marrakech trovammo un albergo proprio vicino a Place Djemaa el-Fna, la grande piazza della città vecchia dove Storm trovava sempre qualcosa d'interessante. Era attratto soprattutto dai maghi e dagli incantatori di serpenti, ma anche dalle schiere di bancarelle che vendevano spremute di frutta di giorno e da mangiare di sera. Ed era fantastico cenare così, specialmente per Storm che poteva scegliere ciò che voleva in mezzo alla gran quantità di cibi esposti; inoltre, non abbiamo mai avuto problemi di stomaco. Un giorno ci capitò di fare una breve 'esperienza di lavoro' presso una bancarella di spremute: per ore aiutammo il gestore a spremere frutta consumandone, nel frattempo, noi stessi un bel po'. Alla fine della giornata l'uomo ci cucinò un prelibato piatto di pesce che accompagnammo con il famoso tè alla menta marocchino.

La tappa successiva del nostro viaggio fu Essaouira, sulla costa atlantica. La città ha un'architettura magnifica e il nostro era un bellissimo albergo con le pareti imbiancate a calce e grandi porte blu. Facevamo colazione nella terrazza sul tetto, da dove guardavamo il mare, i pescherecci e, la sera, il cielo stellato. Ci divertimmo a cavalcare i grossi dromedari su e giù per la spiaggia, ignari dei dolori che il giorno dopo si sarebbero fatti sentire.

Sempre a Essaouira scoprimmo gli hammam (bagni di vapore pubblici) che divennero una delle nostre passioni, anche perché negli alberghi dove dicevano di avere l'acqua calda c'era sempre e solo acqua tiepida. I bambini possono entrare al seguito dei genitori e le femmine però hanno accesso solo all'hammam delle donne. All'interno dell'hammam vedemmo per la prima volta donne che parlavano e ridevano animatamente fra loro. L'acqua calda veniva distribuita in base a un ordine gerarchico, che però non riuscimmo a comprendere. Comprai a Storm un secchiello e prese subito gusto al rituale di andare a prendere l'acqua per lavarci. Una volta si fece persino fare un massaggio da una donna molto dolce e gentile. Ne fu entusiasta.

Un'altra bella esperienza fu la tappa a Merzouga, dove ci fermammo ai piedi delle Erg Chebbi, le famose dune di sabbia del Sahara marocchino. Non appena arrivati partimmo in quarta per esplorare le dune, ma facemmo ben presto dietrofront per timore di perderci. L'indomani ci tornammo con una guida e imparammo il modo più semplice per arrampicarsi, ovvero seguendo una linea diagonale e non quella che punta verso l'alto. Una volta in cima alla duna più alta sprofondammo nella sabbia calda, restandovi immersi fino al collo. Da lassù si godeva una vista mozzafiato. E Storm si divertì un mondo a lasciarsi rotolare giù lungo il fianco della duna per poi risalire e scivolare giù di nuovo, mentre io mi stancavo solo a guardarlo.

Il villaggio ai piedi delle dune era abitato da Berberi, una tribù indigena dell'Africa settentrionale. Fummo invitati a pranzo a casa loro e imparammo a conoscere la loro vita quotidiana. Di pomeriggio Storm si univa ai bambini che, a cavallo di un asino, andavano a prendere l'acqua al pozzo. Fu importante per lui scoprire che l'acqua non esce ovunque dal rubinetto.

A Merzouga Storm fu al centro dell'attenzione perché in possesso di un bene prezioso: un pallone da calcio. I bambini del villaggio gli chiedevano sempre di giocare e una volta ci fu una partita a cui parteciparono più di trenta giocatori. Quel giorno ci mise un sacco di tempo a recuperare il pallone!

"Un giorno ci capitò di fare una breve 'esperienza di lavoro' presso una bancarella di spremute: per ore aiutammo il gestore a spremere frutta consumandone, nel frattempo, noi stessi un bel po'. Alla fine della giornata l'uomo ci cucinò un prelibato piatto di pesce che accompagnammo con il famoso tè alla menta marocchino".

Ci fu un unico brutto momento durante il viaggio e fu quando a Storm venne un ascesso alle gengive che gli provocava forti dolori nonostante il paracetamolo. Siccome non mi attirava l'idea di andare dal dentista, mi misi a cercare della penicillina per combattere l'infezione. In sella alla sua moto il gestore dell'albergo ci condusse al centro sanitario locale, dove Storm fu curato con professionalità e gentilezza. Il medico ci diede la penicillina e, cosa che ci stupì moltissimo, non dovemmo pagare nulla, né per l'ottimo servizio né per le medicine. Con nostra somma gioia l'ascesso guarì in un paio di giorni.

Quella del Marocco fu un'esperienza meravigliosa per Storm e per me. Il paese si rivelò una meta perfetta per viaggiare con mio figlio e la sua gente simpatica, ospitale e pronta a darci una mano ovunque andassimo. Ricevemmo molte attenzioni perché non eravamo accompagnati da un uomo: il fatto che fossi una madre evidentemente esigeva rispetto e la gente sembrava credere alla storia che avevo imbastito inventandomi un marito rimasto a lavorare in Francia.

Un'altra specie estinta esposta al Museo è quella dei granchi ladroni giganti. L'attrattiva maggiore è però il relitto di una nave affondata al largo dell'arcipelago nel 1570.

attività

Sabbia, sole e mare in genere sono un miscuglio magico che sui bambini opera effetti miracolosi. La maggior parte dei resort offre corsi di windsurf e di vela per i più grandicelli nonché tavoli da ping pong, campi da volano e altri giochi. Ai bambini piacerà la gita in barca a Curieuse Island, l'isola che ospita la più grande colonia di tartarughe di terra giganti e una tra le più estese foreste di palme da cocco.

SUDAFRICA

sudafrica

Il Sudafrica ha sviluppato una forte industria del turismo interno, soprattutto lungo la costa. Ma anche allontanandosi dalle stazioni balneari si trovano alberghi e campeggi attrezzati per accogliere i bambini, con servizi di baby-sitter, parchi giochi e altre comodità. Stanze familiari e bungalow in genere si trovano negli alberghi di categoria elevata a un prezzo di poco superiore a quello di una stanza doppia. Negli alberghi meno cari spesso i bambini pagano quanto gli adulti.

aspetti pratici

La presenza di buone infrastrutture fa sì che viaggiare in Sudafrica sia molto più semplice che non nei paesi vicini. Nei centri abitati si trovano facilmente sia attrezzature per bambini sia pannolini usa e getta. Rare tuttavia sono le strutture pubbliche per cambiare i bebè e scarseggia anche l'offerta di assistenza diurna per brevi periodi. I rischi per la salute sono minimi, ma da non sottovalutare: affinché non contraggano la bilharziosi, badate che i bambini non giochino scalzi nel fango o in acque stagnanti. Poiché nella metà orientale del paese è presente anche la malaria, in molte farmacie sudafricane sono disponibili i necessari farmaci profilattici. Facendo escursioni a piedi occorre ricordare che l'acqua incontrata lungo il cammino va sempre purificata, non solo quella dei ruscelli, ma anche quella offerta nelle capanne e nei villaggi.

che cosa vedere e fare

Animali e natura Fra i parchi nazionali e le tante agenzie che organizzano trekking e safari, gli amanti della natura qui non hanno che l'imbarazzo della scelta. L'associazione dei parchi nazionali sudafricani (South African National Parks Board) fornisce informazioni utili sui numerosi parchi e le riserve del paese. Con tanti chilometri di costa, anche la fauna marina offre parecchio da vedere e le città che sorgono in prossimità del mare hanno diversi luoghi che attirano i bambini. A Bertie's Landing, sul lungomare di Città del Capo, è possibile avvistare le foche. Nella stessa città esiste anche un acquario presso il Victoria and Albert Waterfront, con una vasca naturale in cui prospera una foresta di fuchi (genere di alghe).

Interessante è la visita al Natal Sharks Board di Umhlanga Rocks, fuori Durban, un centro di ricerca dove si studiano gli squali. Il South African Museum di Città del Capo ha vari settori dedicati alla vita marina, ai mammiferi, ai dinosauri e ai rettili. I bambini adorano l'apparecchio che fa sentire la voce delle balene.

Interessante e istruttivo Nelle maggiori città del Sudafrica ci sono musei dedicati alla natura e alla storia locale. Il Museum Africa di Johannesburg possiede una notevole collezione d'arte rupestre. A Durban i più grandicelli potrebbero essere interessati al KwaMuhle Museum che ha una sezione in cui viene illustrato il cosiddetto 'Durban System', ovvero il sistema che adottarono i bianchi per soggiogare i neri.

attività

Nei parchi nazionali del Sudafrica si fanno soprattutto escursioni a piedi e in mountain bike. Gli animi più sedentari possono sempre prendere la funivia che risale la Table Mountain a Città del Capo.

libri

Indaba: figli miei, di Vusamazulu Credo Mutwa (Red, Como 1991), è una interessante raccolta di racconti popolari, storie, leggende, tradizioni e credenze. Per i più grandicelli segnaliamo *Aspettando la pioggia*, di Sheila Gordon (Einaudi ragazzi, Trieste 1992), storia di un'amicizia fra un bambino bianco e un bambino nero stroncata dall'apartheid. Infine, *Canto dei sei uccelli* di Rene Deetlefs (Aer, Bolzano 2001), racconta le avventure di Lindiva, la quale si appresta a suonare un nuovo flauto che però non emette alcun suono.

TANZANIA

tanzania

Le bellezze naturali e la fauna selvatica della Tanzania affascinano tutti gli adulti e i bambini. I tanzaniani, poi, sono un popolo molto affabile e ospitale con le famiglie di viaggiatori. Per poter usufruire di servizi igienici decenti occorre alloggiare in alberghi di categoria media o elevata. Alcuni alberghi e agenzie di safari offrono sconti del 50% ai più piccoli di 12 anni che dividono la camera con i genitori, ma è un dettaglio che va verificato al momento della prenotazione.

aspetti pratici

Pannolini e altri prodotti per bebè si trovano solo nelle città principali. Fuori dai grandi centri abitati scarseggiano anche strutture sanitarie che possano dirsi affidabili. Le farmacie delle maggiori città tengono un vasto assortimento di farmaci che si possono acquistare senza prescrizione medica. La malaria è endemica in Tanzania. Se intendete partecipare a un safari o noleggiare un'auto, portate il vostro seggiolino di sicurezza poiché è raro trovarne uno sul posto.

che cosa vedere e fare

Sono i safari che spingono molti viaggiatori a visitare la Tanzania, paese dove i parchi nazionali e le riserve naturali (forestali o marine) occupano il 38% del territorio.

I più grandicelli apprezzeranno lo spettacolo del monte Kilimanjaro, ma con i trekking ad alta quota occorre essere prudenti (per maggiori informazioni v. il capitolo **Salute**). Se i vostri figli amano gli animali visitate senz'altro la Selous Game Reserve, la più grande riserva africana di fauna selvatica, dove vedrete ippopotami, elefanti e alcuni tra gli ultimi esemplari di rinoceronte nero. Per informazioni sulle agenzie che organizzano safari adatti ai bambini potete rivolgervi all'ufficio Tanzania National Parks o al Tanzania Tourist Board.

Lungo le spiagge della Tanzania sorgono alcuni lussuosi resort che invitano a concedersi un po' di relax. Durante il fine settimana si organizzano concerti di musica tradizionale al Village Museum di Dar es Salaam. Al largo di Zanzibar si possono fare escursioni in barca, per esempio per avvistare i delfini. Ai più grandicelli piacerà arrampicarsi su e giù per le merlature e le torri del forte della città di Zanzibar.

libri

I più grandicelli apprezzeranno le avventure di un ragazzino della loro età raccontate in *Ngorongoro. Dove lo sterco di mucca porta fortuna* di Michael Cox (Piemme, Casale Monferrato 1999): è la storia di Christopher, che da vero ragazzo masai deve saper costruire case di letame e sfuggire alle terribili ire del bufalo selvaggio. Un altro libro interessante è *Fiabe africane*, a cura di Friedrich Becker (Mondadori, Milano 1991), che contiene i temi tipici della sensibilità africana: dalla minaccia degli spiriti della giungla e degli animali selvatici alla lotta contro la fame, sempre viva e presente.

TUNISIA

tunisia

La Tunisia, che fa tutto il possibile per promuovere il paese come meta turistica per le famiglie, offre molte tariffe speciali negli alberghi e nei resort. Fino a 5 anni, inoltre, i bambini viaggiano gratis su autobus e treni, mentre da 5 a 15 anni pagano metà prezzo. Pagano invece il biglietto intero a bordo dei louages (minibus).

aspetti pratici

Pannolini usa e getta, latte a lunga conservazione, latte in polvere e altri prodotti per bebè si trovano facilmente al supermercato o in farmacia sia nelle città sia nelle località turistiche della costa. Molti farmaci si possono acquistare senza prescrizione medica.

che cosa vedere e fare

Se ai più piccoli piacciono i trekking a dorso di cammello che, in genere, vengono organizzati nella regione di Douz a sud di Tunisi, i più grandicelli saranno invece interessati a visitare Matmata, dove si trovano le abitazioni ricavate dalle grotte in cui furono girate alcune scene di *Guerre Stellari*. Un passatempo che può durare ore è arrampicarsi su e giù per le scalinate e i corridoi sotterranei dell'enorme anfiteatro romano di El Jem. L'archeologia può diventare qualcosa di appassionante a Dougga, una delle città romane meglio conservate in assoluto.

libri

Esiste una collana di libri su arti e mestieri, a cura di May Angeli, rivolta alla fascia di lettori d'età compresa fra 7 e 10 anni; alcuni volumi sono stati tradotti in italiano, e sono in particolare: *Tessitrice a Kairouan*: Saliha Karoui, *Ceramista a Tunisi*: Ali Al-Andaloussi (entrambi Ceres Productions-Demeter, Tunisi 1990) e Marcus Magonius: mosaicista a Cartagine (stesso editore, 1988). Cercateli nelle biblioteche italiane.

ZIMBABWE

zimbabwe

Fino a poco tempo fa, lo Zimbabwe rappresentava una meta ideale per chiunque desiderasse fare un viaggio in Africa con i bambini, considerate la stabilità politica e la fantastica natura da esplorare. L'agitazione esplosa nelle zone rurali all'epoca della stesura di questo libro fa sì che la sicurezza non sia più garantita al di fuori delle città principali. Fermo restando che in questo paese c'è moltissimo da vedere, prima di organizzare un viaggio in Zimbabwe occorre aggiornarsi sulla situazione politica attuale.

Alcuni alberghi e alcune agenzie di safari si rivolgono esclusivamente a una clientela adulta e non accettano bambini: verificate prima di prenotare.

che cosa vedere e fare

Animali e natura Tutti i piccoli viaggiatori vorranno vedere gli animali dell'Africa e per farlo non è indispensabile partecipare a un safari. La riserva di Mukuvisi Woodlands, appena fuori Harare, ospita infatti zebre, giraffe ed elefanti. Molte agenzie offrono safari in giornata intorno a Victoria Falls che sono adatte anche ai più piccoli. Le famiglie più intrepide possono organizzare un'escursione al parco di Matobo per ammirare i rinoceronti bianchi e quelli neri.

Interessante e istruttivo La National Gallery of Zimbabwe, a Harare, offre ai bambini una favolosa introduzione all'arte africana, ma occorre ricordare loro che qui non si può toccare nulla.

attività

I ragazzini con spirito d'avventura saranno felici di camminare lungo il fiume Zambezi: i sentieri migliori sono quelli che partono dalla statua di Livingstone e quelli che raggiungono le maestose cascate Victoria.

parchi e giochi all'aria aperta

Harare Gardens è il più grande parco della capitale: c'è tanto spazio per correre e perfino un modello del ponte che collega lo Zimbabwe con lo Zambia. Per chi volesse bruciare più energie c'è il Greenwood Park che ha anche un parco dei divertimenti, una ferrovia in miniatura e una funivia.

libri e film

I bambini apprezzeranno le belle illustrazioni contenute nel volume Gugu's House, di Catherine Stock, un ottimo modo per avvicinarsi al paese e alla sua cultura.

Aspettando l'imbarco per Harare ci tormentava il dubbio di aver sbagliato a portare con noi il piccolo Zach di 15 mesi. Non avevamo ancora fatto grandi viaggi con nostro figlio e ora ci attendeva un volo diretto di nove ore. Durante il decollo Zach bevve un biberon e nel giro di mezz'ora si addormentò, permettendoci così di gustare un aperitivo e guardare il film che proiettavano a bordo.

zimbabwe

SPUNTA un DENTINO fra HARARE e BULAWAYO

Crispin Walker ha visitato lo Zimbabwe con il figlio Zach (15 mesi) e la compagna Yvette, durante un viaggio di due mesi attraverso l'Africa del sud.

All'aeroporto ci aspettavano gli amici che ci avrebbero ospitato a Harare. Il caldo della capitale non era eccessivo, ma il primo fu ugualmente un giorno di riposo, dedicato ad acclimatarci e assicurarci che Zach stesse bene malgrado il dentino che, dolorosamente, stava per spuntare.

La situazione era ideale: ci rilassavamo ai bordi di una grande piscina, sorseggiando birre fresche, mentre i nostri ospiti cucinavano per noi. In caso di necessità eravamo pronti a stenderci sul letto con Zach. Per la sua pelle usammo una crema con fattore di protezione 30 che accettò di vedersi spalmare durante tutto il viaggio.

A dispetto degli avvertimenti ricevuti, il centro di Harare ci faceva sentire sicuri e fu piacevole trascorrere qualche giorno fra i mercati, i negozi e le gallerie del centro. Zach fu entusiasta del giardino di sculture dietro la National Gallery of Zimbabwe. In quanto unici visi pallidi in circolazione, però, venivamo regolarmente presi di mira e praticamente costretti a elargire pubbliche donazioni a schiere di suonatori ambulanti. Zach sembrò gradire soprattutto le escursioni fatte per vedere leoni ed elefanti nell'Ewanrigg National Park e nella Bally Vaughan Game Farm.

Ma a farci capire che lo Zimbabwe era veramente un paese in cui si può andare con i bambini fu il viaggio in treno fino a Bulawayo. I nostri amici, restii ad accompagnarci alla stazione Harare Central, continuavano a dirci che avremmo dovuto optare per i voli interni, e si stupirono anch'essi alla vista del treno nuovo di zecca che si accingeva a una delle sue prime corse notturne con destinazione Bulawayo; noi avevamo prenotato un vagone letto a due posti e Zach, che divideva la cuccetta con Yvette, non tardò ad addormentarsi. Alle prime luci dell'alba eravamo svegli tutti e tre, pronti a goderci l'incantevole paesaggio mattutino. Bulawayo non ci parve niente di eccezionale, ma il suo Museum of Natural History con i vari animali in mostra suscitò l'interesse di Zach. Passammo cinque notti in un ostello orrido ma economico, dove il gestore ci consigliò buoni ristoranti e guide per l'escursione in giornata al magnifico Matobo National Park. Edmond, la nostra guida, era pieno di attenzioni verso Zach e insistette addirittura per portarlo sulle spalle in modo che io potessi scattare qualche fotografia. E fu mentre ci raccontava che il primo ministro Mugabe aveva minacciato di andarsene scoprendo qui la tomba di Cecil Rhodes che Edmond soffocò un risata sorprendendo il nostro pargolo che cantava e ballava sulla tomba del grand'uomo!

Incoraggiati dalla prima esperienza positiva, non vedevamo l'ora di proseguire il viaggio in treno alla volta di Victoria Falls. Ma stavolta salimmo a bordo di un bel modello tradizionale di ferrovia a vapore. Zach dormì comunque bene, nonostante la presenza di giovani chiassosi con lo zaino in spalla e con i quali facemmo un po' di baldoria. La cittadina di Victoria Falls è un posto prettamente turistico, ma le cascate vere e proprie sono una meta da non perdere. Ne eravamo tutti incantati e Zach sembrò apprezzare sia il velo di vapore acqueo che aleggiava nell'aria sia la camminata nella giungla per vedere le cascate dall'alto.

Un grosso errore fu sottovalutare la distanza da percorrere a piedi fino al confine con lo Zambia solo per il gusto di avere un timbro in più sul passaporto. Quando tornammo a Victoria Falls eravamo sfiniti e avevamo i nervi a fior di pelle. Ma un tuffo in piscina, una bibita fresca e la vista dei babbuini che giocavano su un tetto ci fecero tornare il buonumore. Di lì a poco restammo tutti a bocca aperta sotto i tuoni e i lampi di un violento temporale africano.

"Pagò le mele con la moneta che gli avevamo dato e diede un bacino alla bimba di 2 anni che stava presso la bancarella dei genitori facendo sorridere noi e loro".

La scelta di portare il passeggino di Zach, in vista delle escursioni, fu un'ottima soluzione: oltre a dar tregua alla mia schiena, permetteva a Zach di fare il pisolino pomeridiano mentre noi visitavamo un museo o una galleria.

Quel che non ci aspettavamo è l'interesse che il passeggino avrebbe suscitato nei bambini del posto, abituati a essere trasportati sulle spalle di mamma: tutti sgranavano gli occhi e qualcuno ci chiese perfino di poter fare un giro! Quanto al cibo, dato il tasso di cambio a noi favorevole, potevamo permetterci il ristorante quasi tutte le sere. Zach in ogni caso si accontentava anche di piatti semplici, come sadza (specie di polenta a base di mais) e stufato oppure spaghetti con verdure, che si potevano acquistare al mercato.

Non mancammo di fare qualche spiacevole incontro con bianchi nostalgici che rimpiangevano 'i bei tempi' della colonizzazione inglese, osservando un atteggiamento sprezzante nei confronti dei propri dipendenti, nei negozi come nei ristoranti. Solo a ricordarlo torna l'amaro in bocca. Un ricordo dolcissimo invece è quello di Zach che compra la frutta al mercato di Bulawayo. Pagò le mele con la moneta che gli avevamo dato e diede un bacino alla bimba di 2 anni che stava presso la bancarella dei genitori facendo sorridere noi e loro.

Lo Zimbabwe ci piacque immensamente, il viaggio fu un successo da tutti i punti di vista e riuscimmo a star bene tutti quanti. Per un po' Zach sembrò perfino scordarsi del dentino che stava per spuntare!

AFRICA E MEDIO ORIENTE

Per chi viaggia in Medio Oriente con i figli sarà facile entrare in contatto con la gente del posto perché tali società attribuiscono grande importanza alla famiglia e di conseguenza hanno a cuore tutti i bambini. Non dovrete perciò stupirvi se i camerieri attireranno vostri bimbi in cucina per viziarli con qualche dolcetto, se vi riserveranno un trattamento speciale quando fate la fila o se perfetti sconosciuti si avvicineranno per stampare un bacio sulle guance del vostro marmocchio (soprattutto se è biondo). Sulle prime, forse, tutto ciò potrà imbarazzarvi, ma ben presto vi accorgerete di come tali usanze facilitino i rapporti interpersonali e rendano ancora più entusiasmante qualunque viaggio in questa regione già così ricca dal punto di vista storico. In alcuni paesi gli slanci di spontanea generosità riescono perfino a compensare la mancanza di strutture specifiche per l'infanzia. Affinché adulti e bambini possano godersi appieno l'esperienza del viaggio, sarà sufficiente non aspettarsi di trovare un seggiolone in ogni ristorante e, per quel che riguarda il mangiare, prendere qualche precauzione dettata dal buon senso.

EMIRATI ARABI UNITI

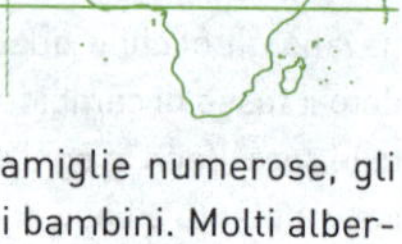

Caratterizzati da una società conservatrice e patita delle famiglie numerose, gli Emirati Arabi Uniti sono un paese in cui si viaggia bene con i bambini. Molti alberghi di media categoria mettono a disposizione delle famiglie spaziose stanze e prevedono sconti su molte attività. I fast food abbondano e nei ristoranti più raffinati esistono menu speciali per i piccoli. Numerosi sono anche i luna park e altri parchi dei divertimenti. Come in altri paesi del Golfo, altrettanto conservatori, è sconsigliato allattare in pubblico.

aspetti pratici

Fatta eccezione per il caldo torrido e il sole cocente dei mesi estivi, non vi sono particolari minacce per la salute. I prodotti per bambini e bebè si trovano senza difficoltà. Gran parte dei servizi igienici pubblici è dotata di una stanza riservata al cambio dei neonati e in quasi tutti i centri commerciali c'è una nursery o un'area di gioco per i bambini, anche se manca il personale di assistenza. Nei parchi dei divertimenti ci sono quasi sempre prati o zone erbose dove i bambini possono scorrazzare liberamente.

che cosa vedere e fare

Animali e natura Sistemato in un giardino lussureggiante, lo zoo di Dubai ospita molte specie di fauna indigena fra cui il lupo arabo che ormai sopravvive solo in cattività.

Interessante e istruttivo Rivolto soprattutto ai bambini, lo Sharjah Science Museum and Planetarium è l'unico museo del paese a vantare una serie di congegni e dispositivi interattivi. Lo Sharjah Natural History Museum ha una 'fattoria' per i bambini e un 'giardino' che riproduce un frammento di deserto.

Puro divertimento Nella regione del Golfo non mancano né i giardini né i parchi giochi: ce n'è per tutti i gusti e per tutte le età. Uno dei più belli è il parco acquatico Wild Wadi che promette alcuni tra i più fantasiosi giochi d'acqua del pianeta. Wonderland, a Dubai, è un parco dei divertimenti con giostre e videogames (il mercoledì l'ingresso è riservato esclusivamente alle donne e ai bambini). A Umm al-Qaiwaine si trova Dreamland Aquapark, il più grande parco acquatico del paese, con vari ristoranti, pista di go-kart e, naturalmente, scivoli e giochi d'acqua.

attività

Un'escursione a bordo di una *dhow* (imbarcazione tradizionale) o un safari nel deserto con pernottamento in tenda sono occasioni insolite per offrire ai bambini esperienze diverse dalle visite ai luna park e ai centri commerciali. Ai bambini pensa anche l'agenzia North Star Expeditions di Dubai, specializzata in viaggi d'istruzione e all'insegna dell'avventura in giro per gli Emirati Arabi Uniti.

feste e manifestazioni

Il Dubai Shopping Festival e il Dubai Summer Surprises sono manifestazioni che prevedono entrambe attività specifiche per i bambini. Si svolgono comunque in centri commerciali e commerciale tende a essere il significato della festa.

libri

La camicia di Giuha di Kamal Attia A. (EMI, Bologna 2002) riunisce favole dal mondo arabo; Giuha è simile al Bertoldo della tradizione italiana: un po' contadino e un po' filosofo!

società e cultura

Ricordate di portare il costume da bagno per tutta la famiglia: al mare qui non girano nudi neanche i bambini piccoli. Le bambine più grandicelle faranno bene a lasciare a casa indumenti quali minigonne e magliette che lasciano l'ombelico scoperto.

GIORDANIA

I giordani adorano i bambini e viaggiare con loro significa avere un argomento di conversazione con la gente del posto. Pochi sono i rischi che si corrono, se escludiamo il gran caldo dell'estate. Negli alberghi di categoria media ed elevata, di solito, i minori di 2 anni non pagano, mentre fino a 12 si paga la metà della tariffa per adulti.

aspetti pratici

I prodotti per neonati – pannolini, latte in polvere e omogeneizzati – si trovano facilmente ad Amman, ma non altrove. Le farmacie della capitale in genere sono ben fornite e le strutture di assistenza medica sono buone. Cercate di evitare i mesi estivi, allorquando il caldo è eccessivo, e portate comunque creme solari ad alto fattore di protezione, anche nei mesi invernali. Il traffico in Giordania non è caotico come in alcuni dei paesi vicini e noleggiare un'auto è un'ottima soluzione per visitare il paese.

che cosa vedere e fare

Poco fuori Amman ci sono belle scuderie, ma andare a cavallo non costa poco da queste parti. Le piscine dei grandi alberghi di Amman sono aperte al pubblico (si paga un ingresso valido per tutta la giornata) e ad Aqaba ci sono belle spiagge dove si può praticare anche lo snorkelling. Per i più grandicelli sarà interessante esplorare i castelli dei crociati a Karak, Shobak e Ajlun. A quasi tutti i bambini piacciono le escursioni a dorso di cammello, che si possono fare nel Wadi Rum, e le sensazioni che si provano galleggiando sulle acque del Mar Morto.

ISRAELE

Viaggiare con i bambini è facile in Israele, paese con un alto tenore di vita e una società d'impronta fortemente europea. Vantaggioso è il fatto che qui non sussistono particolari minacce per la salute e che nelle località costiere ci sono alberghi attrezzati con servizi di baby-sitter e altre strutture per i piccoli ospiti.

Prima di programmare un viaggio in Israele è indispensabile valutare attentamente la situazione politica che attualmente (ossia all'epoca della stesura di questa guida) versa in condizioni indubbiamente drammatiche e violente. Abbiate dunque l'accortezza di consultare il sito internet della Lonely Planet per avere informazioni aggiornate e consigli di viaggio.

Nelle zone abitate da ebrei ortodossi e all'interno dei Territori Palestinesi le bambine dovrebbero vestirsi in modo da tenere gambe e spalle coperte; per l'allattamento al seno s'impone la massima discrezione o l'alternativa di farlo in privato.

informazioni

Israel Loves Kids, Kids Love Israel: A Travel Guide for Families, di Barbara Sofer, è un libriccino che aiuta a scoprire quel che il paese offre ai bambini.

aspetti pratici

Non è facile girare per Gerusalemme con bambini piccoli: le vie della città vecchia sono strette e affollate, mentre quelle della parte nuova sono congestionate dal traffico. Pannolini usa e getta e altri prodotti per bebè si trovano facilmente in supermercati e farmacie. È bene sapere che in Israele l'assistenza medica è costosa, quindi stipulate un'adeguata polizza viaggi prima di partire. La legge stabilisce che fino a 4 anni i bambini debbono viaggiare legati al seggiolino di sicurezza, quindi in teoria le agenzie di autonoleggio dovrebbero fornirlo, ma verificatelo.

che cosa vedere e fare

Animali e natura Il New Biblical Zoo di Gerusalemme ha un settore speciale dedicato ai bambini e un bel parco giochi. Ai più grandicelli piacerà l'Hai-Bar Arava Biblical Wildlife Reserve, a nord di Eilat, popolata da specie citate nella Bibbia che sono state reintrodotte nella regione. Un altro bel posto per i bambini è il Ramat Gan Safari Park di Tel Aviv.

Interessante e istruttivo A Gerusalemme si trova il Bloomfield Science Museum che ha una sezione con oggetti da manipolare e congegni interattivi. L'Israel Museum organizza manifestazioni per l'infanzia, fra cui canti e giochi per bambini in età prescolare e proiezioni di cartoni animati.

Puro divertimento Attrakzia è un grande parco acquatico situato sulle rive del Mar Morto, con scivoli e piscine di ogni tipo per sguazzare al fresco sotto il solleone.

attività

Per sfruttare al massimo il soggiorno a Gerusalemme, l'agenzia Kids' Jerusalem Adventures offre escursioni adatte a famiglie con bambini di ogni età che saranno entusiasti all'idea di un bagno di fango o di galleggiare sulle acque del Mar Morto (badate solo che l'acqua, molto salata, non vada loro negli occhi), di visitare volentieri la fortezza di Masada che si erige maestosa in cima a una collina. Per i piccoli che non se la sentono di affrontare il Sentiero del Serpente, piuttosto impegnativo, c'è sempre la funivia, simpatica alternativa per salire in vetta senza faticare. Con un'altra corsa in funivia si può raggiungere il Monastero della Tentazione, vicino a Gerico. I bambini apprezzeranno sia la vista mozzafiato del paesaggio circostante sia la storia del monastero, il luogo dove si ritiene che il diavolo avesse tentato Gesù durante i quaranta giorni di digiuno.

parchi e giochi all'aria aperta

Nei giardini Liberty Bell di Gerusalemme i bambini trovano spazi verdi per correre in libertà e un teatro dei burattini allestito in una vecchia carrozza ferroviaria.

libri

La guerra di Riki di David Shahar (Einaudi Ragazzi, Trieste 1995) racconta la guerra vista con gli occhi di un bambino: Riki, ragazzo ebreo, impara a conoscere la forza del suo popolo e l'inutilità della guerra osservando l'assedio arabo di Gerusalemme del 1947. Un altro romanzo interessante è *L'esclusa* di Nava Semel (Mondadori, Milano 1997) che racconta in prima persona un episodio della vita di Ghershona.

Quando nasci con un cognome come Jordan prima o poi finisci per domandarti se esiste un legame fra la Giordania, il fiume Giordano e te. A sentire mio padre questo legame c'è. A quanto pare discendiamo da un portastendardo che partecipò alle Crociate e che dopo il suo ritorno in Francia fu fatto cavaliere con il nome di 'Jordan'; circa mille anni dopo la famiglia Jordan partì nuovamente alla volta della Terra Santa, ma stavolta non per strapparla agli infedeli, bensì per conoscere, in un'atmosfera di pace, i nostri fratelli arabi.

giordania

in GIORDANIA
con i JORDAN

Kevin Jordan ha trascorso due settimane in Giordania con la moglie Myriam e i figli Kevin (6 anni) e Daphne (22 mesi).

Non appena mettemmo piede in Giordania incontrammo un autista che, con modi da gentiluomo, ci persuase a raggiungere un accampamento beduino sulla costa di Aqaba che finì per entusiasmare i bambini poiché era fatto di capanne costruite con tronchi di palma (poche le comodità moderne quali docce, servizi igienici e cucine) ed era situato sulla spiaggia, dove si stava senz'altro più freschi che in città. Mangiavamo pietanze squisite seduti sui tappeti e quando faceva troppo caldo bastava fare un rapido tuffo in mare. In più passammo molto tempo a far conoscenza con gli abitanti del villaggio. L'unico inconveniente era la distanza che ci separava dalla città, fatto questo che ci costringeva a cenare sempre all'accampamento.

C'erano ottime possibilità di praticare lo snorkelling, un ottimo modo per insegnare ai bambini a nuotare. Mio figlio ha imparato all'età di tre anni, perché sapevo che un giorno o l'altro ci saremmo trovati vicini a una scogliera corallina, ovvero un favoloso mondo da scoprire che gli sarebbe stato negato se non avesse saputo usare maschera e boccaglio. E ora l'occasione era giunta. Lungo i 18 km di costa della Giordania ci sono magnifici paesaggi da esplorare sott'acqua e, a differenza di quanto accade in gran parte del Mar Rosso, la flora e la fauna marine qui si concentrano soprattutto lungo la riva. I fondali della costa del Sinai, sulla sponda opposta del golfo di Aqaba, sono ancora più spettacolari, ma anche le rive della Giordania offrono molto da vedere, soprattutto coralli, aguglie e pesci leone.

La gente del posto, se uno si concede il tempo di fare conoscenza, è felice di mostrare i tesori della propria terra e lo fa meglio di qualunque guida turistica. La persona che ci ospitava all'accampamento ci accompagnò volentieri in un paio di posti da esplorare sott'acqua, che senza di lui non avremmo mai trovato. Ci additò, per esempio, la boa che indicava il punto in cui era affondata una nave, a breve distanza dal suo accampamento. Averlo come guida arricchì notevolmente la nostra esperienza.

In Giordania ci sentivamo perfettamente al sicuro, cosa che non posso dire di tutti i posti visitati in Europa e in America. Ovunque andassimo c'era gente pronta ad aiutarci e, cosa ancora più bella, bambini che volevano giocare con i nostri figli. I bambini non hanno bisogno di una lingua comune per comunicare; loro giocano e quello del gioco è un linguaggio universale. Più di una volta siamo stati calorosamente invitati a unirci a una famiglia, per cantare insieme in riva al mare o per imparare da loro qualche parola d'arabo. Uno dei momenti che mia moglie ricorda con più piacere fu quando, dopo aver appreso da una giovane donna che la maggior parte dei giordani non sa nuotare, si offrì di insegnarglielo, ansiosa di ricambiare l'ospitalità ricevuta. Dopo i primi esilaranti tentativi, la donna imparò alla svelta. Elettrizzata dalla conquista, si mise a trasmettere le nozioni acquisite al marito e ai figli.

Il sito che attira la maggior parte dei turisti in Medio Oriente probabilmente è Petra, l'antica capitale del regno nabateo, resa ancor più famosa da Indiana Jones, ovvero dalle ultime scene del film *I predatori dell'arca perduta* che furono girate qui. La compresenza di tombe nabatee, rovine romane e di un paesaggio naturale letteralmente mozzafiato fa di Petra uno dei monumenti più belli del mondo. Meno famoso è il suo monastero, probabilmente perché per arrivarci bisogna percorrere uno stretto sentiero in salita che consta di oltre 800 gradini intagliati nella roccia: una scarpinata di un'ora che, sotto il sole, diventa impraticabile con bambini piccoli al seguito. Per nostra fortuna esistono gli asini. E se si stenta a credere che un asino possa arrampicarsi su per un impervio sentiero, io posso assicurare che i nostri lo fecero. Considerate le varie distanze, Petra è davvero fatta per essere percorsa a dorso d'asino, a cavallo oppure in cammello. A guidare gli animali sono i figli dei beduini, bambini molto simpatici (una volta raggiunto l'accordo sul prezzo). Le bambine a cui ci affidammo litigarono per decidere chi avrebbe condotto Daphne e chi Kevin sul proprio asino.

"La gente del posto, se uno si concede il tempo di fare conoscenza, è felice di mostrare i tesori della propria terra e lo fa meglio di qualunque guida turistica. La persona che ci ospitava all'accampamento ci accompagnò volentieri in un paio di posti da esplorare sott'acqua, che senza di lui non avremmo mai trovato".

Quando andammo in Giordania era luglio e temevamo che il caldo del deserto fosse eccessivo per i bambini e invece il tutto fu facilmente gestibile. Le zone più calde furono la Valle del Giordano e il Mar Morto dove, lasciate nel bagagliaio dell'auto, le maschere per lo snorkelling fusero e le mie scarpe da ginnastica si rimpicciolirono. Il trucco sta nel fare una pausa fra le 13 e le 15 (pranzo e pisolino nell'anfiteatro di Petra, tanto per fare un esempio).

Se a conti fatti consigliamo un viaggio in Giordania? Sì: la famiglia Jordan è stata molto bene in Giordania.

La trama del libro si intreccia attorno alle tensioni famigliari di questa giovanissima abitante di Tel Aviv e all'arrivo di un nonno americano. Infine, vi suggeriamo che la visita ai siti antichi sarà più interessante se portate un libro illustrato con le storie della Bibbia, per esempio *La Bibbia illustrata dei ragazzi* di Geraldine McCaughrean (Mondadori, Milano 2000) oppure le *Storie del Nuovo Testamento* (stesso editore, 2000), o ancora *Bibbia Junior. Una storia importante* (Giunti, Firenze 2001).

società e cultura

È importante spiegare in modo chiaro ai vostri figli la natura del conflitto fra isreaeliani e palestinesi: capiranno in quale mondo sono costretti a vivere i bambini che incontrano o con cui giocano durante il viaggio.

LIBANO

Visitare questo paese con i propri figli rende più facile l'incontro con i libanesi, che tengono in grande considerazione i bambini. Se si registra un graduale aumento di strutture e servizi per l'infanzia, resta tuttavia difficile, in questo paese, trovare spazi aperti dove farli correre e giocare; a Beirut praticamente non esistono parchi o giardini e camminare in città può essere faticoso. Un'altra cosa da tenere a mente è che, nella capitale, molti dei ristoranti più raffinati non sono luoghi adatti ai più piccoli che invece, negli alberghi e nei ristoranti fuori da Beirut, sono sempre i benvenuti. Nei principali supermercati della città, ad ogni modo, si trovano omogeneizzati e pannolini.

informazioni

At Home in Beirut, una guida pratica (in lingua inglese) per gli stranieri che risiedono a Beirut, riporta suggerimenti utili per il tempo libero da trascorrere con i bambini, mentre per informazioni (sempre in inglese) su spettacoli teatrali per bambini e altre attività consultate il quotidiano *Daily Star* o la rivista mensile *Guide*.

aspetti pratici

Il clima ospitale e l'assenza di rischi seri per la salute fanno del Libano un paese dove si può viaggiare tranquillamente anche con i bambini. Le farmacie sono ben fornite di pannolini, latte in polvere e medicine. L'unico prodotto che vale la pena di portare da casa sono le creme solari ad alto fattore di protezione che qui sono molto care. Un particolare da tenere a mente se intendete noleggiare un'auto è che non tutti i mezzi sono provvisti di cinture di sicurezza, quindi verificate bene prima di accettare l'auto in consegna.

che cosa vedere e fare

Animali e natura Ad Aley si trova Animal Encounter, riserva di un'associazione senza scopo di lucro che offre rifugio ad animali e uccelli feriti oppure orfani, un posto bellissimo per imparare a conoscere la fauna libanese.

Interessante e istruttivo Il Libano è ricco di monumenti, siti storici e rovine da esplorare: chi è interessato all'antichità non ha che l'imbarazzo della scelta. Planet Discovery, nel centro di Beirut, è un museo della scienza dedicato ai bambini che approfondisce il tema delle costruzioni con tutta una serie di congegni interattivi. Fuori dalla capitale si trova la grotta artificiale di Jeitta, surreale caverna dove i bambini si divertono fra corse in treno e tragitti in barca. Un altro posto kitsch che piace ai piccoli è il castello di Moussa, fra le montagne Chouf.

Puro divertimento Per passare il tempo in allegria con i bambini molti abitanti di Beirut vanno nei caffè del lungomare di Ras Beirut. Raouda e l'adiacente Macka Luna Park Funfair sono due bei parchi dei divertimenti. Rinfrescarsi giocando è facile a Splash Mountain, parco acquatico di Ain Saadeh completo di scivoli, piscine e tutto il resto.

attività

Un po' alla volta lo sci va prendendo piede anche in Libano. Cedars e Laklouk sono due stazioni note per l'offerta di strutture adatte alle famiglie, con buone piste per principianti e noleggio attrezzature anche per bambini. Liban Trek, Lebanese Adventure e Greenline sono invece agenzie che organizzano escursioni durante i fine settimana, molto apprezzate dai più grandicelli e anche dalle famiglie libanesi. La Reserve è una colonia vicina alla grotta di Afqa, sul monte Libano, che offre campeggi estivi per bambini e ragazzi di età compresa fra 7 e 15 anni.

parchi e giochi all'aria aperta

A Beirut non è facile trovare spazi verdi dove far scorazzare i bambini. Il giardino pubblico di Saniyeh è invitante, ma tende a essere molto affollato sabato e domenica; sono aperti al pubblico anche i giardini dell'American University di Beirut, dove però vige una stretta sorveglianza da parte del servizio di sicurezza.

feste e manifestazioni

Nel mese di luglio il villaggio di Deir al-Qamar, nelle montagne Chouf, ospita il Deir al-Qamar Estivales, festa dedicata alle famiglie che prevede numerose attività e divertimenti per i bambini.

SIRIA

siria

I siriani, come gli abitanti dei paesi limitrofi, sono amanti dei bambini e accolgono con entusiasmo gli stranieri che viaggiano con figli al seguito. Per avere servizi igienici decenti sarà necessario optare per gli alberghi di categoria media o elevata, dove in genere sono previsti sconti per i bambini.

aspetti pratici

Pannolini, latte in polvere e altri prodotti per bebè si trovano nelle farmacie e nei supermercati di tutte le maggiori città, ma senza grande assortimento di marche.

Bevendo esclusivamente acqua in bottiglia o latte a lunga conservazione ed evitando la frutta non sbucciata e la verdura cruda si dovrebbe riuscire a prevenire la diarrea, ma se i bambini dovessero averla ugualmente procuratevi subito i sali reidratanti, prodotto facilmente reperibile ed economico.

che cosa vedere e fare

Il paese è ricco di castelli dei crociati, tutti da esplorare, a partire dal Krak des Chevaliers, castello risalente a otto secoli fa e sorprendentemente intatto, con una cinta di mura esterne scandita da tredici torri e un fossato pieno di acque stagnanti. Imponente anche perché costruito su un affioramento roccioso, il castello non può non eccitare la fantasia di giovani cavalieri e donzelle. Bisogna solo fare attenzione alle scale, non tutte solidissime, e agli strapiombi. Nel deserto siriano si possono fare trekking a dorso di cammello ed escursioni in fuoristrada. Comodo per un tuffo in piscina è Andalous, un club sportivo privato di Ghoutah, sulla strada che lascia Damasco diretta a Mezze, dove l'ingresso costa poco e ci sono anche due campi da tennis. Latakia e Tartus sono località costiere con alcuni complessi alberghieri costruiti sulla spiaggia che offrono strutture e servizi per famiglie.

libri

Rafik Schami ha scritto diverse storie affascinanti che vedono come protagonisti ragazzi di Damasco, non privi di risvolti sociali; in italiano potete leggere *La notte racconta...* (Mondadori, Milano 1993), lunga fiaba che descrive con minuzia la vita quoditiana a Damasco. Un altro testo da segnalare è *Fiabe siriane*, a cura di Antonietta Maria Carta (Mondadori, Milano 1995).

STATI DEL GOLFO

stati del golfo

Trattandosi di posti dove abbondano le famiglie numerose, è facile visitare gli Stati del Golfo con bambini piccoli. Fino a 12 anni in genere sono previsti sconti negli ingressi ai musei, negli stabilimenti balneari e nei parchi dei divertimenti. La presenza di fast food stile americano dovrebbe risolvere il problema dei palati difficili. Nella regione del Golfo vige una mentalità assai conservatrice e pertanto sconsigliamo di allattare in pubblico.

aspetti pratici

Supermercati e farmacie sono ben forniti di pannolini usa e getta e altri prodotti per bambini e neonati. Facili da reperire anche le medicine. Fatta eccezione per il caldo soffocante dell'estate, non ci sono grossi rischi per la salute. La maggior parte degli Stati del Golfo ha cominciato a introdurre leggi che impongono l'uso delle cinture di sicurezza, ma ciò non significa che le agenzie di autonoleggio dispongano di seggiolini auto per bebè e per bambini; è un dettaglio da verificare prima di partire.

che cosa vedere e fare

Animali e natura Ci sono acquari in quasi tutti gli Stati del Golfo, ma quello di Masqat è di gran lunga il più bello, ricco com'è di fauna marina dell'Oman e completo di esaurienti didascalie in inglese.

Interessante e istruttivo I bambini si divertiranno a esplorare la ricostruzione di un antico villaggio realizzata a fianco del Bahrain National Museum, con edifici e dhow (imbarcazioni da pesca tradizionali) che si possono vedere in costruzione a Sur, in Oman, dove ne hanno sempre almeno una dozzina in cantiere. I più grandicelli potrebbero anche voler salire a bordo di una *dhow* e fare un'escursione. Nelle vicinanze ci sono bellissime spiagge e imponenti fortezze, sicché vale la pena percorrere i 150 km che separano Sur da Masqat.

Puro divertimento Tutti i bambini che hanno letto *Le Mille e una Notte* (o ne hanno visto le versioni Disney) saranno curiosi di visitare Sohar, il porto da cui prese il mare Sinbad il Marinaio. La città conserva un grande forte imbiancato a calce che accenderà la fantasia dei ragazzi.

In tutti gli Stati del Golfo ci sono luna park: da non perdere è Aladdin's Kingdom, nel Qatar, che vanta gigantesche montagne russe. Uscite che piacciono a tutti i bambini, facili da organizzare, sono i safari in fuoristrada o a dorso di cammello.

libri

Prima di un viaggio nei paesi arabi sarà utile leggere Gli arabi in Italia di G. Luigi Falabrino (Vallardi, Milano 1994), che spiega, indirizzandosi a un pubblico di ragazzi, tutti i particolari sulla storia di questa civiltà, dai fatti storici alla descrizione minuziosa dello svolgersi della vita quotidiana della gente, gli usi e i costumi, le cerimonie e i riti. Inoltre, *La saggezza di Ibn Rushd* di Silvia Camodeca (Castalia, Torino 1984) raccoglie due fiabe arabe dal sapore orientale.

società e cultura

Al mare o in piscina fate sempre indossare il costume da bagno ai vostri figli: la nudità non è ben vista da queste parti, nemmeno se si tratta di un bambino piccolo. Similmente, le bambine più grandicelle dovrebbero vestire in modo più castigato rispetto a casa, evitando minigonne e ombelichi scoperti.

AUSTRALASIA

australasia

In Australia i bambini trovano quasi sempre una buona accoglienza e strutture adatte alle loro esigenze; i posti dove non sono ammessi sono relativamente pochi.

Oltre alle grandi città, tutti i maggiori centri abitati offrono spazi appositi dove le madri (e talvolta anche i padri) possono recarsi a dar da mangiare ai bebè oppure cambiar loro il pannolino: per sapere esattamente dove si trovano chiedete all'ufficio turistico locale o a un ufficio del comune. I pannolini usa e getta si comprano in vendita praticamente ovunque e in quasi tutti i grandi magazzini si trovano anche quelli in tessuto. Nell'outback i pannolini usa e getta costituiscono un vero problema perché non ci sono posti dove gettarli e stanno diventando un grave fattore inquinante: se ne fate uso, raccoglieteli in un grande sacco di plastica che trasporterete sul portabagagli (arrotolati e ben stretti non puzzano poi tanto).

Il fatto che la maggior parte degli australiani sia perfettamente a proprio agio davanti a una donna che allatta in pubblico, non esclude che si possa comunque incontrare uno sguardo di disapprovazione.

Quasi tutti gli alberghi e i migliori caravan park dispongono di culle e vaschette per il bagnetto dei bebè e in molti casi hanno anche parchi giochi e piscine. Molti motel, come gli alberghi di lusso, offrono anche un servizio di assistenza per l'infanzia e una videoteca interna per bambini. Se da un lato ci sono diversi caffè e ristoranti che non accolgono proprio a braccia aperte i clienti più piccoli, dall'altro ve ne sono molti che hanno non solo seggioloni ma anche menu specifici (o che comunque sono pronti a servire mezze porzioni).

In auto è obbligatorio far viaggiare bebè e bambini negli appositi seggiolini di sicurezza. Le grandi agenzie di autonoleggio forniscono il seggiolino, ma lasciano ai genitori il compito di fissarlo al sedile.

Se desiderate affidare i bambini a qualcuno per un paio d'ore, sappiate che in Australia esistono centri autorizzati di assistenza per l'infanzia che talvolta hanno alcuni posti riservati ai clienti occasionali. Li potete trovare sulle pagine gialle dell'elenco telefonico oppure rivolgendovi all'ufficio del comune. In genere vengono accolti bambini da 1 a 5 anni durante l'orario di lavoro; molti non accettano bambini di pochi mesi. I centri autorizzati sono soggetti a regolamento statale e in genere offrono un servizio di alta qualità (per non correre rischi evitate i centri non autorizzati).

Spesso sono previste riduzioni per i bambini su alberghi, escursioni organizzate, biglietti d'ingresso e trasporti. Lo sconto può arrivare fino al 50% della tariffa adulti. In alcuni casi lo sconto vale fino a 12 anni (negli alberghi, per esempio, per quei bambini che dividono la camera con i genitori), ma talvolta le riduzioni si applicano fino a 18 anni.

Con le maggiori compagnie aeree i bambini piccoli viaggiano gratis a patto che non occupino un posto a sedere. Da 3 a 15 anni si applicano le tariffe per bambini, anche se in linea di massima sono più interessanti le tariffe per studenti e quelle scontate per adulti. Le compagnie d'autobus prevedono varie formule di riduzione per i bambini; la Greyhound, per esempio, offre un 20% di sconto sia ai bambini da 3 a 14 anni sia a tutti gli studenti. I bambini fino a 3 anni possono viaggiare gratis se siedono in braccio a un genitore o avere un posto a sedere pagando la metà della tariffa adulti.

NEW SOUTH WALES

new south wales

sydney

informazioni

Procuratevi una copia di *Sydney's Child*, mensile gratuito con l'elenco delle attività per i bambini; due dei tanti posti che lo distribuiscono sono il Sydney Visitors Centre e il Powerhouse Museum.

aspetti pratici

I bambini fino a 4 anni viaggiano gratis sui mezzi pubblici. Poi, paga solo il primo figlio dai 4 ai 15 anni e gli altri viaggiano gratis.

che cosa vedere e fare

Animali e natura A Darling Harbour si trova il Sydney Aquarium, una meraviglia soprattutto per i più grandicelli che si divertiranno ad attraversare i tunnel trasparenti che corrono sott'acqua. Il Taronga Park Zoo ospita più di 4000 animali e, di tanto in tanto, organizza anche visite notturne. A Oceanworld si possono osservare da vicino (in tutta sicurezza!) squali e pastinache nonché assistere a uno spettacolo di foche.

Interessante e istruttivo A Darling Harbour c'è il Maritime Museum, dove i bambini possono esplorare un cacciatorpediniere, uno yacht da competizione e una barca che fu usata da un gruppo di rifugiati. Ai bambini piace anche il Powerhouse Museum, pieno di dispositivi e congegni interattivi (non perdete la sezione sulla musica rock australiana e le capsule spaziali).

Puro divertimento A Darling Harbour c'è anche Sega World, un parco a tema ispirato alla realtà virtuale, con bellissime giostre, giochi, divertimenti di tipo cinematografico e una sala IMAX con schermo gigante (il più grande al mondo, dicono) per proiezioni tridimensionali. Chi ha più di 12 anni può affrontare il Sydney Harbour Bridge Climb e godersi la miglior vista sulla città (per ragioni di sicurezza la salita è proibita ai bambini più piccoli).

attività

Una crociera nel porto o un giro in traghetto sono ottimi modi per ammirare Sydney dal mare. Entusiasmerà i bambini anche attraversare il centro della città a bordo della ferrovia soprelevata su monorotaia. Le spiagge della baia di Sydney offrono punti riparati dove nuotare in tutta tranquillità e, per i più avventurosi, corsi di surf lungo la spiaggia di Bondi o corsi di vela a Darling Harbour.

parchi e giochi all'aria aperta

Ci sono tanti modi per esplorare il Centennial Park, il parco più grande di Sydney: noleggiando una bicicletta, un paio di roller blade, un cavallo oppure a piedi, magari fermandosi a dar da mangiare alle anatre.

in giro per il new south wales

A un'ora da Sydney si trovano le Blue Mountains, dove con i bambini si possono fare magnifiche escursioni a piedi oppure prendere la Scenic Skyway, funivia panora-mica che passa a un'altezza di circa 200 m dal fondovalle. Chi ha la passione della speleologia vorrà visitare le vicine Jenolan Caves, interessante serie di grotte calcaree.

A Canberra, la capitale dell'Australia, va segnalato il National Science & Technology Centre che vanta qualcosa come duecento dispositivi interattivi (da provare il generatore di fulmini e il simulatore di terremoto). I più grandicelli apprezzeranno una visita guidata all'Australian Institute of Sport, anche perché a far da guida sono atleti professionisti e c'è la possibilità di mettersi alla prova in alcune discipline.

A Dubbo c'è il Western Plains Zoo, immenso zoo che ospita anche tigri del Bengala e leoni asiatici, da visitare a piedi, in bicicletta oppure in auto. Poco più a nord, a Port Macquarie, i bambini saranno entusiasti di visitare il Koala Hospital, mentre a Kiama si stupiranno di fronte al getto d'acqua che zampilla dalla terra e che può raggiungere i 60 m d'altezza. I più grandicelli saranno interessati a visitare la miniera sotterranea di Broken Hill e a capire come funziona la cosiddetta School of the Air, ovvero la scuola per i bambini dell'outback.

Il New South Wales ha splendidi parchi nazionali: il più vasto, il Kosciuszko National Park, racchiude grotte, laghi, foreste e stazioni sciistiche. Il Ku-Ring-Gai Chase National Park offre sentieri da percorrere a piedi, piste per andare a cavallo, graffiti rupestri aborigeni, spiagge e un'area riservata al picnic.

libri

Due classici per l'infanzia sono *The Magic Pudding* di Norman Lindsay e *Snugglepot & Cuddlepie* di May Gibbs, dei quali purtroppo non esiste una edizione italiana. La casa di Norman Lindsay, oggi aperta al pubblico come museo, si trova vicino a Springwood nelle Blue Mountains e ospita una mostra ispirata al racconto *The Magic Pudding*. Anche Nutcote, la casa di May Gibbs che si trova a North Sydney, è oggi un museo. Veniamo ora a qualche titolo in italiano. I bambini tra i 9 e i 14 anni si appassioneranno alle avventure di tre ragazzi in un'aspra regione dell'Australia selvaggia, narrate in *Il fuoco nella pietra* di Colin Thiele (Giunti, Firenze 1994). Per i più piccoli segnaliamo *Favole dall'Oceania* di Fasolini E. (EMI, Bologna 1999). *Coi bambini nel paese dei canguri* di Ada Grilli Bonini (Leading Edizioni, Bergamo 2002) è una guida pensata per bambini e genitori, che con uno stile semplice e spigliato illustra la parte del paese più sicura per i viaggiatori grandi e piccini, mettendo in risalto gli aspetti naturalistici del viaggio. Contiene anche numerose informazioni pratiche.

NORTHERN TERRITORY

northern territory

darwin

che cosa vedere e fare

Una cosa che amano tutti i bimbi è vedere i pesci che vengono a mangiare dalle loro mani ad Aquascene. Al Museum of the Northern Territory si possono osservare un temibile coccodrillo marino e la velenossissima *box jellyfish*, entrambi ormai innocui perché deceduti! Divertenti sono le Jumping Crocodile Cruises, un'occasione per vedere i coccodrilli emergere dall'acqua e addentare i bocconi di carne appesi a un gancio. Poco fuori città si trova la Darwin Crocodile Farm, allevamento che ospita circa 8000 esemplari di coccodrillo e dove tre volte al giorno è possibile assistere al pasto. Immerso in 1300 ettari di bush, il Territory Wildlife Park è una meta che piace ai bambini avendo un terrario, un bellissimo acquario, un edificio per gli animali notturni e vari sentieri che attraversano il parco. Alcuni bambini saranno interessati a visitare le celle delle vecchie carceri cittadine, oggi Fanny Bay Gaol Museum, dove è esposto anche un patibolo.

in giro per il northern territory

Senz'altro interessanti sono le escursioni lungo l'East Alligator River all'interno del Kakadu National Park, con accompagnamento di guide aborigene che aiutano ad avvistare i coccodrilli e illustrano le armi tradizionali. Bambini e ragazzi esploreranno volentieri anche le rocce e i sentieri intorno a Ubirr e Nourlangie: se avranno già letto alcuni libri per l'infanzia scritti da autori aborigeni (ce n'è una buona scelta al Bowali Visitor Centre), riusciranno anche ad apprezzare i magnifici siti d'arte rupestre.

Un'ottima meta per un'escursione in giornata è Manyallaluk, ex *cattle station* (fattoria con bestiame) dove guide aborigene raccontano ai turisti cosa si mangia nel *bush*, come funziona la medicina tradizionale, come si lanciano i giavellotti e come si suona il *didgeridoo*. Durante le escursioni organizzate a Tennant Creek tutti i membri della famiglia potranno esercitarsi a far schioccare la frusta o a lanciare il boomerang e assaggiare qualche intruglio che si mangia nel bush accompagnato dal tè preparato nel *billy*. Ad Alice Springs i bambini potranno fare una passeggiata a dorso di cammello presso la Frontier Camel Farm ed esplorare l'Alice Springs Desert Park, con le sue voliere aperte al pubblico e l'interessante edificio che ospita gli animali notturni (fra cui il *macroderma gigas* o *ghost bat*, specie di pipistrello carnivoro). Ai bambini infine piacerà arrampicarsi su e giù per le rocce di Kata Tjuta (i monti Olga).

QUEENSLAND

Il Queensland, una delle principali mete per le famiglie australiane in vacanza, offre ai bambini servizi e divertimenti di ogni genere: abbondano parchi a tema, riserve naturali, allevamenti di coccodrilli e spiagge lambite da acque sicure. Inoltre questo stato ha un'immensa superficie di territorio selvaggio e incontaminato distribuita fra parchi nazionali che offrono innumerevoli sentieri adatti ai bambini e vasche naturali dove si può fare il bagno. E naturalmente c'è la Grande Barriera Corallina da esplorare in barca, facendo snorkelling o addirittura immersioni subacquee (queste però solo per i ragazzini più grandi). Nell'arcipelago delle Whitsunday Islands si registra un proliferare di resort e complessi turistici che prevedono attività organizzate per i bambini. Isole con cosiddetti 'kids club' sono Daydream, Fraser Island, Hamilton, Brampton, South Molle, Club Crocodile Long Island e Hayman Island. Il Kingfisher Bay Resort prevede un programma per giovani eco-ranger riservato ai bambini di età compresa fra 6 e 14 anni. Due resort con 'kids club' sulla terraferma sono il Laguna Quays Resort e il Whitsunday Wanderers Resort.

brisbane

che cosa vedere e fare

È divertente per i bambini giocare con le illusioni ottiche e il tunnel delle percezioni dello Sciencentre, museo interattivo della scienza. Nel comprensorio South Bank Parklands troverete una favolosa piscina, un cinema con sala IMAX, una quantità di artisti di strada, un'immensa voliera con centinaia di farfalle australiane e una gabbia di vetro in cui vivono insetti e ragni. Molti bambini sono attratti dalla collezione di modellini e relitti di navi del Queensland Maritime Museum. All'interno del vasto Brisbane Forest Park si trova il Walk-About Creek, un centro per lo studio della fauna d'acqua dolce, dove i bambini possono osservare da vicino pitoni, tartarughe, lucertole e pesci. Un altro bel posto è il Lone Pine Koala Sanctuary, dov'è possibile prendere in braccio i koala o fare un picnic in mezzo ai canguri addomesticati. L'Alma Park Zoo ospita molti esemplari di fauna australiana, fra cui per esempio emu e dingo, ma anche animali esotici come leopardi e scimmie.

in giro per il queensland

Lungo la Gold Coast sorgono svariati parchi a tema, quasi tutti piuttosto costosi: in genere, però, nel biglietto d'entrata è compreso l'accesso a tutti i giochi e l'ingresso agli spettacoli, sicché la spesa può avere senso se si vuol dedicare un'intera giornata al divertimento. Non c'è che l'imbarazzo della scelta: Sea World, Movie World, Dream World (un parco con undici aree tematiche diverse) o, per chi ama i giochi d'acqua, Wet'n'Wild. Quando (e se) i bambini si stuferanno dei parchi a tema potete variare con una puntata al Currumbin Sanctuary, una tra le più belle riserve che presentano la tipica vegetazione del bush, popolato da numerosi lorichetti australiani e altre specie indigene.

A Maroochydore si trova Underwater World, un acquario con un tunnel trasparente sottomarino che permette di osservare da vicino la fauna dell'oceano. Vicino a Nambour, presso il Big Pineapple (impossibile non notare il grande ananas in fibra di vetro), si può prendere un trenino che attraversa una piantagione d'ananas e poi fare un giro in battello. Alla Ginger Factory di Yandina i bambini possono imparare tutto sulla lavorazione dello zenzero, fare una corsa sul Ginger Train e infine visitare il Bunya Park Sanctuary, riserva naturale abitata da fauna locale.

Ad Airlie Beach e Hervey Bay è possibile assistere al pasto dei coccodrilli e partecipare a escursioni di whale watching. La Koorana Crocodile Farm, vicino a Rockhampton, è un allevamento che conta centinaia di coccodrilli. A Townsville va segnalato il Great Barrier Reef Wonderland, stupendo acquario che vanta un tratto di barriera corallina viva, popolata da centinaia fra pesci, squali, razze e altre creature marine (li vedrete da vicino come se foste sott'acqua con la maschera, ma senza bagnarvi).

Un altro bell'acquario è l'Undersea World di Cairns, dove i bambini possono assistere al pasto degli squali. Sempre a Cairns ha sede il Tjapukai Aboriginal Cultural Centre che organizza spettacoli di corroboree (danza tradizionale), lancio del boomerang e del giavellotto nonché racconti orali di miti e leggende del Tempo del Sogno. La città di Cairns offre inoltre la possibilità di praticare numerose attività fra cui kayak, canoa, snorkelling, equitazione e (per chi se lo può permettere) giri in mongolfiera.

SOUTH AUSTRALIA

south australia

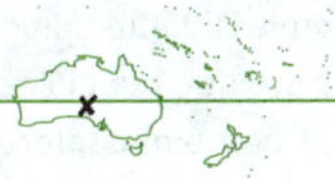

informazioni

Lollipop è una pubblicazione bimensile ricca di suggerimenti su cosa vedere e fare con i bambini nel South Australia.

aspetti pratici

È vietato fumare in tutti i caffè e i ristoranti del South Australia: un vero regalo per le famiglie con bambini ma un danno per i fumatori costretti a una vita dura persino nei pub dove, in molti casi, è consentito fumare solo entro una precisa fascia oraria.

adelaide

che cosa vedere e fare

Sarà un'avventura indimenticabile quella vissuta in battello per raggiungere l'Adelaide Zoo che ospita circa 1500 esemplari di mammiferi, uccelli e rettili indigeni ed esotici, e che ha anche una sezione dedicata ai bambini. Grandi e piccini saranno felici di visitare la Haigh's Chocolate Factory dove, dopo aver visto tuffare i tartufi nel cioccolato, è possibile passare alla degustazione dei prodotti. Ad Adelaide esiste anche un palazzo del ghiaccio, con piste di pattinaggio e un pendio coperto di neve artificiale dove i bambini possono scendere con sci, toboga o snowboard. Puro divertimento è quello offerto da Magic Mountain, parco a tema di Glenelg, con autoscontri d'acqua, scivolo che finisce in piscina e giochi di ogni tipo.

Nelle Adelaide Hills si trovano il Cleland Conservation Park, dove i bambini possono farsi fotografare con un koala in braccio, e il Warrawong Sanctuary, presso Mylor, che ospita vari esemplari di fauna selvatica fra cui alcune specie che rischiano l'estinzione. A Victor Harbour potete concedervi un giro in carrozza trainata da cavalli di razza Clydesdale e, la sera, andare a vedere i pinguini che tornano a riva dopo aver pescato. Con un po' di fortuna, nella stagione giusta, è possibile anche avvistare qualche esemplare di balena franca australe.

in giro per il south australia

Andare alla scoperta della natura selvaggia e incontaminata di Kangaroo Island significa visitare una colonia di otarie, assistere al pasto dei pellicani e poi alla mungitura delle pecore (prima di assaggiare i deliziosi yogurt e i formaggi prodotti con il loro latte).

A Lyndoch, nella Barossa Valley, i bambini si divertono a sperimentare gli effetti acustici del Whispering Wall: il muro è lungo 150 m e, da un'estremità, permette di udire chiaramente la voce di una persona che parla nell'estremità opposta. A Naracoorte si trova il Wonambi Fossil Centre, dove sono esposti modelli a grandezza naturale di alcuni animali che vissero in questa zona circa 200.000 anni fa e dove si può osservare l'interno della Bat Cave (grotta dei pipistrelli) grazie alle riprese di alcune telecamere a raggi infrarossi.

L'Eyre Peninsula è una meta assai rinomata per la villeggiatura estiva, ricca com'è di belle spiagge e baie riparate (alcune scene del film *Lo squalo* sono state girate qui, ma ciò non deve scoraggiarvi).

I bambini esploreranno volentieri l'aspro paesaggio dei Flinders Ranges e del suo parco nazionale, popolato da innumerevoli canguri e uccelli. Più a nord i bambini saranno affascinati dalle miniere sotterranee di Coober Pedy, la capitale dell'opale australiano.

TASMANIA

tasmania

Se ai vostri figli piacciono i parchi nazionali e le spiagge si divertiranno un mondo in Tasmania. L'ufficio turistico fornisce informazioni sui vari tipi d'escursione possibili, dalle passeggiate di un paio d'ore alle camminate di un'intera giornata.

hobart

che cosa vedere e fare

L'Antarctic Adventure, complesso a metà strada fra parco a tema e museo della scienza, offre la possibilità di fare nuove esperienze grazie a vari tipi di simulazione, per esempio una discesa attraverso una tormenta di neve alla velocità di 120 km/h, la percezione di temperature di congelamento e, nel planetario, la visione del cielo notturno in Antartide. Un'altra meta di molte famiglie è la Time Warp House, la cui pubblicità lo definisce come il primo centro di divertimenti australiano in stile rétro. I bambini poi non vorranno perdere la visita alla Cadbury Chocolate Factory. Ai più piccoli piacerà l'Alpenrail, ferrovia e villaggio svizzero in miniatura, con vari congegni da manovrare e oggetti da toccare. Al Bonorong Park Wildlife Centre di Brighton si può dar da mangiare a diavoli di Tasmania, wombati e koala.

in giro per la tasmania

È divertente partecipare alla visita guidata della grotta di Hastings, che termina con un tuffo in una piscina naturale alimentata da una sorgente d'acqua calda. Al Freycinet National Park, sulla costa orientale, vengono organizzate visite serali per avvistare quoll, wallaby, wombati e 'diavoli' della Tasmania.

A Launceston i bambini faranno volentieri la passeggiata che risale Cataract Gorge, dove in alternativa si può anche prendere la seggiovia. Il complesso del Penny Royal World offre varie attrazioni (fra cui un mulino ad acqua e un mulino a vento, entrambi funzionanti e risalenti al XIX secolo, macine per la polvere da sparo e modelli di navi) nonché l'opportunità di fare un giro su un barcone, su un tram o su un piroscafo a ruote. A Westbury, nei dintorni di Launceston, c'è un labirinto di siepi dove i bambini si divertiranno a cercare la via d'uscita.

A Mole Creek va segnalata la Marakoopa Cave, grotta attraversata da due corsi d'acqua sotterranei e illuminata dall'incredibile sfavillio delle lucciole; nelle vicinanze si trova anche il Trowunna Wildlife Park. Vicino a Devenport sorge il Don River Railway & Museum, dove si può prendere un vecchio treno a vapore che costeggia le rive del fiume. A Burnie si trova il Pioneer Village Museum: vi troverete la ricostruzione della fucina di un fabbro ferraio, di una tipografia e della bottega di un calzolaio.

VICTORIA

Victoria

melbourne

informazioni

Nell'edizione del venerdì il quotidiano *Age* esce con il supplemento *EG* (Entertainment Guide) che contiene la sezione dal titolo *Children's Activities*, interamente dedicata ai bambini. Pagine analoghe si trovano su *Melbourne Events*, mensile gratuito distribuito negli uffici turistici. Un altro mensile gratuito che vale la pena di procurarsi è *Melbourne's Child* che fornisce utili informazioni sulle attività e i divertimenti per i bambini. L'agenzia Kid Tours è specializzata in visite guidate (in giornata) per bambini o famiglie ai luoghi d'interesse di Melbourne e dintorni.

aspetti pratici

Grandi magazzini e centri commerciali prevedono quasi sempre una stanza riservata al cambio dei neonati. Sui treni si sale e si scende facilmente con il passeggino, mentre i tram a Melbourne hanno gradini molto alti perciò cercate di salire sempre dall'entrata anteriore, affinché il conducente, o un passeggero, possano darvi una mano. Nello stato del Victoria è entrata in vigore una legge che proibisce di esternare disapprovazione verso le donne che allattano in pubblico.

che cosa vedere e fare

Animali e natura Il Melbourne Zoo, uno dei migliori zoo d'Australia, è un posto fantastico per i bambini come per gli adulti, basti pensare al percorso attraverso la foresta pluviale dei gorilla o a quello sopra il recinto dei leoni. Una delle più belle riserve che permettono di osservare da vicino la fauna australiana è quella del Healesville Wildlife Sanctuary.

Interessante e istruttivo Lo Scienceworks Museum di Spotswood può intrattenere i bambini per ore con la sua grande quantità di oggetti da toccare e dispositivi interattivi; al Polly Woodside Maritime Museum, lungo la Southbank, si può salire a bordo di un vecchio veliero ed esplorarlo; il Melbourne Aquarium, di fronte al Crown Entertainment Centre sul fiume Yarra, possiede una magnifica rappresentanza della fauna oceanica.

Puro divertimento Melbourne offre vari divertimenti ai bambini, primo fra tutti il Luna Park, con le sue famose montagne russe, giochi e giostre di ogni tipo; per gli appassionati di cinema c'è l'IMAX Theatre, con il suo schermo supergigante; da segnalare, infine, Puffing Billy, treno a vapore ancora funzionante che, sbuffando sbuffando, segue un itinerario panoramico attraverso i Dandenong Ranges.

attività

A Kew si trova Studley Park, dove si possono noleggiare barche a remi. Le biciclette, invece, si possono noleggiare a St Kilda, zona dotata di sentieri su cui pedalare. Le spiagge di Melbourne sono sufficientemente pulite e consentono di fare il bagno; le più frequentate sono quelle di St Kilda, Middle Park e Albert Park.

feste e manifestazioni

I due grandi eventi di Melbourne sono Moomba, una festa che dura dieci giorni e prevede fuochi d'artificio e spettacoli sull'acqua, e il Port Fairy Folk Festival, una tra le grandi manifestazioni musicali australiane. Si tengono nella prima metà di marzo e sono entrambe occasioni di festa per tutta la famiglia.

in giro per il victoria

A voi forse non piacerà la gran folla di spettatori, ma i vostri figli saranno senz'altro entusiasti di assistere alla parata dei pinguini che si ripete ogni giorno a Phillip Island. A Ballarat si può visitare Sovereign Hill, interessante ricostruzione di un insediamento di cercatori d'oro, e i bambini potranno cercare l'oro nel torrente con l'apposita padella. Se poi hanno sentito parlare di Ned Kelly, il più famoso fuorilegge d'Australia, vorranno fare una puntata a Glenrowan per visitare Kellyland.

A Torquay i ragazzi potranno imparare a sfidare le onde dell'oceano prendendo lezioni di surf. Spiagge sicure per tutta la famiglia si trovano lungo le coste della Mornington Peninsula, ma in tutto lo stato ci sono piscine pubbliche a prezzi accessibili che sono un vero miraggio nelle giornate più calde (ce n'è una praticamente in ogni cittadina).

Se amate la neve sappiate che Falls Creek, Mt Buller, Mt Hotham e Mt Buffalo sono tutte stazioni sciistiche dove si impartiscono lezioni di sci per bambini che abbiano dai 3 anni in su.

WESTERN AUSTRALIA

western australia

perth

aspetti pratici

A Perth c'è Little Hugger Hire, un negozio che noleggia ogni sorta di attrezzature per bebè (seggiolini auto di tutte le misure, culle, carrozzine e passeggini) a prezzi ragionevoli. Molti taxi sono provvisti di un seggiolino per bambini, ma per avere la certezza di trovarlo conviene prenotarlo.

che cosa vedere e fare

Alla zecca di Perth (Perth Mint) è possibile osservare il procedimento della colata d'oro e poi coniare alcune monete. Il rinomato zoo di Perth ospita molti esemplari di fauna australiana e ha un'interessante sezione dedicata agli animali notturni. Allo Scitech Discovery Centre i bambini trovano più di 160 fra oggetti da toccare e modelli di grandi dimensioni. Underwater World è un acquario con un tunnel subacqueo che consente di vedere 2500 esemplari di specie marine, tra cui squali e pastinache. Naturalmente non manca un grande parco dei divertimenti: Adventure World. Il Museum of Childhood (Museo dell'Infanzia) possiede sia dispositivi interattivi sia una collezione di giocattoli e giochi d'epoca.

in giro per il western australia

Una bella escursione è quella a Rottnest Island, che non dista molto da Perth: l'isola è raggiungibile a bordo di un'imbarcazione con il fondo di vetro e offre un'interessante fauna da scoprire (qui, per esempio, è possibile avvistare il quokka). Da Dwellingup parte un treno a vapore che attraversa foreste di jarrah. In due posti è possibile nuotare con i delfini: a Bunbury lungo la costa sud e a Monkey Mia lungo la costa nord. A Canarvon si possono fare visite guidate alle piantagioni di banane finendo in bellezza con una banana gelata ricoperta di cioccolato; i bambini che lo desiderano possono anche ascoltare una lezione della Canarvon School of the Air.

A sud vale la pena di visitare le imponenti grotte Leeuwin-Naturaliste (ai bambini piacerà la mascella fossile di un wombato gigante). Nelle vicinanze organizzano escursioni di whale watching. Nell'outback potrete visitare una delle miniere d'oro di Kalgoorlie o tentare voi stessi la sorte imitando i cercatori d'oro di un tempo. Risalendo verso nord s'incontra Broome, dove i bambini sono attratti dal Sun Pictures, un vecchio cinema all'aperto che proietta i film in prima visione. Appena fuori Broome, presso Gantheaume Point, si possono vedere impronte di dinosauro risalenti a 120 milioni di anni fa.

Il piccolo Harry aveva solo 6 settimane quando partimmo per la seconda tappa del nostro viaggio, quella che ci avrebbe portato da Albany (Western Australia) fino a Darwin risalendo tutta la costa occidentale. Eravamo in cinque adesso e la cosa fu subito evidente quando si trattò di sistemare i bagagli nel camper con rimorchio. Inoltre, rispetto al passato, avevamo in più una culla trasportabile (anche se Harry dormì quasi sempre fra mamma e papà), un passeggino leggero, un altro seggiolino auto, pannolini e tutine, e anche una sdraietta a dondolo pieghevole che si rivelò una vera benedizione perché Harry se ne stava tranquillo all'aperto, cullato dal dondolio della sua sdraietta e protetto dalla zanzariera che fissavamo alla finestra del camper.

australia

alla SCOPERTA dell'OUTBACK

Rosie Waitt e il marito Tim hanno trascorso quattordici mesi in camper per l'Australia con i figli Nikita (4 anni), Freda (2 anni) e Harry (ancora bebè).

Eravamo contenti di essere di nuovo a bordo del nostro camper e di riprovare l'euforia della partenza e quella meravigliosa sensazione di libertà che sopraggiunge una volta in movimento (una sensazione che, bisogna ammetterlo, finisce per dare assuefazione). Ascoltando cassette di canzoncine e filastrocche e cantando anche noi incominciammo a risalire la costa. Passate Kalbarri e Carnarvon, ci dirigemmo verso la regione di Pilbara, dove il paesaggio aspro incontrato fino a quel punto lasciò il posto a grandi distese di fiori selvatici.

Anche stavolta ci stupì la rapidità con cui Nikita e Freda si adattarono alla vita on the road. Per loro era molto semplice: casa era dappertutto. Avendo pochi giocattoli e poche occasioni di guardare la televisione, erano diventate intraprendenti e fantasiose, capaci di divertirsi e interessarsi a tutto ciò che le circondava. E ora c'era anche il piccolo Harry che stava sbocciando. Credo che per lui il suono del motore, avendo trascorso gran parte della gravidanza in camper, doveva essere come una ninnananna e infatti accettò di buon grado gli spostamenti. Allattandolo esclusivamente al seno, poi, non c'era il problema di sterilizzare biberon o altro.

Però non fu affatto facile ritrovare l'equilibrio conquistato durante il viaggio precedente: le dinamiche familiari erano cambiate e il riassestamento richiedeva tempo. Le notti insonni cominciavano a pesare su Tim e me e ora erano tre le vocine che chiedevano attenzione. Talvolta le giornate erano scandite da soste così frequenti (per la poppata, per il ruttino, per la pipì – con Freda che aveva appena tolto il pannolino) da far temere che non saremmo mai arrivati da nessuna parte.

Come se non bastasse, nella città mineraria di Tom Price, fummo attaccati da eserciti di zanzare giganti e di minuscoli moscerini che ci punsero da ogni parte.

Non potendo usare insetticidi o fornelletti antizanzara perché Nikita è allergica a tutta una serie di sostanze chimiche, ci limitammo a una crema antisettica alla melaleuca che attenuò il prurito e impedì che le punture s'infettassero. Le nostre uniche difese contro gli insetti, che consistevano esclusivamente nel chiudere i finestrini e usare indumenti con maniche lunghe e pantaloni lunghi, ci rendevano tutti accaldati, irritabili e intenti a grattarci. Con tutto ciò non potevo non cominciare a domandarmi se ne valesse davvero la pena. Naturalmente sì. Il malumore si dileguò non appena entrammo nel Karijini National Park e ci accampammo in mezzo ai fiori selvatici su quella terra finissima, fra il rosso e l'ocra.

Per puro caso arrivammo a Broome quando stava per aver inizio lo Shinju Matsuri, l'annuale festa delle perle che celebra la presenza multietnica in questa città: danze tradizionali, mangiatori di fuoco, giocolieri e mercati traboccanti di oggetti d'artigianato e cibi esotici. Durante il concerto della serata conclusiva Nikita e Freda si misero a ballare, poi, mezze spaventate alla vista del drago cinese, si lasciarono incantare dalle migliaia di candele accese prima di sprofondare nel sonno e perdersi lo spettacolo dei fuochi d'artificio. Harry invece dormì per la maggior parte del tempo.

"Anche stavolta ci stupì la rapidità con cui Nikita e Freda si adattarono alla vita on the road. Per loro era molto semplice: casa era dappertutto".

A venti chilometri da Broome udimmo la vocina di Freda, "Doggy... voglio il mio Doggy". Fermammo il motore e lo cercammo per tutto il camper, inutilmente. Il peggio era accaduto: avevamo perso Doggy, l'amico del cuore di Freda, il peluche ormai spelacchiato che l'accompagnava fin dal suo primo giorno di vita. Avremmo dovuto arrenderci e aiutarla a elaborare il lutto così come richiede l'inevitabile processo della crescita? Impossibile. Sapevamo fin troppo bene cosa avrebbe comportato ed eravamo decisi a evitarlo. Così tornammo a Cable Beach, mettemmo a soqquadro il campeggio e infine ci rivolgemmo speranzosi all'ufficio dell'ingresso. Inutilmente.

Il condizionatore d'aria del camper faceva le bizze e a farne le spese erano Freda e Harry che cominciavano a coprirsi di bollicine e chiazze rosse diventando sempre più piagnucolosi. Fu per questo motivo che acquistammo due piccoli ventilatori da auto che si potevano collegare all'accendino del camper e che piazzammo sopra le teste dei due bambini. La situazione migliorò immediatamente; i ventilatori si rivelarono sempre più preziosi via via che c'inoltravamo nella zona dei tropici, prima attraverso l'affascinante Kimberley, poi lungo le strade del Northern Territory toccando Katherine e infine Darwin.

Qui facemmo un'escursione in battello per vedere i coccodrilli, tentammo di fare il bagno in piscine naturali dall'acqua ghiacciata prive di coccodrilli e visitammo il famoso e pittoresco mercato di Mindil Beach. Quando ci recammo all'ufficio postale per ritirare la posta ci trovammo anche Doggy, un nastro rosa legato intorno al collo, in paziente attesa di Freda. E Freda non ha mai capito bene perché Doggy a Darwin ci era arrivato in aereo, mentre a noi era toccato fare tutta quella strada.

La Nuova Zelanda è un paese ideale per un viaggio con i bambini: non ci sono grossi rischi per la salute, è facile spostarsi da un punto all'altro e offre molte attrattive e attività per i bambini.

Nei parchi a tema, luna park e musei interattivi in genere esiste la possibilità di acquistare un biglietto familiare che però tende a essere costoso. Le tariffe per bambini di solito si applicano alla fascia d'età compresa fra 4 e 14 anni; fino a 4 anni spesso l'ingresso è gratuito oppure costa una cifra simbolica.

In quasi tutti i posti frequentati da chi viaggia con lo zaino in spalla ve ne sono molti in grado di offrire una stanza con quattro letti alla famiglia che lo richieda; gli ostelli YHA sono quelli meglio attrezzati ad accogliere ospiti con bambini e spesso hanno vere e proprie stanze adatte alle famiglie. Anche i motel e soprattutto i campeggi sono adatti a ricevere i bambini e spesso hanno un parco giochi o una stanza dei giochi. Il pernottamento dei bambini si paga a parte: in genere corrisponde al 50% della tariffa adulti ed è gratuito per i più piccoli. La casa di villeggiatura o il bungalow indipendente sono una soluzione ideale per una famiglia: non solo sono più spaziosi, ma spesso offrono anche un miglior rapporto qualità-prezzo rispetto all'appartamento per turisti o alla stanza con cucinino del motel. Per trovarli conviene contattare gli appositi centri d'informazione. Gli alloggi generalmente hanno culle a disposizione, ma spesso si tratta di modelli un po' vecchiotti e alcuni lettori consigliano di portare la propria.

Le principali agenzie d'autonoleggio forniscono i seggiolini auto per i bambini, ma non sempre sono di ottima qualità. Sono difficili da trovare anche buone cinture di sicurezza per legare il bebè alla culla (anche in questo caso conviene portare le proprie). Il camper, posto che se ne riesca a noleggiare uno a buon prezzo, è un mezzo piacevole per girare il paese all'insegna del risparmio.

Allattare in pubblico non dovrebbe comportare problemi in Nuova Zelanda; capita spesso, infatti, di vedere una madre che allatta un neonato o un bambino piccolo in caffè, ristoranti, negozi, parchi, luoghi frequentati da turisti o sui mezzi pubblici. Non è escluso che, una volta ogni tanto, venga chiesto a una madre di allontanarsi dai suddetti posti perché sta allattando, ma si tratta di episodi molto sporadici che fanno subito scalpore proprio per la loro rarità! Non mancano dunque persone che disapprovano chi allatta in pubblico, ma nel complesso la società neozelandese sostiene i diritti delle madri e dei bambini.

auckland

informazioni

Una guida utile da consultare per suggerimenti su cosa vedere e fare con i bambini è *Kids Go Auckland: A Fun Guide to Where to Go and What to Do* di Lynne Richardson, Nyla Breakspeare e Jennie Whyte. Informazioni analoghe sono fornite dal visitor centre.

aspetti pratici

Tra supermercati e farmacie troverete tutto ciò che vi occorre. Passeggini, zaini portabambini e altre attrezzature si trovano in vendita anche nei grandi magazzini.

che cosa vedere e fare

Animali e natura L'Auckland Zoo si distingue soprattutto per il recinto dei primati e quello della fauna africana. Appena fuori dallo zoo si può dar da mangiare ai cigni neri sulle rive del Western Springs Lake. L'acquario Kelly Tarlton's Antarctic Encounter & Underwater World piacerà anche ai più grandicelli per la simulazione di un attacco da parte di un'orca e per il tapis roulant che si percorre interamente circondati da pesci.

Interessante e istruttivo Al New Zealand National Maritime Museum si possono ispezionare decine di imbarcazioni a vela, mentre il Museum of Technology & Transport possiede un centro scientifico dove i bambini imparano divertendosi grazie a una serie di oggetti da toccare e congegni interattivi.

Puro divertimento Presso il parco a tema Force Entertainment Centre and Rainbow's End, nella zona sud di Auckland, è stata inaugurata una nuova sala IMAX per proiezioni tridimensionali.

attività

Auckland offre molte opportunità di dedicarsi al nuoto e ad altri sport acquatici. Un bel posto che si può frequentare con il bello e il brutto tempo è il Philips Aquatic Centre che ha una piscina a onde, scivoli vari e tanti altri giochi divertenti. Lo stabilimento Parnell Baths, aperto solo d'estate, ha un piccolo scivolo che finisce in acqua e una piscina poco profonda dove ci si può divertire con i gommoni. Le spiagge lungo il lato interno del porto sono lambite da un mare calmo e sicuro; quando c'è bassa marea è piacevole andare alla ricerca delle vasche di roccia piene d'acqua in posti come St Heliers Bay. Spiagge sicure e molto frequentate della North Shore sono quelle di Cheltenham e Takapuna.

Lasciando il centro della città si possono visitare alcune fattorie presso Ambury, fare escursioni in vascelli d'epoca (a Kaipara Harbour, Waiuku) e passeggiate a cavallo lungo le spiagge.

parchi e giochi all'aria aperta

Un bel parco vicino al centro è Auckland Domain, dove i bambini potranno dar da mangiare alle anatre del laghetto vicino al Wintergarden o tentare di far volare un aquilone nei suoi vasti spazi liberi. Anche Cornwall Park, fra l'altro sede di una fattoria, possiede grandi prati dove poter correre in tutta libertà. I coni vulcanici di

Auckland sono un luogo ideale per bruciare energie: due posti particolarmente attraenti sono Mt Eden (un cratere dalle pareti molto ripide) e North Head a Devonport, con i suoi tunnel e i cannoni della seconda guerra mondiale. A Pakuranga si trova Kids 'n Action, un parco giochi al chiuso per bambini piccoli, con molti percorsi e strutture su cui arrampicarsi, sempre molto sicuri.

in giro per la nuova zelanda

La Nuova Zelanda è come un immenso e favoloso parco da scoprire un po' alla volta, avventura dopo avventura, sempre immersi in un incantevole scenario naturale. Innumerevoli le attività e gli sport che si possono praticare: bushwalking (escursioni a piedi nel bush), ciclismo, equitazione, sci, snowboard (solo per i più grandi), rafting sulle rapide, kayak, surf, windsurf, bungeejumping, canyoning, jetboating e zorbing (rotolare in discesa legati all'interno di una sfera di plastica trasparente).

Nell'Isola del Nord i bambini saranno attratti dai getti d'acqua dei geyser e dalle pozze in cui ribolle il fango a Rotorua; saranno anche curiosi di assaggiare il cibo (hangi) che i Maori cuociono in buche scavate nella terra e di assistere a uno spettacolo di danze (in particolare le danze di guerra), musica e giochi maori. Le grotte di Waitomo rivelano un magico paesaggio sotterraneo di curiose formazioni calcaree, abitato da lucciole e attraversato da fiumi. A Wellington i bambini prenderanno volentieri la funivia che conduce ai Botanical Gardens e si divertiranno a sperimentare il salto virtuale con l'elastico al Te Papa (Museum of New Zealand). Allo zoo di Wellington è possibile vedere i kiwi.

L'Isola del Sud offre una soprendente varietà di fauna selvatica che avrete modo di ammirare nell'Otago Peninsula: albatros, pinguini, otarie, foche e delfini. A Kaikoura i bambini possono nuotare insieme ai delfini o vedere le balene che giocano saltando fuori dall'acqua.

AUSTRALASIA

australasia

Il clima, l'ambiente naturale, i giochi d'acqua e l'assenza di creature velenose fanno del Pacifico un vero e proprio paradiso per i bambini. Eppure, fatta eccezione per le principali mete turistiche, come per esempio le isole Fiji che sono ben attrezzate ad accogliere piccoli viaggiatori, il Pacifico resta una regione poco visitata dalle famiglie. Forse anche perché vi sono alberghi e resort che non accettano i più piccoli per un determinato periodo dell'anno o anche per tutto l'anno: verificate prima di prenotare. Che si tratti di alberghi o tariffe aeree, ricordate di chiedere sempre se sono previste riduzioni.

I centri con un ridotto numero di abitanti e le isole più remote naturalmente non offrono molte fonti di approvvigionamento: prodotti come pannolini, latte in polvere e latte a lunga conservazione si trovano nelle località principali e perciò non lasciate mai il capoluogo senza aver fatto scorta di tutto quel che vi potrà servire o senza aver verificato la reperibilità dei prodotti necessari nel luogo in cui state per recarvi.

Sorvegliate i vostri figli quando nuotano o giocano in spiaggia e insegnate loro a non toccare i coralli che, fragili come sono, rischiano sempre di spezzarsi. Portate un'abbondante scorta di creme solari e indumenti leggeri da indossare per proteggere la pelle. Prima di partire controllate se vi sono vaccinazioni o richiami da fare e verificate che nell'assicurazione di viaggio siano compresi anche i vostri figli. Nei climi caldi è importante che i bambini piccoli siano sempre ben idradati: le soluzioni reidradanti aiutano a prevenire la disidratazione e riescono a coprire un eventuale sapore sgradevole dell'acqua. Se vostro figlio non tollera bene l'acqua locale potete far bollire l'acqua potabile oppure acquistare quella in bottiglia. (Per ulteriori informazioni utili v. il capitolo **Salute**.)

Dal momento che le culture del Pacifico riconoscono grande importanza ai bambini, vi capiterà di incontrare molte persone che non esiteranno a parlare e giocare con i vostri figli, invitandoli a casa loro o a unirsi alle loro attività. Da queste parti ci si aspetta che i bambini si comportino bene, perciò se vostro figlio piange o si agita mentre visitate un villaggio, tentate di calmarlo. Poiché l'educazione dei bambini qui è considerata una responsabilità comune, non stupitevi se una persona del posto correggerà vostro figlio qualora si comporti male.

FIJI

aspetti pratici

Le Fiji sono isole frequentate da molti turisti con bambini e sono luoghi ospitali e ben attrezzati. Molti resort offrono un'assistenza specifica per i bambini, ovvero servizi di baby-sitter, culle, seggioloni, attività organizzate e piscine per i piccoli e alcuni offrono anche pernottamento e pasti gratuiti nonché aree di gioco sorvegliate. Ne esistono poi di più piccoli ed esclusivi, dove i bambini non sono ammessi oppure lo sono soltanto in un determinato periodo dell'anno. Alcuni resort sono costruiti su più livelli e attraversati da sentieri di sabbia, cosa che rende difficile l'uso di carrozzine e passeggini. Fra quelli più grandi e meglio attrezzati a ricevere i bambini segnaliamo i lussuosi Shangri-La's Fijian Resort a Viti Levu e Jean-Michel Cousteau Fiji Islands Resort a Vanua Levu, oltre al Plantation Island Resort nelle isole Mamanuca che è un po' meno caro.

Spostarsi all'interno delle isole principali non comporta grandi difficoltà. Alcune agenzie di autonoleggio dispongono dei seggiolini di sicurezza per bambini. Chi intende usare i mezzi pubblici troverà comodo avere uno zaino per trasportare i bambini piccoli. Praticamente ovunque è possibile acquistare latte a lunga conservazione, acqua minerale in bottiglia e succhi di frutta. Pannolini, latte in polvere e compresse sterilizzanti si trovano nelle farmacie e nei supermercati dei maggiori centri abitati, quindi occorre farne scorta prima di recarsi in isole o zone remote.

che cosa vedere e fare

Quasi tutte le isole offrono spiagge magnifiche e varie possibilità di praticare sport acquatici. A Viti Levu si trovano la Coral Coast Scenic Railway, ferrovia panoramica che corre lungo la costa percorsa da un vecchio treno con automotrice diesel; il Kula Eco Park, una riserva di fauna selvatica con centro didattico per i bambini e sentieri che attraversano la foresta; il Fijian Cultural Centre, dove ai bambini piacerà fare l'escursione a bordo di una canoa tradizionale navigando fra gli isolotti e visitando la ricostruzione di un villaggio tipico.

attività

Ci sono moltissime attività a cui possono partecipare anche i bambini, sia nei resort sia tramite agenzie private, dallo snorkelling al kayak sul mare, dall'equitazione al windsurf all'osservazione dei coralli.

società e cultura

Gli abitanti delle isole faranno a gara per parlare con i vostri figli. Ad attirare l'attenzione sono soprattutto neonati e bimbi di pochi anni che, alla fine, potranno anche esser stufi di ricevere tanti pizzicotti sulle guance! Da queste parti sono gli uomini a occuparsi in prima persona della cura dei figli, perciò non stupitevi se s'interessano molto ai bambini. Ai propri figli chiedono di essere obbedienti, allegri e di trascorrere molto tempo giocando all'aperto. Impertinenza ed esibizionismo sono considerati atteggiamenti nocivi per il benessere della comunità: cercate di placare ogni manifestazione chiassosa quando visitate i villaggi.

ISOLE COOK

isole cook

aspetti pratici

I bambini sono i benvenuti alle Isole Cook e viaggiare con loro non comporta particolari difficoltà. Alcuni alberghi offrono loro il pernottamento gratuito, altri prevedono una tariffa ridotta e pochi sono quelli in cui i bambini non sono ammessi. I pannolini costano parecchio, quindi converrà portarne una scorta da casa. A Rarotonga esistono varie possibilità di sistemazione: bungalow di media categoria come quelli del Lagoon Lodges, case in affitto a prezzi ragionevoli e grandi complessi alberghieri, come l'Edgewater Resort, che offrono il pernottamento gratuito fino a 12 anni e un servizio di baby-sitter.

che cosa vedere e fare

Spiagge di sabbia morbida che affacciano su lagune tranquille sono l'ideale per i bambini, sicure per chi nuota e incantevoli per chi ne esplora i fondali con maschera e boccaglio. Ai bambini piaceranno anche le passeggiate a piedi, in bicicletta e a cavallo oppure le escursioni in canoa. Atiu, Mitiaro e Mangaia sono isole costellate di grotte da esplorare, tutte ricche di stalattiti e stalagmiti. La valle di Rarotonga offre sentieri adatti pure ai bambini; dalla stessa isola partono escursioni su barche con il fondo di vetro o per chi vuol avvistare le megattere. Visitando il Cook Islands Cultural Village i bambini scopriranno com'erano fatte le capanne tradizionali e saranno felici di ascoltare musiche e canti popolari, accompagnati da danze e da un pranzo a base di specialità locali. È possibile inoltre che i vostri figli imparino ad apprezzare il latte di cocco (frutto particolarmente gustoso alle Isole Cook). I bambini assistono volentieri anche alle serate organizzate nei resort che prevedono danze tradizionali alle quali talvolta prendono parte anche i loro coetanei.

MICRONESIA

micronesia

Disseminate di bambini, le isole della Micronesia accoglieranno i vostri figli con calore e curiosità. La Micronesia è la regione del Pacifico centro-occidentale che inizia con l'atollo di Majuro delle isole Marshall e termina a ovest con Guam, Yap e Palau. A Guam sono presenti sia tutte le più famose catene alberghiere, sia una miriade di alberghi più piccoli, e quasi tutti offrono stanze per i bambini e servizi di assistenza e baby-sitter. Sulle isole con pochi abitanti spesso e volentieri i viaggiatori trovano personale degli alberghi disposto a badare ai bambini piccoli e talvolta persino ai neonati. In molti alberghi di categoria media ed elevata i bambini fino a 12 anni possono dividere la stanza con i genitori pagando una tariffa ridotta (in genere metà di quella per adulti). Provvedete voi al marsupio, lo zaino oppure al passeggino e acquistate in anticipo i pannolini, tutti prodotti che costano molto.

Prima che nascesse Alex avevamo esplorato le Fiji in lungo e in largo e poi scritto la guida Lonely Planet, perciò avevamo un'idea piuttosto precisa di quel che avremmo trovato. Trattandosi di una meta vacanziera scelta da molte famiglie, a poche ore di volo dall'Australia e dove non esisteva la malaria, sarebbe stato un posto sicuro per il nostro primo grande viaggio in tre. Per aggiornare la guida avremmo visitato una trentina delle circa 300 isole che formano l'arcipelago delle Fiji, isole piatte e minuscole e isole grandi e montuose come Viti Levu e Vanua Levu: un progetto un po' troppo ambizioso a detta di molti amici e parenti.

fiji da un'ISOLA all'ALTRA

Robyn Jones e Leonardo Pinheiro, entrambi autori Lonely Planet, hanno trascorso tre mesi esplorando le isole Fiji quando Alex aveva 2 anni.

Riuscimmo a partire senza troppi bagagli. Non avevamo bisogno di un lettino perché quasi tutti gli alberghi erano in grado di fornirne e in ogni caso Alex, secondo l'usanza delle Fiji, riteneva che il suo posto fosse nel nostro letto. Portammo invece un passeggino a ruote grandi che si rivelò utile nei centri abitati, ma del tutto inutilizzabile sui sentieri coperti di sabbia e comunque un ingombro durante i frequenti viaggi a bordo di piccoli aerei e imbarcazioni. Leonardo portava Alex a cavalluccio praticamente tutto il tempo, non nei villaggi, però, dove l'usanza vuole che nulla poggi sulle spalle degli uomini all'infuori del rispetto per il proprio capo.

Il semplice spostarsi da un posto all'altro era motivo di grande entusiasmo per Alex, per il quale le Fiji sono state una specie di grande luna park. Adorava prendere i piccoli aerei e le imbarcazioni che ci portavano da un'isola all'altra. Chiunque abbia un bambino di 2 anni sa che deve stargli continuamente appresso per evitare disastri e nel nostro caso dovevamo raddoppiare l'attenzione poiché nei vari alberghi e resort le piscine non erano mai recintate. Per gli spostamenti su barche di piccole dimensioni ci eravamo procurati un piccolo giubbotto di salvataggio che poi usammo sempre. Per spostarci all'interno delle isole più grandi, fra strade di campagna non asfaltate, noleggiavamo un'auto o un fuoristrada (con seggiolino di sicurezza). Fortunatamente c'impantanammo una volta soltanto e anche allora Alex trovò la cosa divertente. Era bello anche viaggiare sugli autobus scoperti che circolano da quelle parti.

Avevamo molte 'case', spesso per una notte soltanto. A volte ci domandavamo se i continui spostamenti lo avrebbero reso insicuro, ma fintanto che noi eravamo con lui trovava gusto in ogni cambiamento. Gli piaceva anche ispezionare le camere insieme a noi: saltare sul letto, controllare il tipo di presa elettrica presente in bagno, aprire i rubinetti e azionare i ventilatori.

Le Fiji hanno centinaia di resort comodi e sicuri, di categoria media ed elevata, completi di miniclub e bambinaie che sono l'ideale per una vacanza breve; ma il nostro sarebbe durato ben tre mesi. Avevamo deciso di evitare i posti cupi, sudici e puzzolenti che prima di avere Alex, forse, avremmo frequentato eppure riuscimmo quasi sempre a trovare sistemazioni convenienti. Era molto utile avere una stanza con il frigo, per via del latte. A sorpresa, i posti dove ci trovammo meglio furono i resort a buon prezzo nelle isole più remote dei gruppi Yasawa e Kadavu. Ci piacquero molto anche i villaggi sperduti sugli altipiani di Viti Levu. Alloggiavamo in rustiche *bures* (abitazioni tradizionali con il tetto di paglia), dove non servivano che una lampadina o torcia elettrica e una zanzariera.

Mentre Alex se la spassava ovunque andassimo, ci furono molte occasioni in cui non potevamo fare a meno di ricordare l'agio e la relativa libertà del viaggio precedente. Come quando si andava insieme a fare snorkelling invece di farlo a turno mentre l'altro teneva d'occhio Alex. Mangiare al ristorante, cosa che un tempo era un piacere, non di rado adesso era un compito ingrato. Alex, poi, sviluppò un'avversione verso il cibo e faceva eccezioni solo per il latte a lunga conservazione, le patatine fritte e l'acqua minerale. E, cosa ancora peggiore, durante il viaggio gli venne fuori un eritema diffuso e persistente che lo costringeva a grattarsi la schiena ininterrottamente. La sera se andava bene dormivamo a singhiozzo, altrimenti assistevamo Alex che strillava o vomitava. Benché svezzato da poco, il seno divenne l'unico modo per acquietarlo.

"Quando si viaggia con un bambino si hanno molti contatti con la gente; la sua presenza in qualche modo rompe automaticamente il ghiaccio e ti costringe a essere più aperto"

Quando si viaggia con un bambino si hanno molti contatti con la gente; la sua presenza rompe automaticamente il ghiaccio e ti costringe a essere più aperto. Gli abitanti delle Fiji adorano i bambini: gli uomini prendevano Alex sulle spalle e se lo portavano in giro, le donne non riuscivano a trattenere un pizzicotto affettuoso sulle guance. Di pizzicotti Alex finì per non poterne più, al punto che la sola vista di un abito floreale lo faceva scappare. La gente si stupiva delle sue prodezze linguistiche: aveva imparato a dire *bula bula* (ciao); *vinaka vakalevu* (molte grazie); *sega na lega* (non importa); *moce* (arrivederci); *sota tali* (a più tardi). Quando visitavamo un villaggio sperduto i bambini del posto accorrevano e lo circondavano. Per fortuna era facile individuare la testolina bionda in mezzo ai bimbi mori. Al ristorante veniva regolarmente sequestrato e spariva per un po' in cucina: istanti di inaspettata quiete per i genitori!

Sono passati due anni e Alex ancora ricorda i pesci colorati visti dalla barca con il fondo di vetro, i paguri sulla spiaggia, le cerimonie kava, il dondolarsi nelle amache, l'equipaggio che pianse quando scese dalla barca, l'uomo che si arrampicava sulla palma da cocco e la prima volta che assaggiò il latte di cocco. Ci si chiederà quanta parte di tutto ciò corrisponda a un ricordo di cose viste in prima persona e quanta invece sia il risultato dei nostri racconti e delle fotografie che gli abbiamo mostrato. Credo davvero che non abbia alcuna importanza.

che cosa vedere e fare

Con i suoi fondali marini spettacolari, la Micronesia è un paradiso per gli amanti dello snorkelling e delle immersioni subacquee. Le sue isole offrono molte spiagge adatte ai bambini che vogliono nuotare o cimentarsi con maschera e boccaglio. Sulle isole più turistiche, come Guam e Saipan, ci sono parchi acquatici (presso i grandi alberghi) e opportunità di andare a cavallo e di praticare il jet ski. A Guam i bambini saranno entusiasti anche delle feste locali, sempre all'insegna dell'animazione, delle danze e dei cibi esotici, e faranno volentieri un'escursione per avvistare i delfini.

A Kosrae i bambini potrebbero trovare interessanti le rovine di Lelu, tutte da esplorare, mentre a Pophnei ci sono molte cascate, alcune anche con belle piscine naturali in cui tuffarsi. Gli alberghi di Yap offrono visite guidate ai villaggi durante le quali viene illustrata tessitura delle foglie di cocco o di pandano; i bambini saranno senz'altro affascinati dalle tradizionali monete di pietra. A **Kiribati** saranno felici di assistere a uno spettacolo di danze tradizionali e nello zoo tropicale di Rota vedranno da vicino granchi delle noci di cocco, iguane e megachirotteri.

NUOVA CALEDONIA

nuova caledonia

aspetti pratici

Ai bambini molti alberghi offrono il pernottamento a prezzo scontato o addirittura gratuito. Nel lussuoso resort Nouvata Parkroyal, sull'isola di Noumea, il soggiorno è gratuito fino a 16 anni, mentre al Le Méridien lo è fino a 12 anni. Il Le Méridien prevede inoltre un programma di attività durante tutto l'arco della giornata (per bambini da 5 a 12 anni) che sono gratuite per gli ospiti dell'albergo.

che cosa vedere e fare

In Nuova Caledonia ci sono moltissime spiagge favolose e innumerevoli opportunità di praticare lo snorkelling, ma non restano delusi neanche gli amanti del kayak e dell'equitazione.

A Noumea meritano una visita sia il Musée Néo Calédonie, che affascina i bambini con i suoi totem scolpiti in legno, le maschere elaborate e le armi spettacolari, sia l'Aquarium, uno tra i più belli del Pacifico per come ricrea il naturale ambiente marino, che ospita un gran numero di specie rare e particolari e dove i bambini in genere sono molto attratti dagli squali e dai serpenti marini. Tutti i piccoli vogliono salire sul Petit Train, il trenino che avanza sbuffando attraverso la città. Sparsi per Noumea ci sono anche alcuni parchi giochi per i più piccoli. All'estremità sud della Baie des Citrons di solito ci sono alcuni divertimenti per i bambini (un trenino e una giostra). Al Buffalo Ranch di Dumbéa si possono cavalcare pony, mentre sull'isolotto di Amédée è piacevole dedicare una giornata al nuoto e allo snorkelling oppure fare un'escursione su una barca con il fondo di vetro.

Sull'Île des Pins i bambini potranno fare un giro a bordo di una piroga ed esplorare qualche grotta. Sulla Grande Terre è divertente fare il bagno nelle piscine naturali di due cascate (Chutes de la Madeleine e Wadiana Falls).

SAMOA

samoa

Gli alberghi delle Samoa non offrono strutture, assistenza o attività specifiche per i bambini, ma i vostri figli non avranno il tempo di annoiarsi in queste isole così ricche di bellezze naturali.

aspetti pratici

I bambini occupano un posto molto importante nella vita dei samoani e responsabilità quali la cura e l'educazione dei figli spettano non solo a tutti i membri della famiglia, ma anche all'intera comunità. Ovunque andrete i vostri figli riceveranno molte attenzioni (e molti dolciumi) e la gente farà di tutto per farli sentire come a casa. Pannolini usa e getta, latte in polvere e compresse sterilizzanti si possono acquistare ad Apia e a Pago Pago. È bene sapere, per qualunque emergenza, che le strutture di assistenza medica sono molto limitate nelle Samoa.

che cosa vedere e fare

Alle Samoa i bambini hanno molte occasioni per praticare lo snorkelling, fare passeggiate o dedicarsi al nuoto. Sull'isola di Savai'i potranno vedere le enormi tartarughe marine delle Satoalepai Wetlands e, presso Taga, uno dei più grandi e imponenti *blowhole* (letteralmente 'sfiatatoio') del mondo. Sull'isola di Upolu, invece, i bambini saranno attratti da Fatumea Pool, dove potranno esplorare sorgenti limpide e pulite e grotte piene d'acqua; i più grandicelli vorranno sperimentare il passaggio a nuoto alla James Bond che conduce alla piscina naturale della seconda grotta. Molto divertente anche lasciarsi trasportare dalla cascata a Papasee'a Sliding Rock: con una scivolata sull'acqua di 5 m si finisce in una piscina naturale circondata dalla giungla (se il salto vi sembra troppo alto, nei dintorni ci sono cascate più piccole). I bambini assistono sempre volentieri a una serata di *fiafia*, grande spettacolo di musica e danze samoane organizzato nei grandi alberghi.

TONGA

tonga

aspetti pratici

I bambini sono accolti con calore anche nelle isole Tonga. Poiché i pannolini qui costano cari conviene portarsene una scorta da casa. Gli alberghi sono di vario tipo: ci sono posti dove i bambini non sono ammessi e altri che cercano di attirare le famiglie offrendo pernottamento gratuito per i figli e servizio di baby-sitter. Verificate prima di prenotare.

che cosa vedere e fare

Numerose sono le attività che possono rallegrare il soggiorno dei bambini alle Isole Tonga: nuoto, snorkelling, passeggiate sulla spiaggia, escursioni in bicicletta, in kayak (per i più grandi) o in barca nonché la possibilità di visitare luoghi interessanti e partecipare a eventi culturali.

I bambini saranno felici di vedere le megattere che, fra luglio e novembre, passano al largo del gruppo Vava'u (le Tonga sono tra i migliori posti al mondo per avvistarle). Per un tuffo nella cultura locale merita partecipare a una delle feste di musica e danze tradizionali che prevedono sempre anche specialità mangerecce (sono belle soprattutto le feste che si celebrano a Tongatapu e Vava'u).

A Tongatapu ha sede il Tongan National Centre che organizza uno speciale pranzo per turisti con sfilata di abiti tradizionali da cerimonia, allestisce mostre e propone dimostrazioni di vario genere. Nella grotta di Anahulu c'è una piscina naturale d'acqua dolce dove si può fare il bagno. Ai bambini piacerà l'escursione a Mapu'a'a Vaca, dove per 5 km si sussegue una serie di *blowhole* attraversati da getti d'acqua di mare che raggiungono i 30 m d'altezza.

VANUATU

aspetti pratici

Al di fuori dei centri abitati occorre essere autosufficienti: è alquanto improbabile, infatti, che gli empori dei villaggi vendano generi di lusso quali latte in polvere e pannolini. Gli abitanti delle Vanuatu amano molto i bambini e, come in altre isole del Pacifico, non esitano a correggerli se vedono che si comportano male.

Alcuni degli alberghi più cari fanno di tutto per venire incontro alle esigenze delle famiglie, in particolare il Le Lagon Parkroyal di Port Vila e il Bougainville Resort vicino a Luganville. Nelle pensioni i bambini sono i benvenuti, ma non ci sono servizi o attrezzature specifiche per l'infanzia. Nei villaggi non avrete difficoltà a trovare una baby-sitter.

che cosa vedere e fare

A Epi, nelle acque di Lamen Bay, i bambini si divertiranno a nuotare assieme ai dugonghi (il simpatico mammifero marino detto anche 'vacca di mare'). Di sicuro effetto è lo spettacolo di 'fuochi d'artificio' offerto dall'eruzione del vulcano Yasur, sull'isola di Tanna, ma se il vulcano fosse particolarmente attivo evitate di avvicinarvi troppo: c'è chi ci ha rimesso la pelle. Sempre a Tanna c'è la possibilità di fare escursioni guidate (a piedi) ai villaggi tradizionali e a una grotta popolata da pipistrelli.

Sulle Vanuatu ci sono centinaia di spiagge sicure: prima di prenotare l'albergo informatevi bene per evitare di trovarvi in baie inaccessibili perché infestate dagli squali o raggiunte da correnti pericolose. A Port Vila si può andare a cavallo, partecipare a escursioni su barche con il fondo di vetro e a uscite notturne per ammirare i coralli. I banchetti melanesiani che animano le serate dei villaggi intorno a Vila sono un'ottima occasione per assaggiare la cucina locale e assistere alle danze tradizionali (quello di Ekasup è uno dei migliori). Le cascate di Mele-Maat, vicino a Port Vila, sono un bellissimo posto da esplorare e dove poter fare il bagno. Ai bambini piacerà anche l'escursione alla grotta di Feles, specialmente se qualcuno racconterà loro la storia del capotribù polinesiano che qui trovò la morte.

GIOCHI DA VIAGGIO

La maggior parte dei giochi descritti qui di seguito non richiedono materiali particolari e sono di facile preparazione, perciò si possono fare praticamente ovunque. Abbiamo tralasciato i più classici come 'carta, forbice e sasso' o il gioco dei mimi perché l'intenzione non era quella di fornire un elenco completo dei giochi possibili, bensì di proporne altri che offrano lo spunto per inventarne a loro volta di nuovi. Usateli come traccia e sviluppate un gioco tagliato su misura per la vostra famiglia, modificando anche le regole.

ovunque

I giochi migliori nascono dalla fantasia, una risorsa che non pesa nulla e che i bambini portano quasi sempre con sé.

Pappagallo Un giocatore fa una smorfia o un movimento (per esempio come un robot, una scimmia o una ballerina) e il giocatore successivo deve imitarlo. Quando tocca a voi proponete ruoli insoliti per i bambini, magari prendendo spunto dalle persone che avete incontrato durante il viaggio. Una versione un po' più articolata del gioco può includere anche i rumori.

Due verità e una bugia A turno ciascun giocatore fa tre affermazioni, due delle quali corrispondono al vero mentre l'altra è una bugia. Gli altri giocatori tentano di indovinare qual è la bugia, mostrando con uno, due o tre dita se pensano sia la prima, la seconda o la terza affermazione. Si possono fare un paio di giri segnando i punti oppure far proseguire il gioco a chi ha indovinato.

Ritmo e categorie Battendo le mani, schioccando le dita o battendo le mani sulle cosce create un ritmo che tutti i giocatori possano ricordare (per i piccoli scegliete ritmi semplici, come battere le mani quattro volte). A questo punto introducete una categoria (per esempio frutta e verdura, colori o film): a turno ogni giocatore dovrà scandire un nome appartenente a quella categoria in un punto preciso della sequenza ritmica (per esempio, clap-clap-clap-"mela"). È più difficile di quanto sembri e le difficoltà aumentano giocando.

Sono andato al negozio e ho comperato... Ciascuno dice una cosa che ha comperato al negozio: ogni giocatore deve ripetere tutto quel che ha detto il giocatore precedente aggiungendo una cosa nuova alla fine dell'elenco. Chi dimentica qualcosa è fuori dal gioco e la partita procede per esclusione fra i giocatori che rimangono. Le espressioni lunghe a volte sono più facili da ricordare e vale la pena ravvivare il gioco con frasi del tipo "un cane peloso e puzzolente che mangia patatine fritte" oppure "un bel vestito nuovo e una cravatta per il mio scimpanzé che si chiama Orazio".

Associazioni di parole Non un passatempo riservato agli psichiatri, bensì un gioco facile, da improvvisare ovunque anche solo in due giocatori. Uno dice una parola e l'altro risponde dicendo la prima cosa che quella parola gli fa venire in mente. Affinché sia divertente conviene mantenere un ritmo veloce.

Nomi famosi Un giocatore dice il nome e il cognome di un personaggio famoso e quello successivo deve pensare a un altro personaggio il cui nome abbia la stessa iniziale del cognome del primo personaggio. Facciamo un esempio: il giocatore n. 1 dice "Winston Churchill" e il giocatore n. 2 deve trovare un personaggio il cui nome inizi per 'C', per esempio "Charlie Brown" e così via.

Rime Uno propone una parola (quelle dei bambini sono sempre interessanti) e gli altri devono trovarne altre che facciano rima con quella. I più piccoli talvolta hanno bisogno di qualche suggerimento. Al giocatore che ha trovato il maggior numero di rime spetta proporre la parola per il giro successivo.

Indovina l'animale Un giocatore pensa all'animale che vuole essere per quel giro e, senza dire che animale è, risponde alle domande degli altri che tentano di indovinarlo. Al primo che indovina spetterà pensare che animale è il giro successivo. Per rendere il gioco più divertente o più difficile tirate in ballo eventuali vostri animali domestici, animali visti durante il viaggio o figure di mostri e animali fantastici tratti da fiabe e leggende.

Pari e dispari Facile e veloce, da giocare in due. Uno gioca pari e l'altro dispari. Entrambi i giocatori dicono poi contemporaneamente "uno, due, tre... via" e al via tirano fuori dal pugno chiuso un numero di dita a piacere. Se il totale ottenuto sommando i numeri delle due mani è pari vince chi ha giocato pari, se è dispari chi ha giocato dispari. È un gioco così semplice che si può fare con i bambini di tutti i paesi in qualunque parco giochi del mondo.

I giochi che costringono a guardare fuori del finestrino spesso aiutano a prevenire il mal d'auto e fanno sembrare il viaggio più breve. Se il gioco comporta qualche attività i bambini cessano inoltre di dimenarsi sul sedile posteriore e chi sta al volante può proseguire senza musi lunghi alle spalle. La sera sono più adatti i giochi con le parole oppure si può giocare ad avvistare oggetti luminosi come insegne al neon o luci posteriori di automezzi.

Cantare con il coro Qui si fa baccano, siete avvisati, perciò non è il gioco da scegliere se sentite che è in arrivo un'emicrania o se avete ancora molta strada da fare. A turno ciascuno s'inventa una frase da cantare (con parole fasulle o che comunque fanno ridere) che propone agli altri che la ripeteranno in coro. Il cantante successivo inizia cantando la frase del precedente e ne aggiunge una sua, seguito nuovamente dal coro, e così si va avanti finché la memoria fa cilecca.

Auto in sorpasso Gioco facile e creativo. I bambini s'inventano storie sulle persone delle macchine che superano la vostra, a partire dalla rapida occhiata che possono gettare nell'auto vicina durante il sorpasso. Stuzzicate la loro fantasia con domande del tipo 'Come si chiamano?', 'Dove stanno andando?', 'Forse uno di loro è un supereroe che viaggia sotto mentite spoglie?'.

A caccia di parole volanti Ecco un modo per far star buoni i bambini concentrando la loro attenzione su quanto viene detto alla radio. Scegliete una parola (cominciate con quelle ricorrenti come 'canzone', 'ascoltare' o 'notizie') e mettetevi tutti in ascolto per captare il momento in cui verrà pronunciata alla radio, in una canzone o nelle presentazioni del DJ. Quando udite la parola che avevate scelto gridate "Trovata!" o qualcosa di analogo. Se i bambini sanno leggere potranno essere loro a proporre la parola a cui dar la caccia prendendo spunto dalle scritte delle indicazioni stradali e dai cartelloni pubblicitari.

Giochi con le targhe Di questi se ne possono inventare a volontà, ecco alcuni esempi. Formare una frase, o una parola, con le lettere che appaiono su una targa. Dire ai bambini di cercare le iniziali del proprio nome, o nome e cognome, sulle targhe che si vedono passare (vince chi le vede per primo). Scegliere una parola e compitarla insieme usando le lettere che si vedono sulle targhe (proponete parole semplici come nomi di animali e nomi propri di compagni di scuola per aiutare i bambini a familiarizzare con l'alfabeto). Usare i numeri delle targhe per giocare a una specie di ventuno: ogni bambino sceglie una targa e ne somma i numeri. GMZ 421, per esempio, darebbe 7, mentre 969 farebbe sballare con 24. I giocatori possono chiedere di vedere un'altra carta (il primo numero che appare sulla targa della prima macchina che passa), ma se superano il 21 fanno sballare. Vince chi totalizza il numero più vicino a 21 (ma sempre inferiore). Un gioco più facile è individuare lo stato di appartenenza delle targhe e vedere quanti stati si riescono a mettere insieme durante il viaggio.

in aereo, treno, autobus

Durante gli spostamenti da una località all'altra spesso i bambini si annoiano, ma non è detto che debba per forza essere sempre così. La presenza di altri passeggeri certo riduce le possibilità di gioco, tuttavia molti fra i giochi indicati nella sezione In auto si prestano a esser fatti anche su altri mezzi.

Geografia per gioco Ampliate la cultura geografica dei vostri figli dicendo a turno il nome di una capitale e dello stato corrispondente. Se il gioco è troppo facile, cercate di pensarne una per ogni lettera dell'alfabeto.

E tu lo faresti? Leggete alcune notizie sul paese che state visitando e preparate alcune domande che mettano in discussione le abitudini dei vostri figli. Per esempio "In Sri Lanka, al termine di una dura giornata di lavoro, la gente lava gli elefanti nei fiumi. E tu lo faresti?", oppure "In Cile mangiano *chupe de cóngrio* (zuppa di grongo). E tu lo faresti?" Questo è un ottimo modo per far conoscere ai bambini usanze, lingue e cibi diversi prima dell'arrivo. Per scoprire curiosità e notizie su un paese potete usare una guida Lonely Planet.

Cartine Lasciate che i bambini traccino il vostro itinerario su una cartina locale, una carta geografica del paese o una mappa del mondo. Alcuni uffici turistici offrono cartine gratuite che possono essere colorate o ritagliate.

lunghe attese

Con i bambini, che non sanno che la pazienza è la virtù dei forti, i giochi lunghi aiutano a ingannare il tempo al ristorante, quando si aspetta il proprio turno davanti a una biglietteria o si fa la fila per prendere un mezzo pubblico.

Storie da inventare Un bel gioco per tutta la famiglia: iniziate a inventare una storia partendo con una frase (va benissimo il tradizionale "C'era una volta..."). Tocca poi a un altro membro della famiglia proseguire con la seconda frase e così via. Per rendere più avvincente il gioco si può dire una frase dal senso poco chiaro oppure qualcosa che crei suspense.

Giochi con l'alfabeto I giochi con le lettere dell'alfabeto all'occorrenza possono durare per ore, quindi sono perfetti quando l'attesa si prolunga per un tempo indeterminato. Si stabilisce una categoria e poi, a turno, si nomina un rappresentante di quella categoria per ciascuna lettera dell'alfabeto. Quella degli animali è una categoria facile (per esempio 'armadillo', 'balena bianca', 'criceto'), mentre più difficili, per esempio, sono personaggi famosi e titoli di canzoni. I nomi doppi ('balena bianca') valgono due punti. Una variante un po' più difficile prevede che ciascun giocatore dica un nome della categoria stabilita per ogni lettera dell'alfabeto ('arancia', 'albicocca', 'amarena') prima di passare alla lettera successiva. Ai più grandicelli si può proporre uno schema di frase, per esempio 'Mi chiamo x e vengo da x dove fanno il miglior x' e ciascuno deve sostituire le x con un nome di persona, un nome di paese e un oggetto che abbiano tutti e tre la stessa iniziale (anche qui si può passare in rassegna tutto l'alfabeto).

Indovinare Quando in un gioco si tratta di indovinare c'è sempre il rischio che i bambini finiscano per annoiarsi o provare un senso di frustrazione, perciò conviene che l'attesa non sia troppo lunga. Si può giocare a indovinare qualunque cosa usando il sistema delle domande a cui si risponde solo sì o no, partendo da quelle molto generali ('È una cosa viva?') per arrivare via via a quelle più specifiche ('È un coniglio?'). Facendo il gioco con le cose da mangiare, per esempio, chi pensa alla cosa da indovinare può riferire un aggettivo che definisca l'alimento da lui scelto ('croccante', 'dolce' oppure 'rosso') e poi gli altri iniziano a fare domande. Si possono sempre usare categorie come animali o personaggi famosi. Potete anche preparare dei cartoncini da pescare con su scritte le categorie oppure i nomi. Un'idea per associare il gioco al viaggio è quella di giocare con i nomi di animali o personaggi famosi del paese che state visitando.

luoghi silenziosi

luoghi silenziosi

A volte vorreste che i vostri adorati tesori se ne stessero un po' buoni, se non proprio zitti. I giochi a bocca chiusa insegnano ai bambini che ci sono posti in cui non si può far chiasso e regalano a tutti qualche istante di quiete.

Indovina la lettera Un gioco per chi sa leggere e scrivere. Tracciare col dito una lettera sul palmo della mano di un giocatore che tiene gli occhi chiusi e che deve indovinare qual è. Se il gioco è troppo facile si può provare a scrivere tutta una parola.

Telefono senza fili Un giocatore bisbiglia un messaggio nell'orecchio del giocatore vicino, dicendolo una sola volta. Passando di orecchio in orecchio il messaggio viene via via storpiato in attesa di essere pronunciato ad alta voce dall'ultimo giocatore. Se il gruppo di giocatori è sufficientemente numeroso (più di cinque) in genere ne viene fuori una frase assurda e incomprensibile.

all'aperto

all'aperto

Giocare all'aperto è facile: tutti i bambini amano correre e saltare, soprattutto al termine di un lungo viaggio. Alcuni giochi molto semplici possono aiutarli ad apprezzare ancora di più la natura che li circonda oppure a calmarsi dopo aver corso come forsennati.

Albero ti riconosco Un giocatore bendato viene condotto davanti a un albero che dovrà esplorare per qualche minuto servendosi solo del tatto. Poi ne verrà allontanato e fatto girare su se stesso. Tolta la benda, il giocatore dovrà tentare di riconoscere il suo albero.

Statue Con questo ci si rilassa. I giocatori si muovono in ordine sparso finché chi guida il gioco grida 'stop' e allora tutti si bloccano come statue nella posizione di quel preciso istante. Vince chi resta immobile più a lungo. Un'altra versione prevede che i giocatori si avvicinino di soppiatto alle spalle di chi guida il gioco per tentare di sottrargli una moneta (va bene anche un sasso o un altro piccolo oggetto). Chi guida il gioco stavolta non grida 'stop', bensì si gira di scatto e controlla che nessuno si muova. Chi viene sorpreso in movimento deve tornare alla linea di partenza.
Nuvole Cosa sembra quella nuvola? Chi vede una nuvola che somiglia a... una persona, un'auto, un gatto, un panino?

musei e gallerie

Sempre più musei vanno adottando un tipo di allestimento che prevede almeno una sezione interattiva, dove quindi i bambini possono toccare o manovrare ciò che vedono; tuttavia esistono ancora molti musei più tradizionali, dove vige la regola del 'guardare e non toccare' che induce un senso di frustrazione nei più giovani visitatori.
Hai visto...? Un gioco che necessita di qualche preparativo. Fate un elenco scritto delle cose che vedrete al museo o in una galleria domandando ai bambini cosa si aspettano di vedere oppure stilatelo sulla base di quanto è scritto su una guida turistica. Via via che i bambini trovano le cose al museo possono spuntarle dal loro elenco e vince (un premio o un dolcetto) chi riesce a trovarne il numero maggiore. Fate in modo che l'elenco contenga sia opere oppure oggetti molto comuni, ossia facili da individuare, sia cose più rare, per stimolarli nella ricerca. Al termine della visita potete fare il punto della situazione chiedendo loro cos'hanno visto e poi commentare il tutto. Una versione più complessa del gioco può richiedere di individuare più cose dello stesso tipo (per esempio, sette quadri in cui sia raffigurato un uomo biondo).
Quanti sono? Tentare di indovinare quante opere di un certo tipo, quanti oggetti o quante persone si vedranno al museo e poi contarli durante la visita. Funziona bene con le sculture, le cornici dorate e i membri del personale di guardia.
Cos'era? Un gioco semplice che porta i bambini a guardare i quadri o gli oggetti esposti. Date loro un paio di minuti per osservare un oggetto e domandate: 'Cos'era?', 'Chi lo usava?', 'Quando si usava?'; oppure, se si tratta di un quadro 'Cosa (chi) raffigurava?', 'Cosa faceva(no)?', inventando anche domande che stimolano la fantasia. È probabile che anche i vostri figli vorranno interrogarvi e le loro non saranno sempre domande facili: siate pronti a rispondere.

camminando

Quando camminano i bambini hanno bisogno di concentrare l'attenzione su qualcosa che non sia la distanza che si sta percorrendo. Proporre un gioco da fare mentre si cammina è un buon modo per distrarli. Alcuni di quelli che suggeriamo qui aiutano a mettere in risalto le differenze fra il proprio paese e quello che si sta visitando.

Quello che hai visto Quando il sentiero offre una veduta panoramica chiedete ai bambini di osservare bene il paesaggio per un minuto e poi, a occhi chiusi, dire quello che hanno visto. Un gioco che stimola l'osservazione e fa apprezzare l'ambiente circostante.

Giochi in cui bisogna contare Giochi facili, da inventare sul momento. Scegliete un elemento che ricorre di frequente nel paesaggio, per esempio i mulini in Olanda o le biciclette in Cina, e poi i giocatori, supponiamo che siano due, contano tutti i mulini o le biciclette che vedono lungo un lato della strada. Vince chi arriva prima a cento. Per rendere il gioco più interessante si può fare il conto alla rovescia partendo da cento. Contando elementi diversi ai quali si è attribuito un punteggio, si può giocare a sommare per vedere chi totalizza il numero più alto. Se siete vicini a una strada, un'idea può esser quella di contare le frecce che appaiono su cartelli e indicazioni stradali.

Giocare con i passi Un gioco veloce, ottimo per sviare l'attenzione dall'impegno della camminata. Vedere chi riesce a fare i passi più grandi, chi i più piccoli, i più sciocchi, i più dritti, i più storti o chi riesce a fare più passi all'indietro (senza andare a sbattere da qualche parte...).

SITI WEB

preparativi

SITI IN ITALIANO

www.quantomanca.com Sito in lingua italiana che costituisce la guida più completa per chi viaggia con i bambini. Offre preziosi suggerimenti su destinazioni, alberghi, giochi da fare in auto e altro.

www.babyviaggiatori.it Sito italiano dedicato ai piccoli viaggiatori. Contiene utili informazioni sulla preparazione di un viaggio, destinazioni varie e una serie di link suddivisi per fasce di età.

www.babyinviaggio.it Sito che contiene curiosi e interessanti resoconti di esperienze di viaggio con i bambini attraverso l'Europa, l'Asia e gli altri continenti, nonché consigli su cosa portare, su cosa far mangiare ai bambini e molto altro.

www.babyonweb.com Alla scoperta virtuale dei luoghi dove trascorrerete le vacanze con i vostri bambini, grazie a questo sito che mette a disposizione una sezione sulle fiabe e filastrocche del mondo.

http://www.fiab-onlus.it/andare/bambini.htm Se siete degli appassionati di cicloturismo e volete coinvolgere i vostri bambini, questo sito vi offre ottimi suggerimenti e consigli.

SITI IN INGLESE

www.lonelyplanet.com Il sito della Lonely Planet ha una pagina dedicata ai bambini, intitolata 'Kids to Go' e reperibile sotto l'icona Thorn Tree, e fornisce inoltre per ciascun paese schede informative e notizie dell'ultima ora.

family.go.com/ Sito dedicato alla famiglia che passa in rassegna tutta una serie di argomenti, fra cui anche i viaggi con i bambini. Riporta alcuni articoli interessanti su temi quali 'viaggiare con i neonati' o 'viaggiare con gli adolescenti', suggerimenti di viaggio e offerte speciali di volo.

wwww.travelwithyourkids.com/ Contiene molti articoli e consigli dedicati a chi viaggia con i bambini nonché buoni link con altri siti utili per tutti i giramondo. Prevede anche una sezione dedicata a chi si trasferisce all'estero e alcune schede sui paesi più visitati.

www.travelguides.com Sito concepito essenzialmente per il pubblico statunitense, riporta suggerimenti di viaggio, consigli e offerte speciali per famiglie. Utile la sezione su pronto soccorso, alimentazione e sicurezza in generale.

www.worldhop.com Una famiglia racconta il suo giro del mondo, un anno trascorso viaggiando fra 18 paesi, documentandolo con foto, articoli di giornale e una buona dose di humour. Non mancano link con siti d'ispirazione analoga.

www.familiesontheroad.com Sito rivolto alle famiglie che fanno vacanze in camper o caravan. Contiene informazioni e consigli utili sul tipo di veicolo da scegliere e su come risolvere il problema della scuola. C'è anche un utile forum e una chatline.

www.travel-news.org Agenzia di viaggi online che informa su vacanze pacchetto per famiglie. Caratteristiche: buon rapporto qualità-prezzo e partenza dal Regno Unito.

www.thefamilytravelfiles.com Ancora un sito dedicato alle famiglie che girano il mondo, ricco di informazioni e storie di viaggi, con l'aggiunta di un indice delle mete di vacanza e di una rivista online.

www.gobabies.com/ Vivace rivista online dedicata ai bebè, con articoli vari e pubblicità di prodotti per la primissima infanzia.

www.familytravelforum.com Buon sito utile che spazia dalle notizie di viaggio ai consigli pediatrici, con segnalazione di offerte speciali per le famiglie e un forum interno dove porre domande ad altri genitori.

www.familytraveltimes.com Rivista bimensile online, inviata per abbonamento, dedicata a chi viaggia con la famiglia e nutre il desiderio di sperimentare qualcosa che non sia la vacanza 'tutto compreso'.

pernottamento

SITI IN ITALIANO

www.babyviaggiatori.it/hotelbaby.html Sito in italiano che contiene una serie di suggerimenti utili su operatori e alberghi più adatti ai bambini, in relazione alla destinazione scelta.

www.kinderhotels.it Sito in lingua italiana che offre una selezione di alberghi e altre strutture ricettive, sia in Italia sia in Europa, esclusivamente dedicati ai più piccoli. Inoltre, giochi, calcolo della rotta e servizio meteo.

SITI IN INGLESE

www.childfriendly.co.uk Un ottimo sito inglese con un elenco di alberghi che offrono assistenza e strutture specifiche per i bambini.

www.holiday-rentals.co.uk Sito che fa pubblicità a oltre 3500 case di villeggiatura sparse in tutto il mondo, con descrizione dettagliata e fotografie. Nella maggior parte dei casi si tratta di abitazioni lussuose situate in splendida posizione.

www.goldray.com/hospitality/index.htm Hospitality Exchange è un'associazione di viaggiatori residenti in varie parti del mondo disposti a ospitare in casa altri viaggiatori per una o due notti. I soci possono alloggiare a casa di altri soci e ospitare a propria volta soci in viaggio.

www.intervac.com Associazione di 'scambio casa' che offre migliaia di abitazioni (molte sono in Europa) disponibili per soggiorni lunghi o brevi. Per ciascuna abitazione sono forniti descrizione dettagliata e fotografie. C'è anche un motore di ricerca che aiuta a orientarsi fra le mete di vacanza.

on the road

SITI IN ITALIANO

guide.supereva.it/parchi_di_divertimento/link_parchi_nel_mondo/ Sito che vi permetterà di scoprire, grazie ai numerosi link, i più bei parchi naturali e di divertimenti del mondo, suddivisi per aree tematiche e per ordine alfabetico.

www.bioparco.it/links/ Sito italiano dedicato ai musei di storia naturale in Italia e nel mondo, nonché ai maggiori zoo italiani ed esteri.

SITI IN INGLESE

www.cyberschool.k12.or.us/ Bell'esempio di cyberscuola, questo sito che parte dagli Stati Uniti offre una serie di corsi per varie materie: matematica, letteratura, biologia, etc. Le lezioni si pagano online e sono concepite come corsi integrativi ai programmi di studio seguiti nelle high school americane.

www.choiceineducation.org.uk Un utile sito inglese dove cominciare a cercare soluzioni alternative alla scuola tradizionale per l'istruzione dei propri figli.

distancelearn.about.com/education/distancelearn/ Un'ottima fonte di informazioni per chi cerca di orientarsi nel mondo dell'istruzione a distanza, completo di link con siti che offrono corsi di ogni genere e grado.

www.pgathrills.com/ Il sito raggruppa i parchi della catena Paramount in America e Canada. Inoltre offre informazioni generali, avvenimenti speciali, prezzi e sconti per gruppi.

www.cbsg.org/ Dedicato ai vostri piccoli selvaggi, questo sito contiene un elenco degli zoo di tutto il mondo e alcune splendide immagini di animali.

www.kidsdomain.com/ Un sito di giochi online, sia istruttivi sia di puro divertimento, pensato per i navigatori più giovani. C'è un po' di tutto, dal gioco dell'oca ai percorsi che insegnano i fondamenti di una corretta alimentazione.

www.tpwd.state.tx.us/adv/kidspage/kidsout.htm Una pagina di buoni consigli per genitori che amano la vita all'aperto con i propri figli, ricca di suggerimenti su come evitare i vari pericoli, non creare aspettative sbagliate ed esplorare le zone sconosciute.

www.gorp.com/gorp/eclectic/family.htm Diramazione del famoso sito sulle attività all'aperto, questa pagina è dedicata ad argomenti che interessano le famiglie in viaggio, dai vari modi di fare campeggio alle riprese video della vacanza.

salute

SITI IN ITALIANO

www.sanita.it/malinf/ Un sito italiano sulla salute per i viaggiatori internazionali è quello gestito dal Ministero della Sanità, che si pone come obiettivo quello di fornire informazioni e dati ufficiali di semplice consultazione.

www.travelclinic.it Sito di grande utilità da consultare prima della partenza che presenta il centro di profilassi e vaccinazioni internazionali, a cura dell'Azienda Sanitaria Locale Roma-E. Ha un link specificamente dedicato ai viaggiatori bambini.

www.guidagenitori.it Guida virtuale con numerosi link su salute, risorse, nonché una sezione speciale dedicata ai piccoli viaggiatori ricca di consigli utili su vaccinazioni, precauzioni da prendere e così via.

www.lalecheleague.org/Lang/LangItaliano.html Sito ufficiale della 'Lega internazionale del latte' (La Leche League International), ovvero tutto quel che c'è da sapere sull'allattamento al seno; non mancano informazioni sullo svezzamento e consigli su come allattare in viaggio.

www.tour-web.com/accturhp.htm Sito in lingua italiana dedicato al turismo accessibile ai disabili.

www.accaparlante.it Sito che contiene informazioni utili e guide dedicate all'accessibilità turistica ai disabili e un archivio di riviste che trattano argomenti quali il sociale, l'handicap e il terzo settore.

SITI IN INGLESE

www.diabetesmonitor.com Un sito con articoli scritti per i viaggiatori che soffrono di diabete e buoni link per approfondire l'argomento.

www.holidaycare.org.uk Società di beneficienza inglese che fornisce informazioni utili per i viaggiatori disabili, con la segnalazione, per 40 paesi, di alberghi e luoghi d'interesse privi di barriere architettoniche e indirizzi di agenzie che noleggiano sedie a rotelle e altre attrezzature.

www.makoa.org/travel.htm Un'ottima pagina dedicata ai viaggiatori disabili, ricca di link con altri siti fra cui centri estivi con sede negli Stati Uniti e accompagnatori di viaggio. Fornisce anche informazioni su presenza/assenza di barriere architettoniche nei vari paesi.

www.tmvc.com.au/info10.html Tutte le informazioni necessarie per viaggiare in salute, consigli sulle vaccinazioni e articoli scritti da medici che illustrano i vari fattori di rischio.

www.who.int Paese per paese, la guida ufficiale dell'Organizzazione Mondiale della Sanità (World Health Organization) con un elenco aggiornato dei rischi per la salute.

healthlink.mcw.edu/travel-medicine/ Un buon sito di carattere generale dedicato alla salute e basato su articoli scritti da medici, con alcune informazioni sui viaggi durante la gravidanza e con i bambini.

INDICE

Finito di stampare presso Stampatre – Torino
nel mese di luglio 2002

Ristampa
0 1 2 3 4 5 6

Anno
2002 03 04 05 06

FOLIO CADET

Pour Elsa et ses enfants…